12-17

REVISIÓN DEL EXAMEN DE RAZONAMIENTO MATEMÁTICO DE GED®

Títulos relacionados

GED® Test Preparation
GED® Test Power Practice
GED® Test Mathematical Reasoning Flash Review
GED® Test RLA Flash Review
GED® Test Science Flash Review
GED® Test Social Studies Flash Review

REVISIÓN DEL EXAMEN DE RAZONAMIENTO MATEMÁTICO DE GED®

LEARNINGEXPRESS®

NEW YORK

El registro de Catalogación en Publicación se encuentra en Library of Congress.

Impreso en Estados Unidos de América

9 8 7 6 5 4 3 2 1

ISBN 978-1-61103-085-3

Para obtener más información sobre LearningExpress, otros productos de LearningExpress o ventas al por mayor, escríbanos a:
    224 W. 29th Street
    3rd Floor
    New York, NY 10001

COLABORADORA ▶

Kimberly Stafford se graduó con especialización en matemáticas y educación en la Universidad Colgate, ubicada en el norte del estado de Nueva York. Enseñó matemáticas, ciencia e inglés en Japón, Virginia y Oregon antes de radicarse en Los Ángeles. Kimberly comenzó su trabajo en el sur de California como educadora en las aulas pero pronto decidió lanzar su propia empresa de enseñanza particular privada para poder individualizar su instrucción en matemáticas. Considera que una base sólida en matemáticas empodera a las personas al permitirles tomar las mejores decisiones en el ámbito personal, laboral y como consumidores. Kimberly no se desanima ante las quejas comunes de los alumnos que preguntan: "¿Cuándo voy a usar esto en la vida real?". Hace énfasis en que dominar los conceptos de matemáticas menos aplicados en la vida diaria ayuda a enseñar una habilidad esencial: la resolución de problemas. Tan solo la habilidad para aplicar un conjunto de herramientas para resolver problemas nuevos y complejos es una capacidad invaluable tanto en la vida personal como laboral. Kimberly cree que las matemáticas son un espacio inigualable para desarrollar sistemas organizados de pensamiento, un razonamiento claro y fundamentado y una resolución de problemas eficaz.

ÍNDICE

CAPÍTULO 1   Sobre el examen de Razonamiento matemático de GED®   1

CAPÍTULO 2   Examen de diagnóstico de Razonamiento matemático de GED®   9

CAPÍTULO 3   Fundamentos numéricos, parte 1: fracciones y decimales   27

CAPÍTULO 4   Fundamentos numéricos, parte 2: negativos, exponentes y PEMDAS   49

CAPÍTULO 5   Tasas, proporciones y porcentajes   67

CAPÍTULO 6   Álgebra, parte 1: variables y ecuaciones lineales   83

CAPÍTULO 7   Álgebra, parte 2: gráficos de ecuaciones lineales y desigualdades   105

CAPÍTULO 8   Álgebra, parte 3: cuadráticas y funciones   139

CAPÍTULO 9   Interpretación de datos en gráficos y tablas   165

CAPÍTULO 10   Fundamentos de geometría   197

CAPÍTULO 11   Estadísticas y probabilidad   237

CAPÍTULO 12   Uso de calculadoras TI-30XS   265

CAPÍTULO 13   Examen de práctica de Razonamiento matemático de GED®   275

APÉNDICE   Hoja de fórmulas de razonamiento matemático   293

PRÁCTICA ADICIONAL EN LÍNEA   295

SOBRE EL EXAMEN DE RAZONAMIENTO MATEMÁTICO DE GED®

E l examen de Desarrollo de Educación General o GED® mide su nivel de comprensión de matemáticas, lectura, escritura, ciencias y estudios sociales de nivel secundario. La aprobación del examen GED® en un área específica demuestra que usted posee educación de nivel secundario en esa materia. Si aprueba todos los exámenes GED®, se le otorgará un diploma GED®, el equivalente a un diploma de secundaria.

Los cuatro módulos individuales del examen GED® son:

1. Razonamiento a través de las artes del lenguaje
2. Estudios sociales
3. Ciencia
4. Razonamiento matemático

Para aprobar cada examen, usted no solo necesitará conocer los fundamentos de cada materia, sino que también deberá utilizar pensamiento crítico, escritura y habilidades de resolución de problemas.

Si desea obtener un diploma de secundaria pero no puede o no desea graduarse mediante el camino tradicional de asistir a la escuela secundaria, quizá el examen GED® sea muy adecuado para usted.

El examen de Razonamiento matemático de GED®

El objetivo del examen de Razonamiento matemático es evaluar la *profundidad* de su conocimiento matemático. Además de realizar cálculos correctamente, usted deberá demostrar su capacidad de razonar matemáticamente: construir caminos de solución y evaluar las líneas de razonamiento a medida que resuelve problemas. En otras palabras, ¿puede identificar cómo comenzar un problema? ¿Puede cambiar su plan de acción cuando su camino original hacia la solución no funciona? ¿Puede reconocer fallas en su razonamiento o en el de otras personas? ¿Comprende *por qué* hace lo que hace o simplemente sigue un procedimiento memorizado?

Mejorar su comprensión conceptual de la matemática no solo lo ayudará a aprobar el examen de Razonamiento matemático de GED®, sino que también lo ayudará a avanzar en su educación y a conseguir y conservar trabajos futuros.

¿Cómo se realiza el examen?

Usted tomará el examen GED® en una computadora de un centro oficial de exámenes. A pesar de que no es necesario ser un experto en computadoras para aprobar el examen GED®, usted debería sentirse cómodo al usar un mouse y escribir con un teclado.

El GED® Testing Service ha reunido un Tutorial de Examen GED® útil para familiarizar a los candidatos de GED® con los aspectos importantes del examen. Es importante ver este tutorial para:

- aprender a usar la computadora para navegar por las preguntas del examen, aprender a manejar la calculadora en línea que se proporcionará durante el examen GED®,
- familiarizarse con los cinco estilos diferentes de preguntas que aparecerán en el examen y
- comprender cómo tener acceso y utilizar varias herramientas de referencia matemática diferentes que estarán disponibles durante el examen de Razonamiento matemático de GED®.

Puede encontrar este útil tutorial aquí: http://www.gedtestingservice.com/2014cbttutorial view/

¿Dónde y cuándo puedo tomar el examen?

Ahora que los exámenes GED® se rinden en línea, las fechas de examen ya no están limitadas a tan solo tres veces al año. El primer paso es crear una cuenta en www.GED.com. Use esta cuenta para seleccionar un Centro oficial de exámenes, una fecha y la hora en la que desea tomar cualquiera de los cuatro exámenes diferentes. Si no aprueba un determinado módulo en el primer intento, puede volver a tomar ese examen hasta dos veces más sin que transcurra un periodo de espera entre las fechas de examen. Si no aprueba en su tercer intento, deberá esperar 60 días antes de volver a tomar ese examen en particular.

¿Cuánto cuestan los exámenes GED®?

El precio exacto de los exámenes GED® varía de un estado a otro. En promedio, cada uno de los cuatro exámenes GED® cuesta alrededor de $30 y el promedio total por los cuatro es de $120. Usted puede pagar una o todas las partes del examen que esté listo para tomar. Si no aprueba un módulo en el primer intento, tendrá la oportunidad de volver a tomarlo dos veces más a un precio reducido por cada módulo que haya pagado. (Se le restarán al menos $20 de dos exámenes que vuelva a tomar y es posible que en ciertos estados tampoco se apliquen tarifas adicionales).

¿Cómo se califican los exámenes?

Los exámenes GED® se califican en una escala de 100 a 200 puntos. Se requiere una calificación mínima de 145 para aprobar cada examen. A cada pregunta del examen GED® se le asigna una puntuación diferente según su dificultad. Los estudiantes que obtengan 170 puntos o más recibirán una Calificación de Aprobación con Honores. Usted conocerá su calificación (o calificaciones) el mismo día que tome el examen. Después de tomar cualquiera de los exámenes GED®, usted recibirá un Informe de calificación detallado de GED® Testing Service. Este informe personalizado lo ayudará a saber más sobre su calificación. En caso de que no apruebe en el primer intento, lo ayudará a identificar a qué habilidades debe prestar más atención. Este es el desglose de la calificación:

- Inferior a la aprobación: 100–144
- Calificación de aprobación: 145–169
- Calificación de aprobación con honores: 170–200

¿Cuánto dura el examen?

Usted puede elegir tomar los cuatro exámenes GED® de una vez o puede tomar cada examen de manera individual. En total, completar los cuatro exámenes por materia toma alrededor de siete horas. El examen de Razonamiento matemático está compuesto por dos partes individuales cuyo tiempo se contabiliza como un examen único. Usted tendrá 115 minutos (un poco menos de 2 horas) para responder 46 preguntas.

¿Qué temas abarca el examen de Razonamiento matemático de GED®?

Más de la mitad de la parte de matemáticas del examen GED® contiene problemas en los que es necesario aplicar pensamiento algebraico. ¡No deje que esto lo asuste! El álgebra es una forma de demostrar habilidades de razonamiento matemático de forma a veces abstracta pero lógica. El pensamiento algebraico está arraigado en la vida diaria. Es probable que sin darse cuenta usted ya esté utilizando esta forma de pensamiento para resolver problemas en su rutina diaria. Las preguntas del examen Razonamiento matemático se enfocan en dos áreas: Resolución de problemas cuantitativos y resolución de problemas algebraicos.

- **Resolución de problemas cuantitativos**: preguntas matemáticas que cubren conceptos matemáticos básicos como múltiplos, divisores, exponentes, valor absoluto, cocientes, porcentajes, promedios, geometría y probabilidad, entre otros. Aproximadamente el 45% de las preguntas se enfoca en esta categoría.
- **Resolución de problemas algebraicos**: preguntas matemáticas que requieren que use su conocimiento sobre los fundamentos de la matemática para resolver problemas usando álgebra, inclusive ecuaciones lineales, ecuaciones cuadráticas, funciones y desigualdades lineales, entre otras. Aproximadamente el 55% de las preguntas se enfoca en esta categoría.

¿Qué tipo de preguntas se incluyen en el examen de Razonamiento matemático?

Dado que el Examen de Razonamiento matemático de GED® se realiza en una computadora, usted verá varios tipos de preguntas diferentes. En las preguntas se le puede pedir que utilice el mouse para mover imágenes o el teclado para escribir su respuesta. Es importante que vea previamente el Tutorial del examen GED® que se mencionó anteriormente para que esté familiarizado con los diferentes formatos de preguntas que se le pedirá que responda. Estos son los diferentes formatos de preguntas que encontrará en el examen real:

1. Opción múltiple

Más del 50% de las preguntas del examen GED® serán de opción múltiple. Usted tendrá que escoger la mejor respuesta de entre cuatro opciones determinadas: A, B, C y D. Para seleccionar una respuesta, hará clic con el mouse en el círculo que se encuentra al lado de esa opción de respuesta. Para cambiar su respuesta, haga clic en el círculo de otra opción de respuesta. En este libro usted simplemente encerrará con un círculo la respuesta correcta para las preguntas de opción múltiple.

2. Completar los espacios en blanco

Para las preguntas en las que tiene que completar espacios en blanco, en lugar de contar con una selección de respuestas posibles para elegir, usted deberá escribir una o varias respuestas. En este libro usted puede practicar escribiendo la respuesta correcta en el o los renglones proporcionados.

> Henry tiene $5 más que Oliver y la misma cantidad de dinero que Murray. Juntos tienen $85. ¿Cuánto dinero tiene Oliver?
>
> _____dólares.

3. Desplegable

Para las preguntas desplegables, usted deberá seleccionar la respuesta numérica o frase correcta para completar una oración o problema. Hará clic con el mouse en la flecha para que se muestren todas las opciones de respuesta. Luego, hará clic en la respuesta que elija para completar la oración, el párrafo o la ecuación. Este tipo de pregunta es similar a las de opción múltiple.

Práctica

> Seleccione la palabra adecuada de cada menú desplegable para completar correctamente la oración.

| ▼ | estoy tratando de adquirir más habilidades con el tejido antes del invierno | ▼ |

Ella
Yo
Ellos
Él

4. Arrastrar y soltar

Para responder preguntas de arrastrar y soltar, usted deberá hacer clic en el objeto correcto, mantener apretado el mouse y arrastrar el objeto hasta el lugar adecuado en el problema, diagrama, tabla o gráfico.

En este libro usted puede practicar este tipo de preguntas identificando qué objeto completará el problema, diagrama, tabla o gráfico. En lugar de arrastrarlo, deberá escribir su respuesta.

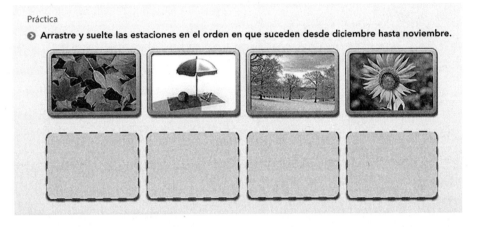

Práctica

▶ Arrastre y suelte las estaciones en el orden en que suceden desde diciembre hasta noviembre.

5. Puntos críticos

Para las preguntas de puntos críticos, usted deberá hacer clic en un área de la pantalla para indicar dónde se ubica la respuesta correcta. Por ejemplo, se le puede pedir que trace un punto haciendo clic sobre un gráfico vacío. En este libro puede practicar al identificar dónde se ubica la respuesta correcta y marcar la ubicación en papel en el lugar correspondiente.

Práctica

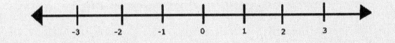

▶ Trace el número 2,5 en la recta numérica que aparece a continuación.

¿Puedo usar una calculadora?

Para la mayoría de las preguntas del examen de Razonamiento matemático, usted dispondrá de una calculadora en línea llamada *TI-30XS MultiView* (se muestra debajo).

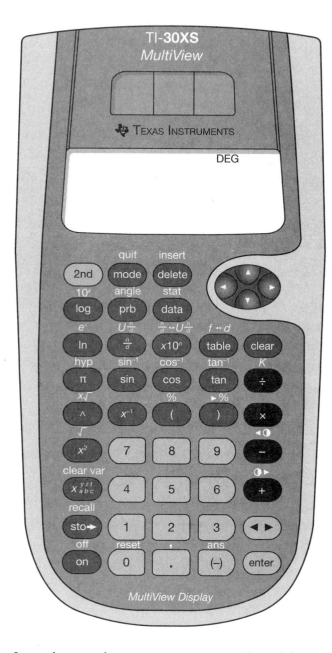

Las primeras cinco preguntas matemáticas del examen serán preguntas sin calculadora y constituyen la Parte 1. Estas preguntas pueden tratarse de ordenar fracciones y decimales, usar el mínimo común

múltiplo (m.c.m.) y el máximo factor común (m.f.c.), usar la propiedad distributiva, simplificar o resolver problemas usando las reglas de los exponentes o identificar el valor absoluto, entre otras habilidades y conceptos de cálculo. En la parte 2 del examen usted podrá usar la calculadora en pantalla. En la mayoría de los estados se le permitirá traer una calculadora *TI-30XS MultiView* con usted, pero debería confirmarlo con su centro de exámenes en particular. No se permitirá ninguna otra calculadora.

Una forma estupenda de fortalecer sus habilidades de uso de calculadoras es revisar detenidamente el Capítulo 12 de este libro, "Uso de calculadoras TI-30XS". También es una buena idea estudiar detenidamente los tutoriales y hojas de referencia en el sitio web oficial de GED® Testing Service antes de tomar el examen real.

RECURSOS PARA LA CALCULADORA

GED® Testing Service creó una hoja de referencia y tutoriales en video para la calculadora que se encuentran en su sitio web para ayudarlo a aprovechar al máximo la calculadora *TI-30XS MultiView*. A pesar de que la hoja de referencia estará disponible para que la utilice durante el examen, usted debería sentirse cómodo con las funciones de la calculadora *antes* de tomar el examen. No querrá perder tiempo leyendo los pasos ilustrados de la hoja de referencia mientras trata de completar los problemas en un tiempo limitado.

Visite www.gedtestingservice.com/testers/calculator para aprender todo sobre la calculadora *TI-30XS MultiView*.

Hoja de referencia de fórmulas

Usted dispondrá de una lista de fórmulas para utilizar durante el examen. A pesar de que dicha lista incluirá fórmulas básicas como área del rectángulo o triángulo, circunferencia del círculo y perímetro de figuras geométricas, será muy ventajoso para usted recordar estas fórmulas de memoria y trabajar con ellas cómodamente sin tener que depender de la Hoja de referencia de fórmulas. Estas fórmulas se tratarán en el Capítulo 10 de este libro. Vea el Apéndice que aparece en la página 227 para ver la lista de fórmulas que se le entregará el día del examen.

Cómo usar este libro

Ahora que está familiarizado con la estructura y las pautas del examen GED®, puede comenzar a enfocarse en dominar el contenido de matemáticas. El próximo capítulo es un examen de Razonamiento matemático de GED® de diagnóstico. Este examen está diseñado para ejemplificar de la manera más cercana posible el examen GED® real. Cada pregunta está acompañada por una explicación de respuesta detallada (usted no solamente podrá ver por qué la respuesta correcta es tal, sino que también podrá ver por qué algunas de las otras opciones son incorrectas).

Después de completar este examen de diagnóstico, los siguientes capítulos de revisión lo ayudarán a repasar conceptos y habilidades:

Capítulo 3: Fracciones y decimales
Capítulo 4: Negativos, exponentes y PEMDAS
Capítulo 5: Tasas, proporciones y porcentajes
Capítulo 6: Variables y ecuaciones lineales
Capítulo 7: Gráficos de ecuaciones lineales y desigualdades
Capítulo 8: Cuadráticas y funciones
Capítulo 9: Interpretación de datos en gráficos y tablas
Capítulo 10: Fundamentos de la geometría
Capítulo 11: Estadísticas y probabilidad
Capítulo 12: Uso de calculadoras TI-30XS

A medida que trabaje en las habilidades y el contenido de los Capítulos 3 a 11, preste especial atención a las explicaciones detalladas de las preguntas que haya respondido mal. Es importante que aprenda de sus errores y comprenda la forma correcta de abordar cada problema.

También le resultará útil dedicar un tiempo extra a estudiar los cuadros sombreados que aparecen en cada capítulo. Estos cuadros resaltan conceptos, dificultades, vocabulario y técnicas importantes. Usted encontrará varios tipos de cuadros sombreados:

Pregunta de anticipo

Estos cuadros le dan una idea de qué tipo de preguntas podrá responder después de completar una sección en particular. No entre en pánico si al principio no comprende la pregunta o no puede responderla.

¡No haga esto!

Estos cuadros lo ayudan a evitar problemas al mostrarle los errores que los estudiantes suelen cometer. Estudie detenidamente estos cuadros para saber qué errores debe evitar.

Regla

Pondremos en cuadros sombreados algunas de las reglas que necesitará para el examen GED®.

¡Alerta de vocabulario!

Si ciertos términos son fundamentales para que usted comprenda el contenido que se presenta o para que interprete preguntas del examen GED®, los resaltaremos en un cuadro sombreado.

¡Consejo para calculadora!

Le avisaremos si el concepto que se presenta es algo que también puede aprender a hacer en la calculadora TI-30XS en el Capítulo 12.

El Capítulo 12 le da la oportunidad de aprender algunas habilidades muy útiles para usar la calculadora. Antes de pasar al siguiente examen de práctica completo de Razonamiento matemático de GED® que aparece en el Capítulo 13, asegúrese de sentirse cómodo al usar todas las fórmulas de la hoja de referencia que se proporciona en el Apéndice. Estas fórmulas se le suministrarán cuando tome el examen real, pero aprenderlas de memoria lo ayudará mucho.

Si practica un poco de matemática cada día, no solo observará una mejora en la calificación de su examen, sino que también notará que retendrá sus habilidades matemáticas mejor y durante más tiempo. ¡Mucha suerte en su trayecto de estudio para el examen GED® y con su experiencia al tomar el examen!

Para obtener más información sobre GED®, visite www.gedtestingservice.com/testers/mygedfaqs.

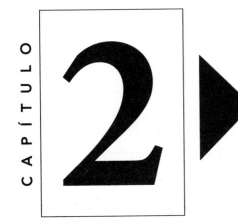

2 ▶ EXAMEN DE DIAGNÓSTICO DE RAZONAMIENTO MATEMÁTICO DE GED®

Esta prueba de práctica se preparó siguiendo el formato, el contenido y el tiempo de la prueba GED® oficial sobre Razonamiento matemático. Al igual que en la prueba oficial, las preguntas de esta práctica se enfocan en tus habilidades para resolver problemas cuantitativos y algebraicos.

Puedes consultar la hoja de fórmulas del Apéndice en la página 293 mientras completas este examen. Responde las preguntas 1 a 5 *sin* utilizar una calculadora. Puedes usar una calculadora científica (o de cualquier tipo) para las demás preguntas del examen.

Trabaja cada pregunta en forma detallada, pero sin pasar demasiado tiempo en una misma pregunta. Debes responder todas las preguntas.

Coloca una alarma a los 115 minutos (1 hora y 55 minutos) e intenta completar este examen sin interrupciones, en silencio.

Después del examen, encontrarás explicaciones detalladas de las respuestas para todas las preguntas del examen. ¡Buena suerte!

45 preguntas
115 minutos

1. El producto de dos enteros consecutivos es 42. Si el entero menor es x, ¿cuál de las siguientes ecuaciones es correcta?

a. $x + 1 = 42$
b. $x^2 + x = 42$
c. $2x + 1 = 42$
d. $2x^2 + x = 42$

2.

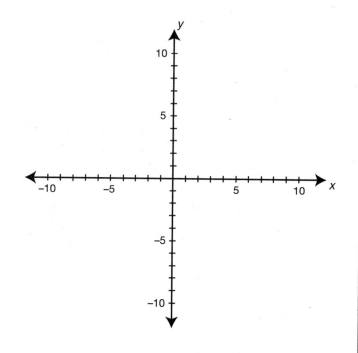

Si x es un número racional de modo que $\frac{1}{2} < x < \frac{3}{4}$, ¿cuál de los puntos de la recta numérica arriba representa x?

a. Punto A
b. Punto B
c. Punto C
d. Punto D

3. Un agente inmobiliario descubrió que el precio de venta de una casa en su zona se puede calcular midiendo los pies cuadrados, multiplicándolos por 84 y sumándole 1,065. Si S representa los pies cuadrados y P representa el precio de venta, ¿cuál de las siguientes fórmulas representa este cálculo?

a. $P = 1,149S$
b. $P = 84(S + 1,065)$
c. $P = 84S + 1,065$
d. $P = S + 1,149$

4. En el plano cartesiano x-y abajo, ¿qué par ordenado representa el punto insertado?

5. ¿Cuál de las opciones a continuación equivale a $\frac{2^5}{2^2}$?

a. 2
b. 23
c. 27
d. 210

6. ¿En cuál de los siguientes gráficos se muestra a *n* como función de *m*?

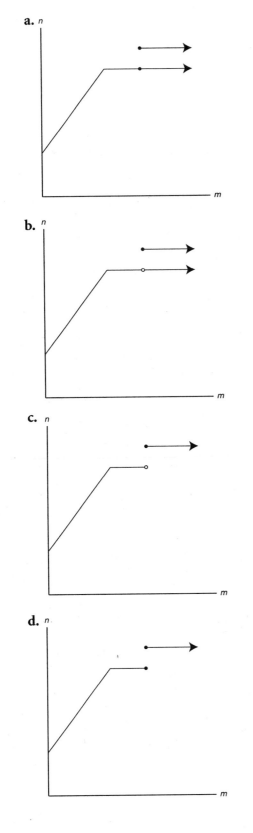

a.

b.

c.

d.

7. Como fracción simplificada, $\frac{1}{4}\left(\frac{5}{2} - \frac{1}{6}\right) =$

   a. $-\frac{1}{4}($

   b. $\frac{1}{4}\left(\frac{5}{2} - \frac{1}{6}\right) =$

   c. $\frac{7}{12}$

   d. $\frac{3}{2}$

8. Suponiendo que *x* es un número racional, $3(x - 5) = 3$. Selecciona la opción correcta.

   a. $x - 5 = 1$

   b. $3x - 15 = 9$

   c. $x = 5$

   d. $3x = 8$

9. Para un valor de entrada a, la función *f* se define como $f(a) = -2a^2 + 1$. ¿Cuál es el valor de $f(-8)$?

   a. -127

   b. -34

   c. 33

   d. 129

10. ¿Cuál de las siguientes opciones representa la solución de la desigualdad $4x - 9 < 3x + 1$?

   a. $x < -\frac{8}{7}$

   b. $x < -8$

   c. $x < 10$

   d. $x < \frac{10}{7}$

11. $(x - 5)(2x + 1) =$

   a. $2x^2 - 3x + 1$

   b. $2x^2 - 9x - 5$

   c. $2x^2 - 5$

   d. $2x^2 - 10$

12. Escribe la respuesta en la casilla. ¿Cuál es el mayor valor posible de *x* si $x^2 - 14x + 35 = -10$?

13. En la figura se grafica una función con todos sus puntos de inflexión.

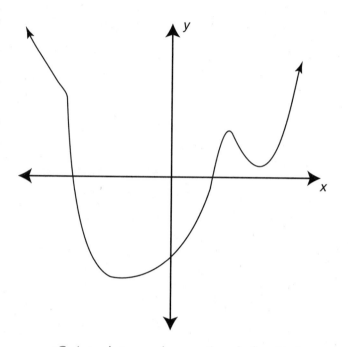

¿Cuántas intercepciones *x* tiene la función?

a. ninguna

b. 1

c. 2

d. infinitas

14. Escribe la respuesta en la casilla.

En un sitio web se vende una computadora portátil a $375 más el 6.5% de impuesto sobre las ventas estatal. Un estudiante desea comprar dos de estas computadoras: una para su hermano y otra para él. Con el impuesto incluido, ¿cuál será el costo total de esta compra?

$ [   ]

15. Una pequeña ciudad tiene una población de 20,510 habitantes y una superficie de 86.8 millas cuadradas. Redondeando al decimal más próximo, ¿cuál es la densidad poblacional calculada según el valor "habitante por milla cuadrada"?

a. 2.72

b. 236.3

c. 2,201.4

d. 55,833.1

16. $\dfrac{2}{x(x-1)} + \dfrac{1}{x-1} =$

a. $\dfrac{3}{2x(x-1)}$

b. $\dfrac{2+x}{x(x-1)}$

c. $\dfrac{3}{x(x-1)}$

d. $\dfrac{2}{x-1}$

17.

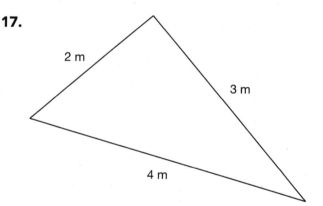

En metros, ¿cuál es el perímetro de este triángulo?

a. 3

b. 6

c. 7

d. 9

18. Dos amigos van a almorzar a un restaurante y pagan $24.36 finales. Uno de ellos piensa en dejar una propina del 15%, mientras que el otro prefiere dejar el 20%. Redondeando al valor centesimal más próximo, ¿cuál es la diferencia entre las dos posibles propinas?

a. $1.22
b. $3.65
c. $4.87
d. $8.52

19. En una clase de biología de nivel secundario, se organizó un día de avistaje de aves donde los alumnos registraron las diferentes especies que observaron en un parque aledaño. El gráfico de puntos representa la cantidad de especies que observaron los alumnos.

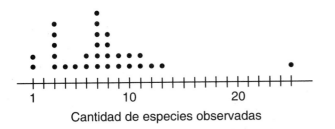

Cantidad de especies observadas

Se incluyó a cuatro alumnos en el gráfico. La cantidad de especies que observaron estos estudiantes fue la siguiente:

ESTUDIANTE	CANTIDAD DE ESPECIES OBSERVADAS
Amy	14
Scott	14
Crystal	21
Gilbert	9

En el gráfico de arriba, traza tantos puntos como sea necesario para agregar las observaciones de estos estudiantes al gráfico.

20. ¿Cuál de las siguientes opciones equivale a la expresión $2x + 3(x - 2)^2$?

a. $3x^2 - 10x + 12$
b. $3x^2 + 3x - 4$
c. $3x^2 - 2x + 4$
d. $3x^2 - 10x + 4$

21. El histograma representa la información re-unida mediante una encuesta realizada a alumnos que asisten a una importante universidad sin hospedaje estudiantil en las instalaciones. Cada alumno encuestado proporcionó la distancia que recorre para ir al campus.

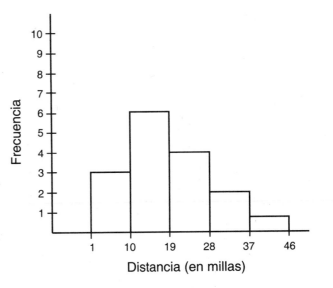

Distancia (en millas)

A partir de la información, ¿cuál de las siguientes oraciones es correcta?

a. Se encuestaron 46 alumnos en total.
b. Hay un alumno que recorre exactamente 46 millas hasta llegar al campus.
c. Entre 10 y 19 alumnos recorren exactamente 6 millas hasta llegar al campus.
d. Menos de 5 alumnos recorren menos de 10 millas hasta llegar al campus.

22. El gráfico representa la cantidad acumulativa de paquetes que se cargan en camiones en un día en un pequeño depósito. Cuando el día comenzó, ya había 50 paquetes cargados.

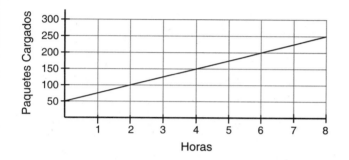

A partir de este gráfico, ¿cuántos paquetes se cargaron por hora?

a. 25

b. 50

c. 125

d. 250

23. Los catetos de un triángulo rectángulo miden 7 y 4. Redondeando al decimal más cercano, ¿cuál es la longitud de la hipotenusa?

a. 3.3

b. 5.7

c. 8.1

d. 11.0

24.

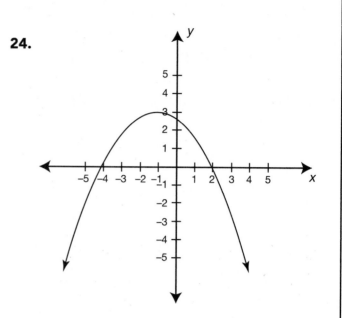

El gráfico que se muestra aquí representa la función $y = g(x)$. Selecciona la descripción correcta de la función a partir de las opciones a continuación.

a. La función tiene un valor máximo de −1 cuando $x = 3$.

b. La función tiene un valor máximo de 3 cuando $x = -1$.

c. La función tiene un valor mínimo de 3 cuando $x = -1$.

d. La función tiene un valor mínimo de −1 cuando $x = 3$.

25. Un mapa se traza conforme con la siguiente escala: 2.5 pulgadas del mapa representan 10 millas de distancia real. Si dos ciudades están a 7.1 pulgadas de distancia en el mapa, redondeando al decimal más próximo, ¿cuál es la distancia real entre las dos ciudades?

a. 14.6

b. 17.8

c. 28.4

d. 71.0

26. Escribe la respuesta en la casilla.

Durante los últimos 6 meses, la ganancia mensual de una empresa ha aumentado un 28%. Si la ganancia de este mes es de $246,990, ¿cuál fue la ganancia seis meses atrás? Redondea la respuesta al centesimal más próximo.

$ [   ]

27. En este gráfico se representa la inscripción en un programa anual de capacitación profesional por varios años no consecutivos. Selecciona el año en el que hubo la mayor diferencia entre la cantidad de hombres inscritos y la cantidad de mujeres inscritas en el programa.

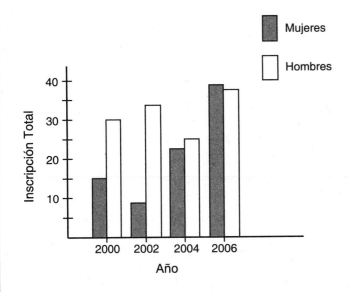

28. La línea p pasa por el punto $(-8, 4)$ y tiene una pendiente de $\frac{4}{5}$. ¿Cuál de las siguientes opciones representa la ecuación de la línea p?

a. $4x - y = -52$

b. $4x - y = -60$

c. $4x - 5y = -60$

d. $4x - 5y = -52$

29.

x	0	2	4	6
y	1	4	7	10

En la tabla arriba se muestran algunos puntos del plano cartesiano x-y por los que atraviesa el gráfico de una línea $y = mx + b$. Según esta información, ¿cuál es el valor de la pendiente m?

a. $\frac{1}{2}$

b. $\frac{2}{3}$

c. $\frac{3}{2}$

d. 2

30. ¿Cuáles son los dos factores lineales del polinomio $2x^2 - x$?

a. x y $2x - 1$

b. $2x$ y $x - 1$

c. $2x$ y x

d. $2x$ y $x - 2$

31. La línea P graficada en el plano cartesiano x-y cruza el eje x en el punto $(-5,0)$. Si la ecuación de otra línea Q es $y = 3x - 2$, ¿cuál de las siguientes oraciones es correcta?

a. La intercepción x de la línea P está más próxima al origen que la intercepción x de la línea Q.

b. La coordenada x en la intercepción x de la línea P es inferior a la coordenada x en la intercepción x de la línea Q.

c. Las intercepciones x de ambas líneas están a la derecha del eje y.

d. La intercepción x de la línea Q no se puede determinar a partir de la información suministrada.

32. Un vehículo con control remoto se desplaza a una velocidad constante por una pista de prueba durante un período de 12 horas. En ese tiempo, el vehículo recorre 156 kilómetros. En kilómetros por hora, ¿a qué velocidad viajaba el vehículo? Escribe la respuesta en la casilla.

| | km/hr

33. En este gráfico, se representa la cantidad de hogares en ciudades seleccionadas que se suscribieron al servicio de Internet de una empresa nueva.

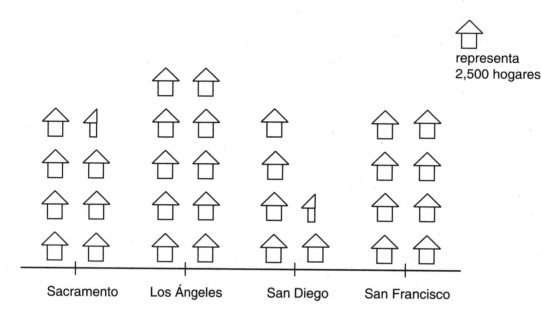

representa
2,500 hogares

Según estos datos, ¿cuántos hogares se suscribieron al servicio en San Diego?

a. 13,750
b. 15,000
c. 18,750
d. 20,000

34. Una maestra desea escoger 2 alumnos de su clase de 30 (16 niñas y 14 varones) para que sean los líderes de la clase. Si los elige de a uno por vez, sin reemplazo, ¿cuál es la probabilidad de que los dos líderes de la clase sean varones? Redondea la respuesta al porcentaje entero más próximo.

a. 14%
b. 21%
c. 47%
d. 91%

35. Si $\frac{3}{4}x = 12$, entonces $x =$

a. 9
b. $11\frac{1}{4}$
c. $12\frac{3}{4}$
d. 16

36. ¿Cuál de las siguientes líneas es paralela a la línea $y = \frac{2}{9}x - \frac{1}{5}$?

a. $y = -\frac{9}{2}x + 1$
b. $y = \frac{3}{4}x + 5$
c. $y = \frac{2}{9}x - 8$
d. $y = \frac{3}{4}x - \frac{1}{5}$

37. La figura a continuación es un rectángulo unido a una semicircunferencia.

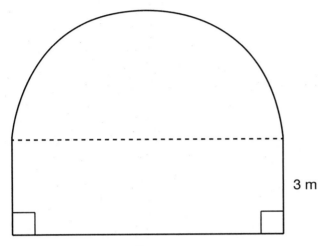

3 m

8 m

A partir de las dimensiones indicadas, ¿cuál es la superficie de la región en función de π?

a. $14 + 4\pi$ metros

b. $14 + 16\pi$ metros

c. $24 + 8\pi$ metros

d. $24 + 16\pi$ metros

38. ¿Cuál es el valor de la expresión $-3x + 10y$ si $x = -4$ y $y = -2$?

a. -34

b. -32

c. -8

d. 1

39. $-x^2(x + 1) - (x^3 + 4x^2) =$

a. $-6x^3 - x^2$

b. $-2x^3 - 5x^2$

c. $-2x^3 + 3x^2$

d. $-2x^3 + 4x^2 + 1$

40. ¿Cuál de las siguientes es la ecuación de la línea que atraviesa los puntos $(-8, 1)$ y $(4, 9)$ en el plano cartesiano x-y?

a. $y = \frac{2}{3}x + \frac{19}{3}$

b. $y = \frac{2}{3}x + 9$

c. $y = \frac{3}{2}x + \frac{21}{2}$

d. $y = \frac{3}{2}x + 13$

41. Esta figura representa una pieza compuesta que se fabricará fusionando dos cubos sólidos.

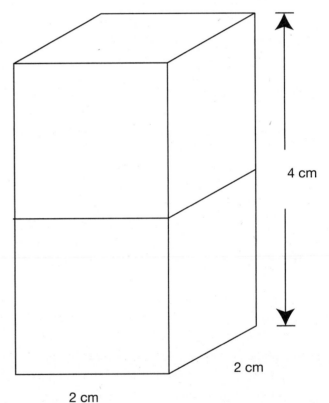

4 cm

2 cm

2 cm

Si los cubos son idénticos, ¿cuál es el volumen de la pieza resultante?

a. 4 cm^3

b. 8 cm^3

c. 16 cm^3

d. 40 cm^3

42. Un asesor informático le cobra $75 por hora a una empresa para analizar los sistemas actuales. Además, le suma el 3% de comisión del proyecto y el 1% de comisión de telecomunicaciones al costo de las horas facturadas. Si el asesor tarda 20 horas en terminar un proyecto, ¿cuál será el monto final que le cobrará a la empresa?

a. $1,515

b. $1,545

c. $1,560

d. $2,100

43. ¿Cuál de las siguientes opciones equivale a la suma de $\frac{1}{2}x$ y $\frac{3}{4}x - 5$?

Selecciona a partir de los números y expresiones que se enumeran debajo y escribe los valores correctos en los cuadros para hallar una expresión equivalente.

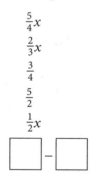

$\frac{5}{4}x$

$\frac{2}{3}x$

$\frac{3}{4}$

$\frac{5}{2}$

$\frac{1}{2}x$

$\boxed{} - \boxed{}$

44. La relación entre los empleados de tiempo completo y los empleados de tiempo parcial en un bufete de abogados de mediano tamaño es 4:3. Si hay 20 empleados de tiempo completo en total, ¿cuántos empleados de tiempo parcial trabajan en el bufete?

a. 15

b. 19

c. 23

d. 27

45. ¿Cuál es el valor de $\frac{x-5}{x^2-1}$ cuando $x = -3$?

a. $-\frac{3}{2}$

b. $-\frac{4}{5}$

c. $\frac{8}{5}$

d. 1

Respuestas y Explicaciones

1. La opción b es correcta. Si el primer entero es x, el segundo es $x + 1$ y su producto es $x(x + 1) = x^2 + x = 42$.

La opción **a** es incorrecta. El segundo entero sería $x + 1$, pero el producto de los dos enteros debe incluirse en la ecuación.

La opción **c** es incorrecta. El segundo entero será $x + 1$ y ninguno de ellos incluirá a 2 en su representación.

La opción **d** es incorrecta. Aunque hay dos enteros, ninguno de ellos estará representado por $2x$.

2. La opción c es correcta. La raya media ubicada entre un medio y uno representa tres cuartos. El punto c está entre esta raya y la raya de un medio, lo cual indica que cumple la desigualdad proporcionada.

La opción **a** es incorrecta. Este punto ni siquiera se aproxima a un medio. De hecho, es inferior a un cuarto.

La opción **b** es incorrecta. Este punto se encuentra entre un cuarto y un medio.

La opción **d** es incorrecta. Este punto supera los tres cuartos.

3. La opción c es correcta. La multiplicación por 84 es el primer paso, y esto queda representado en 84S. Luego se le suma 1,065 para obtener el modelo 84S + 1,065.

La opción **a** es incorrecta. Este modelo representa la multiplicación de los pies cuadrados por 1,149.

La opción **b** es incorrecta. Este modelo representa la multiplicación por 84 como último paso, lo cual produciría resultados diferentes.

La opción **d** es incorrecta. Este modelo solo implica sumarle 84 y luego 1,065 a los pies cuadrados.

4.

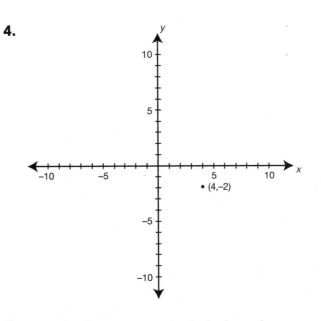

5. La opción b es correcta. Según las leyes de exponentes, $\frac{2^5}{2^2} = 2^{5-2} = 2^3$.

La opción **a** es incorrecta. Al restar conforme con las leyes de exponentes, se obtiene un exponente final superior a 1.

La opción **c** es incorrecta. En este caso, las leyes de exponentes exigen la resta, en lugar de la suma.

La opción **d** es incorrecta. En este caso, las leyes de exponentes exigen la resta, en lugar de la multiplicación.

6. La opción c es correcta. Para cada valor posible de m, hay solo un valor posible de n.

La opción **a** es incorrecta. Después del punto indicado, el cual es incluido, hay dos posibles valores de n para cada valor de m.

La opción **b** es incorrecta. Después del punto indicado, el cual es incluido, hay dos posibles valores de n para cada valor de m.

La opción **d** es incorrecta. En el punto indicado, hay dos posibles valores de n para ese valor de m.

La opción **d** es incorrecta. En el punto indicado, hay dos posibles valores de n para ese valor de m.

7. La opción c es correcta. $\frac{1}{4}(\frac{5}{2} - \frac{1}{6})$ $\frac{1}{4}(\frac{15}{6} - \frac{1}{6}) =$ $\frac{1}{4}(\frac{14}{6}) = \frac{7}{12}$.

La opción **a** es incorrecta. Los denominadores nunca se deben restar al restar dos fracciones.

La opción **b** es incorrecta. Si al reescribir la primera fracción se incluye 6 como común denominador, el numerador también se debe multiplicar por 2.

La opción **d** es incorrecta. La expresión indica multiplicación, no suma. Además, la suma de fracciones no implica sumar los denominadores.

8. La opción a es correcta. Se llega a $x - 5 = 1$ si se dividen ambos lados por tres.

La opción **b** es incorrecta. Si se multiplican las expresiones del lado izquierdo, se obtiene como resultado $3x - 15 = 3$, **no** $3x - 15 = 9$.

La opción **c** es incorrecta. Al dividir ambos lados por tres, se obtiene $x - 5 = 1$. Esto se puede reducir a $x = 6$, **no** $x = 5$.

La opción **d** es incorrecta. Multiplicar las expresiones del lado izquierdo da como resultado $3x - 15 = 3$. Esto se puede reducir a $3x = 18$, **no** $3x = 8$.

9. La opción a es correcta. $f(-8) = -2(-8)^2 + 1 = -2(64) + 1 = -128 + 1 = -127$.

La opción **b** es incorrecta. El exponente de a indica que a debe elevarse al cuadrado, no multiplicarse por 2. Además, esto tendrá un resultado positivo, en lugar de negativo.

La opción **c** es incorrecta. El exponente de a indica que a debe elevarse al cuadrado, no multiplicarse por 2.

La opción **d** es incorrecta. El valor de $(-8)^2$ es positivo, no negativo.

10. La opción c es correcta. Después de restar $3x$ en ambos lados, se obtiene la desigualdad $x - 9 < 1$. Al sumar 9 en ambos lados, se obtiene la solución final de $x < 10$.

La opción **a** es incorrecta. Debido a que el signo de $3x$ es positivo, se lo debe restar en ambos lados. Del mismo modo, en el siguiente paso, se debe sumar 9 en ambos lados ya que se lo resta a $4x$.

La opción **b** es incorrecta. Después de restar $3x$ en ambos lados, se debe sumar 9 en ambos lados ya que se lo resta a $4x$.

La opción **d** es incorrecta. Debido a que el signo de $3x$ es positivo, se lo debe restar en ambos lados.

11. La opción b es correcta. Según el método FOIL, $(x - 5)(2x + 1) = 2x^2 + x - 10x - 5 = 2x^2 - 9x - 5$.

La opción **a** es incorrecta. Si se emplea el método FOIL, es necesario multiplicar los términos internos, en lugar de sumarlos.

La opción **c** es incorrecta. Este solo es el producto de los dos primeros términos y de los dos últimos términos. Según el método FOIL, es necesario incluir el producto de los términos internos y externos.

La opción **d** es incorrecta. Debido a que el primer término es $2x^2$, el método FOIL requiere que se sumen muchos términos más al producto final.

12. Respuesta correcta: 9. Al sumar 10 en ambos lados, se obtiene la ecuación $x^2 - 14x + 45 = 0$. El extremo izquierdo de la ecuación se factoriza en $(x - 5)(x - 9)$ con lo cual se llega a las soluciones 5 y 9. Sin duda, nueve es el número mayor de las dos soluciones de la ecuación.

13. La opción c es correcta. El gráfico corta el eje x en exactamente dos puntos, y que se muestren todos los puntos de inflexión indica que no volverá a cortarlo en ningún otro punto.

La opción **a** es incorrecta. Si un gráfico no tiene intercepciones x, significa que el eje x no se corta en ningún punto.

La opción **b** es incorrecta. Si un gráfico tiene una única intercepción x, significa que el eje x se corta exactamente una sola vez. Este gráfico corta el eje x más de una vez.

La opción **d** es incorrecta. Un gráfico con infinitas intercepciones x debería estar curvado hacia el eje x y cortarlo conforme con un patrón regular. Ese comportamiento no se observa aquí, ya que se muestran todos los puntos de inflexión.

14. Respuesta correcta: $798.75. El estudiante pagará $375 \times 2 = \$750$ por las dos computadoras y $750 \times 0.065 = \$48.75$ por el impuesto. $\$750 + \$48.75 = \$798.75$

15. La opción b es correcta. Al dividir la cantidad de habitantes por la superficie, se obtiene $236.29 \approx 236.3$.

La opción **a** es incorrecta. La frase *millas cuadradas* no implica que 86.8 se deba elevar al cuadrado. Por el contrario, es una unidad de medición de superficie.

La opción **c** es incorrecta. Debido a que el resultado final está expresado en habitantes por millas cuadradas, calcular la raíz cuadrada antes de la división no es un paso necesario.

La opción **d** es incorrecta. Pese a que la superficie se mide en millas cuadradas, los valores de la población y de la superficie no se deben expresar al cuadrado.

16. La opción b es correcta. $\frac{2}{x(x-1)} + \frac{1}{x-1} = \frac{2}{x(x-1)} + \frac{x}{x(x-1)} = \frac{2+x}{x(x-1)}$.

La opción **a** es incorrecta. Las fracciones deben tener un común denominador antes de sumarlas, y al hacerlo, solo se deben combinar los numeradores.

La opción **c** es incorrecta. Debido a que el común denominador es $x(x-1)$, $\frac{1}{x-1} \neq \frac{x}{x(x-1)}$.

La opción **d** es incorrecta. En la fracción, las x en el numerador y denominador no son factores; por lo tanto, no se pueden eliminar.

17. La opción d es correcta. El perímetro se obtiene sumando las longitudes de todos los lados: $2 + 4 + 3 = 9$

La opción **a** es incorrecta. 3 metros cuadrados constituye la superficie del triángulo, no el perímetro.

La opción **b** y **c** es incorrecta. Para hallar el perímetro, es necesario sumar las longitudes de todos los lados, no solo de dos de ellos.

18. La opción a es correcta. $0.2 \times 24.36 - 0.15 \times 24.36 = 1.22$.

La opción **b** es incorrecta. Esta respuesta representa la propina del 15%, no la *diferencia* entre las dos propinas.

La opción **c** es incorrecta. Esta respuesta representa la propina del 20%, no la diferencia entre las dos propinas.

La opción **d** es incorrecta. Calcular la diferencia significa restar, no sumar.

19. La opción b es correcta. Seis alumnos observaron exactamente 7 especies de aves, según lo indica la cantidad de puntos que figuran en la séptima columna del gráfico. Por consiguiente, siete es la cantidad más común de especies observadas por los alumnos.

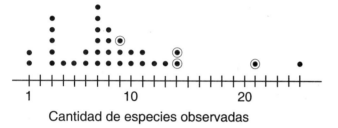

Cantidad de especies observadas

20. La opción a es correcta. Conforme al orden de operaciones, primero se debe elevar al cuadrado el binomio, distribuir el 3 y luego combinar términos semejantes:

$2x + 3(x - 2)^2 = 2x + 3(x^2 - 4x + 4) = 2x + 3x^2 - 12x + 12 = 3x^2 - 10x + 12$.

La opción **b** es incorrecta. Se debe emplear el método FOIL para desarrollar el término al cuadrado:

$(x - 2)^2 \neq x^2 + 4$

La opción **c** es incorrecta. Al hacer la simplificación, se debe multiplicar por 3 cada término dentro de los paréntesis.

La opción **d** es incorrecta. Al hacer la simplificación, se debe multiplicar por 3 el término constante 4.

21. La opción d es correcta. La barra que representa las distancias desde 1 hasta 10 millas alcanza el valor 3 de altura, lo cual significa que 3 alumnos recorren menos de 10 millas para llegar al campus.

La opción **a** es incorrecta. Para calcular la cantidad total de alumnos encuestados, es necesario sumar las frecuencias. Se encuestaron $3 + 6 + 4 + 2 + 1 = 16$ alumnos.

La opción **b** es incorrecta. Debido a que un solo alumno recorre entre 37 y 46 millas hasta llegar al campus, no se puede calcular con precisión la cantidad de millas que recorre mediante este gráfico.

La opción **c** es incorrecta. Los valores 10 y 19 del eje horizontal representan la distancia, no la frecuencia.

22. La opción a es correcta. La pendiente de la línea representa el índice unitario. Si se emplea el punto de inicio $(0, 50)$ y el punto final $(8, 250)$, la pendiente es $\frac{250 - 50}{8 - 0} = \frac{200}{8} = 25$.

La opción **b** es incorrecta. El punto 50 en el eje vertical representa la cantidad de paquetes que se cargaron al comienzo del día.

La opción **c** es incorrecta. Se cargaron 125 paquetes unos minutos después de las 3 horas, de modo que este no puede ser el índice por hora.

La opción **d** es incorrecta. Esta cifra no puede representar el índice por hora porque se cargaron 250 paquetes después de 8 horas.

23. **La opción c es correcta.** Según el teorema de Pitágoras, $7^2 + 4^2 = c^2$ donde **c** es la longitud de la hipotenusa. Para hallar el valor de c, $c^2 = 65$ y $c = \sqrt{65} \approx 8.1$.

La opción **a** es incorrecta. Según el teorema de Pitágoras, todos los términos se deben elevar al cuadrado, no solo la longitud de la hipotenusa.

La opción **b** es incorrecta. Al usar el teorema de Pitágoras $a^2 + b^2 = c^2$, a y b representan las longitudes de los catetos.

La opción **d** es incorrecta. Aunque el teorema de Pitágoras sí incluye la suma, los términos también se deben elevar al cuadrado.

24. **La opción b es correcta.** El punto más alto del gráfico es el máximo, es decir 3. Esto sucede en $x = -1$. Este es el vértice de la parábola.

La opción **a** es incorrecta. El punto más alto del gráfico es el máximo, es decir 3. Esto sucede en $x = -1$. Este es el vértice de la parábola.

La opción **c** es incorrecta. El punto más alto del gráfico es el máximo, no el mínimo.

La opción **d** es incorrecta. El punto más alto del gráfico es el máximo, es decir 3. Esto sucede en $x = -1$. Este es el vértice de la parábola.

25. **La opción c es correcta.** Si x es la cantidad de millas entre las dos ciudades, entonces $\frac{2.5 \text{ in.}}{10 \text{ mi}} = \frac{7.1 \text{ in.}}{x \text{ mi}}$.

Si se realiza la multiplicación cruzada y se resuelve la ecuación resultante, se obtiene:

$$2.5x = 71$$
$$x = \frac{71}{2.5} = 28.4$$

La opción **a** es incorrecta. Esta es una relación proporcional, por lo cual no se aplica la resta en general.

La opción **b** es incorrecta. El resultado final debe ser en millas. Multiplicar dos valores medidos en pulgadas tendrá un resultado expresado en pulgadas cuadradas.

La opción **d** es incorrecta. Esta sería la cantidad de millas si cada pulgada representara 10 millas.

26. **Respuesta correcta: $192,960.94.** Si x representa la ganancia de seis meses atrás, la ecuación $1.28x = 246,990$ es correcta. Al dividir ambos lados por 1.28, se obtiene $x = 192,960.94$.

27. **La opción b es correcta.** En 2002, se inscribieron aproximadamente 34 hombres y 8 mujeres, con una diferencia entre ellos de 26. Esto está representado por la diferencia de altura entre las dos barras.

28. **La opción d es correcta.** Si se emplea la fórmula punto-pendiente, la ecuación de la línea debe ser

$$y - 4 = \tfrac{4}{5}(x - (-8))$$
$$y - 4 = \tfrac{4}{5}(x + 8)$$
$$y - 4 = \tfrac{4}{5}x + \tfrac{32}{5}$$
$$y = \tfrac{4}{5}x + \tfrac{52}{5}$$

La opción **A** es incorrecta. Al reescribir la ecuación en la forma $Ax + By = C$, se debe distribuir el -5 en todos los términos.

La opción **b** es incorrecta. En la fórmula punto-pendiente, la pendiente se debe distribuir en las dos x y en el término constante. Además, al reescribir la ecuación en la forma $Ax + By = C$, se debe distribuir el -5 en todos los términos.

La opción **c** es incorrecta. En la fórmula punto-pendiente, la pendiente se debe distribuir en las dos x y en el término constante.

29. **La opción c es correcta.** Si se usan los dos primeros puntos, $m = \frac{4 - 1}{2 - 0} = \frac{3}{2}$.

La opción **a** es incorrecta. La fórmula de la pendiente no es $\frac{x_1 - y_1}{x_2 - y_2}$. En otras palabras, la fórmula implica restar valores de puntos diferentes.

La opción **b** es incorrecta. El cambio de y se representa en el numerador de la fórmula de la pendiente, no en el denominador.

La opción **d** es incorrecta. La fórmula de la pendiente no es $\frac{x_2 - y_2}{x_1 - y_1}$. En otras palabras, la fórmula implica restar valores de puntos diferentes.

30. La opción a es correcta. Ambos términos solo tienen en común la x como factor. Al factorizar este término, se obtiene la expresión $x(2x - 1)$.

La opción **b** es incorrecta. El segundo término no tiene un factor de 2, por lo que no se puede factorizar $2x$ en el polinomio.

La opción **c** es incorrecta. Estas dos expresiones constituyen los factores del primer término. No son los factores del segundo término.

La opción **d** es incorrecta. El segundo término no tiene un factor de 2, por lo que no se puede factorizar $2x$ en el polinomio. Además, $x - 2$ no es un factor del polinomio.

31. La opción b es correcta. La coordenada x en la intercepción x de la línea P es -5, mientras que la coordenada x en la intercepción x de la línea Q es $\frac{2}{3}$.

La opción **a** es incorrecta. La intercepción x de la línea P está a 5 unidades del origen, mientras que la intercepción x de la línea Q está a menos de 1 unidad de distancia.

La opción **c** es incorrecta. La coordenada x en la intercepción x de la línea P es negativa.

La opción **d** es incorrecta. La intercepción x de la línea Q se puede hallar si $y = 0$ y se calcula el valor de x.

32. Respuesta correcta: 13.

$$\frac{156 \text{ km}}{12 \text{ hr}} = \frac{\frac{156}{12} \text{ km}}{\frac{12}{12} \text{ hr}} = \frac{13 \text{ km}}{1 \text{ hr}}$$

33. La opción a es correcta. Se incluyen 5.50 símbolos de hogares en la tabla para San Diego, lo cual indica que se suscribieron $5.50 \times 25 = 13{,}750$ hogares en esa ciudad.

La opción **b** es incorrecta. Hay 5.50 símbolos de hogares, no 6 (lo cual resultaría en 15,000 suscripciones de hogares).

La opción **c** es incorrecta. Esta es la cantidad de hogares que se suscribieron en Sacramento.

La opción **d** es incorrecta. Esta es la cantidad de hogares que se suscribieron en San Francisco.

34. La opción b es correcta. Si se emplea la regla de multiplicación de probabilidad, la probabilidad es $\frac{14}{30} \times \frac{13}{29} \approx 0.21$ or 21%.

La opción **a** es incorrecta. Debido a que se escogen alumnos de toda la clase, el denominador debe ser 30 y no 14.

La opción **c** es incorrecta. Esta respuesta representa la probabilidad de que se seleccione una niña al azar. En el planteo se solicita la probabilidad compuesta de que los dos líderes elegidos sean varones.

La opción **d** es incorrecta. En la probabilidad de un evento conjuntivo, se debe usar la regla de multiplicación, no la regla de suma.

35. La opción d es correcta. Para despejar la x, se deben multiplicar los dos lados de la ecuación por el recíproco de $\frac{3}{4}$. Así, $x = \frac{4}{3}(12) = 16$.

La opción **a** es incorrecta. Para eliminar los $\frac{3}{4}$, ambos lados se deben multiplicar por la fracción recíproca, en lugar de la original.

La opción **b** es incorrecta. Si se resta la fracción en ambos lados, no se despejará la x porque esta se multiplica por la fracción.

La opción **c** es incorrecta. Si se suma la fracción en ambos lados, no se despejará la x porque esta se multiplica por la fracción.

36. La opción c es correcta. Esta línea tiene la misma pendiente; como resultado, por definición, esta línea es paralela a la original.

La opción **a** es incorrecta. Esta línea es perpendicular a la línea proporcionada.

La opción **b** es incorrecta. Aunque la intercepción y es el recíproco negativo de la intercepción y de la línea original, esto no influye en si la línea es paralela o no.

La opción **d** es incorrecta. Aunque la intercepción y coincide con la intercepción y de la línea original, esto no influye en si la línea es paralela o no.

37. La opción c es correcta. La superficie de la región rectangular es $8 \times 3 = 24$ metros cuadrados, mientras que la superficie de la semicircunferencia es $\frac{1}{2}\pi r^2 = \frac{1}{2}\pi(\frac{8}{2})^2 = \frac{1}{2}\pi(16) = 8\pi$.

La opción **a** es incorrecta. Este es el perímetro de la región.

La opción **b** es incorrecta. Este sería el perímetro de la región si el radio fuera de 8 metros (este es el diámetro) y si fuera una circunferencia entera en lugar de una semicircunferencia.

La opción **d** es incorrecta. La superficie de la semicircunferencia es la mitad de la formula de superficie habitual πr^2. Esta sería la superficie si se empleara la circunferencia entera.

38. La opción c es correcta. $-3(-4) + 10(-2) = 12 - 20 = -8$.

La opción **a** es incorrecta. Esto se obtiene al mezclar la sustitución de x y y. El término multiplicado por -3 debería ser -4.

La opción **b** es incorrecta. El producto de -3 y -4 es positivo porque ambos signos son negativos.

La opción **d** es incorrecta. Al sustituir los valores en la expresión, $-3x$ y $10y$ indican multiplicación, no suma.

39. La opción b es correcta. $-x^2(x + 1) - (x^3 + 4x^2) = -x^3 - x^2 - x^3 - 4x^2 = -2x^3 - 5x^2$.

La opción **a** es incorrecta. Debido a que los términos contenidos en el segundo juego de paréntesis no son términos semejantes, no se pueden combinar.

La opción **c** es incorrecta. El signo negativo se debe distribuir en los dos términos del segundo juego de paréntesis.

La opción **d** es incorrecta. Los términos delante de los dos juegos de paréntesis se deben distribuir en cada término dentro de los paréntesis.

40. La opción a es correcta. La pendiente de la línea es $m = \frac{9 - 1}{4 - (-8)} = \frac{8}{12} = \frac{2}{3}$. Si se usa esto en la fórmula punto-pendiente junto con el primer punto, se puede hallar la ecuación con los siguientes pasos.

$$y - 1 = \tfrac{2}{3}(x - (-8))$$
$$y - 1 = \tfrac{2}{3}(x + 8)$$
$$y - 1 = \tfrac{2}{3}x + \tfrac{16}{3}$$
$$y = \tfrac{2}{3}x + \tfrac{19}{3}$$

La opción **b** es incorrecta. En la fórmula punto-pendiente, la pendiente se debe multiplicar por todo el término $x - x_1$.

La opción **c** es incorrecta. La pendiente de la línea debe ser el cambio de y dividido por el cambio de x. Asimismo, solo se debe utilizar un punto en la fórmula en lugar de un valor x de un punto y un valor y de otro punto.

La opción **d** es incorrecta. La pendiente de la línea debe ser $\frac{2}{3}$; el cambio de y dividido por el cambio de x.

41. La opción c es correcta. El volumen de uno de los cubos es $2 \times 2 \times 2 = 8$ cm^3. Debido a que la pieza consta de dos cubos, el volumen final es el doble de este valor, es decir, 16 cm^3.

La opción **a** es incorrecta. Esta es la superficie de la cara de uno de los cubos.

La opción **b** es incorrecta. Este es el volumen de uno de los cubos empleados para elaborar la pieza.

La opción **d** es incorrecta. Este es el área de superficie de la pieza final.

42. La opción c es correcta. $75 \times 20 = 1{,}500$, $0.01 \times 1{,}500 = 15$, y $0.03 \times 1{,}500 = 45$ por un total de $1{,}500 + 15 + 45 = 1{,}560$.

La opción **a** es incorrecta. Esta suma comprende solamente la comisión de telecomunicaciones, pero también hay una comisión de proyecto del 3%.

La opción **b** es incorrecta. Esta suma comprende solamente la comisión del proyecto, pero también hay una comisión de telecomunicaciones del 1%.

La opción **d** es incorrecta. Para hallar el tres por ciento del total, se debe multiplicar por 0.03, no por 0.30. Del mismo modo, el uno por ciento se calcula multiplicando por 0.01, no por 0.10.

43. La opción d es correcta $\frac{5}{4}x - 5$. $\frac{1}{2}x + \frac{3}{4}x - 5 = \frac{2}{4}x + \frac{3}{4}x - 5 = \frac{5}{4}x - 5$.

La opción **a** es incorrecta. $\frac{1}{2}x + \frac{3}{4}x - 5 = \frac{2}{4}x + \frac{3}{4}x - 5 = \frac{5}{4}x - 5$.

La opción **b** es incorrecta. $\frac{1}{2}x + \frac{3}{4}x - 5 = \frac{2}{4}x + \frac{3}{4}x - 5 = \frac{5}{4}x - 5$.

La opción **c** es incorrecta. $\frac{1}{2}x + \frac{3}{4}x - 5 = \frac{2}{4}x + \frac{3}{4}x - 5 = \frac{5}{4}x - 5$.

44. La opción a es correcta. Para mantener la relación, la fracción de empleados de tiempo completo con respecto a los empleados de tiempo parcial debe ser $\frac{4}{3}$. La cantidad de empleados de tiempo completo se puede hallar multiplicando 4 por 5; por lo tanto, la cantidad de empleados de tiempo parcial se puede calcular multiplicando 3 por 5 para obtener 15 como resultado.

La opción **b** es incorrecta. Aunque la diferencia entre 20 y 4 es 16, no se puede utilizar para hallar la respuesta final. Las relaciones funcionan con un multiplicador común, no con una suma común.

La opción **c** es incorrecta. Esto no conservará la relación porque no se empleó un multiplicador común.

La opción **d** es incorrecta. Este resultado sería aproximadamente correcto si la cantidad de empleados de tiempo parcial fuera 20, no la cantidad de empleados de tiempo completo.

45. La opción b es correcta. $\frac{(-3) - 5}{(-3)^2 + 1} = \frac{-8}{10} = -\frac{4}{5}$.

La opción **a** es incorrecta. El numerador de la fracción indica que se restó 5 a x, no que se lo multiplicó.

La opción **c** es incorrecta. El valor de $(-3)^2$ es 9, no 6.

La opción **d** es incorrecta. El valor de $(-3)^2$ es 9, no −9.

3 ▶ FUNDAMENTOS NUMÉRICOS, PARTE 1: FRACCIONES Y DECIMALES

En este capítulo usted comenzará a aprender los conceptos de aritmética que conforman los fundamentos del álgebra. Dado que el álgebra se utiliza para modelar y resolver problemas complejos, es una habilidad importante para tener en la vida personal, así como también en el ámbito laboral. Resolver problemas de manera precisa con matemática minuciosa lo ayudará a tomar buenas decisiones como consumidor y evitar errores costosos en el trabajo o en casa (¡así como también a aprobar el examen GED®!).

Este capítulo abarca:

- Vocabulario usado para definir operaciones aritméticas
- Mínimo común múltiplo (m.c.m.) y máximo factor común (m.f.c.)
- Simplificación y creación de fracciones equivalentes
- Operaciones con fracciones
- Comparar y ordenar decimales, fracciones y números negativos en listas, así como también en rectas numéricas

En este capítulo hay ejercicios de práctica que lo ayudarán a reforzar los conceptos que aparecen en cada sección. Al final del capítulo usted encontrará un amplio conjunto de preguntas que ejemplifican los tipos de preguntas que encontrará en el examen GED®. La respuestas y explicaciones para todas las preguntas de práctica y revisión se pueden encontrar al final del capítulo.

El lenguaje matemático

Para estar listo para aprender los fundamentos aritméticos del álgebra, usted debe sentirse completamente cómodo con el lenguaje que se utiliza para representar las cuatro operaciones matemáticas básicas: adición, sustracción, división y multiplicación. Comencemos nuestra exploración al investigar qué operaciones matemáticas están representadas por diferentes palabras de uso diario.

PREGUNTA DE ANTICIPO GED®

Estos cuadros de Anticipo le darán una idea de lo que puede ver en el examen de Razonamiento matemático de GED®. Lea la siguiente sección para aprender a responder este tipo de preguntas:

- *¿Cuál es el triple de la diferencia entre 65 y 50?*
- Use números y variables para representar lo siguiente: *¿Cuál es el resultado de quitar 7 al producto de 10 y un número x?*

Traducciones del español al lenguaje matemático

El álgebra se usa para modelar situaciones del mundo real, pero primero es necesario sentirse cómodo al traducir palabras al lenguaje matemático. Comencemos con las cuatro palabras clave que representan la adición, sustracción, división y multiplicación. En este capítulo utilizaremos esas palabras con números y repasaremos estos términos en un capítulo posterior una vez que comencemos a aplicarlos con variables.

Suma: La *suma* de dos o más números es la respuesta a un problema de *adición*.

> La suma de 3 más 5 es 8 (es decir, 3 + 5 = 8).
> Si María tiene 4 guitarras y Diego tiene 5 guitarras, la suma de sus guitarras es 9.

Diferencia: La *diferencia* entre dos números es la respuesta a un problema de *sustracción*.

- *La diferencia de 5 menos 4 es 1 (es decir, 5 − 4 = 1).*

- *Si María mide 60 pulgadas de altura y Diego mide 52 pulgadas de altura, la diferencia entre sus alturas es de 8 pulgadas.*

Cociente: El *cociente* es la respuesta a un problema de *división*.

- *El cociente de 18 dividido 6 es 3 (es decir, 18 ÷ 6 = 3).*
- *Si María tiene 30 años y Diego tiene 15 años, el cociente de sus edades es 2.*

Producto: El *producto* es la respuesta a un problema de *multiplicación*.

- *El producto de 8 por 9 es 72 (es decir, 8 × 9 = 72).*
- *Si el número de la suerte de María es 8 y el número de la suerte de Diego es 11, el producto de sus números de la suerte es 88.*

No espere ver las palabras anteriores todo el tiempo. Así como hay muchas formas de decir "hola", hay muchas formas de indicar las cuatro operaciones. Consideremos el caso de 6 + 7, que se podría describir de las siguientes formas:

- *la suma de seis y siete*
- *seis más siete*
- *seis sumado a siete*
- *seis incrementado en siete*
- *el total de seis más siete*

Cada una de estas frases contiene una palabra clave diferente que indica adición: *más, sumado a, incrementado en* y *total*. Hay varias palabras clave para las cuatro operaciones básicas que funcionan como indicio de qué operación se usará.

La siguiente tabla incluye varias de las palabras clave más comunes para cada operación:

ADICIÓN	SUSTRACCIÓN	MULTIPLICACIÓN	DIVISIÓN
suma	diferencia	producto	cociente
combinar	restar	veces	por ciento
total	quitar	por	de
más	menos	elevado	repartir
y	disminuir	múltiple	fraccionado
añadido	queda	factores	promediado
incrementado	suprimido	doble (× 2)	múltiple
agregado	extraer	triple (× 3)	distribuido

Palabras que simbolizan agrupación entre paréntesis

Además de las palabras que indican las cuatro operaciones aritméticas básicas, preste atención a palabras y frases especiales que combinan más de una operación y a veces utilizan paréntesis:

La cantidad de: *La cantidad de* indica que dos o más términos se combinan para formar un término. Esta combinación de términos múltiples en un solo término requiere el uso de *paréntesis*.
- *6 por la cantidad de 5 más 10* se escribe 6(5 + 10)

La suma de y **la diferencia de:** Estos dos términos son como *la cantidad de* en cuanto se utilizan para simbolizar que se deben utilizar paréntesis.
- *5 por la diferencia de 8 menos 3* se escribe 5(8 − 3)
- *La suma de 20 más 19 dividido 3* se escribe (20 + 19) ÷ 3

¡NO HAGA ESTO!

Muchos estudiantes se olvidan de usar paréntesis cuando se les presentan los términos *la cantidad de, la suma de* y *la diferencia de*. Recuerde que estas frases especiales indican agrupación. ¡No cometa este error común! (Nota: El símbolo ≠ se lee "no es igual a" y lo verá en muchos de estos cuadros *¡No haga esto!*)

¡**NO!** *2 por la suma de 12 y 10 ≠ 2 × 12 + 10*

SÍ . . . *Por el contrario, 2 por la suma de 12 y 10 = 2(12 + 10)*

Pistas engañosas de sustracción

A veces, las palabras que indican sustracción pueden ser engañosas. Por ejemplo, *extraer* y *quitar* pueden indicar sustracción pero se debe invertir el orden de los términos:

- **Extraer:** *Restar 8 de 10* se escribe *10 – 8* y **no** *8 – 10*. Esto se debe a que la frase indica que 8 es el número que se sustrae, no 10.
- **Quitar:** *Quitar 2 a 20* se escribe *20 – 2* y **no** *2 – 20*. La frase indica que 20 es el número inicial del cual se quitan 2.

¡NO HAGA ESTO!

Muchos estudiantes se olvidan que al traducir *extraer* y *quitar* en ecuaciones matemáticas es necesario cambiar el orden de los números o términos que se presentan).

¡NO! *Quitar 10 a 5 ≠ 10 – 5*

SÍ. . . Por el contrario, *quitar 10 a 5 = 5 – 10*

Palabras especiales de multiplicación

La palabra *doble* representa una multiplicación por 2 y *triple* significa multiplicación por 3:

Doble: *El doble del precio original de $50* se escribe *2 × $50*

Triple: *El triple de los 4.000 asistentes que hubo el año pasado* se escribe *3 × 4.000*

Práctica

Represente cada frase como una expresión numérica. No combine los números para evaluarlos para una respuesta final.

1. 10 pasajeros incrementados en 20 y luego disminuidos en 7

2. $85 se reparte entre tres hermanos

3. Quitar cuatro al producto de seis y doce

4. Triplicar la suma de sus ventas de $500 en octubre y de sus ventas de $700 de noviembre

5. Fraccionan la diferencia de sus gastos de $3.200 y sus gastos de $2.800

6. Quitar $40 a $100, agregar $80 y luego duplicarlo

Múltiplos, factores y simplificación de fracciones

Múltiplos y *factores* son palabras importantes de vocabulario que se utilizan comúnmente al explicar cómo realizar operaciones importantes con números. Los múltiplos y factores son especialmente útiles al trabajar con fracciones y, más adelante, con ecuaciones algebraicas.

¡PREGUNTA DE ANTICIPO GED®!

Es posible que se le haga una pregunta como esta en el examen de Razonamiento matemático de GED®. Aún no hemos introducido variables, así que tal vez no sepa cómo responder esto, pero también se requiere una comprensión sólida de factores.

- ¿Cuál es el máximo factor común de $14x^4yz^2$ y $35xy^3$?

Múltiplos

Los múltiplos son números que resultan al multiplicar un número por números enteros como 1, 2, 3, 4, 5, etcétera. Por ejemplo, si quisiéramos encontrar los múltiplos de 6, comenzaríamos con:

- $6 \times 1 = \underline{6}$
- $6 \times 2 = \underline{12}$
- $6 \times 3 = \underline{18}$
- $6 \times 4 = \underline{24}$

Cada número tiene un número infinito de múltiplos. No obstante, aquí simplemente incluiremos los primeros múltiplos de 6:

Múltiplos de 6: 6, 12, 18, 24, 30, 36, 42, 48, 54 . . .

El mínimo común múltiplo

El **m.c.m.** o **mínimo común múltiplo** es el múltiplo más pequeño que dos números o términos diferentes tienen en común. Por ejemplo, para encontrar el m.c.m. de 8 y 12, escriba el comienzo de las listas de múltiplos para 8 y 12.

Primero cree listas de múltiplos de 8 y 12:

Múltiplos de 8: 8, 16, **24**, 32, 40, **48**, 56
Múltiplos de 12: 12, **24**, 36, **48**, 60

Al mirar estas listas, puede ver que *tanto* 24 como 48 son múltiplos de 8 y 12. Dado que 24 es el múltiplo más pequeño que 8 y 12 tienen en *común, , 24 es el mínimo común múltiplo de 8 y 12.*

Saber cómo hallar el mínimo común múltiplo es fundamental para sumar, restar y comparar fracciones, lo cual aprenderemos más adelante en este capítulo.

El máximo factor común

Un número que divide exactamente a otro número es un **factor** del segundo número. Por ejemplo, los factores de 12 son 1, 2, 3, 4, 6 y 12, ya que todos estos

números dividen exactamente a 12. También es verdad que 7 es un factor de 7, 14, 21 y 28. (¿Puede ver la relación entre *factores y múltiplos?*)

El **máximo factor común**, llamado comúnmente **m.f.c.**, es un factor especial que comparten dos o más números. El m.f.c. es el *factor más grande* que tienen en común los números que se consideran. Para encontrar el m.f.c. de dos números, escriba las listas de factores para ambos números y seleccione el máximo factor que tengan en común. Por ejemplo, encontremos el máximo factor común de 32 y 40.

Cree las listas de los factores de 32 y 40:

Factores de 32: 1, <u>2</u>, <u>4</u>, **8**, 16, 32
Factores de 40: 1, <u>2</u>, <u>4</u>, 5, **8**, 10, 20, 40

A pesar de que 2, 4 y 8 son todos factores tanto de 32 como de 40, 8 es el m.f.c.

Hallar el m.f.c. entre dos o más números es necesario al reducir fracciones, lo cual trataremos a continuación. Poder identificar el m.f.c. también es útil al simplificar expresiones algebraicas complejas, que se tratarán en capítulos posteriores.

¡ALERTA DE VOCABULARIO!

El **mínimo común múltiplo** es el menor múltiplo que dos o más números tienen en común. *36 es el mínimo común múltiplo de 9 y 12.*

El **máximo factor común** es el mayor factor que dos o más números tienen en común. *10 es el máximo factor común de 10 y 20.*

Simplificación de fracciones

Antes de pasar a las fracciones, revisemos algunas palabras importantes de vocabulario: el número de la parte *superior* de una fracción se llama **numerador** y el número de la parte inferior de una fracción se llama **denominador**. Aprenda estos términos de memoria para poder comprender las explicaciones e instrucciones en sus futuros estudios de matemática.

¡ALERTA DE VOCABULARIO!

El número ubicado en la parte superior de una fracción se llama **numerador** y el número ubicado en la parte inferior se llama **denominador**:

$$\frac{numerador}{denominador}$$

La forma más simple

Una fracción está en su **forma más simple** o **término más bajo** cuando su numerador y denominador no se pueden dividir entre ningún factor común. Para reducir una fracción a su forma más simple, divida el numerador y denominador entre el máximo factor común. Esta es una habilidad fundamental requerida en el examen GED®, ya que todas las opciones de respuesta se presentarán en los términos más bajos. Por lo tanto, para identificar la respuesta correcta en una lista de opción múltiple, usted necesitará reducir las respuestas fraccionarias a su forma más simple.

Ejemplo

¿Qué está $\frac{24}{42}$ en su forma más simple?

Primero identifique que el m.f.c. de 24 y 42 es 6. Luego divida el numerador y denominador entre el m.f.c.:

$$\frac{24}{42} = \frac{24 \div 6}{42 \div 6} = \frac{4}{7}$$

Por tanto, $\frac{24}{42}$ reducido a los términos más bajos es equivalente a $\frac{4}{7}$.

A pesar de que $\frac{24}{42}$ y $\frac{4}{7}$ son equivalentes, la fracción $\frac{4}{7}$ está en su *forma más simple* porque no se puede reducir más. Todas las respuestas de opción múltiple se presentarán en su forma más simple.

Práctica

7. ¿Cuál es el mínimo común múltiplo de 6 y 20?

8. ¿Cuál es el mínimo común múltiplo de 12, 18 y 6?

9. ¿Cuál es el máximo factor común de 15 y 60?

10. ¿Es posible que el máximo factor común de dos números sea 1?

11. Reduzca la fracción $\frac{48}{72}$ a los términos más bajos.

Trabajar con fracciones

Las fracciones son uno de los fundamentos más importantes de la matemática, ya que a diario encontramos fracciones: en recetas ($\frac{1}{3}$ taza de leche), al conducir ($\frac{3}{4}$ de milla), medidas de la tierra ($5\frac{1}{2}$ acres), dinero (medio dólar), etcétera. Muchos problemas aritméticos incluyen fracciones de una forma u otra. Los decimales, porcentajes, coeficientes y proporciones, que se tratan en los capítulos siguientes, requieren el dominio de las fracciones.

¡PREGUNTA DE ANTICIPO GED®!

En el examen de Razonamiento matemático de GED® se le puede pedir que represente el total fraccionario que representan ciertas cantidades. Lea la siguiente sección para aprender a responder preguntas como esta:

- Si Emma usa 8 pulgadas de una yarda de tela y Jackson usa 14 pulgadas de esa misma yarda, qué fracción de la yarda de tela utilizaron entre los dos?

Representación de medidas con fracciones

La fracción es la representación de una *parte de un todo*. El denominador representa el número total de unidades que componen un todo, mientras que el numerador representa el número de unidades que se está considerando.

Ejemplo

¿Qué fracción de una hora representa 15 minutos?

Comience con la relación de parte de un todo y complete la información dada y conocida:

$$\frac{\text{parte}}{\text{todo}} = \frac{\text{cantidad de minutos que se considera}}{\text{cantidad de minutos en una hora entera}} = \frac{15}{60}$$

Entonces, 15 minutos es $\frac{15}{60}$ de una hora. Ahora redúzcalo a los términos más simples:

$$\frac{15}{60} = \frac{15 \div 15}{60 \div 15} = \frac{1}{4}$$

Por lo tanto, 15 minutos equivale a $\frac{1}{4}$ de una hora.

¡NO HAGA ESTO!

Al escribir fracciones, el numerador y el denominador deben estar en las mismas unidades. Por ejemplo, considere una situación en la que Sofía tiene 3 pies de cinta y usa 7 pulgadas para hacer un moño. Sería incorrecto decir que utilizó $\frac{7}{3}$ de su cinta dado que el 7 estaría en pulgadas y el 3 en pies. Tanto el numerador como el denominador deben estar en las mismas unidades. Por lo tanto, convierta los 3 pies en pulgadas al multiplicarlos por las 12 pulgadas que contiene cada pie: 3 pies. × 12 pulgadas. = 36 pulgadas. Ahora podemos decir que Sofía usó $\frac{7}{36}$ de su cinta dado que tanto el numerador como el denominador están en pulgadas.

Fracciones propias, fracciones impropias y números mixtos

Usted debe conocer algunos términos importantes que se usan para describir fracciones para poder entender las instrucciones para sumar, restar, multiplicar y dividir fracciones que se presentarán a continuación. Las fracciones se dividen en tres tipos:

- **Las fracciones propias** tienen un numerador que es menor que el denominador: $\frac{1}{3}$, $\frac{2}{5}$ y $\frac{4}{7}$.
- **Las fracciones impropias** tienen un numerador que es mayor que el denominador: $\frac{3}{2}$, $\frac{5}{3}$ y $\frac{7}{5}$.

Todas las fracciones impropias tienen un valor mayor que uno.

- **Los números mixtos** contienen un número entero junto con una fracción propia escrita a su derecha: $4\frac{1}{2}$, $7\frac{2}{3}$ y $10\frac{1}{3}$.

Así como las fracciones siempre se reducen a los términos más simples antes de dar la respuesta final a una pregunta, las fracciones impropias por lo general se convierten en números mixtos al responder preguntas. Es más fácil entender en contexto un número mixto que una fracción impropia.

Piense en esto: Si Jimbo le dice a su jefa que le sobraron $\frac{7}{3}$ bolsas de cemento para construir un muro de contención, su jefa no puede imaginar esta información con facilidad. No obstante, si Jimbo le

dice que le sobraron $2\frac{1}{3}$ bolsas de cemento, esto permite que su jefa tenga una imagen mucho más clara de los suministros restantes. Continúe leyendo para aprender cómo convertir un número mixto en una fracción impropia.

Convertir fracciones impropias en números mixtos

Para convertir fracciones impropias en números mixtos, siga estos pasos:

1. Divida el denominador entre el numerador.
2. Si existe un resto, conviértalo en una fracción al escribir el resto sobre el denominador original de la fracción impropia. Escríbalo junto al número entero.

Ejemplo
Convertir $\frac{13}{2}$ en un número mixto.

1. Divida el denominador (2) entre el numerador (13) para obtener la parte del número entero (6) del número mixto:

$$\begin{array}{r} 6 \\ 2\overline{)13} \\ \underline{12} \\ 1 \end{array}$$

2. Escriba el resto de la división (1) sobre el denominador original (2): $\frac{1}{2}$

3. Escriba los dos números juntos: $6\frac{1}{2}$

4. Control: Convierta el número mixto nuevamente en una fracción impropia (ver debajo). Si obtiene la fracción impropia original, su respuesta es correcta.

Convertir números mixtos en fracciones impropias

Los números mixtos se deben transformar en fracciones impropias antes de poder multiplicarlos y dividirlos. Convierta números mixtos en fracciones impropias usando los pasos siguientes:

1. Multiplique el número entero por el denominador.
2. Sume el producto del paso 1 al numerador.
3. Escriba esa suma como numerador de una fracción sobre el denominador original.

Ejemplo

Convertir $\frac{12}{4}$ en un número mixto.

1. Divida el denominador (4) entre el numerador (12) para obtener la parte del número entero (3) del número mixto:

$$\begin{array}{r} 3 \\ 4\overline{)12} \\ \underline{12} \\ 0 \end{array}$$

2. Dado que el resto de la división es cero, ya terminó. La fracción impropia $\frac{12}{4}$ es en realidad un número entero: 3

3. Control: Multiplique 3 por el número inferior original (4) para asegurarse de que obtiene el número superior original (12) como respuesta.

Aumentar fracciones a términos más altos

Ya hemos hablado sobre simplificar fracciones al dividir el numerador y el denominador entre su m.f.c. Los opuesto de reducir una fracción es aumentarla a términos mayores. A menudo es necesario aumentar una fracción a términos más altos para crear denominadores comunes, que se necesitan para sumar y restar fracciones. Para crear una fracción equivalente que tenga términos más altos, multiplique el numerador y denominador por el mismo número y vuelva a escribir los productos como una nueva fracción.

Ejemplo

Vuelva a escribir $\frac{2}{3}$ como una fracción equivalente con un denominador de 27:

Comenzando con $\frac{2}{3}$, determine que tanto el numerador como el denominador se deben multiplicar por 9 para crear un denominador de 27:

$$\frac{2}{3} = \frac{2 \times 9}{3 \times 9} = \frac{18}{27}$$

De este modo, $\frac{2}{3}$ se puede volver a escribir como $\frac{18}{27}$ y los dos son fracciones equivalentes:

Práctica

12. ¿25¢ es qué fracción de 75¢?

13. ¿$20,00 es qué fracción de $200,00?

14. ¿8 pulgadas es qué fracción de un pie?

15. ¿8 pulgadas es qué fracción de una yarda? (Pista: 1 yarda = 36 pulgadas)

16. ¿1.320 pies es qué fracción de una milla? (Pista: 1 milla = 5.280 pies)

17. ¿3 minutos es qué fracción de una hora?

18. ¿30 segundos es qué fracción de una hora? (Pista: ¿Cuántos segundos hay en una hora?)

19. ¿80 minutos es qué fracción de un día? (Pista: ¿Cuántos minutos hay en un día?)

20. Convertir $4\frac{3}{5}$ en una fracción impropia.

21. Convertir $\frac{20}{3}$ en un número mixto.

Operaciones con fracciones

Ahora que comprende las fracciones como relaciones de una *parte de un todo* y sabe cómo manipularlas en fracciones equivalentes, repasemos cómo sumar, restar, multiplicar y dividir fracciones.

Sumar y restar fracciones

Las fracciones deben tener **denominadores comunes** para sumarlas o restarlas. Cuando dos fracciones tienen el mismo denominador, significa que todas las partes tienen el mismo tamaño y, por lo tanto, simplemente puede combinar los numeradores. Al sumar o restar dos fracciones que tienen denominadores comunes, *sume o reste los numeradores y mantenga el mismo denominador*. Por ejemplo, $\frac{1}{2} + \frac{1}{2}$ se haría así:

$$\frac{1}{2} + \frac{1}{2} = \frac{1+1}{2} = \frac{2}{2}$$

¡NO HAGA ESTO!

Recuerde: ¡NO sume los denominadores! Conserve los mismos denominadores.

¡NO! $\frac{1}{2} + \frac{1}{2} \neq \frac{1+1}{2+2} = \frac{2}{4} = \frac{1}{2}$

Dado que $\frac{2}{4}$ se reduce a $\frac{1}{2}$, no tendría sentido $\frac{1}{2} + \frac{1}{2} = \frac{2}{4}$.

SÍ . . . $\frac{1}{2} + \frac{1}{2} = \frac{1+1}{2} = \frac{2}{2} = 1$

Si se confunde con este regla, siempre puede volver a este ejemplo donde $\frac{1}{2} + \frac{1}{2}$ debería ser igual a 1 y no $\frac{1}{2}$!

Buscar denominadores comunes

A menudo, dos o más fracciones no tendrán denominadores comunes y será necesario crear denominadores aumentando las fracciones a términos más altos. Siempre es buena idea usar el **mínimo común múltiplo** como denominador común porque así se necesitará menos reducción al final. En este ejemplo, uno de los denominadores era un factor del otro denominador, así que solo se necesitaba cambiar una fracción:

Ejemplo

$\frac{1}{6} + \frac{7}{12}$

1. Observe que el denominador menor (6) se divide exactamente entre el denominador mayor (12), así que busque el m.c.d. aumentando $\frac{1}{6}$ a 12:

$$\frac{1}{6} = \frac{1 \times 2}{6 \times 2} = \frac{2}{12}$$

2. Sume los numeradores y mantenga el mismo denominador:

$$\frac{2}{12} + \frac{7}{12} = \frac{9}{12}$$

3. Reduzca a los términos menores o escriba como número mixto, si corresponde:

$$\frac{9}{12} = \frac{3}{4}$$

En este ejemplo, ninguno de los denominadores eran factores entre sí, así que se deben manipular ambas fracciones:

Ejemplo

$\frac{2}{3} + \frac{4}{5}$

1. Aquí, 3 no se divide exactamente entre 5, así que halle un denominador común al multiplicar los denominadores entre sí:

2. Aumente cada fracción a 15,

   el m.c.d.:

3. Sume los numeradores y mantenga el mismo denominador:

4. Reduzca a los términos menores o escriba como número mixto equivalente, si corresponde:

$3 \times 5 = 15$

$\frac{2}{3} = \frac{10}{15}$

$\frac{4}{5} = \frac{12}{15}$

$\frac{22}{15}$

$\frac{22}{15} = 1\frac{7}{15}$

Multiplicación de fracciones

La buena noticia es que las multiplicaciones y divisiones con fracciones son en realidad mucho más fáciles que las sumas y restas. Para las multiplicaciones y divisiones NO se requieren denominadores comunes. Cuando multiplica fracciones, simplemente puede multiplicar los numeradores y denominadores directamente:

$$\frac{1}{2} \times \frac{2}{3} = \frac{1 \times 2}{2 \times 3} = \frac{2}{6} = \frac{1}{3}$$

Después de multiplicar y dividir fracciones, siempre reduzca su respuesta a los términos menores.

División de fracciones

¡Dividir fracciones es casi tan fácil como multiplicar fracciones! Para dividir fracciones, multiplique la primera fracción por el recíproco de la segunda fracción. El **recíproco** es la versión dada vuelta de esa fracción, en la que el numerador y el denominador han intercambiado lugares. En el siguiente ejemplo observe que el recíproco de $\frac{2}{3}$ es $\frac{3}{2}$ una vez que el problema se cambió de división a multiplicación:

$$\frac{1}{2} \div \frac{2}{3} = \frac{1}{2} \times \frac{3}{2} = \frac{1 \times 3}{2 \times 2} = \frac{3}{4}$$

¡NO HAGA ESTO!

Al dividir fracciones, NO utilice el recíproco de la primera fracción. Debe mantener la primera fracción igual y usar el recíproco de la segunda fracción:

¡NO! $\frac{5}{7} \div \frac{1}{10} \neq \frac{7}{5} \times \frac{1}{10}$

SÍ . . . $\frac{5}{7} \div \frac{1}{10} = \frac{5}{7} \times \frac{10}{1}$

Suma de números mixtos

Los números mixtos, como recordará, constan de un número entero y una fracción propia. Para sumar número mixtos:

1. Sume las partes fraccionarias de los números mixtos. Si la suma es una fracción impropia, cámbiela a un número mixto.

2. Sume las partes de número entero de los números mixtos originales.

3. Sume los resultados de los pasos 1 y 2.

Ejemplo

$2\frac{3}{5} + 1\frac{4}{5}$

1. Sume las partes fraccionarias de los números mixtos y cambie la fracción impropia a un número mixto:

$$\frac{3}{5} + \frac{4}{5} = \frac{7}{5} = 1\frac{2}{5}$$

2. Sume las partes de número entero de los números mixtos originales:

$$2 + 1 = 3$$

3. Sume los resultados de los pasos 1 y 2:

$$1\frac{2}{5} + 3 = 4\frac{2}{5}$$

¡Cuidado! Resta de números mixtos

Considere el problema $5\frac{1}{2} - 2\frac{7}{8}$. Observe que la porción fraccionaria de $2\frac{7}{8}$ es mayor que la porción fraccionaria de $5\frac{1}{2}$. Hay varias formas diferentes de abordar este tipo de situación, pero el método más fácil y confiable es convertir ambos números mixtos en fracciones impropias y luego proceder con la resta:

Ejemplo

Calcule: $5\frac{1}{2} - 2\frac{7}{8}$

1. Busque denominadores comunes para restar las fracciones:

$$5\frac{1}{2} = 5\frac{1 \times 4}{2 \times 4} = 5\frac{4}{8}$$

2. Después de observar que la segunda parte fraccionaria es mayor que la primera parte fraccionaria, vuelva a escribir los números mixtos como fracciones impropias:

$$5\frac{4}{8} - 2\frac{7}{8} \Rightarrow \frac{44}{8} - \frac{23}{8}$$

3. Reste los numeradores y mantenga el mismo denominador, luego vuelva a escribir la respuesta como número mixto:

$$\frac{44 - 23}{8} = \frac{21}{8} = 2\frac{5}{8}$$

Multiplicación y división de números mixtos

Para poder multiplicarlos o dividirlos, es necesario convertir los números mixtos en fracciones impropias.

Ejemplo

$4\frac{2}{3} \times 5\frac{1}{2}$

1. Convierta $4\frac{2}{3}$ en una fracción impropia:

2. Convierta $5\frac{1}{2}$ en una fracción impropia:

3. Multiplique las fracciones:
   Observe que puede cancelar un 2 tanto del 14 como del 2.

4. Convierta la fracción impropia en un número mixto.

$$4\frac{2}{3} = \frac{4 \times 3 + 2}{3} = \frac{14}{3}$$

$$5\frac{1}{2} = \frac{5 \times 2 + 1}{2} = \frac{11}{2}$$

$$\frac{\overset{7}{\cancel{14}}}{3} \times \frac{11}{\underset{1}{\cancel{2}}}$$

$$\frac{77}{3} = 25\frac{2}{3}$$

¡NO HAGA ESTO!

Al multiplicar números mixtos, es tentador pero incorrecto multiplicar los números enteros entre sí y luego multiplicar las fracciones entre sí. ¡No cometa este error común! En cambio, convierta los números mixtos en fracciones impropias antes de realizar la multiplicación o división.

¡NO! $2\frac{1}{3} \times 5\frac{1}{2} \neq (2 \times 5) + (\frac{1}{3} \times \frac{1}{2})$

SÍ .... $2\frac{1}{3} \times 5\frac{1}{2} = \frac{7}{3} \times \frac{11}{2}$

Al dividir números mixtos, sigue siendo necesario buscar el recíproco de la segunda fracción impropia:

Ejemplo

$2\frac{3}{4} \div \frac{1}{6}$

1. Convierta $2\frac{3}{4}$ en una fracción impropia:

2. Vuelva a escribir el problema de división:

3. Halle el recíproco de $\frac{1}{6}$ y multiplique:

4. Convierta la fracción impropia en un número mixto.

$$2\frac{3}{4} = \frac{2 \times 4 + 3}{4} = \frac{11}{4}$$

$$\frac{11}{4} \div \frac{1}{6}$$

$$\frac{11}{\underset{2}{\cancel{4}}} \times \frac{\overset{3}{\cancel{6}}}{1} = \frac{11 \times 3}{2 \times 1} = \frac{33}{2}$$

$$\frac{33}{2} = 16\frac{1}{2}$$

Práctica

22. $\frac{1}{6} + \frac{7}{12}$

23. $\frac{1}{4} - \frac{1}{6}$

24. $\frac{3}{4} \times \frac{5}{6}$

25. $\frac{3}{4} \div \frac{5}{6}$

26. $2\frac{1}{3} \times 4\frac{2}{5}$

Orden de fracciones y decimales

En el examen GED® es probable que se le pida que ordene fracciones, decimales y números racionales, ya sea presentándolos en una lista o en una recta numérica. En esta sección, aprenderá cómo leer y ordenar decimales, cómo comparar fracciones y cómo ordenar números negativos.

¡PREGUNTA DE ANTICIPO GED®!

En el examen GED usted debe estar listo para ordenar preguntas como esta:

- *Haga clic y arrastre estos números para que estén ordenados de menor a mayor: 0,2; –0,045; 0,06; 0,053; –0,44*

Comprender y ordenar decimales

Los valores de posición que se encuentran a la derecha de la coma decimal representan partes de un entero. Los nombres de los valores de posición se ven parecidos a los de los números que están a la izquierda de la coma decimal. Sin embargo, observe los nombres en el gráfico.

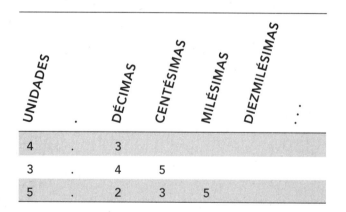

UNIDADES	.	DÉCIMAS	CENTÉSIMAS	MILÉSIMAS	DIEZMILÉSIMAS	. . .
4	.	3				
3	.	4	5			
5	.	2	3	5		

El primer número de la tabla es 4,3 y se lee "Cuatro unidades, tres décimas". Para ilustrar esto como número mixto (un número entero y una fracción), se escribe como suena: $4\frac{3}{10}$.

El segundo número de la lista es 3,45 y se lee "Tres unidades, cuarenta y cinco centésimas". Como número mixto, se escribe $3\frac{45}{100}$.

El tercer número de la lista es 5,235 y se lee "Cinco unidades, doscientas treinta y cinco milésimas". Se escribe $5\frac{235}{1.000}$.

Para ordenar los decimales en la recta numérica, usted puede usar la estrategia previa de escribir los decimales como fracciones con una potencia de 10 (10, 100, 1.000, 10.000 etcétera).

Por ejemplo, ordenemos los siguientes decimales de menor a mayor:

1,2; 1,40; 1,15; 1,67 y 1,53.

Cada uno de estos decimales tiene dos dígitos a la derecha de la coma decimal, excepto el número 1,2. No obstante, agregar ceros al final de un número decimal no cambia el valor: 1,2 es equivalente a 1,20, que también es equivalente a 1,200. Y así sucesivamente.

Para facilitar la comparación, simplemente agregue un cero al 1,2 para que cada número tenga la misma cantidad de dígitos a la derecha de la coma decimal. Luego, observe que cada denominador será 100 dado que hay dos dígitos a la derecha de cada coma decimal (el lugar de las centésimas).

$$1,20 = 1\frac{20}{100}$$

$$1,40 = 1\frac{40}{100}$$

$$1,15 = 1\frac{15}{100}$$

$$1,67 = 1\frac{67}{100}$$

$$1,53 = 1\frac{53}{100}$$

Dado que cada fracción tiene el mismo denominador, es fácil determinar el orden de los números: 1,15; 1,2; 1,4; 1,53 y 1,67.

También es útil pensar en los decimales en términos de dinero. Por ejemplo, 1,2 es como $1,20. Todos sabemos que esta cantidad es un poco más que $1. Otro ejemplo: 3,76 es como $3,76 (está más o menos a la $\frac{3}{4}$ entre $3 y $4). La siguiente recta numérica muestra este concepto.

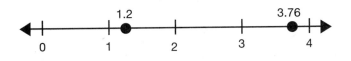

Comparación de fracciones

¿Qué fracción es mayor, $\frac{3}{8}$ o $\frac{3}{5}$? No se equivoque al pensar que $\frac{3}{8}$ es mayor solo porque tiene el mayor denominador. Utilice cualquiera de estas tres formas confiables para comparar fracciones:

- **Compare las fracciones con $\frac{1}{2}$.** Tanto $\frac{3}{8}$ como $\frac{3}{5}$ son cercanas a $\frac{1}{2}$. No obstante, $\frac{3}{5}$ es mayor que $\frac{1}{2}$, mientras que $\frac{3}{8}$ es menor que $\frac{1}{2}$. Por lo tanto, $\frac{3}{5}$ es mayor que $\frac{3}{8}$. Comparar fracciones con $\frac{1}{2}$ en realidad es bastante simple. La fracción $\frac{3}{8}$ es menor que $\frac{4}{8}$, que es lo mismo que $\frac{1}{2}$. De manera similar, $\frac{3}{5}$ es mayor que $\frac{2,5}{5}$, que es lo mismo que $\frac{1}{2}$. ($\frac{2,5}{5}$ puede parecer una fracción extraña, pero puede ver fácilmente que es lo mismo que $\frac{1}{2}$ al pensar en una pizza cortada en 5 porciones. Si usted se comiera media pizza, se comería 2,5 porciones).

Aumente ambas fracciones a términos mayores con el mismo denominador. Cuando ambas fracciones tienen el mismo denominador, lo único que tiene que hacer es comparar sus numeradores.

$$\frac{3}{5} = \frac{3 \times 8}{5 \times 8} = \frac{24}{40} \quad \text{y} \quad \frac{3}{8} = \frac{3 \times 5}{8 \times 5} = \frac{15}{40}$$

Dado que 24 es mayor que 15, $\frac{24}{40}$ es mayor que $\frac{15}{40}$.

Esto demuestra que $\frac{3}{5}$ es mayor que $\frac{3}{8}$.

■ **Atajo: multiplicación cruzada.** La "multiplicación cruzada" se refiere a realizar una multiplicación en diagonal entre los denominadores de cada fracción y los numeradores de la otra fracción. Para comparar fracciones mediante multiplicación cruzada, escriba los resultados de la multiplicación cruzada arriba de las fracciones y compárelos. El producto cruzado que sea mayor estará sobre la fracción mayor.

Dado que 24 es mayor que 15, esto indica que $\frac{3}{5}$ es mayor que $\frac{3}{8}$.

Comparar fracciones y decimales

A veces en el examen GED® se le pedirá que ordene una lista de números que contiene tanto decimales como fracciones. Hay dos formas diferentes en las que puede abordar esto:

1. Convierta las fracciones en decimales para que la lista contenga solo decimales.
2. Convierta los decimales en fracciones para que la lista contenga solo fracciones.

Ambas son habilidades valiosas que tendrá para otras tareas matemáticas distintas a ordenar listas de números, así que asegúrese de estar cómodo con ambas técnicas de conversión.

Convertir fracciones en decimales

Convertir fracciones en decimales para hacer que sea más fácil trabajar con ellas o compararlas con otros decimales. Esta tarea no es difícil ya que **una fracción simplemente indica división.** El numerador de la fracción se divide entre el denominador. Por tanto, $\frac{3}{4}$ significa "3 dividido entre 4", que también se puede escribir como $3 \div 4$ o $4\overline{)3}$. El valor de $\frac{3}{4}$ es el mismo

que el *cociente* (resultado) que obtiene cuando realiza la división. $3 \div 4 = 0,75$, que es el **valor decimal** de la fracción.

Convertir decimales en fracciones

Convertir un decimal en una fracción puede facilitar la comparación con otras fracciones. Anteriormente revisó los nombres de las diferentes posiciones decimales: décimas, centésimas, milésimas, etcétera. Para convertir un decimal en una fracción:

1. Escriba los dígitos del decimal como número de la parte superior de una fracción.
2. Escriba el nombre del decimal como número de la parte inferior de la fracción.

Ejemplo

Convierta 0,018 en una fracción.

1. Escriba 18 en la parte superior de la fracción: $\quad \frac{18}{}$
2. Dado que hay tres lugares a la derecha del decimal, se trata de milésimos.
3. Escriba 1.000 en la parte inferior: $\frac{18}{1.000}$
4. Reduzca al dividir los números de la parte superior e inferior entre 2: $\frac{18 \div 2}{1.000 \div 2} = \frac{9}{500}$

Orden con números negativos

Al ordenar valores que incluyen números negativos, es esencial recordar que cuanto más grande sea un número negativo, menor será su valor.

Si los números negativos lo asustan, piense en ellos como si fueran dinero. Si continúa gastando más dinero del que tiene en su cuenta bancaria, tendrá deudas cada vez mayores. Si solo tiene $3 en su cuenta bancaria y compra un sándwich de $5, tendrá una deuda de $2. Ese número se ubica dos espacios a la izquierda del 0 en esta recta numérica:

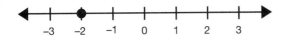

Esto también sucede con números más grandes. Si tiene $100 en su cuenta bancaria y gasta $150, adeuda $50. Entonces, su cuenta bancaria (antes de deducir cargos por sobregiro, por supuesto) tendrá un saldo negativo de $50. En una recta numérica como la siguiente, 50 estaría 50 espacios a la izquierda del 0.

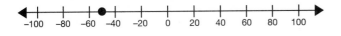

Orden con valor absoluto

Revisaremos los valores absolutos con más detalle en el próximo capítulo, pero una forma básica de pensar en el valor absoluto de un número es el número sin su signo. Entonces, el valor absoluto de −8 es 8. Piense en una temperatura negativa una noche de mucho frío. Probablemente se pueda imaginar que estaría mucho más frío una noche de −20 grados que una noche de −3 grados. Esto se debe a que −20 es un *número menor* que −3. No obstante, el valor absoluto de −20, escrito como |−20|, en realidad es un número mayor que el valor absoluto de −3, |−3|. Esto se debe a que en una recta numérica |−20| está más lejos del 0 que |−3|.

Orden en rectas numéricas

A veces se le presentará una pregunta en la que tenga que reemplazar los números en una recta numérica o utilizar una recta numérica para calcular un valor. Esto también pondrá a prueba su comprensión de fracciones y decimales. Una buena herramienta a tener en cuenta para esto es el consejo de "comparar fracciones con $\frac{1}{2}$" que se dio anteriormente. Por ejemplo, si se le pide que trace $\frac{2}{3}$, $-1\frac{1}{4}$, $1\frac{2}{5}$ y $-\frac{7}{8}$ en una recta numérica, comenzaríamos por considerar cada número y cómo se compara con incrementos de $\frac{1}{2}$:

- $\frac{2}{3}$ está entre 0 y 1, y es mayor que $\frac{1}{2}$, así que estará más cerca de 1 que de 0:

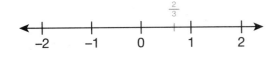

- $-1\frac{1}{4}$. Tenga cuidado con los números negativos. Piense en gastar dinero. Si gasta un dólar y algo, gasta más de un dólar, pero no llega a gastar dos dólares, así que este número tendrá que estar entre −1 y −2. Dado que la parte fraccionaria de $-1\frac{1}{4}$ es menor que $\frac{1}{2}$, esto significa que el número estará más cerca del −1 en la recta numérica:

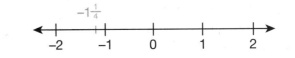

- $1\frac{2}{5}$ está entre 1 y 2. La parte fraccionaria de este número mixto es menor que $\frac{1}{2}$, así que estará más cerca de 1 que de 2:

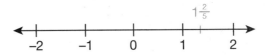

- $-\frac{7}{8}$. Tenga cuidado con los números negativos. Piense nuevamente en gastar dinero. Si gasta una parte fraccionaria de un dólar, pero no gasta el dólar completo, significa que gastó entre 0 y $1. Dado que $\frac{7}{8}$ es mayor que $\frac{1}{2}$, usted necesita trazar $-\frac{7}{8}$ más cerca de −1 que de 0:

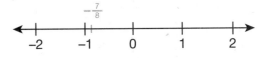

Ahora, al poner todos estos números juntos en una recta numérica, puede ver cómo se relacionan entre sí:

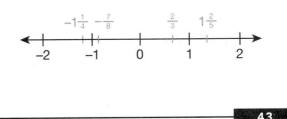

Práctica

Escriba las siguientes listas en orden ascendente.

27. $\frac{2}{3}, \frac{5}{2}, \frac{3}{4}, \frac{4}{9}$

28. –0,3; 3,29; 3,031; –0,03; 3,3

29. 0,34; $\frac{1}{5}$; –0,4; $-\frac{3}{2}$, $\frac{1}{3}$

¡CONSEJOS PARA CALCULADORA!

A pesar de que es importante poder realizar a mano todas las habilidades de fracciones y decimales que se presentan aquí, muchas de estas tareas también se pueden realizar en una calculadora TI-30XS. Esta calculadora será de gran ayuda cuando se trabaje con fracciones y decimales, pero tomará algún tiempo aprender a usar todas sus funciones de manera correcta. Responda las siguientes preguntas de Revisión del capítulo sin usar ninguna de las funciones especiales de la calculadora. Una vez que haya leído el *Capítulo 12: Uso de calculadoras TI-30XS*, puede completarlas nuevamente con la ayuda de su calculadora.

Resumen

Después de completar este capítulo, usted comprenderá a fondo el vocabulario que se usa para describir las operaciones matemáticas; cómo descomponer los números en sus factores y múltiplos; cómo trabajar con fracciones en varias aptitudes diferentes y cómo ordenar decimales, fracciones y números negativos. Practique las siguientes preguntas, que son similares a las que verá el día del examen GED®. ¡Buena suerte!

Revisión de Fundamentos numéricos, Parte 1

1. ¿Cuál es la suma de 12,03 y 4,5?
   a. 7,53
   b. 12,48
   c. 16,53
   d. 57,03

2. La tabla muestra los resultados de los estudiantes de GED® de la Prof. Kayla en una prueba de uso del teclado. ¿Cuál es la diferencia de palabras por minuto (ppm) entre el estudiante que escribe más rápido y el que escribe más lento? _____

NOMBRE	PALABRAS ESCRITAS	MINUTOS
Percy	90	2
Derrick	67	2
Toneshia	84	2
Connie	70	2
Frank	59	2

3. Según la tabla de la pregunta anterior, ¿cuántas palabras escribiría Percy en 5 minutos?
   a. 450
   b. 180
   c. 350
   d. 225

4. ¿Qué expresión representa *quitar 7 al producto de 10 y un número h*.
   a. $7 - (10 \times h)$
   b. $7 - (10 \div h)$
   c. $(10 \times h) - 7$
   d. $(10 \div h) - 7$

5. ¿Cuál es el máximo factor común de 12, 24 y 48?
   a. 6
   b. 8
   c. 12
   d. 48

6. Gina vende $\frac{5}{8}$ de una pizza con hongos y $\frac{3}{4}$ de una pizza con cebolla a la misma familia. ¿Cuánta pizza compró la familia en total?

a. $1\frac{3}{8}$

b. $1\frac{1}{2}$

c. $\frac{8}{12}$

d. $\frac{15}{32}$

7. Katherine tiene $5\frac{4}{5}$ yardas de seda roja. Steve usa $1\frac{1}{3}$ yarda de esa tela. ¿Cuántas yardas de seda roja quedan?

a. $6\frac{5}{8}$

b. $4\frac{3}{2}$

c. $4\frac{7}{15}$

d. $4\frac{2}{5}$

8. Ryan tiene 30 libras de tierra para cactus y está armando macetas pequeñas con diferentes crasas para vender en la feria de fin de semana de la Avenida Mississippi. Si cada maceta necesita $\frac{1}{4}$ libra de tierra, ¿cuántas macetas de crasas puede preparar para la feria?

_____

9. Coloque los siguientes números en orden ascendente:
15; 1,0005; $\frac{3}{2}$; 1,005. _____

10. Coloque la siguiente lista de fracciones y decimales en orden ascendente:

0,068; $\frac{2}{3}$; –1,7; $\frac{8}{5}$; 0,61; $-1\frac{2}{3}$

(Nota: En el examen GED® esta sería una pregunta de arrastrar y soltar, pero aquí simplemente colóquelos en orden.)

Respuestas y explicaciones

Práctica del capítulo

1. **10 + 20 – 7.** Comience con 10 pasajeros. Luego recuerde que "incrementado" significa suma y "disminuido" significa resta.

2. **$85 ÷ 3.** Cuando algo se "reparte" significa que se divide. Dado que los 3 hermanos repartieron $85, divida $85 entre 3.

3. **(6 × 12) – 4.** El término "quitar" significa resta. "Quitar" requiere que se intercambie el orden en que se presentan los elementos, así que el 4 va al final. La palabra "producto" le avisa que tiene que multiplicar los dos números que están entre paréntesis.

4. **3($500 + $700).** La palabra "suma" simboliza dos números que se adicionan entre paréntesis, así que la "suma de sus ventas de $500 en octubre y las ventas de $700 en noviembre" es ($500 + $700). Luego, "triplicar" significa multiplicar esta expresión por tres.

5. $\frac{1}{2}$**($3.200 – $2.800) o ($3.200 – $2.800) ÷ 2.** La palabra "diferencia" simboliza dos números que se restan entre paréntesis. La "diferencia de sus gastos de $3.200 y sus gastos de $2.800" es ($3.200 – $2.800). Luego, "fraccionan" significa dividir esa expresión entre dos. Dividir entre dos también se puede expresar como multiplicar por $\frac{1}{2}$, así que se proporcionan dos respuestas posibles.

6. **($100 – $40 + $80)2; o 2($100 – $40 + $80).** Primero, interprete que "quitar $40 a $100" significa $100 – $40, dado que "quitar" significa restar en orden opuesto. Agregar $80 a eso significa adicionar $80 a $100 – $40. Finalmente, "y luego duplicarlo" requiere que coloque $100 – $40 + $80 entre paréntesis antes de multiplicarlo por dos, para que todo se duplique y no solo el primer o el último término.

7. **60.** Haga dos listas con los múltiplos de 6 y 20:

    6: 6, 12, 18, 24, 30, 36, 42, 48, 54, <u>60</u>, 66

    20: 20, 40, <u>60</u>

60 es el mínimo común múltiplo de estas listas.

8. **36.** Cree listas con los múltiplos de 12, 18 y 6:

    12: 12, 24, <u>36</u>

    18: 18, <u>36</u>

    6: 6, 12, 18, 24, 30, <u>36</u>

36 es el mínimo común múltiplo de estas listas.

9. **15.** Cree listas con los factores para 15 y 60:

    15: 1, 3, 5, <u>15</u>

    60: 1, 2, 3, 4, 5, 12, <u>15</u>, 20, 30, 60

15 es el factor mayor en ambas listas.

10. **Sí.** Al trabajar con dos o más números primos, el máximo factor común será 1.

11. $\frac{2}{3}$. Divida el numerador y el denominador entre 8 para comenzar: $\frac{48 \div 8}{72 \div 8} = \frac{6}{9}$. Luego, vuelva a reducir entre un factor de 3: $\frac{6 \div 3}{9 \div 3} = \frac{2}{3}$

12. $\frac{1}{3}$. Dado que 25¢ es una parte y 75¢ es el todo, escriba estos números en formato $\frac{parte}{todo}$ y reduzca: $\frac{parte}{todo} = \frac{25}{75} = \frac{1}{3}$

13. $\frac{1}{10}$. Dado que \$20 es una parte y \$200 es el todo, escriba estos números en formato $\frac{parte}{todo}$ y reduzca: $\frac{parte}{todo} = \frac{20}{200} = \frac{1}{10}$

14. $\frac{2}{3}$. Aquí es importante convertir ambas medidas a la misma unidad: pulgadas. Dado que hay 12 pulgadas en 1 pie, escriba la *parte*, 8 pulgadas, sobre el *total*, 12 pulgadas: $\frac{parte}{todo} = \frac{8}{12} = \frac{2}{3}$

15. $\frac{2}{9}$. Aquí es importante convertir ambas medidas a la misma unidad: pulgadas. Ahora estamos comparando 8 pulgadas con 36 pulgadas, dado que se necesitan 36 pulgadas para conformar 1 yarda. $\frac{parte}{todo} = \frac{8}{36} = \frac{2}{9}$

16. $\frac{1}{4}$. Aquí es importante convertir ambas medidas a la misma unidad: pies. 1.320 pies es la parte y dado que 1 milla = 5.280 pies, 5.280 es el *todo*: $\frac{parte}{todo} = \frac{1.320}{5.280} = \frac{1}{4}$

17. $\frac{1}{20}$. Aquí es importante convertir ambas medidas a la misma unidad: minutos. Dado que 1 hora = 60 minutos, utilice 60 como el *todo* y 3 como la parte: $\frac{parte}{todo} = \frac{3}{60} = \frac{1}{20}$

18. $\frac{1}{120}$. Aquí es importante convertir ambas medidas a la misma unidad: segundos. Dado que hay 60 minutos en una hora y 60 segundos en cada minuto, multiplique 60 por 60 para determinar cuántos segundos hay en una hora: $60 \times 60 = 3.600$. Bien, 30 segundos serán la *parte* y 3.600 segundos serán el *todo*: $\frac{parte}{todo} = \frac{30}{3.600} = \frac{1}{120}$

19. $\frac{1}{18}$. Aquí es importante convertir ambas medidas a la misma unidad: minutos. Dado que hay 24 horas en un día y 60 minutos en cada hora, calcule $24 \times 60 = 1.440$ para obtener la cantidad minutos que hay en un día. $\frac{parte}{todo} = \frac{80}{1.440} = \frac{1}{18}$

20. $\frac{23}{5}$. Para convertir $4\frac{3}{5}$ en una fracción impropia, multiplique 4 por 5, sume ese producto a 3 y coloque esa suma sobre el denominador original, 5: $\frac{4 \times 5 + 3}{5} = \frac{23}{5}$

21. $6\frac{2}{3}$. Para convertir $\frac{20}{3}$ en un número mixto, divida 20 entre 3 para obtener 6 con un resto de 2. Coloque ese resto sobre 3: $20 \div 3 = 6$ Resto 2; $\frac{20}{3} = 6\frac{2}{3}$

22. $\frac{3}{4}$. Observe que el denominador menor (6) se divide exactamente entre el denominador mayor (12), así que busque el m.c.d. aumentando $\frac{1}{6}$ a 12: $\frac{1}{6} = \frac{1 \times 2}{6 \times 2} = \frac{2}{12}$. Sume los numeradores, mantenga el mismo denominador y luego reduzca su respuesta: $\frac{2}{12} + \frac{7}{12} = \frac{9}{12} = \frac{9 \div 3}{12 \div 3} = \frac{3}{4}$

23. $\frac{1}{12}$. El mínimo común denominador para 4 y 6 es 12, así que aumente el denominador de ambas fracciones a 12:

$$\frac{1}{4} = \frac{1 \times 3}{4 \times 3} = \frac{3}{12}$$

$$\frac{1}{6} = \frac{1 \times 2}{6 \times 2} = \frac{2}{12}$$

Entonces $\frac{3}{12} - \frac{2}{12} = \frac{1}{12}$.

24. $\frac{5}{8}$. Al multiplicar fracciones, multiplique directamente los numeradores y denominadores: $\frac{3 \times 5}{4 \times 6} = \frac{15}{24} = \frac{5}{8}$

25. $\frac{9}{10}$. Al dividir fracciones, multiplique la primera fracción por el recíproco de la segunda fracción: $\frac{3}{4} \div \frac{5}{6} = \frac{3}{4} \times \frac{6}{5} = \frac{18}{20}$ Luego, reduzca esto en 2 para obtener $\frac{9}{10}$.

26. $\frac{48}{5}$ o $9\frac{3}{5}$. Al multiplicar números mixtos, conviértalos a ambos en fracciones impropias y luego multiplique directamente los numeradores y denominadores: $2\frac{1}{3} = \frac{7}{3}$ y $4\frac{2}{5} = \frac{22}{5}$ y $\frac{7}{3} \times \frac{22}{5} = \frac{144}{15} = \frac{48}{5}$ o $9\frac{3}{5}$.

27. $\frac{4}{9}, \frac{2}{3}, \frac{3}{4}, \frac{5}{2}$. Para comparar todas las fracciones dadas, conviértalas en decimales: $\frac{2}{3} = 0,\overline{66}$, $\frac{5}{2} = 2,5, \frac{3}{4} = 0,75; \frac{4}{9} = 0,\overline{44}$. Ahora puede ver que deberían colocarse en el siguiente orden: $\frac{4}{9}, \frac{2}{3}, \frac{3}{4}, \frac{5}{2}$.

28. **–0,3; –0,03; 3,031; 3,29; 3,3.** Para comparar todas las fracciones dadas, agregue ceros a la derecha de todos los decimales para que todos tengan milésimas. Los dos negativos estarán primero y en la recta numérica –0,030 estará más cerca de 0 que -0,300, así que –0,300 es el número más pequeño. $3\frac{31}{1.000}$ es el más pequeño de los tres números restantes y $3\frac{300}{1.000}$ es mayor que $3\frac{290}{1.000}$, así que el orden final es –0,3; –0,03; 3,031; 3,29; 3,3.

29. $-\frac{3}{2}, -0,4; \frac{1}{5}; 0,34; \frac{1}{3}$. Para comparar estos términos, conviértalos a todos en decimales con la misma cantidad de dígitos a la derecha del signo decimal:

0,34

$\frac{1}{5} = 0,20$

$-0,4 = -0,40$

$-\frac{3}{2} = -1,50$

$\frac{1}{3} = 0,\overline{66}$

El número más alejado a la izquierda del 0 en una recta numérica sería –1,5; seguido por –0,40. Luego, para los números positivos, el orden correcto es 0,20; 0,34; 0,$\overline{66}$.

Revisión de Fundamentos numéricos, Parte 1

1. c. *Suma* es una palabra clave que significa adicionar. Debe adicionar los números 12,03 y 4,5. Coloque los números uno sobre otro y ponga los puntos decimales en línea.

12,03

+4,5

Dado que 4,5 no tiene tantas posiciones decimales como 12,03, agregue un cero al final de 4,5 para transformarlo en 4,50. Entonces cada número tendrá el mismo número de posiciones a la derecha del decimal. Será más fácil sumarlos.

12,03

+4,50

Ahora sume cada columna de a una, comenzando por la derecha.

12,03

+4,50

16,53

2. 15,5 ppm. Para responder a esta pregunta, es útil recordar que las palabras por minuto son una tasa. Primero, observe que los resultados de la prueba fueron por 2 minutos, no 1 minuto. Necesitamos encontrar las palabras por minuto. Para esto, simplemente divida cada número de palabras escritas entre 2 para encontrar las palabras por minuto para cada persona. Dado que todos los números se dividen entre el mismo número, solo necesitamos hacer esto para el número mayor y menor de palabras escritas. $\frac{90 \text{ palabras}}{2 \text{ minutos}} = 45$ ppm. $\frac{59 \text{ palabras}}{2 \text{ minutos}} = 29,5$ ppm. Para hallar la diferencia, simplemente reste 29,5 de 45 para obtener 15,5 ppm. De manera alternativa, reste el número menor de palabras escritas del número mayor y divida la diferencia entre 2.

3. d. Dado que Percy escribió 90 palabras en 2 minutos, divida 90 entre 2 para ver cuántas palabras escribió Percy por minuto: $90 \div 2 = 45$ palabras por minuto. Para ver cuántas palabras escribiría Percy en 5 minutos, multiplique 45 palabras por 5: 225

4. c. La frase *producto de 10 y un número h* implica que 10 y *h* se deberían multiplicar entre paréntesis. La frase *quitar* significa resta, pero debe invertirse el orden de los términos, así que el 7 irá al final: $(10 \times h) - 7$.

5. c. Para hallar el máximo factor común de 12, 24 y 48, escriba las listas de factores para cada uno de estos números:

12: 1, 2, 3, 4, 6, <u>12</u>
24: 1, 2, 3, 4, 6, 8, <u>12</u>, 24
48: 1, 2, 3, 4, 6, 8, <u>12</u>, 16, 24, 48

12 es el factor mayor en todas las listas.

6. a. Tenemos que sumar $\frac{5}{8}$ y $\frac{3}{4}$ para ver cuánta pizza compró esa familia. Para buscar el m.c.d., verifique si el menor denominador (4) se divide exactamente entre el denominador mayor (8). Como sí lo hace, solo necesitamos aumentar la fracción más pequeña ($\frac{3}{4}$) a términos más altos para obtener denominadores comunes. Multiplique el numerador y el denominador entre 2 para aumentar $\frac{3}{4}$ a $\frac{6}{8}$. Luego, sume los numeradores y mantenga el mismo denominador: $\frac{5}{8} + \frac{6}{8} = \frac{11}{8}$. Esto se simplifica en $1\frac{3}{8}$.

7. c. Para esta pregunta, necesitamos restar $1\frac{1}{3}$ yarda de seda que Steve utilizó de las $5\frac{4}{5}$ yardas de seda roja que tiene Katherine. Utilice un denominador común de 15:

$5\frac{4}{5} = 5\frac{12}{15}$
$1\frac{1}{3} = 1\frac{5}{15}$

Dado que la segunda fracción tiene un valor menor que la primera fracción, podemos realizar la sustracción restando el número entero y las fracciones por separado:

$5\frac{12}{15} - 1\frac{5}{15} = 4\frac{7}{15}$

8. 120. Nuestra tarea es tomar 30 libras de tierra y dividirlas entre porciones equivalentes de $\frac{1}{4}$ libras cada una. Para esto, debemos calcular $30 \div \frac{1}{4}$. Al dividir con fracciones, multiplique el primer número por el recíproco de la segunda fracción: $30 \div \frac{1}{4} = 30 \times \frac{4}{1} = 120$. Ryan podrá preparar 120 macetas de crasas para la feria.

9. 1,0005; 1,005; $\frac{3}{2}$; 15. Todos estos números, al volver a escribirlos, contienen los dígitos 1 y 5. El número $1,005 = 1\frac{5}{1.000}$, el número $1,0005 = 1\frac{5}{10.000}$ y $\frac{3}{2} = 1\frac{1}{2} = 1,5$. Por tanto, 1,0005 es menor que 1,005, que a su vez es menor que 1,5. El número mayor es 15.

10. $-1,7; -1\frac{2}{3}; 0,068; 0,61; \frac{2}{3}, \frac{8}{5}$. Convierta las fracciones en decimales y agregue ceros para que todos tengan tres lugares a la derecha del decimal. Escrito de esta manera, todos están en *milésimas* y se pueden comparar:

$0,068 = \frac{68}{1.000}$
$\frac{2}{3} = 0,667 = \frac{667}{1.000}$
$-1,7 = -1,700 = \frac{-1.700}{1.000}$
$\frac{8}{5} = 1,600 = \frac{1.600}{1.000}$
$0,61 = 0,610 = \frac{610}{1.000}$
$-1\frac{2}{3} = -1,667 = \frac{-1.667}{1.000}$

Dado que todas las fracciones anteriores ahora son de 1.000, podemos ignorar los denominadores y simplemente enfocarnos en los numeradores: $-1.700, -1.667, 68, 610, 667, 1.600$.

FUNDAMENTOS NUMÉRICOS, PARTE 2: NEGATIVOS, EXPONENTES Y PEMDAS

ste capítulo amplía los conceptos aritméticos que se introdujeron en el capítulo anterior. Aquí aprenderá cómo incorporar números negativos y trabajar con ellos, lo cual es una habilidad muy valiosa. ¿Por qué? Porque los número negativos aparecen en la vida tanto como los números positivos. Los precios de las acciones caen, el dinero se gasta y las temperaturas descienden. Todos estos son ejemplos de números negativos en acción. Además, dominar las habilidades de este capítulo es esencial para poder dominar las habilidades algebraicas de los capítulos posteriores. Las respuestas y explicaciones para todas las preguntas de práctica están al final del capítulo.

Este capítulo abarca:

- Reglas para trabajar con números con signos
- Orden de las operaciones (PEMDAS)
- Leyes de los exponentes
- Raíces cuadradas y raíces cúbicas
- Valor absoluto
- Notación científica
- Reconocimiento de números racionales, irracionales e indefinidos

Números con signo

Los números con signo incluyen a todos los números reales que son positivos o negativos. Es muy importante que se sienta totalmente cómodo al sumar, restar, multiplicar y dividir números positivos y negativos. Además de ayudarlo a lograr su meta de aprobar el examen de Razonamiento Matemático de GED®, poder trabajar con números negativos lo ayudará a tomar decisiones laborales y financieras informadas en su vida personal.

¡PREGUNTA DE ANTICIPO GED®!

Es posible que en el examen de Razonamiento Matemático de GED® tenga que evaluar expresiones que contengan números con signos. Lea la siguiente sección para aprender cómo responder bien este tipo de preguntas:

- Evalúe $-3 + -10(-5 - 14)$

Suma del mismo signo

El término *mismo signo* hace referencia a operaciones ya sea con todos números positivos o todos números negativos. Es útil pensar en números positivos como dinero que ha ganado y en números negativos como en dinero que ha gastado. No es sorprendente que si gana $20 y luego gana $10, habrá ganado $30. Un positivo más un positivo siempre da un número positivo mayor.

Por el contrario, posiblemente comprenda que si gasta $10 en un boleto de cine y luego gasta $5 en palomitas de maíz, simplemente gasta $15. Esta situación se modela de la siguiente manera:

$$(-\$10) + (-\$5) = -\$15$$

Los paréntesis de esta ecuación no tienen un significado matemático, simplemente compartimentan cada número negativo. La ecuación anterior también se puede escribir así:

$$-10 + -5 = -15$$

La situación de gastar dinero dos veces también se puede generalizar como la regla de que *un negativo más un negativo da como resultado un negativo mayor.*

REGLA: SUMA DEL MISMO SIGNO

La suma de signos iguales siempre da como resultado el *mismo signo* de los números que se suman. Un positivo más un positivo siempre da un positivo. Un negativo más un negativo siempre da un negativo.

- **Positivo + Positivo = Positivo:**
  $20 + 10 = 30$
- **Negativo + Negativo = Negativo:**
  $-10 + -5 = -15$

Suma de signos opuestos

El término *signos opuestos* hace referencia a operaciones de números enteros tanto positivos como negativos. En los siguientes ejemplos, el dinero ganado es un número positivo, el dinero gastado es un número negativo y la *deuda* es dinero que usted le debe a alguien, así que la deuda también es un número negativo.

Caso 1: Si usted gana $25 y gasta $20, le restarán $5. Esto se modela como:

$$25 + (-20) = 5$$

En este caso, un positivo más un negativo es igual a un positivo.

Caso 2: Si gana $20 y gasta $25, tiene una deuda de $5. Le debe $5 a alguien, así que tiene –$5. Esto se modela como:

$$20 + (-25) = -5$$

En este caso, un positivo más un negativo es igual a un negativo.

Observe ambos casos y note que en ambas oportunidades la respuesta tenía el mismo signo que el número más grande. Al sumar números con signos opuestos, *ignore los signos de los números, reste los números y dé a la respuesta el signo del número mayor.*

REGLA: SUMA DE SIGNOS OPUESTOS

Al sumar números con signos opuestos, la respuesta a veces será negativa y a veces será positiva. Siga estos pasos para sumar números con signos opuestos:

- *Ignore los signos.*
- *Reste los dos números.*
- *Dé a la respuesta el signo del número más grande.*

Entonces, para calcular $20 + (-25)$, restamos 20 a 25 y le dimos a la diferencia de 5 el signo negativo del número mayor. Esta ecuación tiene la misma respuesta si se altera el orden de los números: $-25 + 20 = -5$. En los problemas de suma, no es significativo que el número negativo esté a la izquierda o a la derecha.

Resta de números con signos

¿Qué debe hacer cuando se le pide que reste números con signos? *¡No lo haga!* Es fácil cometer errores al restar números mixtos. La vida ya es lo suficientemente difícil y hay muchas cosas que tratarán de arruinarle el día, ¡así que no permita que restar números enteros con signos sea una de esas cosas! Fíjese lo confusas que son las expresiones como $5 - (-3)$ y $-26 - (-8)$. Afortunadamente, hay una forma fácil de convertir los problemas de resta en problemas de suma:

> *Convierta los problemas de resta en sumas al sumar los valores opuestos del número que se resta.*

Por ejemplo, $10 - 9$ es lo mismo que $10 + (-9)$. Nos referiremos a esta técnica como *mantener-convertir-cambiar* y siempre se puede usar para convertir una resta en una suma:

> *mantener* el signo del primer número,
> *convertir* la resta en una suma y
> *cambiar* el signo del segundo número.

Si utiliza la técnica *mantener-convertir-cambiar* para convertir una resta en una suma, solo necesita recordar las reglas para *sumar* números con signo y no tiene que preocuparse por otro conjunto de reglas para restar números con signo.

Por supuesto, no debería convertir problemas fáciles como $10 - 2$ en $10 + -2$, pero la técnica *mantener-convertir-cambiar* lo ayudará a convertir problemas con aspecto inusual en problemas mucho más claros:

> $5 - (-3)$ se convertirá en $5 + (3)$
> $-26 - (-8)$ se convertirá en $-26 + 8$

Observe que en el primer ejemplo de $5 - (-3)$, *restar un negativo es lo mismo que sumar un positivo.* Es bueno estar familiarizado con este dato dado que surge muy a menudo. Una vez que haya escrito el problema de resta como suma, siga las reglas de la suma.

REGLA: CONVIERTA LA RESTA EN SUMA

Convierta los problemas de resta inusuales en sumas con la técnica mantener-convertir-cambiar:

- *Mantenga* el signo del primer número.
- *Convierta* la resta en suma.
- *Cambie* el signo del segundo número.

Ejemplo:

−30 − (−10) se convertirá en *−30 + 10*
Luego siga las reglas de la suma.

Multiplicar y dividir números con signo

La multiplicación y la división siguen las mismas reglas que los números con signo.

Multiplicar y dividir signos opuestos

Cuando multiplique y divida signos opuestos, la respuesta siempre será negativa. Piense en −$5 × 4 como un modelo de gastar $5 en 4 ocasiones diferentes. En total, usted gastaría $20, que se expresa como −20. Por tanto, −5 × 4 = −20.

Multiplicar y dividir el mismo signo

Cuando multiplique o divida números con el mismo signo, la respuesta siempre será positiva. Piense en −$5 × −4 como si representara a alguien que cancela una deuda de $5 que le debe, 4 veces seguidas. (La cancelación de esa deuda sería como ganar $20). Por lo tanto, −5 × −4 = 20 y lo mismo sucede en la división: −8 ÷ −4 = 2.

REGLA: MULTIPLICAR Y DIVIDIR CON NEGATIVOS

La multiplicación y división de números con signos siguen las mismas reglas:

Signos opuestos:

(−) × / ÷ (+) = (−)
(+) × / ÷ (−) = (−)

Mismos signos:

(−) × / ÷ (−) = (+)
(+) × / ÷ (+) = (+)

Ahora lea atentamente la información que aparece en el siguiente cuadro porque muestra uno de los errores más comunes que se cometen con los números con signos.

¡NO HAGA ESTO!

El error más común que cometen los estudiantes al trabajar con números con signo es aplicar la regla de "dos negativos dan un positivo" a la *suma*, en vez de limitarla a la multiplicación y división. Es un error muy fácil de cometer. Recuerde que sumar dos negativos es como gastar dinero dos veces, ¡así que sumar dos negativos es siempre un negativo mayor!

¡NO! −8 + −2 ≠ 10
SÍ . . . −8 + −2 = −10

Práctica

1. $-4,5 \times 6 =$ _____

2. $-\$6,60 - \$18,50 =$ _____

3. $-18 + -10 - 12 =$ _____

4. Olivia compró 20 camisetas para su equipo de fútbol. Si las camisetas cuestan $18 cada una, escriba una expresión que represente la compra de Olivia y muestre cuánto dinero gastó en total.

5. Un grupo de cinco personas repartieron la factura de una cena de $110. Escriba una expresión que represente cómo repartieron la factura y luego muestre cuánto dinero gastó cada persona.

Exponentes

Usted podrá reconocer fácilmente cuándo se usa un exponente. Un **exponente** se escribe como un número pequeño sobre la esquina superior derecha de un número de tamaño regular. El número que se eleva a un exponente se llama **base**. En la expresión 3^4, 4 es el exponente y 3 es la base.

¡PREGUNTA DE ANTICIPO GED®!

En el examen GED® usted deberá poder evaluar expresiones con exponentes:

- *Encuentre el valor de la siguiente expresión:* $(-5)^2 - (-4)^3$.

Cómo usar exponentes

Los exponentes son la notación taquigráfica matemática para representar una multiplicación repetida. En vez de escribir $3 \times 3 \times 3 \times 3$, se puede usar un exponente de 4 como instrucción de que el número 3 sea multiplicado por sí mismo 4 veces:

$$3 \times 3 \times 3 \times 3 = 3^4$$

Los exponentes siempre dan instrucciones sobre cuántas veces se multiplicará la base por sí misma. Por lo tanto, 10^6 significa 10 multiplicado por sí mismo 6 veces:

$$10^6 = 10 \times 10 \times 10 \times 10 \times 10 \times 10 = 1.000.000$$

¡NO HAGA ESTO!

A pesar de que los estudiantes saben que los exponentes son la taquigrafía de la multiplicación repetida, es muy fácil cometer errores descuidados. ¡2^4 no es igual a 8! ¡No multiplique la base por los exponentes!

¡NO! $2^4 \neq 2 \times 4$

SÍ... $2^4 = 2 \times 2 \times 2 \times 2 = 16$

Potencia, cuadrados y cubos

Normalmente, nos referimos a los exponentes como **potencias**. La expresión 3^4 se lee como *tres a la cuarta potencia* o *tres elevado a la potencia de 4*. Los exponentes dos y tres tienen sus propios nombres especiales:

Cuadrado: Cuando una base se eleva a la potencia de dos, se eleva al cuadrado. 5^2 se lee como *cinco al cuadrado*. Dado que $5^2 = 5 \times 5$, $5^2 = 25$.

Cubo: Cuando una base se eleva a la potencia de tres, la base se eleva al cubo. 5^3 se lee como *cinco al cubo*. Dado que $5^3 = 5 \times 5 \times 5$, $5^3 = 125$.

Ejemplo

Escriba $4 \times 4 \times 4$ en formato exponencial y evalúelo.

Dado que 4 se multiplica por sí mismo 3 veces, su notación exponencial es 4^3. Entonces podemos escribir que $4^3 = 64$.

Ejemplo

Escriba 2 a la potencia de cinco en forma exponencial y evalúelo.

2 a la potencia de cinco es 2^5: $2 \times 2 \times 2 \times 2 \times 2 = 32$

Raíces cuadradas y raíces cúbicas

Las raíces deshacen los exponentes. Las raíces cuadradas y las raíces cúbicas implican pensar al revés. Por ejemplo, si un problema dice "¿Cuál es la raíz cuadrada de 16?", le está preguntando cuál es el número que da como resultado 16 cuando se multiplica por sí mismo. Matemáticamente, se escribe

$$\sqrt{16} = ?$$

¿Entonces, qué número cuando se multiplica por sí mismo (es decir, cuando se lo eleva al cuadrado) da como resultado 16? ¡Cuatro!

$$4 \times 4 = 16$$
$$4^2 = 16$$

Entonces, $\sqrt{16} = 4$.

Las raíces cúbicas funcionan del mismo modo. Para encontrar la raíz cúbica de un número, pregúntese: "¿Qué número que se multiplique tres veces me da este número?". Matemáticamente, las raíces cúbicas se escriben del siguiente modo: $\sqrt[3]{27}$.

¿Entonces, cuál es $\sqrt[3]{27}$? ¿Qué número multiplicado por sí mismo tres veces da como resultado 27? ¡Tres!

$$3 \times 3 \times 3 = 27$$
$$3^3 = 27$$

Entonces, $\sqrt[3]{27} = 3$

También es importante comprender cómo simplificar expresiones que contengan raíces. Revisaremos este proceso con dos formas: números enteros y fracciones.

Números enteros

$$\sqrt{a \cdot b} = \sqrt{a} \cdot \sqrt{b}$$

Ejemplo: Simplificar $\sqrt{27}$.

$$\sqrt{27} = \sqrt{3 \cdot 9} = \sqrt{3} \cdot \sqrt{9} = 3\sqrt{3}$$

Fracciones

$$\sqrt{\frac{a}{b}} = \frac{\sqrt{a}}{\sqrt{b}}$$

Ejemplo: Simplificar $\sqrt{\frac{4}{9}}$.

$$\sqrt{\frac{4}{9}} = \frac{\sqrt{4}}{\sqrt{9}} = \frac{2}{3}$$

Leyes de los exponentes

Hay seis leyes de los exponentes que se usan al trabajar con exponentes. Para cada ley, daremos una regla general con variables y daremos un ejemplo con números. Estas leyes funcionan igual sin importar si las bases y los exponentes son números o variables. Observe que las dos primeras reglas *solo* se aplican a situaciones donde las bases son las mismas.

1. Multiplicar bases iguales: *Cuando multiplique bases iguales, simplemente sume los exponentes y mantenga la misma base para crear un término simplificado:*

Regla general: $x^a \cdot x^b = x^{(a+b)}$

Ejemplo: $2^3 \times 2^4 = 2^{(3+4)} = 2^7$

2. Dividir bases iguales: *Cuando divida bases iguales, reste los exponentes y mantenga la misma base para crear un término simplificado.*

Regla general: $\frac{x^a}{x^b} = x^{(a-b)}$

Ejemplo: $\frac{2^6}{2^2} = 2^{(6-2)} = 2^4$

3. Elevar una potencia a una potencia: *Cuando una base con una potencia se eleve a otra potencia, multiplique los exponentes y mantenga la misma base para crear un término simplificado.*

Regla general: $(x^a)^b = x^{a \cdot b}$

Ejemplo: $(5^2)^3 = 5^{2 \cdot 3} = 5^6$

4. Elevar un producto a una potencia: *Cuando un producto se eleve a una potencia, eleve cada uno de los factores que están dentro del paréntesis a la potencia que está fuera del paréntesis. (A menudo, esta regla se puede combinar con la regla anterior. No olvide elevar también el coeficiente a la potencia).*

Regla general: $(xy)^a = x^a y^a$

Ejemplo: $(2x^4y)^3 = 2^3 x^{4 \cdot 3} y^3 = 8x^{12}y^3$

5. Elevar a una potencia de cero: *Cualquier base que se eleve a una potencia de cero es igual a 1.*

Regla general: $x^0 = 1$

Ejemplo: $78^0 = 1$

6. Exponentes negativos: *Una base que se eleva a una potencia negativa es equivalente al recíproco de esa base con el valor positivo de la potencia.*

Regla general: $x^{-a} = \frac{1}{x^a}$

Ejemplo: $3^{-2} = \frac{1}{3^2}$

Práctica

6. ¿Cuál es el valor de *5 al cuadrado*?

7. ¿Cuál es el valor de *5 negativo al cuadrado*?

8. ¿Cuál es el valor de *5 negativo al cubo*?

9. Compare sus respuestas a las preguntas 6, 7 y 8.

10. ¿Cuál es el valor de *k* si $5^4 \times 5^2 = 5^k$?

11. ¿Cuál es el valor de *k* si $5^8 \div 5^k = 5^2$?

12. ¿Cuál es el valor de $\sqrt[3]{-8}$?

13. Simplifique $\sqrt{40} \times \sqrt{5}$.

Orden de las operaciones

Para resolver correctamente problemas que incluyan más de una operación, se debe seguir un determinado orden de operaciones.

¡PREGUNTA DE ANTICIPO GED®!

En el examen de Razonamiento Matemático de GED®, usted deberá demostrar conocimiento del orden correcto en el que se deben hacer las operaciones. Lea la siguiente sección para aprender a responder una pregunta como esta:

- *Simplifique:* $\frac{4 + 3 \times 2}{7 - 14 \div 7}$

PEMDAS

PEMDAS es un acrónimo que se usa para recordar el orden correcto para realizar operaciones. Puede recordar *PEMDAS* creando alguna frase mnemotécnica como *Pedro, Estamos Mirando Directo al Sol.* El Orden de las Operaciones que se deben seguir al evaluar expresiones numéricas o variables es:

1. **P**aréntesis
2. **E**xponentes y raíces*
3. **M**ultiplicación y **D**ivisión*
4. **A**dición y **S**ustracción*

*Estas operaciones se realizan a medida que surgen de izquierda a derecha en un problema.

PEMDAS lo ayudará a evaluar correctamente las expresiones matemáticas pero solo si presta atención al pequeño asterisco, *muy* importante, que aparece al final de la lista anterior. Es fundamental que aborde las operaciones que están en la misma línea juntas, como iguales, y de izquierda a derecha. Hacer la multiplicación antes de la división puede ponerlo en apuros, ¡fíjese a continuación!

¡NO HAGA ESTO!

El error más común con PEMDAS es hacer la multiplicación antes que la división en vez de ir de izquierda a derecha. Observe que al resolver $24 \div 6 \times 2$, obtendrá dos respuestas diferentes según priorice la multiplicación o se mueva de izquierda a derecha:

¡NO! No piense que siempre debe hacer la multiplicación *antes* que la división:

$$24 \div 6 \times 2 \neq 24 \div 12 = 2 \text{ (¡Incorrecto!)}$$

SÍ . . . En cambio, realice la multiplicación y la división de *izquierda a derecha*:

$$24 \div 6 \times 2 = 4 \times 2 = 8 \text{ (¡Correcto!)}$$

Observe que cada método da una respuesta diferente. Por lo tanto, solo un método puede ser correcto: muévase de izquierda a derecha cuando realice la multiplicación y división.

Propiedad distributiva

Un centro de distribución es el lugar desde donde algo se distribuye o envía hacia muchos otros lugares. En matemáticas, la **propiedad distributiva** distribuye un número o término hacia otros números o términos mediante la *multiplicación.* Cada vez que vea un conjunto de paréntesis que contengan una suma o diferencia y haya un número o variable directamente antes o después del paréntesis, podrá usar la propiedad distributiva. Para aplicar la propiedad distributiva, multiplique el término que está fuera del paréntesis por cada uno de los términos separados por + o – que aparecen dentro del paréntesis.

Ejemplo

Expanda la expresión $3(4 + 1)$ y luego resuelva.

Primero, observamos que hay una suma contenida dentro del conjunto de paréntesis y hay otro número directamente fuera del paréntesis. Distribuiremos el factor de 3 al 4 y el 1 al multiplicar 3 con cada uno de esos números. Después de hacer esto, sumaremos los productos:

$$3 \cdot (4 + 1) = 3 \cdot 4 + 3 \cdot 1$$
$$12 + 3$$
$$\boxed{15}$$

Por supuesto, en el caso anterior no es *necesario* que use la propiedad distributiva para simplificar la expresión. No obstante, la propiedad distributiva será obligatoria al tratar expresiones que tienen variables.

Ejemplo

Expanda el problema $5(x + 6)$ a una expresión equivalente.

En este caso, es imposible sumar la x y el 6 primero ya que variables y constantes no se pueden combinar. Aquí la única forma de proceder es multiplicar el 5 por cada uno de los términos que están dentro del paréntesis y mantener su respuesta como dos términos separados:

$$5(x + 6)$$
$$5x + 30$$

¡NO HAGA ESTO!

La propiedad distributiva solo se usa cuando los números o variables que están dentro del paréntesis se *suman* o *restan*. No cometa el error común de usar la propiedad distributiva cuando los paréntesis contengan números que se estén multiplicando:

¡NO! $7(4 \times 8) \neq 7 \cdot 4 \times 7 \cdot 8$

SÍ . . . En cambio, $7(4 \times 8) = 7 \times 4 \times 8$

Bases negativas con exponentes

Las bases negativas con exponentes le causan problemas a muchos estudiantes porque un pequeño cambio en la notación da como resultado una respuesta completamente diferente. Mire cómo los siguientes dos ejemplos producen respuestas opuestas según la presencia o ausencia de paréntesis:

Negativo *dentro* de paréntesis

$(-5)^2 =$

$-5 \times -5 =$

$\underline{25}$

Cuando el negativo está escrito dentro de paréntesis, se cancela cuando se eleva al cuadrado.

Negativo *fuera* de paréntesis

$-5^2 =$

$-1 \times 5 \times 5 =$

$\underline{-25}$

Cuando el negativo *no* está escrito dentro de paréntesis, funciona como un -1 que se multiplica por el cuadrado de 5.

En este caso, el negativo *no* se cancela.

Cuando un valor negativo se reemplaza por una variable, el problema se trata como si hubiera paréntesis alrededor del número negativo: si $x = -6$, entonces x^2 será igual a $(-6)^2 = 36$.

Observe que una base negativa elevada a una potencia *impar no* se cancelará ya que quedará un signo negativo restante una vez que se hayan cancelado todos los pares:

$$(-2)^5 = (-2) \times (-2) \times (-2) \times (-2) \times (-2)$$
$$= 4 \times 4 \times -2 = -32$$

ELEVAR UNA BASE NEGATIVA A UNA POTENCIA

Cuando un conjunto de paréntesis está alrededor de un número negativo que tiene un exponente:

- Los *exponentes pares* cancelarán el signo de una base negativa: $(-3)^2 = (-3)(-3) = 9$
- Los exponentes *impares* conservarán el signo de una base negativa: $(-2)^3 = (-2)(-2)(-2) = -8$

Ahora resolvamos un problema que combina lo que aprendió sobre números con signos, exponentes, PEMDAS y propiedad distributiva:

Ejemplo
Resuelva $4x^2 + 3(1 - x)$, donde $x = -2$.
- **a.** 21
- **b.** 25
- **c.** 73
- **d.** 77

Primero, sustituyamos cada x por -2 y volvamos a escribir la expresión:

$$4(-2)^2 + 3(1 - -2)$$

Si bien puede ser tentador ir de izquierda a derecha, debemos tener cuidado. No podemos multiplicar -2×4 y luego elevar la respuesta al cuadrado porque en el orden de las operaciones, los **E**xponentes vienen antes que la **M**ultiplicación. Además, también tenemos **P**aréntesis en la segunda mitad del problema y el orden de las operaciones indica que los hagamos *primero*. Siempre.

Entonces, vayamos paso a paso:

1. Tenemos **P**aréntesis: $(1 - -2)$. Al restar un número negativo, los negativos se transforman en suma. Entonces, $(1 - -2)$ en realidad es $(1 + 2)$, que es igual a 3. Ahora, nuestro problema queda así:
$$4(-2)^2 + 3(3)$$
2. Tenemos **E**xponentes: $(-2)^2$. Esto es 4. Ahora, nuestro problema queda así:
$$4(4) + 3(3)$$
3. Tenemos **M**ultiplicación: $4(4)$ y $3(3)$. $4(4) = 16$ y $3(3) = 9$. Ahora, nuestro problema queda así:
$$16 + 9$$
4. Tenemos **A**dición: $16 + 9$, que es igual a 25.

¡Por lo tanto, la respuesta es la opción **b**, 25!

Usted obtiene la opción **a**, 21, si no calcula los paréntesis primero y solo multiplica 3×1 y luego resta -2. Obtiene la opción **c**, 73, si multiplica 4×-2 y luego lo eleva al cuadrado, además de no calcular primero los paréntesis. Obtiene la opción **d**, 78, si multiplica 4×-2 y luego lo eleva al cuadrado pero igualmente calcula la segunda mitad de manera correcta.

Práctica
14. Resuelva $(52 + \sqrt{64}) \div 10$. _____

15. Evalúe $-3 + -10(-5 - 14)$

16. Simplifique $\frac{4 + 3 \times 2}{7 - 14 \div 7}$

17. Evalúe $4(2)^2 + (1 - (-2))^3$

Valor absoluto

El valor absoluto de un número tiene una notación especial con barras verticales. No confunda $|-5|$ con (-5) ya que tienen significados muy diferentes.

Distancia de cero
El valor absoluto de un número le dice a cuánto se encuentra del cero. Por ejemplo, el número 8 está a una distancia de 8 posiciones del cero. El número 400 está a una distancia de 400 del cero. ¿Qué pasa con el número -10? Piénselo. A pesar de que es un número negativo, sigue estando a una distancia de 10 desde el cero, solo que a la izquierda del cero en vez de a la derecha.

El valor absoluto se escribe matemáticamente como en los siguientes ejemplos:

- $|8| = 8$ (Se lee: el valor absoluto de 8 es 8)
- $|-10| = 10$ (Se lee: el valor absoluto de -10 es 10)

Es posible que se le pida que halle el valor absoluto de la distancia entre dos números. ¿Qué significa eso? Significa encontrar la diferencia entre los números (resta) y luego registrar el valor absoluto de la respuesta.

¡NO HAGA ESTO!

Con paréntesis, un negativo que esté afuera del paréntesis cancelará a un negativo que esté adentro: $-(-4) = +4$. Sin embargo, con la barra vertical de valor absoluto, *primero* se debe tomar el valor absoluto del número que está adentro y *luego* se debe aplicar el símbolo negativo que está afuera. Por lo tanto, los valores absolutos con un negativo por afuera siempre darán una respuesta negativa. No cometa el error de cancelar los dos negativos con valores absolutos:

¡NO! $-|-8| \neq +8$
SÍ . . . $-|-8| = -8$

Práctica

18. Halle $|x - y|$ donde $x = 3$ y $y = 8$. _____

19. Halle el valor absoluto de la diferencia entre 5 y 3. _____

20. Simplifique: $|-20 + 5| - |-40|$

Notación científica

La notación científica es un formato especial que se usa para escribir números extremadamente grandes o pequeños de forma taquigráfica. La ciencia, las finanzas y la investigación de la población son solo algunos ejemplos de las áreas que utilizan números muy grandes o pequeños. Los científicos que escriben documentos sobre el espacio exterior quieren evitar escribir una y otra vez números enormes como 93.000.000 millas (la distancia desde el Sol hasta la Tierra) y 300.000.000 (la velocidad de la luz en metros por segundo), así que la notación científica nos proporciona una forma universalmente aceptada para comparar y hablar sobre números muy grandes y muy pequeños.

¡PREGUNTA DE ANTICIPO GED®!

Esté preparado para expresar números extremadamente grandes o pequeños en notación científica en el examen GED®:

- *El sol está a 93.000.000 millas de la Tierra. ¿Cuál de las siguientes expresiones representa esta distancia en notación científica.*

    a. 93×10^6

    b. 93×10^5

    c. $9,3 \times 10^7$

    d. $0,93 \times 10^8$

Formato de la notación científica

El formato general para un número que se escribe en notación científica es $a \times 10^b$, con requisitos específicos para los tipos de números que pueden ser a y b:

1. a siempre debe ser un número mayor o igual a 1 y menor que 10.
2. b es un número entero positivo o negativo. Determina el número de espacios que la coma decimal se mueve hacia la izquierda o hacia la derecha. (b también puede ser 0).

Cuando $b \geq 0$, el valor del número con notación científica es mayor que 1. Cuando $b < 0$, el valor del número con notación científica es un decimal entre 0 y 1.

¡ALERTA DE VOCABULARIO!

La notación científica representa números en el formato: $a \times 10^b$, donde $1 \leq a < 10$ y b es un número entero. Cuando $b \geq 0$ el número será mayor o igual que 1. Por el contrario, cuando $b < 0$ el número será menor que 1.

Conversión de notación científica en notación estándar

Para convertir un número de notación científica en notación estándar, fíjese en b para obtener instrucciones sobre cuántas veces debe mover el decimal hacia la derecha o hacia la izquierda:

Ejemplo

¿Cuánto es $5,9 \times 10^4$ en notación estándar?

Dado que 10^4 tiene cuatro ceros (10.000), el decimal de 5,9 se moverá hacia la derecha cuatro veces. $5,9 \times 10^4$ se traduce a 59.000.

Los exponentes negativos moverán el decimal en la otra dirección.

Ejemplo

Escriba el siguiente número en notación estándar: $8,5 \times 10^{-3}$

El 10^{-3} da instrucciones de mover la coma decimal tres lugares hacia la izquierda. La expresión $8,5 \times 10^{-3}$ representa el decimal 0,0085 después de mover la coma decimal tres veces hacia la izquierda.

Conversión de notación estándar en notación científica

Convertir un número de notación estándar en notación científica puede ser un poco más complicado para los estudiantes. Convirtamos 9.800.000 en notación científica. Dado que 9.800.000 se debe escribir en formato $a \times 10^b$, donde a está entre 1 y 10, nuestro decimal debe ir entre el 9 y el 8, significa que $a = 9,8$. Dado que esta ubicación movió el decimal *original* 6 lugares hacia la izquierda, nuestras instrucciones de notación científica deben mover el decimal 6 lugares hacia la derecha. Escriba 9.800.000 como $9,8 \times 10^6$. Verifique la respuesta desplazando la coma decimal 9,8 seis veces hacia la *derecha*. Esto da 9.800.000, lo que indica que tenemos la notación científica correcta.

Suponga que tenemos un número muy pequeño que se debe escribir en notación científica, como 0,000047. Vamos a abordar esta tarea del mismo modo. Primero, seleccione una a que esté entre 1 y 10: coloque el decimal entre el 4 y el 7 para obtener 4,7. Luego, debemos multiplicar por una potencia de 10 para hacer que la notación científica represente el número original. Para llegar a 4,7, movimos la coma decimal cinco espacios hacia la *derecha*. Para expresar un número pequeño, use un exponente negativo: $4,7 \times 10^{-5}$. Podemos verificar que esta respuesta es correcta al desplazar la coma decimal de 4,7 cinco veces hacia la *izquierda*. Dado que esto nos da nuestro valor original de 0,000047; entonces $4,7 \times 10^{-5}$ es la notación científica correcta.

Práctica

21. Traduzca 316,72 a notación científica.

22. Exprese 0,00205 en notación científica.

23. Plutón está a 5.914.000.000 km del sol. Represente esta distancia en notación científica.

24. El ancho de una probeta médica especializada es de 0,0008 centímetros. Represente este ancho en notación científica.

Números racionales, irracionales e indefinidos

Antes de pasar al próximo capítulo, veamos tres tipos importantes de números con los que debe estar familiarizado.

Números racionales y números irracionales

Un **número racional** es cualquier número que se pueda representar de forma $\frac{p}{q}$, donde p y q son números enteros y q no es igual a 0. En formato decimal los números racionales terminarán en o tendrán un decimal que se repite (ejemplo: $\frac{1}{3} = 0.\overline{33}$).

Los **número irracionales** tienen decimales que no se repiten, que nunca terminan y no se pueden escribir como fracciones. Un número irracional común es π, que tiene un valor de 3,141592 . . . A menudo, las raíces cuadradas producen números irracionales. Las primeras raíces cuadradas irracionales son $\sqrt{2}$, $\sqrt{3}$ y $\sqrt{5}$, pero hay números irracionales infinitos.

Números indefinidos

Los números indefinidos son muy importantes en matemáticas. Estos son números que no pueden existir. Los **números indefinidos** se producen cuando cualquier número se divide entre 0. El cociente es indefinido dado que es imposible dividir una cantidad en 0 partes. Por tanto, cualquier fracción con un denominador de 0 es indefinida. Las fracciones son el lugar más común en donde encontrará números indefinidos. Preste mucha atención a los dos tipos de fracciones importantes que aparecen en el cuadro siguiente:

¡NO HAGA ESTO!

Es importante comprender lo que representa el "0" en una fracción. ¿$\frac{0}{8}$ es lo mismo que $\frac{8}{0}$? ¡Definitivamente no! $\frac{0}{8} = 0$, porque hay 0 de 8 partes. Pero $\frac{8}{0}$ es indefinido porque es imposible tener 8 partes de 0. (El símbolo para indefinido es "∅"). Nunca se permite que cero sea el denominador de una fracción, ¡así que no cometa el error de interpretar que fracciones con 0 en la parte inferior tienen un valor de 0!

¡NO! $\frac{8}{0} \neq 0$

SÍ . . . $\frac{0}{8} = 0$

SÍ . . . $\frac{8}{0} = \varnothing$ o indefinido

¡CONSEJOS PARA CALCULADORA!

A pesar de que es importante realizar a mano todas las habilidades de cálculo de fracciones y decimales que se presentan aquí, muchas de estas tareas también se pueden hacer en una calculadora TI-30XS. Esta calculadora será de gran ayuda cuando se trabaje con negativos y notaciones científicas, pero tomará algún tiempo aprender a usar todas sus funciones de manera correcta. Es muy fácil cometer errores con el orden de las operaciones al usar calculadoras, así que estos tipos de preguntas se resuelven mejor a mano. Responda las siguientes preguntas de Revisión del capítulo sin usar las funciones especiales de la calculadora. Una vez que haya leído el *Capítulo 12: Uso de calculadoras TI-30XS*, puede realizarlas nuevamente con la ayuda de su calculadora.

Resumen

Ahora ha completado la Revisión de fundamentos numéricos y tiene algunas habilidades nuevas bajo la manga: trabajar con números con signo y exponentes, usar PEMDAS para recorrer correctamente el orden de las operaciones, comprender el valor absoluto, y convertir entre notación científica y notación estándar. ¡Practique estas preguntas para echar un vistazo a lo que puede surgir el día del examen GED®!

Revisión de Fundamentos numéricos, Parte 2

1. Evalúe las siguientes expresiones:
$$(5 - 3) \times (4 + 4 \div 2)$$
a. 6
b. 8
c. 10
d. 12

2. Simplifique el siguiente problema: $\sqrt{\frac{75}{72}}$.
a. $\frac{5\sqrt{3}}{3\sqrt{8}}$
b. $\frac{3\sqrt{5}}{8\sqrt{3}}$
c. $\frac{25 \cdot 3}{8 \cdot 9}$
d. $\sqrt{\frac{75}{72}}$

3. Simplifique. $\sqrt[3]{-1,000} - 3^2$ _____

4. ¿Qué expresión de valor absoluto muestra la distancia entre el punto A y el punto B en la siguiente recta numérica?

(recta numérica con A, −9, −6, −3, 0, 3, B)

a. $|12 - 6|$
b. $|-12 + 6|$
c. $|-12 - 6|$
d. $|6 - 12|$

5. ¿A cuántas unidades está h de 0 en la recta numérica que aparece a continuación?

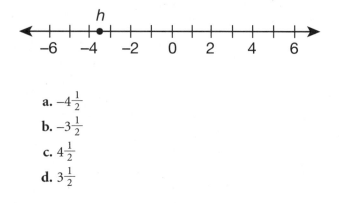

a. $-4\frac{1}{2}$
b. $-3\frac{1}{2}$
c. $4\frac{1}{2}$
d. $3\frac{1}{2}$

6. ¿Cuál de los siguientes es el número 316,72 escrito en notación científica?
a. $3,1672 \times 10^{-2}$
b. $3,1672 \times 10^2$
c. $3,1672 \times 10^3$
d. $3,1672 \times 10^1$

7. Plutón está a 5.914.000.000 km del sol. Esta distancia se puede escribir en notación científica como:
a. $59,14 \times 10^8$
b. $5,914 \times 10^9$
c. $0,5914 \times 10^{10}$
d. $5,914 \times 10^6$

8. ¿Cuál de los siguientes es un número irracional?
a. $\sqrt{12}$
b. $\sqrt{9}$
c. $\frac{7}{3}$
d. $\frac{0}{11}$

9. ¿Para cuáles dos valores de x la siguiente expresión numérica es indefinida? $\frac{12x}{x^2 - 25}$.

_____

Respuestas y explicaciones

Práctica del capítulo

1. **–27.** Multiplicar signos opuestos siempre da como resultado una respuesta negativa, entonces –4,5 × 6 = –27.

2. **–$25,10.** Sumar dos negativos siempre da una respuesta negativa mayor, así que –$6,60 – $18,50 = –$25,10.

3. **–40.** Para resolver este problema, primero agregue –18 a –10 para obtener –28. Entonces el problema queda así: –28 – 12. Utilice la técnica de *mantener-convertir-cambiar* para transformar esto en una suma: –28 + (–12). Ahora nuevamente estamos sumando dos negativos, lo que nos dará un negativo más grande: –28 + (–12) = –40.

4. **20 × –18 = –360.** Gastar dinero se debería representar como un valor negativo. Dado que Olivia compró 20 camisetas a $18 cada una, exprese esto como 20 × –18 = –360.

5. **–110 ÷ 5 = –$22.** Pagar una factura de $110 se puede escribir como –110. Repartirla entre 5 significa dividirla entre 5: –110 ÷ 5 = –$22. Cada persona gastó $22.

6. **25.** Escriba *cinco al cuadrado* como $(5)^2$. Esto equivale a $(5)(5) = 25$.

7. **25.** Escriba *cinco negativo al cuadrado* como $(-5)^2$. Esto equivale a $(-5)(-5) = 25$.

8. **–125.** Escriba *cinco negativo al cubo* como $(-5)^3$. Esto equivale a $(-5)(-5)(-5) = -125$.

9. Cuando (–5) se elevó al cuadrado, el signo negativo se canceló y dio la misma respuesta 5^2. No obstante, cuando (–5) se elevó al cuadrado, la respuesta final continuó siendo negativa.

10. **$k = 6$.** Use la ley $x^a \cdot x^b = x^{(a+b)}$ para reescribir $5^4 \times 5^2$ como $5^{4+2} = 5^6$. Por lo tanto, $k = 6$.

11. **$k = 6$.** Primero use la ley $\frac{x^a}{x^b} = x^{(a-b)}$ para reescribir $5^8 \div 5^k = 5^2$ como $5^{(8-k)} = 5^2$. Ahora, dado que tanto el lado izquierdo como el derecho de la ecuación son 5 a una potencia, podemos ver que ambas potencias deben ser iguales. Por lo tanto, $8 - k = 2$, lo que lleva a $k = 6$.

12. **–2.** La raíz cúbica (–8) significa el número que dará 8 cuando sea multiplicado por sí mismo 3 veces. Dado que (–2) × (–2) × (–2) = –8, la raíz cúbica de –8 debe ser –2.

13. **$10\sqrt{2}$.** Para simplificar radicales, multiplique los dos términos bajo un único radical: $\sqrt{40} \times \sqrt{5} = \sqrt{200}$. Luego, simplifique este radical al reescribirlo como un producto con un cuadrado perfecto: $\sqrt{200} = \sqrt{100} \times \sqrt{2} = 10\sqrt{2}$.

14. **6.** Al seguir los pasos uno por uno: Tenemos paréntesis, $(52 + \sqrt{64})$. En los paréntesis tenemos una raíz cuadrada, así que debemos resolver eso para sumarlo a 52. $\sqrt{64} = 8$. $52 + 8 = 60$. Tenemos división: $60 \div 10$, que es igual a 6, entonces $(52 + \sqrt{64}) \div 10 = 6$. Es importante que se siga el orden de las operaciones para hallar la respuesta correcta.

15. **187.** Recuerde la regla mnemotécnica PEMDAS como ayuda con el orden correcto de las operaciones.
   Primero resuelva los paréntesis:
   $-3 + -10(-5 - 14) = -3 + -10(-19)$
   Luego haga la multiplicación:
   $-3 + -10(-19) = -3 + 190$
   Finalmente, resuelva la suma: $-3 + 190 = 187$.

16. **2.** Recuerde la regla mnemotécnica PEMDAS como ayuda con el orden correcto de las operaciones. Con fracciones complejas, se deben calcular el numerador y el denominador antes de la suma final. Esto se debe a que la ecuación $\frac{4 + 3 \times 2}{7 - 14 \div 7}$ en realidad es equivalente a $\frac{(4 + 3 \times 2)}{(7 - 14 \div 7)}$.
   Primero haga la multiplicación y la división:
   $\frac{(4 + 3 \times 2)}{(7 - 14 \div 7)} = \frac{4 + 6}{7 - 2}$.
   Luego calcule la suma y la resta en ambas partes de la fracción: $\frac{4 + 6}{7 - 2} = \frac{10}{5}$.
   Finalmente, haga la división final: $\frac{10}{5} = 2$.

17. **43.** Si bien puede ser tentador ir de izquierda a derecha, no podemos multiplicar 2 por 4 y luego elevarlo porque los **E**xponentes vienen antes que la **M**ultiplicación. Además, también tenemos **P**aréntesis en la segunda mitad del problema y el orden de las operaciones indica que PRIMERO trabajamos con ellos. **P**aréntesis: $(1 - -2)$. Restar un número negativo es como sumar un positivo, así que convierta la resta en una suma con la técnica *mantener-convertir-cambiar*: $(1 - (-2))$ se convierte en $(1 + 2)$, que es igual a 3. El problema ahora queda así: $4(2)^2 + 3^3$. **E**xponentes: $(2)^2$. Esto es 4. Ahora el problema queda así: $4(4) + 3^3$. **M**ultiplicación: $4(4) = 16$ y $3^3 = 27$. Ahora el problema queda así: $16 + 27$, entonces la respuesta es 43.

18. $|3 - 8| = |-5| = $ **5**

19. **2.** $|5 - 3| = |2| = 2$. Si los números se invirtieran, el valor absoluto de la diferencia sería $|3 - 5| = |-2| = 2$. De cualquier forma que escriba los números, en tanto que se lleve el valor absoluto de la diferencia entre los dos números, siempre obtendrá la misma respuesta.

20. **−25.** Comience por ocuparse de la primera barra vertical de valor absoluto: $|-20 + 5| - |-40| = |-15| - |-40|$. Luego, tome el valor absoluto de ambos números y réstelos para encontrar la respuesta final: $15 - 40 = -25$.

21. $\mathbf{3{,}1672 \times 10^2}$. La notación científica requiere que el número se escriba en la forma $a \times 10^b$ donde a debe estar entre 1 y 10. Mueva el decimal dos veces hacia la izquierda para escribir a como 3,1672. Ahora, b debe dictar que la posición decimal se mueva dos veces hacia la derecha, así que $b = 2$: $3{,}1672 \times 10^2$.

22. $\mathbf{2{,}05 \times 10^{-3}}$. La notación científica requiere que el número se escriba en la forma $a \times 10^b$ donde a debe estar entre 1 y 10. Mueva el decimal tres veces hacia la derecha para escribir a como 2,05. Ahora, b debe dictar que la posición decimal se mueva tres veces hacia la izquierda, entonces b debe ser −3: $2{,}05 \times 10^{-3}$.

23. $\mathbf{5.914.000.000 = 5{,}914 \times 10^9}$. La notación científica requiere que el número se escriba en la forma $a \times 10^b$, donde a debe estar entre 1 y 10. Mueva el decimal nueve veces hacia la izquierda para escribir a como 5,914. Ahora, b debe dictar que la posición decimal se mueva nueve veces hacia la derecha, entonces b debe ser 9: $5.914.000.000 = 5{,}914 \times 10^9$.

24. $\mathbf{0{,}0008 = 8 \times 10^{-4}}$. La notación científica requiere que el número se escriba en el formato $a \times 10^b$, donde a debe estar entre 1 y 10. Mueva el decimal cuatro veces hacia la derecha para escribir a como 8. Ahora, b debe dictar que la posición decimal se mueva cuatro veces hacia la izquierda, entonces b debe ser −4: $0{,}0008 = 8 \times 10^{-4}$.

Revisión de Fundamentos numéricos, Parte 2

1. **d.** El orden de las operaciones dice que primero se deben realizar las operaciones que están entre paréntesis; luego todas las multiplicaciones y divisiones, moviéndose de izquierda a derecha; y luego, todas las sumas y restas, moviéndose nuevamente de izquierda a derecha.

Comience por simplificar las expresiones que aparecen dentro de ambos pares de paréntensis y en la segunda expresión asegúrese de dividir 4 entre 2 antes de sumar 4:

$$(5 - 3) \times (4 + 4 \div 2)$$
$$= 2 \times (4 + 2)$$
$$= 2 \times 6$$
$$= 12$$

2. a. Para simplificar esta expresión, se necesita conocer las leyes de las raíces. La raíz cuadrada de una fracción es equivalente a la raíz cuadrada del numerador y la raíz cuadrada del denominador: $\frac{\sqrt{75}}{\sqrt{72}}$. También es importante reconocer que si volvemos a escribir cada término como un producto de dos factores, tal vez podamos simplificarlo más.

$\frac{\sqrt{75}}{\sqrt{72}}$ se puede escribir como $\frac{\sqrt{25} \cdot \sqrt{3}}{\sqrt{9} \cdot \sqrt{8}}$. Esto se puede simplificarse aún más porque tanto 25 como 9 son cuadrados perfectos.

$\frac{\sqrt{25} \cdot \sqrt{3}}{\sqrt{9} \cdot \sqrt{8}} = \frac{5\sqrt{3}}{3\sqrt{8}}$. Los signos de la raíz cuadrada de la opción **b** están asignados a números incorrectos. La opción **c** refleja una factorización de 75 y 72 pero perdió la raíz cuadrada. La opción **d** sugiere que este problema no se puede simplificar, cuando en realidad sí es posible.

3. **–19.** La raíz cúbica de –1.000 es –10, dado que $-10 \times -10 \times -10 = -1.000$. 3^2 es igual a 9, así que vuelva a escribir $\sqrt[3]{-1,000} - 3^2$ como $-10 - 9$. –19 es la respuesta final.

4. c. Para responder esta pregunta, es útil recordar que el valor absoluto del número es la distancia entre ese número y 0. La escala de la recta numérica tiene incrementos de 3 unidades. Por lo tanto, el punto A es –12 y el punto B es 6. Para hallar la diferencia entre estos dos números, simplemente realice un problema de resta y obtenga el valor absoluto. La opción **a** incluye +12, no –12. La opción **b** refleja la suma, no la diferencia. Para que la opción **d** fuera correcta, debería quedar así $|6 - (-12)|$.

5. b. A pesar de que en esta recta numérica solo se incluyen números pares, podemos ver que cada marca representa 1. h está a mitad de camino entre las marcas para el –3 y el –4, así que el valor de h debe ser $-3\frac{1}{2}$. Las opciones de respuesta **c** y **d** son incorrectas dado que estos números positivos están del lado derecho del 0 en la recta numérica. La opción de respuesta **a** no es correcta porque si h tuviera un valor de $-4\frac{1}{2}$, debería estar del lado izquierdo del 4 en la recta numérica.

6. b. La notación científica expresa un número como el producto de un número entre 1 y 10, incluido el 1 pero excluido el 10, y una potencia de 10. Si el número es mayor que 1, entonces el exponente de 10 no es negativo. Entonces, para escribir 316,72 en notación científica, mueva la coma decimal dos lugares hacia la izquierda para obtener un número entre 1 y 10 y escriba la potencia de 10 como 2 porque movió la coma decimal dos lugares hacia la izquierda.

7. b. Un número en notación científica se escribe como un número que es al menos 1 pero menor que 10, multiplicado por una potencia de 10. La potencia de 10 es la cantidad de posiciones que se mueve el decimal para transformar el número en una notación decimal (números regulares). Si la coma decimal del número 5,914 se mueve nueve lugares hacia la derecha, el número se transforma en 5.914.000.000.

8. a. Los números irracionales no se pueden escribir como una fracción, así que sabemos que las opciones de respuesta **c** y **d** son incorrectas. (Recuerde que $\frac{0}{11}$ tiene un valor de 0). Los números irracionales tienen un valor decimal que no se termina ni se repite. Dado que el valor de $\sqrt{9}$ es 3, esto significa que la opción **b** tampoco puede representar un número irracional. Por lo tanto, $\sqrt{12}$ es la única opción posible para un número irracional.

9. −5 y 5. Solo nos preocupa el denominador cuando hablamos sobre expresiones indefinidas. Necesitamos encontrar los dos valores de x que hacen que el denominador sea igual a cero. Vamos a establecer la ecuación y resolver x:

$$x^2 - 25 = 0$$
$$x^2 = 25$$
$$\sqrt{x^2} = \sqrt{25}$$
$$x = 5 \text{ y} -5$$

Recuerde que una raíz cuadrada es el número que cuando se multiplica por sí mismo, nos da el número con el que comenzamos. En este problema, estamos buscando el número que cuando se multiplica por sí mismo da como resultado 25, que es 5. Además, cuando se eleva un número negativo al cuadrado, se obtiene una respuesta positiva. Entonces, −5 × −5 *también* es igual a 25. Por tanto, los dos valores de x que hacen que la ecuación sea indefinida son 5 y −5.

CAPÍTULO

5 ▶ TASAS, PROPORCIONES Y PORCENTAJES

En este capítulo usted aprenderá algunas habilidades extremadamente útiles que se pueden aplicar en su vida personal y laboral. Las tasas, proporciones y porcentajes son conceptos que encontramos en todo lo que nos rodea: millas por hora, precio por libra, porcentajes de descuento y comisiones. Además de ser útil para la vida diaria, el dominio de las habilidades de este capítulo será esencial para su éxito en el examen GED®. Las respuestas y explicaciones para todas las preguntas de práctica están al final del capítulo.

Este capítulo abarca:

- Tasas y tasa unitaria
- Establecer y resolver proporciones
- Trabajar con porcentajes
- Resolver problemas de palabras con porcentajes

Tasas y tasa unitaria

Antes de adentrarnos en las tasas y la tasa unitaria, es necesario que nos familiaricemos con las razones. Una razón es una fracción que compara dos números. Usamos razones todos los días. El mapa de una ciudad puede tener una escala en la que 2 cm representan 500 metros. Esta información se podría registrar como 2:500 o $\frac{2}{500}$. Si una clase tiene 12 niñas y 14 niños, la razón de $\frac{12}{14}$ demuestra esa relación. Dado que $\frac{12}{14}$ se reduce a $\frac{6}{7}$, también se puede decir que la razón de niñas por niños en la clase es $\frac{6}{7}$.

Esta razón de $\frac{6}{7}$ significa que por cada 6 niñas en la clase, hay 7 niños.

¡PREGUNTA DE ANTICIPO GED®!

En el examen GED® usted utilizará razones y proporciones para resolver preguntas como esta:

- *Ava compró 2,5 libras de uvas orgánicas en el mercado de agricultores por $9. Liam compró 3,2 libras de uvas orgánicas en la tienda por $12. ¿Cuánto más costaban por libra las uvas que Liam compró en la tienda?*

Definición de tasa y tasa unitaria

Una **tasa** es un tipo especial de razón que compara dos medidas que tienen diferentes unidades. Considere este ejemplo que compara jardines con días: *Polina cortó el césped de 12 jardines en 3 días.* La tasa es de 12 a 3.

Una **tasa unitaria** es una tasa que compara el primer tipo de medida con solo 1 unidad del segundo tipo de medida. La tasa de *12 jardines en 3 días* se puede expresar como una tasa unitaria al reducir ambos números a los términos más simples, dividiendo entre 3: *Polina cortó el césped de 4 jardines por día.* Las tasas a menudo se presentan de forma fraccionaria y una *tasa unitaria* es una fracción con un denominador de 1.

¡ALERTA DE VOCABULARIO!

Las **tasas unitarias** se presentan habitualmente como una frase *por unidad*. Las preguntas que contienen la palabra *por* a menudo requieren que se halle la tasa unitaria mediante la división. La tasa unitaria muestra cuántas unidades de un tipo de cantidad corresponden a *una unidad* de un segundo tipo de cantidad. Algunos ejemplos son palabras por minuto, precio por libra y personas por milla cuadrada. En cada uno de estos ejemplos la segunda palabra está en la parte inferior de una razón y se ha reducido a 1.

A pesar de que la tasa unitaria se usa en muchos contextos diferentes, aquí vamos a enfocarnos en ejemplos de tasa unitaria en velocidad, precio y densidad de población.

Velocidad

A Denise le llevó 1 hora y 45 minutos recorrer un camino de cuatro millas. ¿Cuántas millas por hora caminó, redondeado a la décima más cercana a una milla?

Para hallar la cantidad de millas por hora, escribimos la fracción con el número de millas como numerador y el número de horas como denominador: $\frac{4 \text{ millas}}{1,75 \text{ horas}}$. Ahora esto es un simple problema de división: $4 \div 1,75 = 2,28$. Redondeado a la décima más cercana, Denise caminó 2,3 millas por hora.

Precio

El Mercado de Rick vende pavos de 12 libras a $19,50 cada uno y la Carnicería de Mike vende pavos de 15 libras a $23,85. ¿Qué tienda ofrece el mejor precio por libra de pavo?

Para hallar el mejor precio por libra de pavo, necesitamos calcular la tasa por cada pavo. El precio por libra en el Mercado de Rick es $\frac{\$19,50}{12 \text{ libras}}$ o $1,63/lb. El precio por libra en la Carnicería de Mike es $\frac{\$23,85}{15 \text{ libras}}$ o $1,59/lb. A pesar de que en la Carnicería de Mike un pavo cuesta más, allí se ofrece un mejor precio por libra de pavo.

Densidad

En Minneapolis, Minnesota viven aproximadamente 392.880 personas en un territorio de 58 millas cuadradas. En Los Ángeles, California viven aproximadamente 3,82 millones de personas en un territorio de 503 millas cuadradas. ¿Cuál es la diferencia de personas por milla cuadrada entre estas dos ciudades?

Para hallar la cantidad de personas por milla cuadrada en Minneapolis, primero debemos escribir la fracción: $\frac{392.880 \text{ personas}}{58 \text{ millas cuadradas}}$. Hay 6.774 personas por milla cuadrada en Minneapolis (redondeado de 6.773,79).

Para hallar la cantidad de personas por milla cuadrada en Los Ángeles, escribimos otra fracción: $\frac{3.820.000 \text{ personas}}{503 \text{ millas cuadradas}}$. Hay 7.594 personas por milla cuadrada en Los Ángeles (redondeado de 7.594,43).

Para hallar la diferencia de personas por milla cuadrada entre Minneapolis y Los Ángeles, restamos 6.774 a 7.594.

$$7.594 - 6.774 = 820 \text{ personas por milla cuadrada}$$

Práctica

1. Anita armó 28 collares en 8 horas. ¿Cuántos collares arma Anita en una hora?

2. Use la información de la pregunta 1 para determinar cuántos collares puede armar Anita en una semana laboral de 40 horas.

3. Pedro, Celia y Laura están planeando un viaje por carretera al Parque Nacional Zion. El automóvil de Pedro tiene un tanque de 12 galones y se puede recorrer 540 millas por tanque de gasolina. El automóvil de Celia tiene un tanque de 15 galones y se puede recorrer 585 millas con un tanque. El automóvil de Laura tiene un tanque de 21 galones y se puede recorrer 798 millas. Ayúdelos a determinar quién debería conducir mediante el cálculo de quién hace más millas por galón con su automóvil.

4. Un transbordador espacial orbita a una distancia de 2.430 millas en $4\frac{1}{2}$ horas. Halle la velocidad promedio del transbordador en millas por hora.

5. Eliseo ganó $90,00 cuidando a los niños de la familia Goonan durante 12 horas. A la misma tasa, ¿cuánto ganará si trabaja para la familia Goonan de lunes a viernes, 6 horas por día?

Proporciones

Una **proporción** es una ecuación en la que dos razones son iguales entre sí. Las proporciones se usan comúnmente para resolver problemas del mundo real. Si una receta rinde 12 magdalenas, pero usted quiere hacer 36 magdalenas, saber que tiene que multiplicar todos los ingredientes por 3 en realidad es usar proporciones. Eche un vistazo a la siguiente pregunta GED® de muestra y luego continúe leyendo para ver cómo trabajar con proporciones y resolverlas.

¡PREGUNTA DE ANTICIPO GED®!

Una pregunta de proporción en el examen GED® puede ser así:

- *Nueve de cada diez atletas profesionales sufren al menos una lesión cada temporada. Si hay 120 jugadores en una liga profesional, calcule cuántos de ellos sufrieron al menos una lesión en la última temporada.*

Resolver proporciones con fracciones equivalentes

Consideremos este problema de *anticipo*. La frase *nueve de cada diez* es la razón $\frac{9}{10}$, que representa que 9 de cada 10 atletas profesionales sufren al menos una lesión cada temporada. Dado que estamos considerando una liga de 120 jugadores, necesitamos establecer una razón equivalente que sea igual a $\frac{9}{10}$, pero que represente 120 jugadores. Se puede establecer una proporción que coloca el número de atletas *lesionados* en el numerador y el número *total* de atletas en el denominador:

$$\frac{9 \text{ lesionados}}{10 \text{ total}} = \frac{? \text{ lesionados}}{120 \text{ total}}$$

Ahora use fracciones equivalentes para determinar cuál sería el nuevo numerador. En este caso, multiplique el numerador y el denominador por 12 para crear una fracción equivalente:

$$\frac{9 \text{ lesionados}}{10 \text{ total}} \times \frac{12}{12} = \frac{108 \text{ lesionados}}{120 \text{ total}}$$

Por lo tanto, en una liga de 120 atletas profesionales es probable que 108 de ellos hayan sufrido una lesión en la última temporada.

Comprensión de productos cruzados

En el ejemplo anterior, era fácil ver que un factor de 12 nos ayudaría a llegar a la razón equivalente que necesitábamos obtener. Cuando no es tan fácil reconocer cómo crear la fracción equivalente que se necesita, se usan productos cruzados para resolver ecuaciones proporcionales. Los **productos cruzados** de una proporción son los productos cuando se multiplica en diagonal entre las dos razones. *Los productos cruzados de una ecuación proporcional siempre son iguales.* En la siguiente ilustración puede ver que las fracciones equivalentes $\frac{3}{5}$ y $\frac{6}{10}$ tienen productos cruzados idénticos:

$$\textcircled{30} = 5 \times 6 \qquad \frac{3}{5} \bowtie \frac{6}{10} \qquad 3 \times 10 = \textcircled{30}$$

$$5 \times 6 = 3 \times 10$$

REGLA: PRODUCTOS CRUZADOS

Para todas las relaciones proporcionales con la forma $\frac{a}{b} = \frac{c}{d}$, los productos cruzados ad y bc tendrán valores iguales.

Si, $\frac{a}{b} = \frac{c}{d}$ entonces $ad = bc$

Resolver proporciones con productos cruzados

Usemos productos cruzados para pensar en una receta de limonada con una razón de 3 a 4 entre azúcar y jugo de limón. Si usted tiene 50 cucharadas de jugo de limón y quiere usarlo todo para preparar la mayor cantidad de limonada posible, podría usar productos cruzados para resolver cuántas cucharadas de azúcar necesitará usar.

1. Primero escriba en palabras y números la información de la razón dada: $\frac{azúcar}{limón} = \frac{3}{4}$
2. Luego use la información adicional para crear una proporción que le permita hallar la información que falta. Asegúrese de completar la

información dada en la parte correcta de la segunda razón: $\frac{3}{4} = \frac{azúcar}{50}$

3. A continuación, use los productos cruzados para escribir una ecuación: $3(50) = 4(azúcar)$

4. Resuelva la ecuación dividiendo ambas partes entre 4 para obtener solo el azúcar: $\frac{150}{4} = azúcar$, entonces se necesitarán 37,5 cucharadas de azúcar.

¡NO HAGA ESTO!

Al establecer una proporción, es muy importante que ambas razones se escriban con elementos del mismo tipo en la misma posición respectiva. Un error que se comete a menudo al trabajar rápido en un problema de proporción es colocar incorrectamente la información proporcionada. Considere este problema.

Hay 3 canicas rojas por cada 4 canicas azules en un cajón. Si hay 24 canicas azules en total, ¿cuántas canicas rojas hay?

$$\text{¡NO!} \quad \frac{3}{4} = \frac{24}{rojo}$$

$$\text{SÍ} \ldots \frac{rojo}{azul} = \frac{3}{4} = \frac{24}{rojo}$$

Observe que en la proporción errónea de arriba, las *24 canicas azules* se colocaron en el numerador de la segunda fracción, pero las *4 canicas azules* se representaron en el denominador de la primera fracción. Un buen hábito es primero escribir la razón en palabras, $\frac{rojo}{azul}$, ¡así estará seguro de ingresar correctamente la información!

Práctica

6. Si K.P. puede leer 1.000 palabras en 5 minutos, ¿cuántas palabras podría leer en 12 minutos?

_____

7. La razón de hombres por mujeres en una cierta reunión es de 3 a 5. Si hay 18 hombres en la reunión, ¿cuántas personas hay en la reunión?

8. Se sabe que la fabricación de un cierto modelo de calculadora arroja 8 calculadoras que funcionan mal por cada 2.000. Si una tienda de suministros de oficina de Los Ángeles va a hacer un pedido de 750 de estas calculadoras para abastecerse para las compras de vuelta a clases en agosto, ¿aproximadamente cuántas devoluciones por defectos debe anticipar que tendrá más adelante en otoño?

9. La familia Robb quiere hacer limpiar con vapor la alfombra de su casa de vacaciones. Recibieron una oferta especial por correo que promociona $3 por cada 10 pies cuadrados de limpieza de alfombras. Si no quieren gastar más de $250, ¿cuántos pies cuadrados de alfombra pueden limpiar con esta oferta?

10. En Los Tesoros de Sandy se venden libros usados en paquetes con un gran descuento. Según la tabla, ¿cuánto costaría comprar nueve libros usados? _____

PAQUETES DE LIBROS	PRECIO
3	$15
6	$30
9	x
12	$60
15	$75

Comprender porcentajes

¿Qué es exactamente un porcentaje? Desglosemos la palabra para verlo. El prefijo *por* significa *por cada* y la raíz *centaje* significa *100*. Una las dos partes y verá que la palabra *porcentaje* significa *por cada 100*. Un **porcentaje** es un tipo especial de razón *de 100*. Veamos qué tipo de pregunta de porcentaje podría ver el día del examen.

¡PREGUNTA DE ANTICIPO GED®!

La mayoría de las preguntas de porcentaje del examen GED® serán problemas de palabras, pero es posible que encuentre una pregunta como esta:

- *¿320 es el 40% de qué número?*

Porcentajes como fracciones y decimales

Dado que un porcentaje expresa un número que es una fracción de 100, todos los porcentajes se pueden escribir como fracciones o decimales. Por ejemplo, 5% significa *5 por cada 100* o *5 de 100*. Esto es $\frac{5}{100}$ como una fracción, que equivale a 0,05 como decimal:

$$5\% = \frac{5}{100} = 0,05$$

Dado que el porcentaje en realidad es solo una notación taquigráfica para una relación fraccionaria de 100, cuando realice operaciones matemáticas con porcentajes, siempre debe cambiar el porcentaje a su equivalente fraccionario o decimal. *Para cambiar un porcentaje a un decimal, simplemente mueva la coma decimal dos posiciones hacia la izquierda.*

¡NO HAGA ESTO!

Los porcentajes solo se usan por escrito y nunca se usan en cálculos. Se deben convertir a su equivalente decimal o fraccionario antes de poderse usar en cálculos. Observe que el símbolo de porcentaje (%) parece un "100" desordenado. Esto le puede recordar que antes de realizar cualquier cálculo debe cambiar el porcentaje a una fracción (al colocarlo sobre un 100) o a su equivalente decimal (al mover el decimal dos posiciones hacia la izquierda). Por ejemplo, cuando necesite obtener el 40% de un número, no usará "40" en sus cálculos, sino que usará $\frac{40}{100}$ o 0,40:

¡NO! 40% de 50 ≠ 40 × 50 = 2.000
SÍ . . . 40% de 50 = 0,40 × 50 = <u>20</u>

Tres tipos diferentes de habilidades de porcentaje

Hay tres habilidades diferentes de porcentaje que encontrará más habitualmente. Debajo se incluye cada tipo con un ejemplo y el método para resolverlo.

1. Hallar un porcentaje de un número entero Ejemplo

Usted quiere comprar una maleta que normalmente cuesta $70 y actualmente tiene un 20% de descuento. ¿De cuánto será el descuento?

Hallar el porcentaje de un número entero es una de las habilidades más útiles con los porcentajes. Usted usará esta habilidad para calcular impuestos, precios de venta, aumentos de precios y muchas otras cosas. **Para hallar el porcentaje de un número entero, simplemente convierta el porcentaje en un decimal y multiplíquelo por el número del cual está buscando el porcentaje:**

$$20\% \text{ de } \$70 = 0{,}20 \times \$70 = \underline{\$14}$$

2. Hallar qué porcentaje es un número de otro número
Ejemplo

Se encuesta a los clientes en un supermercado respecto de sus preferencias entre leche descremada y leche parcialmente descremada. Si 18 de 60 personas encuestadas prefieren la leche descremada, ¿qué porcentaje de clientes prefiere la leche descremada?

Si alguna vez recibió una calificación de porcentaje en un examen en la escuela, entonces ya está familiarizado con este tipo de aplicación de porcentajes, dado que las calificaciones de porcentaje normalmente se hallan al dividir los puntos que obtuvo correctamente entre el total de puntos. **Para hallar qué porcentaje es un número de otro número, divida la "parte" entre el "total". Luego, multiplique el cociente por 100 y agregue el símbolo %:**

$$18 \text{ de } 60 = \tfrac{18}{60} = 0{,}3; \text{ y } 0{,}3 \times 100 = \underline{30\%}$$

3. Hallar el entero cuando se dan el porcentaje y la parte
Ejemplo

Si el 15% de un envío de huevos llega roto, y hay 30 huevos rotos, ¿cuántos huevos había en total en el envío?

A pesar de que este tipo particular de problema es el menos común, a veces es necesario trabajar hacia atrás usando el porcentaje y la parte para hallar el total. **Para hallar el *total* cuando se dan el % y la *parte*, establezca y resuelva una proporción con la forma $\frac{parte}{todo} = \frac{\%}{100}$.**

Si 30 es 15% del total, complete 15% en el % y 30 en la parte:

$$\text{entonces } \frac{30}{todo} = \frac{15}{100}$$

Ahora establezca que los productos cruzados son iguales entre sí:

$$30(100) = total(15)$$
$$\frac{3.000}{15} = total$$
$$\underline{200} = total$$

El pedido completo debe haber tenido 200 huevos.

¡NO HAGA ESTO!

Un error común entre los estudiantes es usar siempre la división en lugar de la multiplicación cuando trabajan con porcentajes. Una forma de evitar este error es recordar que en matemáticas la palabra *de* significa *multiplicación*. Tenga cuidado cuando trabaje con problemas de porcentaje como ¿cuánto es el 20% de 60?

¡NO! 20% de 60 ≠ 60 ÷ 20
SÍ . . . 20% de 60 = 60 × 0,20 = $\underline{12}$

Práctica

11. ¿Cuál es el 25% de 600 estudiantes?

12. ¿Cuál es el $\frac{1}{2}$% de 400.000 ciervos?

13. 14 de 80 clientes enfermaron después de comer carne a medio cocer en un restaurante nuevo. ¿Qué porcentaje enfermó?

14. 560 personas estuvieron en el público de prueba para una película. Si 70 de ellas pensaron que era demasiado violenta para el público menor de 18 años, ¿qué porcentaje pensó que la película *no* era demasiado violenta para el público menor de 18 años?

15. ¿15 bolígrafos rojos es el 12% de cuántos bolígrafos?

Solución de problemas con porcentajes

Ahora que está familiarizado con cómo funcionan los porcentajes en varios contextos diferentes, en esta sección veremos cómo manejar algunas aplicaciones comunes de porcentajes.

¡PREGUNTA DE ANTICIPO GED®!

Usted no solamente necesita los porcentajes para el examen GED®, sino que además es útil comprenderlos para su vida diaria.

- Lucas va a comprar un taladro que cuesta $120 pero el 4 de julio hay una oferta por un día con un 30% de descuento. Si el impuesto a las ventas es de 7,5%, ¿cuál será el precio total después de calcular el 30% de descuento y el impuesto?

Interés simple

Pedir dinero prestado cuesta dinero. El *interés* es el dinero que un banco o institución de préstamo le cobra a alguien por tomar dinero prestado. Los prestamistas por lo general cobran un porcentaje del préstamo por cada año que se presta. El **capital** es la suma inicial de dinero que se toma prestado y el **interés** es el cargo que el prestatario paga por su préstamo. El **interés simple** es un tipo de interés que se calcula al multiplicar los siguientes tres componentes:

Interés simple = (Capital) × (Tasa de interés) × (N.º de años de préstamo)

Suponga que tomó un préstamo de $12.000 por cinco años para un automóvil, con una tasa de interés de 6,5% por año. Tal vez quiera saber cuánto dinero pagará de interés.

Para resolver este problema, necesitamos usar la fórmula de interés simple: $I = prt$, donde p = saldo del capital, r = tasa de interés y t = período o duración.

Antes de comenzar a sustituir con números para resolver este problema, debemos convertir el porcentaje en un decimal. Recuerde que simplemente movemos la coma decimal dos posiciones hacia la izquierda. Entonces 6,5% se convierte en 0,065.

Cuando agregamos valores en la fórmula, obtenemos la siguiente ecuación:

$$I = (12.000)(0,065)(5)$$
$$I = 3.900$$

Por lo tanto, usted estará pagando un monto total de $3.900 de interés en el transcurso del préstamo de cinco años.

Recuerde que $3.900 es solo la tarifa que debe pagar para tomar ese dinero prestado. Usted deberá devolver los $12.000 *más* los $3.900 por el préstamo de cinco años para el automóvil.

Impuesto

Si usted compra algo que cuesta $100 en una ciudad que tiene un impuesto a las ventas de 8%, tendrá que pagar una tarifa adicional de 8% sobre los $100 por su compra. ¡Eso sería un costo extra de $8! Los impuestos siempre se presentan como un porcentaje. El monto de impuesto en dólares se calcula al multiplicar el costo de un artículo por el porcentaje expresado como un decimal.

Ejemplo

Elie compra un casco para bicicleta por $38,50 y el impuesto es de 7%. Calcule el costo total.

Primero, podemos calcular el costo del impuesto al multiplicar $38,50 por 0,07:

$38,50 × 0,07 = $2,695
$2,695 se redondea en $2,70

Luego, halle el costo total del casco de bicicleta de Elie al sumar el precio original de $38,50 al impuesto de $2,70:

$38,50 + $2,70 = $41,20, entonces la compra total de Elie será de $41,20.

¡NO HAGA ESTO!

Cuando responda preguntas que impliquen impuestos, tenga la precaución de leer atentamente la pregunta completa. A veces quizá le pidan que halle *solo el impuesto* pero es mucho más probable que se le pida que halle *el costo total*. ¡Un error común que cometen los estudiantes es olvidarse de agregar el impuesto al precio original, ¡así que preste especial atención a responder la pregunta con cuidado!

Aumentos de precio y ofertas

Dos tipos comunes de preguntas implican determinar precios de venta con descuento o aumentos de precios minoristas. Para hallar un precio de oferta, calcule el porcentaje de un artículo y *résteselo* al costo original. Los aumentos de precio requieren que halle el porcentaje de un artículo y *sume* esa respuesta al costo original. Observe el siguiente ejemplo para entenderlo:

Todos los meses usted presupuesta dinero para gastar en lo que le gusta. Puede ahorrar $30 por mes. Ve un par de zapatos que le gustaría tener por $90, pero solo tiene $65 ahorrados. La semana que viene los zapatos estarán en oferta con un 25% de descuento. ¿Tiene dinero suficiente para comprarlos?

Para resolver este problema, necesitamos averiguar cuál es el precio de oferta de los zapatos. El primer paso es convertir el porcentaje en un decimal. Entonces, 25% se convierte en 0,25 cuando movemos la coma decimal dos posiciones hacia la izquierda. Multiplique 0,25 por 90, el precio de los zapatos, para averiguar cuánto es el descuento que tienen:

90 × 0,25 = 22,5

Recuerde que $22,50 no es el precio de oferta de los zapatos, sino el monto que se le resta al precio original de $90. Así que debe restar $22,50 a $90, lo que da como resultado $67,50. Si solo tiene $65, desafortunadamente no tiene suficiente dinero.

¡NO HAGA ESTO!

Un error muy común que cometen los estudiantes es hallar el monto real en dólares del *aumento de precio* o el *descuento* y confundir eso con el precio final. Use el sentido común como ayuda para reconocer cuándo está cometiendo un error. Si un escritorio de $70 tiene un 20% de descuento, este no es un descuento enorme, así que no tendría sentido que el precio de venta fuera $14.
Ejemplo: Halle el precio final de un escritorio de $70 que tiene un 20% de descuento:
¡NO! $70 × 0,20 = $14 (este es el *descuento*, no el precio final)
SÍ . . . $70 × 0,20 = $14, entonces $70 – $14 = $56 es el precio final

Comisiones

Las **comisiones** son una forma de pago por trabajo que se encuentra a menudo en las áreas orientadas a ventas. Los agentes inmobiliarios, vendedores de arte y ciertos empleados de venta minorista ganan comisiones ya sea como totalidad de su sueldo o como bonificación. Por lo general, las comisiones se pagan como un porcentaje del servicio prestado o como un porcentaje del producto vendido. Vea el siguiente ejemplo para comprender cómo responder preguntas de comisiones:

Ejemplo

Terri es agente inmobiliaria para una familia que está buscando un nuevo hogar. Les encuentra una casa que les encanta por un precio de $380.000 y gana una comisión del 2,5% del vendedor de la casa. ¿Cuánto dinero gana Terri por ayudar a negociar la venta de esta propiedad?

Dado que Terri gana 2,5% de los $380.000, necesitamos hallar cuánto es el 2,5% de $380.000. Para esto, convertimos 2,5% en un decimal y multiplicamos eso por $380.000:

$$0,025 \times \$380.000 = \$9.500$$

Terri gana $9.500 sobre la venta de esa casa.

Porcentaje de incremento o disminución

Si le digo que algo está $10 más barato, ¿puede decir con certeza si este es un descuento que valga la pena? Dado que usted no sabe si le estoy ofreciendo $10 de descuento en una comida de $12 o $10 de descuento en una bicicleta de $3.200, su respuesta debería ser "no". Sin saber cuál es el costo *original*, no es posible determinar si un descuento de $10 es un buen negocio.

El concepto que vamos a investigar ahora es el **porcentaje de cambio**. El porcentaje de cambio es una medida que compara la *cantidad de cambio* con el monto original. Ya sea que esté buscando el **porcentaje de incremento** o el **porcentaje de disminución**, es más fácil encontrar el porcentaje de cambio con la fórmula:

$$\text{Porcentaje de cambio} = \frac{\text{cantidad de cambio}}{\text{cantidad original}} \times 100$$

En esta fórmula, la *cantidad de cambio* es la cantidad exacta de incremento o disminución, que se calcula al *restar* las cantidades original y nueva. El siguiente problema muestra cómo calcular el porcentaje de incremento:

Ejemplo

Su renta pasó de $800 por mes a $875 por mes. Determine si este aumento en la renta está dentro del aumento máximo de 6% permitido por las leyes de la ciudad, mediante el cálculo del porcentaje de aumento.

Comience con la fórmula de *Porcentaje de cambio*:

$$\text{Porcentaje de cambio} = \frac{\text{cantidad del aumento}}{\text{cantidad original}} \times 100$$

Calcule la *cantidad de cambio* en el numerador al restar la renta original de la renta nueva:

$$\text{Porcentaje de cambio} = \frac{875 - 800}{800} \times 100$$
$$\text{Porcentaje de cambio} = \frac{75}{800} \times 100$$

Poder calcular que el aumento de la renta es un 9,375% le permite decirle al propietario que dicho aumento es ilegal y que debe disminuirlo. ¡Realmente vale la pena saber matemáticas!

Práctica

16. ¿Cuál será la devolución total si Stan toma prestados $68.000 con un interés simple de 4,5% durante un período de 8 años?

17. ¿Cuál es el precio total de un pedido de papel si el impuesto es de 8,5% y el papel cuesta $90?

18. Wilderness Sports les da a sus empleados 60% de descuento en indumentaria durante un fin de semana al año. Sierra selecciona una colección de indumentaria por un total de $1.450. ¿Cuál será el precio con descuento?

19. Eleanor vendió una publicidad de página completa en *The New York Times* por $12.000. Si obtiene una comisión de 7,25%, ¿cuánto dinero ganó por esa venta?

20. El año pasado, las ventas de A Stone's Throw fueron de $56.000, pero las ventas de este año fueron de $60.000. ¿Cuál fue el porcentaje de incremento rendondeado al décimo más cercano?

¡CONSEJO PARA CALCULADORA!

A pesar de que es beneficioso tener una compresión básica de qué es lo que representan los porcentajes, usted puede realizar cálculos de porcentajes en la calculadora TI-30XS. De todos modos deberá saber *cómo* presentar los problemas, pero la calculadora puede convertir los porcentajes en decimales y viceversa. Responda las siguientes preguntas de Revisión del capítulo sin usar las funciones especiales de la calculadora y después de haber leído el *Capítulo 12: Uso de calculadoras TI-30XS*, puede realizarlas nuevamente con la ayuda de su calculadora.

Resumen

Ahora usted tiene una colección de nuevas e importantes habilidades prácticas bajo la manga: comprender y trabajar con tasas, resolver problemas con proporciones y realizar cálculos importantes con porcentajes. El examen GED® sin dudas tendrá preguntas como estas, así que tómese su tiempo y repase las secciones en las que necesite enfocarse un poco más.

Revisión de tasas, proporciones y porcentajes

1. Suponga que un avión puede volar una distancia de 5.100 millas en tres horas. Si el avión viaja a la misma velocidad promedio durante todo el viaje, ¿cuántas horas le llevará recorrer 22.950 millas?
a. 4,5 horas
b. 13,5 horas
c. 15,3 horas
d. 18 horas

2. Joe ganó $90 cuidando niños por 12 horas. A esta tasa, ¿cuánto tiempo le llevará ganar $300 más?
a. 25 horas
b. 7,5 horas
c. 40 horas
d. 28 horas

3. Jeremías compró seis latas de tomates por $5,34. A esta tasa, ¿cuánto pagaría por 11 latas de tomates?
a. $10,68
b. $9,79
c. $9,90
d. $11,00

4. Resuelva la x: $\frac{8}{10} = \frac{x}{100}$. _____

5. La escala en un mapa del estado es de 1 pulgada:24 millas. ¿A cuántas millas de distancia están dos ciudades si en el mapa están a 3 pulgadas?
a. 32 millas
b. 72 millas
c. 80 millas
d. 96 millas

6. Una encuesta de 1.000 votantes registrados muestra que 650 personas elegirían al Candidato A en las próximas elecciones. Si votan 240.000 personas en las próximas elecciones, de acuerdo con la encuesta, ¿cuántos votos recibiría el Candidato A?

7. Samantha fue a un restaurante local a celebrar su cumpleaños con un amigo. El costo de la comida fue $15. Ella pagó con un billete de $20 y le dio al camarero una propina de 15% del costo de la comida. ¿Cuánto le quedó de vuelto?
   a. $2,25
   b. $2,75
   c. $3,50
   d. $3,75

8. Si Verónica deposita $5.000 en su cuenta de ahorros con una tasa de interés anual del 9% y deja el dinero en la cuenta durante ocho años, ¿cuánto interés generará su dinero?
   a. $360.000
   b. $45.000
   c. $3.600
   d. $450

9. El señor Jordan está planeando comprar una cinta para correr. La cinta que quiere está en oferta con un 10% de descuento del precio minorista de $700. Él tiene un cupón de 5% de descuento adicional luego de que se haya aplicado el otro descuento. ¿Cuál es el costo final de la cinta, sin incluir impuestos ni costos de ensamblaje?
   a. $587,50
   b. $598,50
   c. $630,00
   d. $668,50

10. Alexis compró un cobertizo para jardinería por $339. Le gustó tanto que el verano siguiente fue a comprar otro pero el precio había aumentado a $419. ¿Cuál fue el porcentaje de incremento en el precio de su cobertizo de jardinería, redondeado al número entero más próximo?
   a. 24%
   b. 36%
   c. 19%
   d. 80%

Respuestas y explicaciones

Práctica del capítulo

1. **3,5.** Esta pregunta nos pide que hallemos la tasa unitaria de Anita, ya que se quiere saber cuántos collares hizo en una hora. Divida los collares que hizo entre el tiempo que estuvo trabajando: $\frac{28 \text{ collares} \div 8}{8 \text{ horas} \div 8} = \frac{3,5 \text{ collares}}{1 \text{ hora}}$. Anita hizo 3,5 collares por hora.

2. **140.** Dado que Anita hace 3,5 collares por hora, multiplique 3,5 por 40 para ver cuántos collares puede hacer en una semana de trabajo de 40 horas: $3,5 \times 40 = 140$.

3. **Pedro tiene el mejor millaje con 45 millas por galón.** Para hallar las millas por galón para cada automóvil, divida la cantidad de millas viajadas entre la cantidad de galones:

   Pedro: $\frac{540 \text{ millas} \div 12}{12 \text{ galones} \div 12} = \frac{45 \text{ millas}}{1 \text{ galón}} = 45$ millas por galón.

   Celia: $\frac{585 \text{ millas} \div 15}{15 \text{ galones} \div 15} = \frac{39 \text{ millas}}{1 \text{ galón}} = 39$ millas por galón.

   Laura: $\frac{798 \text{ millas} \div 21}{21 \text{ galones} \div 21} = \frac{38 \text{ millas}}{1 \text{ galón}} = 38$ millas por galón.

   Pedro puede recorrer más millas por galón con su automóvil, así que él debería conducir.

4. **540 millas por hora.** Para hallar las millas por hora, divida las millas que viaja el transbordador espacial entre las horas: $\frac{2.430 \text{ millas} \div 4,5}{4,5 \text{ horas} \div 4,5} = \frac{540 \text{ millas}}{1 \text{ hora}} = 540$ millas por hora.

5. **$225.** Primero, halle la tasa por hora de Eliseo: $\$90 \div 12$ horas $= \$7,50$ por hora. Una semana laboral de lunes a viernes tiene 5 días con 6 horas por día, así que esto es un total de 30 horas. Por lo tanto, multiplicar 30 horas por la tasa de $7,50 por hora de Eliseo nos mostrará cuánto dinero ganará en esa semana: 30 horas $\times$ \$7,50/hora $= \$225$.

6. **2.400 palabras.** Vamos a establecer una relación proporcional al escribir dos fracciones. Usemos x para representar la cantidad de palabras durante 12 minutos
   $$\frac{1.000}{5} = \frac{x}{12}$$
   Multiplique cruzado para resolver la x:
   $$1.000 \times 12 = 5x$$
   $$12.000 = 5x$$
   $$\frac{12.000}{5} = 2.400$$

7. **48.** El primer paso de la solución es usar la razón $\frac{hombres}{mujeres}$ para registrar la información proporcionada de que hay 3 hombres y 5 mujeres: $\frac{hombres}{mujeres} = \frac{3}{5}$. Luego, debemos convertir esta relación en una proporción donde la segunda razón muestre 18 hombres. Dado que no conocemos la cantidad de mujeres que hay en la reunión, utilizamos w para representarlas: $\frac{hombres}{mujeres} = \frac{3}{5} = \frac{18}{w}$. Resuelva esta proporción usando productos cruzados equivalentes: $3w = 5(18)$. Divida ambos lados entre 3 para obtener $w = 30$. Pero esta no es la respuesta que necesitamos para la pregunta, que solicitaba la cantidad *total* de hombres y mujeres. Dado que hay 30 hombres y 18 mujeres, en total hay 48 personas en la reunión.

8. **3.** Dado que 8 de cada 2.000 calculadoras funcionan mal y estamos buscando cuántas calculadoras de 750 probablemente tengan problemas de funcionamiento, establezca la siguiente proporción:
   $$\frac{funcionan \ mal}{total} = \frac{8}{2.000} = \frac{m}{750}$$
   Comience a resolver esta proporción usando productos cruzados:
   $$8(750) = 2.000m$$
   $$6.000 = 2.000m$$
   $m = 3$, así que la tienda debería esperar tener aproximadamente 3 devoluciones si venden las 750 calculadoras.

9. **833 pies cuadrados.** Dado que cada 10 pies cuadrados el costo es de \$3 y la familia Robb quiere que el costo máximo sea de \$250, establezca la siguiente proporción, donde f representa la cantidad de pies cuadrados que correspondería a un costo de \$250:

$$\frac{\text{costo}}{\text{pies cuadrados}} = \frac{\$3}{10} = \frac{\$250}{f}$$

Comience por resolver esta proporción usando productos cruzados:

$$10(250) = 3f$$
$$2.500 = 3f$$
$$\frac{2.500}{3} = 833,\overline{3} = f$$

Entonces, la familia Robb puede limpiar hasta 833 pies cuadrados de la alfombra sin gastar más de \$250.

10. **\$45.** Una forma de hallar el costo de nueve libros usados es encontrar la relación entre la cantidad de libros y el precio de los otros paquetes. ¿Puede ver un patrón? ¿Puede ver que cada vez el número de libros se multiplica por 5 para obtener el precio de cada paquete? Si multiplicamos 9 por 5, la respuesta es \$45. Otra forma de hallar el costo del paquete de 9 libros es establecer dos fracciones equivalentes y resolver la x:

$$\frac{6}{30} = \frac{9}{x}$$
$$6x = 30 \times 9$$
$$6x = 270$$
$$x = \frac{270}{6}$$
$$x = 45$$

11. **150.** Primero, recuerde que la palabra *de* requiere multiplicación: El 25% de 600 estudiantes se resolverá al calcular 25% × 600. Luego, recuerde que los porcentajes se deben cambiar a su equivalente decimal antes de que se puedan usar en cálculos. Haga esto moviendo la coma decimal dos veces hacia la izquierda y luego realice la multiplicación: 0,25 × 600 = 150.

12. **2.000.** Primero, volvamos a escribir $\frac{1}{2}$% como 0,5%. Luego, recordemos que la palabra *de* significa que debemos multiplicar 0,5% por 400.000 ciervos. Dado que necesitamos cambiar los porcentajes a sus equivalentes decimales antes de usarlos en cálculos, movamos el decimal dos veces hacia la izquierda y establezcamos el problema como 0,005 × 400.000 = 2.000.

13. **17,5%.** Para hallar qué porcentaje es un número de otro número, divida la parte entre el todo. Luego, multiplique el cociente por 100 y agregue el símbolo %:

$$\frac{14}{80} \times 100 = 17,5\%$$

14. **87,5%.** ¡Tenga cuidado con las preguntas que le dan la cantidad de personas que cumplen con un criterio específico, pero luego le piden que halle el porcentaje del criterio opuesto! Se nos pide que hallemos el porcentaje del público de prueba que pensó que la película no era muy violenta para un público menor de 18 años. 70 de 560 personas pensaron que era demasiado violenta, así que reste 70 a 560 para ver cuántas personas pensaron que *no* era muy violenta. 560 − 70 = 490. Para hallar qué porcentaje es 490 de 560, divida la parte entre el todo. Luego multiplique el cociente por 100 y agregue el símbolo %:

$$\frac{490}{560} \times 100 = 87,5\%$$

15. **125.** Para hallar el *todo* cuando se dan el % y la *parte*, establezca y resuelva una proporción en el formato $\frac{parte}{todo} = \frac{\%}{100}$. Complete 15 como la *parte*, 12 como el porcentaje y deje la w en representación del *todo* que está resolviendo: $\frac{15}{w} = \frac{12}{100}$. Ahora, use multiplicación cruzada para simplificar esto a $15(100) = 12w$. Dividir ambos lados entre 12 da como resultado $w = 125$.

16. $92.480. Primero, calcule el interés simple con la fórmula de interés simple:

Interés simple = (Capital) × (Tasa de interés) × (N.º de años de préstamo)

Coloque $68.000 como capital, 8 como los años de préstamo y 0,045 como la tasa de interés (cambie 4,5% a su equivalente decimal):

Interés simple = (68.000) × (0,045) × (8)

Interés simple = $24.480.

Dado que debemos hallar el *total del monto por devolver*, sume el interés simple a los $68.000 que se tomaron prestados para calcular que el total del monto por devolver es $92.480.

17. $97,65. Para hallar el costo de 8,5% de impuesto en una compra de $90, multiplique 0,085 por 90: 0,085 × 90 = $7,65. Ahora sume el impuesto al precio original de $90: $90 + $7,65 = $97,65.

18. $580. Dado que Wilderness Sports le da 60% de descuento a sus empleados, esto significa que Sierra pagará 40% de los $1.450 en indumentaria que seleccionó. (Dado que 100% − 60% = 40%.) Por lo tanto, el precio con descuento para Sierra será de $1.450 × 0,40 = $580. Sierra pagará $580 por su indumentaria el fin de semana de descuento. Alternativamente, usted podría hallar el 60% de los $1.450 originales y luego restar eso a $1.450. ¡Esto le dará la misma respuesta, pero hay que hacer dos cálculos separados en vez de solo uno!

19. $870. 7,25% = $\frac{7,25}{100}$ = 0,0725. Halle la comisión de 7,25% que Eleanor ganó sobre $12.000 al multiplicar 0,0725 por $12.000: 0,0725 × $12.000 = $870.

20. 7,1%. Dado que las ventas de A Stone's Throw subieron de $56.000 a $60.000, sabemos que la *cantidad del aumento* es $4.000. (Obtenemos esto al restar los números de ventas anteriores). También sabemos que las ventas originales fueron de $56.000. Halle el porcentaje de incremento al colocar estas cifras en la fórmula de *Porcentaje de cambio*:

Porcentaje de cambio = $\frac{cantidad\ del\ aumento}{cantidad\ original}$ × 100

Porcentaje de cambio = $\frac{4.000}{56.000}$ × 100 ≈ 7,1%

Revisión de tasas, proporciones y porcentajes

1. b. Dividir 5.100 millas entre tres horas le da la velocidad del avión en millas por hora:

$\frac{5.100}{3}$ = 1.700 millas por hora

Por lo tanto, para volar una distancia de 22.950 millas, divida la distancia de 22.950 millas entre 1.700 millas por hora, que es igual a $\frac{22.950}{1.700}$ = 13,5 horas.

2. c. Halle cuánto gana Joe por hora:

$90 ÷ 12 = $7,50

Joe gana $7,50 por hora.

Para hallar cuántas horas deberá cuidar niños para ganar $300, divida $300 entre $7,50:

$300 ÷ 7,50 = 40

A Joe le llevará 40 horas ganar $300 más.

3. b. Para hallar el costo de una lata de tomates, divida el costo de seis latas ($5,34) entre 6:

$5,34 ÷ 6 = $0,89

Cada lata de tomates cuesta $0,89.

A continuación, para hallar el costo de 11 latas, multiplique $0,89 por 11:

$0,89 × 11 = $9,79

El costo de 11 latas de tomates es de $9,79.

4. $x = 80$. Resuelva la proporción $\frac{8}{10} = \frac{x}{100}$ al colocar los productos cruzados en una igualdad:

$8(100)=10(x)$

$800 = 10x$

$\frac{800}{10} = x$

$x = 80$.

5. b. Dado que 1 pulgada del mapa representa 24 millas, 3 pulgadas del mapa representan 3 × 24 o 72 millas.

6. 156.000. Resuelva este problema de palabras al establecer una proporción que compare los votantes del candidato A con el total de votantes. La información dada nos dice que la primera razón será de 650 votantes del Candidato A en 1.000 votantes totales:

$$\frac{\text{Votantes del Candidato A}}{\text{Total de votantes}} = \frac{650}{1.000}$$

Establezca esta razón en una igualdad de una razón de 240.000 como votantes totales y A como votantes del Candidato A:

$$\frac{\text{Votantes del Candidato A}}{\text{Total de votantes}} = \frac{650}{1.000} = \frac{A}{240.000}$$

Ahora resuelva esto utilizando productos cruzados:

$650(240.000)=1.000A$

$156.000.000 = 1.000A$

$A = 156.000$.

Por lo tanto, se puede anticipar que el Candidato A recibirá 156.000 de los 240.000 votos.

7. b. Una propina de 15% sobre una cuenta de $15 es igual a $2,25. Por lo tanto, el monto total que Samantha pagó fue $15,00 + $2,25 = $17,25. La diferencia es igual a $20,00 − $17,25 = $2,75.

8. c. En la fórmula $I = prt$, la suma de dinero depositada se llama capital, p. La tasa de interés anual se representa con una r y la t representa la cantidad de años. La tasa de interés se debe escribir como un decimal. Aquí, $p = 5.000$, $r = 9\% = 0,09$ y $t = 8$. Reemplace las variables respectivas con estos números y multiplique:

$I = 5.000 \times 0,09 \times 8 = \$3.600$.

9. b. Esta pregunta requiere que se tome un momento y se asegure de seguir todos los pasos. Haga un paso a la vez para llegar a la respuesta correcta.

Primero, halle el precio de la oferta luego de que se haya deducido el 10% (recuerde que 10% es lo mismo que 0,10):

$\$700 − 0,10(\$700) = \$700 − \$70$
$= \$630$

Ahora, aplique el cupón de 5% sobre el precio con descuento de $630. Recuerde que 5% es lo mismo que 0,05. Asegúrese de restar de $630, no del precio original de $700.

$\$630 − 0,05(\$630) = \$630 − \$31,50$
$= \$598,50$

10. a. Utilice la fórmula para % de incremento al restar el precio original del precio nuevo:

$$\% \text{ de incremento: } = \frac{\text{cantidad del aumento}}{\text{cantidad original}} \times 100$$

$$\% \text{ de incremento} = \frac{419 - 339}{339} \times 100 = 23,59\%$$

Entonces el porcentaje de incremento se redondea en 24%. La opción de respuesta **c**, 19%, es lo que obtendría si dividiera el monto del aumento entre el precio nuevo de $419, pero en cambio debe dividirlo entre el precio original. La opción de respuesta **d**, 80%, es simplemente la diferencia entre el precio del año pasado y el de este año, sin que se divida entre el precio original.

ÁLGEBRA, PARTE 1: VARIABLES Y ECUACIONES LINEALES

Ahora que ya completó el importante trabajo fundamental de los capítulos anteriores, ya está listo para pasar al álgebra. El álgebra es un sistema organizado de reglas que se usa para resolver problemas con **valores desconocidos**. Es gracias al álgebra que los ingenieros pueden construir puentes, teléfonos celulares y motores. En todos estos casos, se escriben ecuaciones para determinar el valor de los valores desconocidos. A medida que trabaje en este material, asegúrese de prestar especial atención a las palabras nuevas que encuentre. Es importante que construya una base sólida para los conceptos algebraicos más avanzados que se presentarán en los capítulos siguientes. Las respuestas y explicaciones para todas las preguntas de práctica están al final del capítulo.

Este capítulo abarca:

- Expresiones algebraicas +, −, × y ÷
- Propiedad distributiva en expresiones lineales
- Evaluación de expresiones algebraicas mediante sustitución
- Resolución de ecuaciones lineales
- Modelado de problemas de palabras con álgebra

El lenguaje algebraico

En el Capítulo 3 usted practicó traducir palabras a expresiones numéricas. Aquí aprenderá cómo traducir palabras a expresiones algebraicas. ¿Cuál es la diferencia entre frases numéricas y expresiones algebraicas? Las frases numéricas contienen solo números mientras que las **expresiones algebraicas** contienen al menos un valor desconocido. A menudo, podemos referirnos a ese valor desconocido como *un número*, por ejemplo, *5 veces un número*. Si hay un segundo valor desconocido, podemos referirnos a este como *otro número* o *un segundo número*.

¡PREGUNTA DE ANTICIPO GED®!

En el examen de Razonamiento Matemático GED® es importante poder modelar situaciones del mundo real con ecuaciones algebraicas. La siguiente sección le enseñará cómo responder este tipo de pregunta:

- *¿Qué expresión modela 4 veces la cantidad de quitar 5 a un número?*

Uso de variables en expresiones algebraicas

Una **variable** es una letra o símbolo que se usa para representar un número desconocido. A pesar de que la variable x es la que se utiliza más comúnmente para representar una cantidad desconocida en expresiones algebraicas, se puede usar cualquier letra o símbolo. La frase *5 más 10* se traduce como 5 + 10 y la frase *5 más un número* se puede escribir como 5 + x, 5 + m o incluso 5 + K. Cuando una frase hace referencia a dos valores desconocidos, es común representar el primer número desconocido con x y el segundo número desconocido con y. Con esta convención, la frase *dos veces un número más cuatro veces otro número* se escribiría $2x + 4y$, pero también sería correcto escoger dos variables diferentes cualesquiera y representar la frase como $2g + 4h$.

Reconocimiento de palabras clave

Recuerde buscar las palabras clave que representan adición, sustracción, multiplicación y división. En el Capítulo 3 hablamos de estas palabras y dimos ejemplos, así que tal vez quiera revisar esto antes de seguir adelante. Este es un recordatorio de las palabras a las que tiene que prestar atención:

ADICIÓN	SUSTRACCIÓN	MULTIPLICACIÓN	DIVISIÓN
suma	diferencia	producto	cociente
combinado	restar	veces	por ciento
total	quitar	por	de
más	menos	elevado	repartir
y	disminuido	múltiple	fraccionado
añadido	queda	factores	promediado
incrementado	suprimido	doble (× 2)	múltiple
agregado	extraído	triple (× 3)	distribuido

Frases engañosas

Como se explicó en el Capítulo 3, estas frases indican que dos elementos se deben agrupar entre paréntesis: *cantidad, suma de* y *diferencia de.*

Ejemplo: *10 veces la suma de cinco y un número*

La suma de indica que $5 + x$ se deben agrupar como un único término entre paréntesis: $10(5 + x)$

También recuerde que algunas frases para la resta pueden ser engañosas. Por ejemplo, *extraer* y *quitar* indican resta, pero el orden de los términos se debe invertir:

Ejemplo: *¿Cuánto queda si se le quita 8 al doble de y?*

Quita indica restar en el orden inverso en que se presentan las expresiones. Dado que *doble de y* significa $2y$, represente *quitar 8 al doble de y* como $2y - 8$.

Definición de las partes de las expresiones algebraicas

Si le digo cómo hacer algo en latín pero usted solamente habla español, no sabrá cómo seguir mis instrucciones. Para poder seguir instrucciones matemáticas es necesario aprender el lenguaje correcto de las matemáticas. Familiarícese con el siguiente vocabulario, ya que estos términos se usarán para explicar procedimientos más complejos con ecuaciones algebraicas:

Constante: Un número fijo independiente que se mantiene igual y no cambia.
Ejemplo: $y = 3x + 7$; 7 es la *constante*

Variable: Una letra o símbolo que representa un número en una expresión algebraica.
Ejemplo: $-2x + 8y$; x e y son *variables*

Coeficiente: El número o símbolo multiplicado por una variable en una expresión algebraica. Es muy importante recordar que cuando una variable está sola, su coeficiente es 1:
Ejemplo: $4x^2 + 3x + y + 2$; 4, 3, y 1 son *coeficientes*, pero 2 es una constante

Término: Un número, variable o coeficiente multiplicados por una o más variables. Los *términos* de las expresiones algebraicas están separados por suma o resta.
Ejemplo: $5t$; hay un término: $5t$
Ejemplo: $-12x + 3y - 10$; hay 3 términos: $-12x$, $3y$ y 10

Factor: Números que se multiplican entre sí en una expresión algebraica (debido a PEMDAS, los términos que se suman o restan dentro de un conjunto de paréntesis se tratan como un factor único).
Ejemplo: $9xy$; hay un término con tres *factores*: 9, x, y
Ejemplo: $9(x + y)$; hay dos *factores*: 9 y $(x + y)$

Expresión algebraica: Secuencia matemática que contiene una o más variables o números conectados por suma o resta.
Ejemplo: $-12x + 3y - 10$ es una *expresión algebraica* con tres términos

Práctica
Represente cada frase como una expresión algebraica.

1. La suma de 5 y el doble de un número w

2. Un tercio de la diferencia de 6 y un número

3. 30 agregado a un número al cuadrado

4. La cantidad de quitarle 13 a un número se triplica y luego se le agrega a otro número

5. Combinar $48,90; $20,20 y un número; luego, cortarlo a la mitad

6. Suprimir una docena a un número al cubo

Evaluación de expresiones

Evaluar expresiones algebraicas significa reemplazar las variables de una expresión con números dados y realizar las operaciones aritméticas de la expresión. Aunque esto suene muy fácil, es fundamental seguir cuidadosamente el orden de operaciones que dicta PEMDAS, dado que es fácil confundirlo y obtener una respuesta incorrecta.

¡PREGUNTA DE ANTICIPO GED®!

En el examen de Razonamiento Matemático GED® se quiere que usted demuestre la habilidad de usar fórmulas de la vida real para realizar cálculos precisos. Le puede tocar una pregunta como esta:

- *Una firma de diseño de joyería utiliza la fórmula $a = \frac{80 + 35n}{n}$ para determinar el precio por anillo, a, cuando se fabrican n anillos. Si la firma decide fabricar 20 anillos en agosto, determine el costo por anillo.*

Evaluación de expresiones con variable única

Las expresiones algebraicas más básicas contienen una sola variable y se denominan *expresiones con variable única*. Es posible que ya tenga experiencia en evaluar expresiones con variable única dado que el *perímetro* de un cuadrado es una expresión con variable única. (Recuerde que el perímetro de una figura es la distancia que hay a su alrededor).

> *Perímetro de un cuadrado = 4l*, donde *l* representa la longitud del lado.

Si queremos encontrar el perímetro de una propiedad cuadrada con una longitud de 62 pies de lado, sustituimos la *l* de la fórmula por el valor 62:

Perímetro = 4*l*, evalúe para *l* = 62 pies
Perímetro = 4(62)
Perímetro = 248 pies

En ocasiones, habrá una variable única pero aparecerá más de una vez. En este caso, sustituya la variable por su equivalente numérico cada vez que aparezca la variable. Luego, use PEMDAS:

Ejemplo
Evalúe la expresión $-3x^2 + 10x$ para $x = -5$.

Sustituya ambas variables x por -5 y siga el orden de operaciones correcto como lo indica PEMDAS:

$$-3(-5)^2 + 10(-5)$$

Primero, ocúpese de los exponentes: $(-5)^2 = -5 \times -5 = 25$

$$-3(25) + 10(-5)$$

Luego, haga la multiplicación:

$$-75 + -50$$

El último paso es sumar:

$$-125 \text{ es su respuesta final}$$

Sustituir variables por valores negativos

Observe que cuando se sustituyó x^2 por -5, el signo negativo se canceló al realizar $(-5)^2$. Es fundamental comprender que cuando se sustituye una variable por un valor negativo, se usan paréntesis y se incluye el signo negativo en la operación que indica el exponente.

Por lo tanto, los *exponentes pares* cancelan el signo negativo de una base negativa dado que el producto de dos factores negativos es positivo. Por el contrario, todos los exponentes impares conservarán el signo negativo de una base negativa.

REGLA: SUSTITUCIÓN POR VALORES NEGATIVOS EN EXPRESIONES EXPONENCIALES

Cuando sustituya una variable que tiene un exponente por un número negativo:

- **Los exponentes pares** cancelarán el signo de una base negativa: $(-3)^2 = (-3)(-3) = 9$
- **Los exponentes impares** conservarán el signo de una base negativa: $(-2)^3 = (-2)(-2)(-2) = -8$

La información que aparece en el cuadro anterior a veces lleva a los estudiantes a pensar erróneamente que un exponente par *siempre* dará como resultado una respuesta positiva. La información que aparece en el cuadro siguiente es uno de los matices de los exponentes que más le cuesta dominar a los estudiantes.

¡NO HAGA ESTO!

Un error común que cometen los estudiantes es usar un coeficiente negativo para cancelar una base negativa *antes* de actuar sobre el exponente. ¡Este es un error especialmente fácil de cometer cuando el coeficiente es -1! Por ejemplo, al evaluar $-x^2$ para $x = -4$, tenga en cuenta que el coeficiente de x^2 es -1. PEMDAS indica que primero se calcule el *cuatro negativo al cuadrado*, antes de multiplicarlo por el coeficiente de -1:

Ejemplo

Evalúe $-y^2$ para $y = -4$

$-y^2 = -1 \times y^2$

$-y^2 = -1 \times (-4)^2$

$-y^2 = -1 \times (-4)(-4)$

$-y^2 = -1 \times 16$

$-y^2 = \underline{-16}$

Observe que a pesar de que el exponente es par, la respuesta es negativa dado que el coeficiente es negativo. A quienes crean los exámenes les encanta engañar a los estudiantes con este concepto, ¡así que asegúrese de comprender cómo evitar este error!

Evaluación de expresiones con variables múltiples

Las expresiones algebraicas que contienen más de una variable se llaman **expresiones con variables múltiples**. Si alguna vez calculó el *perímetro* de un rectángulo con la fórmula del *perímetro = 2b + 2a*, entonces ya tiene algo de experiencia con expresiones con variables múltiples. Para evaluar una expresión con variables múltiples, reemplace cada variable de la expresión con el valor dado para esa variable y luego trabaje en el orden de operaciones correcto.

Ejemplo

Evalúe la expresión $-3m - 10n$ para $m = -5$ y $n = -2$

Reemplace m con -5 y n con -2:

$-3m - 10n$

$-3(-5) - 10(-2)$

Ahora siga la guía de PEMDAS para el orden de operaciones correcto. Primero, haga la multiplicación:

$15 - (-20)$

Ahora, use la técnica *mantener-convertir-combinar* para volver a escribir la resta como suma:

$15 + 20$

Sume para obtener 35 como respuesta final.

Práctica

7. Evalúe $\frac{-10 + 3c}{4c}$ para $c = -2$

8. ¿Cuál es el valor de la expresión $3,14r^2h$ para $r = 10$ y $h = 2$?

9. Evalúe la expresión $2(lw + wh + hl)$ para $l = 6$, $w = 4$, $h = 2$.

10. Sea w cualquier número real diferente de 0. ¿El valor de la expresión $-w^2$ será negativo siempre, a veces o nunca? Explique su razonamiento.

11. Sea v cualquier número real diferente de 0. ¿El valor de la expresión $-v^3$ será negativo siempre, a veces o nunca? Explique su razonamiento.

12. Evalúe la expresión $-v^2 + v^3$ para $v = -3$.

13. Marco y Polo están haciendo soportes para la obra escolar. El soporte es un cubo que se utilizará como púlpito. Marco quiere hacer un cubo que tenga una longitud de lado de 2 pies y Polo cree que sería mejor hacer un cubo cuya longitud de lado sea de 3 pies. ¿El área de la superficie del cubo de Polo es cuánto más grande que la del cubo de Marco? (Use la fórmula del área de un cubo, *Área de la superficie = $6l^2$*, donde l es la longitud del lado del cubo).

14. El interés es el dinero que le rinde una inversión. Una fórmula que se usa para calcular el nuevo monto de su dinero, incluido el interés, es $C(1 + i)^t$ donde C representa su inversión inicial, i es la tasa de interés como decimal y t es el tiempo en años. Si Paula invierte $10.000 con una tasa de interés de 5%, ¿cuál será el valor de su inversión después de 4 años? Redondee su respuesta al dólar más cercano.

Operaciones sobre expresiones

En esta sección, aprenderá a sumar, restar, multiplicar y dividir expresiones algebraicas.

¡PREGUNTA DE ANTICIPO GED®!

En el examen de Razonamiento Matemático GED® es posible que se le pida que multiplique binomios.

- *Multiplique* $(2x - 5)(x + 8)$

A pesar de que esta pregunta parece simple, en realidad se requiere mucho conocimiento y práctica para resolverla correctamente. Veremos estas habilidades en esta sección.

Manteniéndonos en el tema de las operaciones, veamos las reglas y los métodos que se utilizan para realizar operaciones sobre expresiones algebraicas.

Propiedad distributiva con expresiones lineales

Vimos la propiedad distributiva en un capítulo anterior. Recuerde que hace exactamente lo que parece: distribuye un número o término entre otros números o términos. Siempre están involucrados los paréntesis y la multiplicación.

Por ejemplo, si necesitáramos expandir el problema $5(3 + y)$, distribuiríamos el 5 al 3 al multiplicar 5×3 y luego distribuiríamos el 5 a la y al multiplicar $5 \times y$. El resultado sería $15 + 5y$.

A veces el factor puede estar del lado derecho de un conjunto de paréntesis pero eso no cambia cómo funcionará la propiedad distributiva. Por ejemplo, si necesitáramos expandir el problema $(9 - h)4$, distribuiríamos el 4 al 9 y la h utilizando la multiplicación:

$$(9 - h)4 =$$
$$(4)(9) - (4)(h) =$$
$$36 - 4h$$

¡NO HAGA ESTO!

Una aplicación difícil de la propiedad distributiva es cuando se agrega una constante a una expresión que requiere propiedad distributiva. Un ejemplo de esto es $2 + 7(3 - y)$. En este caso, siempre es tentador para los estudiantes sumar $2 + 7$ antes de distribuir el 7 a $(3 - y)$. Sin embargo, puesto que PEMDAS dicta que la multiplicación debe venir antes de la adición, sumar $2 + 7$ es incorrecto. Por el contrario, evite calcular la adición hasta que haya distribuido el 7:

¡NO! $2 + 7(3 - y) \neq 9(3 - y)$

¡SÍ! ... $2 + 7(3 - y) = 2 + 7(3 - y)$

$2 + 7(3) - 7(y)$

$2 + 21 - 7y$

$23 - 7y$

Un tipo de problema similar al ejemplo anterior, que también provoca errores frecuentes, es cuando el término que se necesita distribuir se *resta* de una constante. En el caso de $10 - 2(w + 6)$, es común que los estudiantes se olviden de distribuir el signo negativo a *ambos* términos que están dentro del paréntesis. Siga atentamente los pasos que aparecen abajo para ver cómo la resta se convierte primero en suma mediante la técnica *mantener-convertir-cambiar* que se presenta en el Capítulo 4. Utilizar este método lo ayudará a asegurarse de distribuir el signo negativo a *ambos* términos que aparecen dentro del paréntesis:

$$10 - 2(w + 6) =$$
$$10 + -2(w + 6) = 10 + -2(w + 6)$$
$$10 + -2(w) + -2(6)$$
$$10 + -2w + -12$$
$$\underline{-2 + -2w}$$

Suma y resta de expresiones polinómicas

Al sumar y restar términos de expresiones polinómicas, solo se pueden sumar o restar *términos semejantes*. *Términos semejantes* son términos que tienen exactamente las mismas variables y exponentes. Observe las listas de *términos semejantes* y *términos diferentes* que aparecen a continuación:

Términos semejantes:	Términos diferentes:
$3x$ y $-40x$	x y x^2
$10m^4$ y $\frac{1}{3}m^4$	$10m^4$ y $\frac{1}{3}m^5$
$2rb$ y $0,5rb$	$2rb$ y $0,5b$
x^3y y $7x^3y$	x^3y y $7x^3y^2$

Al combinar términos semejantes, sume o reste los coeficientes y mantenga las variables y sus exponentes exactamente iguales:

$$3x + -0x = -37x$$
$$10m^4 + \frac{1}{3}m^4 = 10\frac{1}{3}m4$$
$$2rb \text{ y } 0,5rb$$
$$7x^3y - x^3y = 6x^3y$$

En el examen GED® se esperará que usted pueda sumar y restar expresiones más complejas:

Ejemplo

Simplifique $(6x^2 + 2xy - 9) - (4x^3 + 2x^2 - 5xy + 8)$.

Esto parece complicado, pero en realidad solo se trata de sumar y restar coeficientes (los números que se encuentran delante de las variables) de términos semejantes. Una cosa importante que se debe observar en este problema es que estamos restando una *cantidad*. Esto significa que el signo de menos se debe distribuir a cada uno de los términos entre paréntesis que lo preceden. El signo de menos convertirá a cada uno de los términos del paréntesis en su opuesto. El primer paso para simplificar este problema es volver a escribirlo con el negativo distribuido:

$$(6x^2 + 2xy - 9) - (4x^3 + 2x^2 - 5xy + 8)$$

El segundo paso para la simplificación es combinar *términos semejantes*.

$$6x^2 + 2xy - 9 - 4x^3 - 2x^2 + 5xy - 8$$
$$6x^2 - 2x^2 = 4x^2$$
$$2xy + 5xy = 7xy$$
$$-9 - 8 = -17$$

$-4x^3$ no tiene otro término semejante, así que queda igual.

El último paso es volver a escribir la expresión con los términos combinados:

$$-4x^3 + 4x^2 + 7xy - 17$$

(*Nota:* Es útil escribir los términos de modo que el valor de los exponentes vaya de mayor a menor a medida que se leen de izquierda a derecha. También recuerde que los números positivos tendrán un signo de más adelante mientras que los números negativos tendrán un signo de menos).

Multiplicar expresiones

Al multiplicar expresiones, no tiene que preocuparse por los términos semejantes. Para multiplicar dos expresiones, siga estos pasos:

Paso 1: Multiplique los coeficientes.

Paso 2: Multiplique todos los pares de variables semejantes juntas al sumar sus exponentes.

Paso 3: Combine el producto de los coeficientes con los productos de las variables como un término único.

Estos son dos ejemplos:

$$(3v)(8v) = (3 \times 8)(v \times v) = 24v^2$$
$$(5wy)(4y^2) = (5 \times 4)(w)(y \times y^2) = 20wy^3$$

¡NO HAGA ESTO!

Puede ser fácil olvidarse de prestar atención a los exponentes cuando se multiplican dos términos que no tienen exponentes mayores que 1. En el caso de una pregunta como $(4a)(9a)$, los estudiantes tienden a cometer el error de multiplicar los coeficientes pero no las variables:

¡NO! $(4a)(9a) \neq 36a$

SÍ . . . $(4a)(9a) = 36a^2$

División de expresiones

Al dividir expresiones polinómicas, buscamos formas de reducir sus coeficientes y cancelar algunos de sus exponentes para llegar a una respuesta simplificada. Revisemos cómo dividir bases semejantes con exponentes:

REGLA: DIVIDIR BASES SEMEJANTES CON EXPONENTES

Al dividir bases semejantes con exponentes, reste los exponentes:

$$\frac{x^7}{x^4} = x^3$$

Si la diferencia de los exponentes es un exponente negativo, podemos mover esa base y exponente al denominador de la fracción y escribir el exponente como positivo. (Revise el Capítulo 4 para aclarar y practicar los exponentes).

$$\frac{w^3x^6}{w^7x} = w^{(3-7)}x^{(6-1)} = w^{-4}x^5 = \frac{x^5}{w^4}$$

Con esta información, echemos un vistazo al proceso que se usa para simplificar la siguiente expresión:

$$\frac{4y^3x^2}{2yx}$$

Debemos recordar lo que sabemos sobre reducción de fracciones y división de exponentes. Para simplificar esta expresión, veamos primero los números. ¿Podemos reducirla? ¡Sí! Podemos dividir 4 entre 2 y luego nos queda solamente un 2 en el numerador:

$$\frac{4y^3x^2}{2yx} = \frac{2y^3x^2}{yx}$$

¿Hay algo más que podamos simplificar? Hay x e y tanto en el numerador como en el denominador, así que podemos dividir el denominador entre el numerador.

Tomemos los términos de a uno:

$$\frac{y^3}{y} = y^2$$

$$\frac{x^2}{x} = x$$

Nuestra respuesta completa es $2y^2x$.

Multiplicación de binomios con PEIU

Un *binomio* es una expresión algebraica con dos términos que se suman o restan. Algunos ejemplos de binomios son:

$$9 + f$$
$$x - 7$$
$$3y^2 + 4x$$

Cuando dos binomios se escriben directamente uno al lado del otro en dos conjuntos de paréntesis, esto indica multiplicación. *El producto de $x + 2$ y $x - 4$ se escribe como $(x + 2)(x - 4)$.* Para realizar esta multiplicación, se utiliza el acrónimo PEIU para llevar un registro de qué partes se deben multiplicar. PEIU significa la multiplicación de:

P: Primer término de cada binomio
E: Términos externos de cada binomio
I: Términos internos de cada binomio
U: Último término de cada binomio

Utilicemos PEIU como guía en la multiplicación de $(x + 2)(x - 4)$:

Multiplique los primeros:
$(\underline{x} + 2)(\underline{x} - 4) = \underline{x}^2$

Multiplique los externos:
$(\underline{x} + 2)(x \underline{- 4}) = x^2 \underline{- 4x}$

Multiplique los internos:
$(x + \underline{2})(\underline{x} - 4) = x^2 - 4x + \underline{2x}$

Multiplique los últimos:
$(x + \underline{2})(x \underline{- 4}) = x^2 - 4x + 2x \underline{- 8}$

Obtenemos la respuesta final después de combinar los dos términos semejantes, $-4x$ y $2x$:

$$x^2 - 2x - 8$$

División de expresiones mediante factorización

Así como la *multiplicación* es la operación opuesta a la *división*, la *factorización* es el opuesto de la *distribución*. Mientras que la distribución requiere que *multipliquemos* un factor común por dos o más términos de una expresión, la *factorización* requiere que dividamos el *máximo factor común* de dos o más términos de una expresión. Recuerde que el **máximo factor común** o **M.F.C.** es el mayor número que se divide exactamente entre todos los términos.

Ejemplo

Use la factorización para volver a escribir $40m + 32$ como producto de dos factores.

Comenzando por $40m + 32$, identifique el M.F.C. como 8.
Divida tanto $40m$ como 32 entre el M.F.C.: $40m \div 8 = 5m$ y $32 \div 8 = 4$.

Ahora revierta la propiedad distributiva al colocar el M.F.C. fuera de un conjunto único de paréntesis y coloque los dos cocientes dentro del paréntesis:

$$40m + 32 = 8(5m) + 8(4) = 8(5m + 4)$$

Puede verificar su trabajo realizando la distribución, lo que debería devolverle la expresión original:

$$8(5m + 4) = 8(5m) + 8(4) = 40m + 32$$

Práctica

Simplifique las siguientes expresiones:

15. $40 - 8(9 - c)$

16. $(7xy^2 + 8xy - 4) - (11x^2y - 12xy + 10)$

17. $(16a^3b^5c)(\frac{1}{2}ab^2c^3)$

18. $(24a^8b) \div (6a^5b^4)$

19. $(5 - x)(9 + x)$

20. $(y^2 - 3)(y^2 + 3)$

Escriba la siguiente expresión como un producto de dos factores:

21. $12y + 40x - 4$

22. $60f^4 - 18f$

Trabajar con ecuaciones lineales

En esta sección aprenderá a resolver ecuaciones lineales. Una ecuación lineal es una ecuación con una o más variables a la primera potencia. Los ejemplos incluyen:

$$3x + 7 = -5$$
$$y = mx + b$$
$$4z - 3 + n = 2$$

¡PREGUNTA DE ANTICIPO GED®!

En el examen GED® se le pedirá que resuelva el valor de variables en ecuaciones lineales y en esta sección se le mostrará cómo responder preguntas como estas.

- Resuelva x: $\frac{5}{2}x = -40$

- Resuelva m en términos de n y p: $5 - 20n + 6m = p$

Resolver ecuaciones lineales

Para resolver ecuaciones lineales con una variable, necesitamos despejar la variable a un lado de la ecuación. Por ejemplo, para hallar cuánto es x en la ecuación $3x + 7 = -5$, debemos despejar la x. El objetivo es obtener una oración matemática que diga "x = un número".

¿Cómo logramos esto? Eliminando todos los otros números mediante operaciones opuestas. En el siguiente ejemplo, ¿qué hay del mismo lado de la ecuación que x?

$$3x + 7 = -5$$

3 y 7: x se multiplica por 3 y luego se suma a 7. Para deshacer estas operaciones, debemos realizar operaciones opuestas. Las *operaciones opuestas* son pares de operaciones que se deshacen unas a otras. Suma y resta son operaciones opuestas, al igual que multiplicación y división.

Otra cosa *muy* importante que hay que tener en cuenta al resolver ecuaciones lineales es que lo que sea que se haga de un lado de la ecuación, se *debe* hacer del otro lado. Esto es para mantener un equilibrio a cada lado del signo de igual.

El tercer paso fundamental a tener en cuenta al resolver ecuaciones lineales es que las ecuaciones siempre se deshacen en el *orden opuesto* a PEMDAS. Esto significa que para obtener la variable despejada, *primero* debemos realizar la suma o resta y luego pasaremos a la multiplicación o división. Básicamente, esto significa mover primero el número *más alejado* de la *x*, usando operaciones opuestas. Estas son las tres reglas cardinales para resolver ecuaciones lineales:

TRES REGLAS: RESOLVER ECUACIONES LINEALES

1. Use operaciones opuestas para apartar números de la variable.
2. Cualquier operación que haga de un lado del signo de igual, la deberá hacer de la misma forma del otro lado.
3. Revierta PEMDAS al despejar la variable en ecuaciones lineales. Primero, haga +/– y luego realice ×/÷ para obtener solo la variable.

Entonces, observemos $3x + 7 = -5$ y realicemos operaciones opuestas para despejar la *x*. Comience por el número que se encuentra más alejado de la *x* del mismo lado y ábrase camino para hallar la *x*.

$$3x + 7 = -5$$
$$\underline{-7 \quad\quad -7}$$
$$3x + 0 = -12$$
$$\frac{3x}{3} = \frac{-12}{3}$$
$$x = -4$$

Ecuaciones con múltiples términos x

Tal vez se le pida que resuelva una ecuación que tiene más de un término *x*:

$$4x + 10 = 2x - 20 + 8x$$

Cuando una ecuación tiene múltiples términos variables en uno o ambos lados del signo de igual, solo habrá uno o dos pasos adicionales para resolver la ecuación. Siga estos pasos:

Paso 1: Combine todos los términos semejantes que estén del mismo lado de la ecuación usando las operaciones asociadas a ellos. (No utilice *operaciones opuestas*).

Paso 2: Mueva los términos variables hacia un lado de la ecuación usando operaciones opuestas para combinarlos. (No importa si mueve los términos variables hacia el lado izquierdo o derecho del signo de igual).

Paso 3: Aísle la variable usando operaciones opuestas en el orden PEMDAS inverso.

¡NO HAGA ESTO!

No use operaciones opuestas para combinar términos semejantes que están del *mismo lado* de la ecuación. Use operaciones opuestas *solamente* para mover el término de la variable *hacia el otro lado de la ecuación*. Los estudiantes se confunden y comienzan a usar operaciones opuestas del mismo lado de la ecuación cuando empiezan a ver más de una variable. ¡No haga esto!

Ejemplo: *Dado 10x + 9 + 2x = 4x + 5, ¿cuál es el primer paso?*

¡NO! No reste 2x de 10x para escribir
$8x + 9 = 4x + 5$

SÍ . . . En cambio, sume 2x a 10x para escribir $12x + 9 = 4x + 5$

Ejemplo

¿Qué valor de x hace que la ecuación sea verdadera? 4x + 10 = 5x − 20 − 3x

$4x + 10 = 5x − 20 − 3x$ (subraye los términos semejantes del lado derecho)

$4x + 10 = 2x + {-20}$ (combine $5x − 3x$ del lado derecho)

$\underline{-2x \qquad -2x}$ (mueva los términos x hacia el lado izquierdo)

$2x + 10 = -20$

$\underline{\quad -10 \quad -10}$ (mueva las constantes hacia el lado derecho)

$\dfrac{2x}{2} \quad = \dfrac{-30}{2}$ (divida ambos lados entre 2 para despejar la x)

$x \quad = -15$ (llegue a la respuesta final)

Resolver ecuaciones con paréntesis

Algunas ecuaciones lineales tendrán paréntesis que se deben expandir antes de resolverlos.

Ejemplo

Resuelva x: $2(x − 6) = 4x + 20$

En este caso es necesario distribuir el 2 antes de proceder con la pregunta. Observe la solución que aparece a continuación:

$2(x − 6) = 4x + 20$

$2(x) − 2(6) = 4x + 20$ (distribuya el 2)

$2x − 12 = 4x + 20$

$\underline{-2x \qquad -2x}$ (mueva los términos x hacia el lado derecho)

$-12 = 2x + 20$

$\underline{-20 \qquad -20}$ (mueva las constantes hacia el lado izquierdo)

$-32 = 2x$

$\underline{\div 2 \quad \div 2}$ (divida entre 2 para despejar la x)

$-16 = x$ (llegue a la respuesta final)

Escribir y resolver ecuaciones a partir de problemas de palabras

Anteriormente en este capítulo usted practicó traducir del inglés a expresiones algebraicas. Ahora ya está listo para escribir y resolver ecuaciones algebraicas a partir de problemas que representan situaciones del mundo real. El consejo más útil al abordar problemas de palabras es primero usar palabras para modelar la relación matemática que existe entre las partes operativas del problema de palabras. El ejemplo que aparece debajo muestra el proceso de 4 pasos para traducir problemas de palabras a ecuaciones algebraicas.

Ejemplo

Jenna compró cuatro esmaltes para uñas del mismo precio en la farmacia local y pagó con un billete de $20. Recuerda que le dieron $2,80 de vuelto pero no recuerda el costo individual de cada esmalte. Escriba una ecuación algebraica que se podría usar para determinar cuánto cuesta cada esmalte para uñas.

Paso 1: Lea la pregunta, subraye las partes relevantes y haga un círculo alrededor de lo que se le pide que resuelva.

Paso 2: Determine cómo se relacionan entre sí las partes del problema y escriba la relación en palabras y operaciones:

[Dinero que se pagó] – [Costo de 4 esmaltes] = Vuelto que se recibió

Paso 3: Defina sus variables y la información dada:

Dinero que se pagó = $20

n **= costo de 1 esmalte**

$4n$ **= costo de 4 esmaltes**

Cambio que se recibió = $2,80

Paso 4: Reemplace las palabras de su ecuación del Paso 2 con la información que compiló en el Paso 3:

$20 − 4n = $2,80

Ahora tiene una ecuación algebraica que se puede resolver con las técnicas que ya se presentaron. A veces, en el examen GED® se le pedirá que cree una ecuación que represente la situación y otras veces se esperará que resuelva esa ecuación para dar una respuesta definitiva.

Práctica

23. Resuelva y: $2y - 4 = 21$

24. Si $\frac{3}{4}x = 72$, entonces $x =$ _____

25. Resuelva x: $7x + 20 = 13x - 4$

26. Resuelva x en términos de y, w, y v: $xy + w = v$

27. Halle el valor de w que haga que la siguiente ecuación sea verdadera: $\frac{2}{3}(w - 4) = 26$

28. El doble de la suma de un número y diez es 42. Halle el número.

29. La tienda Free My Music paga a sus empleados de ventas un salario base de $525 por semana más una comisión de 8% por cualquier venta que realice el empleado. Si un empleado gana d dólares en ventas una semana, escriba una expresión en términos de d para representar su salario total para esa semana.

Resumen

En este capítulo, usted construyó una base sólida en álgebra. Ahora sabe cómo usar variables para escribir expresiones y modelar ecuaciones del mundo real. Puede evaluar expresiones y resolver muchos tipos diferentes de ecuaciones lineales. Las siguientes preguntas le darán una buena idea de cómo utilizará estas nuevas habilidades el día del examen.

Revisión de Álgebra, Parte 1

1. ¿Qué expresión algebraica representa cada descripción? (Pregunta de arrastrar y soltar)

Quitar 7 al doble de un número y:

_____

El doble de la suma de 7 y un número y:

_____

$7 - 2y$

$(7 + y)^2$

$2y + 7$

$2 \times 7 + y$

$2(7y)$

$7 + 2y$

$2y - 7$

$(7 + y)^2$

$2(7 - y)$

2. Si n es un número entero negativo cualquiera, complete las siguientes afirmaciones: (Nota: En el examen GED®, esta sería una pregunta con menú desplegable. Para completar esta pregunta de práctica escoja entre *siempre/a veces/nunca.*)
A. La expresión $\frac{(-n)^4}{n}$ *siempre/a veces/nunca* será positiva.
B. La expresión $\frac{-(n)^4}{n}$ *siempre/a veces/nunca* será positiva.

3. ¿Cuál es el valor de $4x^2 + 3(1 - x)$, cuando $x = -3$?
a. 48
b. 156
c. -12
d. 30

4. Simplifique la expresión $5x + 3(x - 4)^2$

5. Expanda y simplifique la siguiente expresión:
$7(x + 2y - 3) - 3(2x - 4y + 1)$
a. $x + 2y - 18$
b. $13x - 2y - 2$
c. $x + 26y - 24$
d. $x + 6y - 4$

6. Si la suma de dos polinomios es $8p^2 + 4p + 1$ y uno de los polinomios es $8p^2 - 2p + 6$, ¿cuál es el otro polinomio?

    a. $6p - 5$

    b. $2p + 7$

    c. $16p^2 - 2p + 7$

    d. $16p^2 + 2p + 7$

7. ¿Cuál de los siguientes es equivalente a $2x(3xy + y)$?

    a. $6x^2y + 2xy$

    b. $6xy + 2xy$

    c. $5x^2y + 2x + y$

    d. $3xy + 2x + y$

8. ¿Qué expresión es el equivalente de $32x^2 + 4x - 8$?

    a. $32(x^2 + 4x - 8)$

    b. $4x(x + x - 8)$

    c. $4(x^2 + x - 2)$

    d. $4(8x^2 + x - 2)$

9. ¿Cuál de las siguientes es una forma factorizada de $10x^4y^6 - 5x^3y$?

    a. $5xy^5$

    b. $5x^3y$

    c. $5x^3y(2xy^5 - y)$

    d. $5x^3y(2xy^5 - 1)$

10. El organizador de una fiesta decide comprar tres globos para cada invitado, más 20 globos para decorar el salón. Si i representa el número de invitados a la fiesta y g representa el número total de globos que se comprarán, qué ecuación muestra la relación que existe entre la cantidad de globos (g) y la cantidad de invitados (i)?

    a. $g = 3(i + 20)$

    b. $g = 3i + 20$

    c. $g = 60i$

    d. $g = 23i$

11. Farhiyo y Jen vendieron camisetas para un club del campus el sábado pasado. El club ganó $550 por la venta de las camisetas. Después de donar algo de dinero a un refugio local, el club ganó $100 más de lo que donó. ¿Cuánto dinero donó el club? _____

12. Aaron posee un puesto de pretzels. Después de observar los patrones de ventas durante unos meses, se da cuenta de que necesita tener tres veces más de queso que de aderezo ranch para satisfacer los pedidos de los clientes. Por cada 48 onzas de queso que Aaron compra, ¿cuánto aderezo ranch debe comprar?

    a. 144 oz.

    b. 24 oz.

    c. 12 oz.

    d. 16 oz.

13. Johanna y Paolo acaban de finalizar un evento promocional de tres días para su nuevo negocio. Distribuyeron folletos por los negocios y hogares del vecindario para informarle al público sobre su nueva tienda. Imprimieron un total de 1.000 folletos para esta iniciativa promocional y los distribuyeron durante tres días. Les quedan x folletos restantes. Esperan un índice de respuesta del 15%, es decir, que de los folletos que se entregaron, el 15% atraerá a una persona, ¿qué expresión muestra cuántos clientes más esperan en el futuro cercano como resultado de esta iniciativa promocional?

    a. $15(1.000 - x)$

    b. $15(1.000x)$

    c. $15 + 1.000 - x$

    d. $0,15(1.000 - x)$

14. El producto de 16 y la mitad de un número es 136. Halle el número. _____

Respuestas y explicaciones

Práctica del capítulo

1. **$5 + 2w$.** Dado que *suma* significa adición y *doble* significa multiplicación por 2, "la suma de 5 y el doble de un número *w*" se traduce como $5 + 2w$.

2. **$\frac{1}{3}(6 - x)$.** La palabra *diferencia* indica restar los dos términos dentro de un conjunto de paréntesis antes de multiplicarlo por un tercio: $\frac{1}{3}(6 - x)$.

3. **$30 + x^2$.** *30 agregado a* indica "30 +" y *un número al cuadrado* indica x^2: $30 + x^2$.

4. **$3(x - 13) + y$.** El término *la cantidad* indica que se deben utilizar paréntesis alrededor de la información que sigue a continuación. *Quitar 13 a un número* indica resta en el orden opuesto: $x - 13$. Luego, *se triplica* significa multiplicar $(x - 13)$ por 3: $3(x - 13)$. Por último, agregue *y* (o cualquier variable diferente a la primera variable que se utilizó) a la expresión. $3(x - 13) + y$.

5. **($48,90 + $20,20 + *n*) ÷ 2.** *Combinar* significa sumar y *cortarlo a la mitad* significa multiplicarlo por 0,5 o dividirlo entre 2: ($48,90 + $20,20 + *n*) ÷ 2.

6. **$x^3 - 12$.** *Suprimir una docena* significa – 12 y *un número al cubo* se traduce como x^3: $x^3 - 12$

7. **2.** Comenzando por $\frac{-10 + 3c}{4c}$, sustituya ambos valores *c* por -2: $\frac{-10 + 3(-2)}{4(-2)}$. Luego, haga la multiplicación en el numerador y el denominador: $\frac{-10 - 6}{-8}$. Combine los términos que aparecen en el numerador: $\frac{-16}{-8}$. Divida para obtener la respuesta final de 2.

8. **628.** La expresión $3{,}14r^2h$ para $r = 10$ y $h = 2$ será $3{,}14(10)^2(2)$ después de sustituir por 10 y 2. Primero, realice el exponente: $3{,}14(100)(2)$. Luego, la multiplicación da como resultado 628.

9. **88.** Sustituya $l = 6$, $w = 4$ y $h = 2$ en la expresión 2 $(lw + wh + hl)$:
   $$2[6(4) + 4(2) + 2(6)]$$
   Luego, realice todas las multiplicaciones que están dentro del paréntesis:
   $$2[24 + 8 + 12]$$
   Ahora sume todos los términos que están dentro del paréntesis y multiplique la suma por 2: $2[44] = 88$.

10. **Siempre.** La expresión $-w^2$ siempre será negativa para los valores de *w* distintos de cero. El exponente par garantizará que w^2 sea positivo para todos los valores de *w* distintos de cero, pero el coeficiente de –1 siempre hará que $-w^2$ sea negativo.

11. **A veces.** La expresión $-v^3$ será negativa cuando *v* sea positiva. La expresión $-v^3$ será positiva cuando *v* sea negativa.

12. **–36.** Comenzando por $-v^2 + v^3$, sustituya ambas variables de *v* por –3:
    $$-(-3)^2 + (-3)^3$$
    Ahora evalúe ambas variables:
    $$-(9) + (-27)$$
    Sumar estos dos negativos da –36.

13. El cubo de Marco: $6l^2$ para $l = 2$: $6(2)^2 = 6(4) =$ 24 pies cuadrados.
    El cubo de Polo: $6l^2$ para $l = 3$: $6(3)^2 = 6(9) =$ 54 pies cuadrados.
    El cubo de Polo tendría un área 30 pies cuadrados mayor que el cubo de Marco. (Sería más del doble).

14. **$12.155.** Comenzando por $C(1 + r)^t$, reemplace *C* con $10.000, *r* con 5% y *t* con 4:
    $$\$10.000(1 + 0{,}05)^4$$
    Primero, sume el número que está entre paréntesis:
    $$\$10.000(1{,}05)^4$$
    Luego, eleve 1,05 a la potencia de 4:
    $$\$10.000(1{,}2155)$$
    Luego, multiplique:
    $$\$12.155$$

15. $-32 + 8c$. Comenzando con $40 - 8(9 - c)$, use la técnica *mantener-convertir-cambiar* para convertir la resta en una suma: $40 + -8(9 - c)$. Luego, distribuya el -8: $40 + (-8)(9) - (-8)(c)$. Realice la multiplicación: $40 + (-72) - (-8c)$. Simplifique: $-32 + 8c$.

16. $-4x^2y + 20xy - 14$. Distribuya el signo de menos a todos los términos que están dentro del segundo conjunto de paréntesis:

$(7xy^2 + 8xy - 4) - 11x^2y + 12xy - 10$

Ahora vuelva a escribir la expresión con términos semejantes uno al lado del otro:

$7xy^2 - 11x^2y + 8xy + 12xy - 4 - 10$

Finalmente, combine los términos semejantes:

$-4x^2y + 20xy - 14$

17. $8a^4b^7c^4$. Multiplique los coeficientes de $(16a^3b^5c)(\frac{1}{2}ab^2c^3)$ y multiplique las variables semejantes al sumar sus exponentes:

$(16)(\frac{1}{2})(a^3a)(b^5b^2)(cc^3) = 8a^4b^7c^4$

18. Divida los coeficientes de $(24a^8b) \div (6a^5b^4)$ y divida las variables semejantes al restar sus exponentes: $(24 \div 6) \times a^{(8-5)} \times b^{(1-4)} = 4a^3b^{-3}$. Ahora recuerde que un término con un exponente negativo se puede mover a la parte inferior de una fracción y entonces el exponente será positivo: $\frac{4a^3}{b^3}$.

19. $-x^2 - 4x + 45$. Utilice PEIU para multiplicar $(5 - x)(9 + x)$:

Primeros: $5 \times 9 = 45$

Externos: $5 \times x = 5x$

Internos: $-x \times 9 = -9x$

Últimos: $-x \times x = -x^2$

Ahora combine los términos:

$45 + 5x - 9x - x^2 = -x^2 - 4x + 45$

20. $y4 - 9$. Utilice PEIU para multiplicar $(y^2 - 3)(y^2 + 3)$:

Primeros: $y^2 \times y^2 = y^4$

Externos: $y^2 \times 3 = 3y^2$

Internos: $-3 \times y^2 = -3y^2$

Últimos: $-3 \times 3 = -9$

Ahora combine los términos:

$y^4 + 3y^2 - 3y^2 - 9 = y^4 - 9$

21. $4(3y + 10x - 1)$. 4 es el máximo factor común de los tres términos de esta expresión. Para factorizar 4, coloque un 4 fuera de un conjunto de paréntesis y coloque los cocientes de 4 y cada uno de los 3 términos dentro del paréntesis:

$12y + 40x - 4 = 4(3y + 10x - 1)$

22. $6f(10f^3 - 3)$. $6f$ es el máximo factor común para ambos términos de esta expresión. Para factorizar $6f$, coloque $6f$ fuera de un conjunto de paréntesis y escriba los cocientes de $6f$ y cada uno de los 2 términos dentro del paréntesis:

$60f^4 - 18f = 6f(10f^3 - 3)$

23. $y = 12,5$. Recuerde, revierta PEMDAS y use operaciones opuestas para despejar la variable. Para apartar -4 de $2y$, sume 4 a cada lado de la ecuación:

$$2y - 4 = 21$$
$$\underline{\quad +4 \quad +4 \quad}$$
$$2y + 0 = 25$$

Luego, divida cada lado de la ecuación entre 2 para aislar y:

$$\frac{2y}{2} = \frac{25}{2}$$
$$y = 12,5$$

24. 96. Dado que $\frac{3}{4}x = 72$, para despejar la x, podemos multiplicar $\frac{3}{4}$ por su recíproco, $\frac{4}{3}$, ya que se cancelarán a solamente $1x$:

$$(\frac{4}{3})(\frac{3}{4}x) = (\frac{4}{3})72$$
$$1x = \frac{72}{1} \times \frac{4}{3}$$

Por el contrario, usted podría elegir dividir ambos lados entre $\frac{3}{4}$. Dado que dividir entre una fracción da como resultado multiplicar por el recíproco de esa fracción, la respuesta podría ser la misma.

25. $x = 4$. El primer paso es mover todas las variables al mismo lado de la ecuación al restar $7x$ de ambos lados:

$$7x + 20 = 13x - 4$$
$$\underline{-7x \qquad\quad -7x}$$
$$20 = 6x - 4$$

Luego, agregue 4 a ambos lados para despejar $6x$:

$$20 = 6x - 4$$
$$\underline{+4 \qquad +4}$$
$$24 = 6x$$

Finalmente, divida ambos lados entre 6 para llegar a la respuesta final.

$$24 = 6x$$
$$\underline{\div 6 \quad \div 6}$$
$$4 = x$$

26. $x = \frac{v - w}{y}$. Cuando una pregunta le pide que resuelva una variable *en términos de* otras variables, simplemente significa que debe aislar la primera variable a un lado de la ecuación. El primer paso para despejar x en $xy + w = v$ es restar la w:

$$xy + w = v$$
$$\underline{\qquad -w \quad -w}$$
$$xy = v - w$$

Luego, divida ambos lados entre y:

$$xy = v - w$$
$$\frac{xy}{y} = \frac{v - w}{y}$$
$$x = \frac{v - w}{y}$$

27. $w = 43$. El primer paso de este problema es distribuir $\frac{2}{3}$:

$$\frac{2}{3}(w - 4) = 26$$
$$\frac{2}{3}w - \frac{2}{3}(4) = 26$$
$$\frac{2}{3}w - \frac{8}{3} = 26$$

Ahora, agregue $\frac{8}{3}$ a ambos lados de la ecuación:

$$\frac{2}{3}w - \frac{8}{3} = 26$$
$$\underline{\quad +\frac{8}{3} \quad +\frac{8}{3}}$$
$$\frac{2}{3}w = \frac{78}{3} + \frac{8}{3}$$
$$\frac{2}{3}w = \frac{86}{3}$$

Luego, divida ambos lados entre $\frac{2}{3}$:

$$\frac{2}{3}w = \frac{86}{3}$$
$$\underline{\div \frac{2}{3} \quad \div \frac{2}{3}}$$
$$w = \frac{86}{3} \times \frac{3}{2}$$
$$w = 43.$$

28. 11. Sea el número $= n$. El doble de la suma de este número y 10 se representa como $2(n + 10)$. Establezca la igualdad con 42 y resuélvala al distribuir el 2 y luego usar operaciones opuestas para resolver n.

$$2(n + 10) = 42$$
$$2n + 20 = 42$$
$$\underline{\quad -20 \quad -20}$$
$$2n = 22$$
$$n = 11$$

29. $\$525 + 0{,}08d$. Primero, escriba la relación en palabras. La comisión del empleado será de 8% *de* sus ventas, así que multiplique 8% por las ventas:

Salario total = [Salario base] + [8%][Ventas semanales]

Luego, sustituya por la información dada y recuerde convertir el porcentaje en un decimal. El salario base es $525, la comisión es de 8% y las ventas semanales son d:

Salario total = $525 + 0,08d$

Revisión de Álgebra, Parte 1

1. **$2y - 7$ y $(7 + y)2$.** *Quitar* significa restar en orden inverso al que se presenta y el *doble de un número y* significa $2y$, así que la primera expresión, *quitar 7 al doble de un número y* se representa como $2y - 7$. En la segunda expresión, la frase *la suma de 7 y un número y* indica que $7 + y$ debería colocarse dentro de un conjunto de paréntesis antes de multiplicarlo por 2. Por lo tanto, la expresión que representa *el doble de la suma de 7 y un número y* se representa con la expresión $(7 + y)2$. La expresión $2(7 + y)$ también hubiera funcionado, pero esta opción no estaba en la lista.

2. **nunca y siempre.** Piense en las reglas sobre cómo los exponentes y paréntesis influyen en los números negativos. Para la afirmación A, $\frac{(-n)^4}{n}$, el numerador siempre será positivo dado que la n negativa se cancelará con el signo negativo que está dentro del paréntesis. El denominador siempre será negativo. El cociente de un positivo dividido entre un negativo nunca es positivo. Para la afirmación B, $\frac{-(n)^4}{n}$, el numerador siempre será negativo dado que n^4 también dará un valor positivo y luego el signo negativo afuera del paréntesis convertirá al numerador en negativo. El denominador siempre será negativo. El cociente de un negativo dividido entre un negativo es **siempre** positivo.

3. **a.** No podemos multiplicar 4×-3 y luego elevar la respuesta al cuadrado porque los exponentes vienen antes que la multiplicación en el orden de operaciones. Además, hay paréntesis en la segunda mitad del problema y PEMDAS indica que hagamos eso primero.

$$4(-3)^2 + 3(1 - -3) =$$
$$4(-3)(-3) + 3(1 - -3) =$$
$$4 \times 9 + 3(1 + 3) =$$
$$36 + 3(4) =$$
$$36 + 12 = 48.$$

La opción **b** no es la respuesta correcta porque 156 es la respuesta final que se obtiene cuando 4 se multiplica con -3 y *luego* se eleva al cuadrado, en vez de elevarlo al cuadrado primero. La opción **c** no es la respuesta correcta porque -12 es la respuesta que se obtiene cuando se calcula erróneamente $(-3)^2$ como -6 en vez de 9. La opción **d** no es la respuesta correcta porque 30 es el resultado de calcular erróneamente $(1 - -3)$ como -2 en vez de 4.

4. **$3x^2 - 19x + 48$.** Para simplificar $5x + 3(x - 4)^2$, primero debemos pensar qué significa $(x - 4)^2$:
$$5x + 3(x - 4)^2 = 5x + 3(x - 4)(x - 4)$$
Ahora, use PEIU para expandir $(x - 4)(x - 4)$ para que sea $(x^2 - 8x + 16)$ e introducir esto en la ecuación:
$$5x + 3(x^2 - 8x + 16)$$
Ahora distribuya el 3 a todos los términos que están dentro del paréntesis mediante multiplicación:
$$5x + 3x^2 - 24x + 48$$
Finalmente, combine los dos términos x.
$$3x^2 - 19x + 48$$

5. c. Este problema requiere que usemos la propiedad distributiva para dos partes de la expresión. Primero, necesitamos distribuir el 7 a cada uno de los factores que están en la cantidad que lo precede: x, $2y$ y -3. Esto nos da $7x + 14y - 21$. Luego, necesitamos distribuir el -3 a cada uno de los términos de la cantidad que lo precede: $2x$, $-4y$ y 1. Esto nos da $-6x + 12y - 3$. Ahora, necesitamos combinar los términos semejantes para simplificar la expresión: $7x + 14y - 21 - 6x + 12y - 3 = x + 26y - 24$. La opción **a** no distribuyó el negativo con el 3 en la segunda mitad del problema. La opción **b** refleja una distribución incorrecta de los coeficientes y negativos a otros términos. La opción **d** no distribuyó el coeficiente a cada término.

6. a. El truco para responder esta pregunta es decidir si sumar o restar.

Suma = primer polinomio + segundo polinomio

Dado que la suma ya está dada, no adicione. Por el contrario, reste el polinomio dado de la suma para hallar el otro polinomio. Asegúrese de combinar los términos semejantes, distribuir la resta y tenga cuidado con los negativos.

$$(8p^2 + 4p + 1) - (8p^2 - 2p + 6)$$
$$= (8p^2 - 8p^2) + (4p - (-2p)) + (1 - 6)$$
$$= 0 + (4p + 2p) + (-5)$$
$$= 6p - 5$$

7. a. $2x(3xy + y) = 2x(3xy) + 2x(y) = 6x^2y + 2xy$.

8. d. Esta respuesta es equivalente a la original porque cada uno de los términos se dividió entre 4 y luego se escribió de manera precisa como un producto de 4 y la cantidad $8x^2 + x - 2$. En efecto, esto es la no distribución de un 4 de cada término. Las opciones **a** y **b** factorizan de manera incorrecta 32 y $4x$ respectivamente, lo que hace que los términos restantes sean incorrectos. La opción **c** parece muy similar a la opción **d**, pero el 4 no se factoriza correctamente del término $32x^2$.

9. d. Factorizar significa dividir entre el máximo factor que todos los términos tienen en común.

Primero considere los coeficientes: 5 es un factor de ambos coeficientes, así que divida para quitar el 5.

Luego, considere que la variable x: x^3 es un factor de ambos términos, así que divida la x^3.

Finalmente, considere la variable y: El segundo término tiene y elevada solo a la primera potencia, así que y es el máximo factor.

Después de determinar el máximo factor, vuelva a escribir la expresión al dividir cada término entre el factor:

$$5x^3y(2xy^5 - 1)$$

10. b. El organizador de la fiesta debe comprar tres globos para cada invitado, así que $3i$ representa la cantidad correcta de globos para todos los invitados. El organizador también debe comprar 20 globos más para el salón, así que la cantidad total de globos es el número necesario para los invitados más 20. Esta es la ecuación $g = 3i + 20$.

11. **$225.** Para resolver este problema se necesita un sistema de ecuaciones. Si C = monto de dinero que el club gana y D = monto de dinero donado, las siguientes dos ecuaciones son verdaderas:

$$C + D = 550$$
$$C - 100 = D$$

Cuando se sustituye por $C - 100$ en la primera ecuación, la ecuación queda

$$C + C - 100 = 550.$$
$$2C - 100 = 550$$
$$2C = 650$$
$$C = 325$$

Cuando se sustituye C por este valor en la segunda ecuación, la ecuación queda $325 - 100 = 225$.

12. **d.** Puesto que sabemos que Aaron necesita tres veces más de queso que de aderezo ranch, sabemos que 48 onzas de queso son tres veces la cantidad necesaria de aderezo ranch. Se puede o bien multiplicar 48 por $\frac{1}{3}$ o dividir 48 entre 3. Básicamente están haciendo lo mismo. La respuesta es 16 onzas de aderezo ranch. La opción **a** multiplica 48 por 3 en lugar de dividir 48 entre 3. Las opciones **b** y **c** son factores de 48 y demuestran falta de compresión de cómo calcular la respuesta al problema.

13. **d.** Para saber cuántos folletos entregaron Johanna y Paolo, debemos restar x, el monto restante, del total de 1.000. Una vez que obtenemos ese valor, multiplicamos por 15% al convertir el 15% en un decimal, 0,15. Multiplique 0,15 por $(1.000 - x)$ para obtener el número de clientes nuevos que esperarán. Las opciones **a** y **b** no convierten el porcentaje en un decimal equivalente antes de multiplicar. Además, la opción **b** multiplica el número total de folletos por el número que queda, en lugar de restarlo. La opción **c** refleja falta de comprensión de cómo calcular el índice de respuesta anticipado.

14. **17.** Sea x igual al número buscado. La palabra *producto* nos dice que multipliquemos 16 por la mitad de x o $(16)(0,5x)$, que es igual a 136. Por lo tanto, $(16)(0,5x) = 136$, que se reduce a $8x = 136$, lo que da como resultado $x = 17$.

7 ▶ ÁLGEBRA, PARTE 2: GRÁFICOS DE ECUACIONES LINEALES Y DESIGUALDADES

Ahora que ya está familiarizado con el uso de ecuaciones lineales, aprenderá a representarlas e interpretarlas en un plano de coordenadas. Esta es una habilidad importante porque lo ayudará a familiarizarse con la representación visual de información así como también a comprender algunos aspectos clave al interpretar relaciones visuales. También se presentarán las desigualdades, que permiten un rango de respuestas. Las desigualdades son valiosas porque se utilizan para modelar muchas situaciones del mundo real que no tienen un único valor correcto. Las respuestas y explicaciones para todas las preguntas de práctica están al final del capítulo.

Este capítulo abarca:

- Comprender la pendiente como una tasa de cambio
- Calcular la pendiente de gráficos, tablas y pares de coordenadas
- Escribir ecuaciones lineales en forma pendiente-intersección: $y = mx + b$
- Graficar ecuaciones lineales
- Trabajar con líneas paralelas y perpendiculares en el plano de coordenadas
- Resolver sistemas de ecuaciones lineales
- Escribir desigualdades lineales para representar situaciones del mundo real

- Resolver desigualdades lineales
- Graficar desigualdades lineales en rectas numéricas

Escritura de ecuaciones lineales

Los gráficos son una herramienta útil para comprender y comparar las relaciones entre dos variables diferentes. Cuando el valor de una variable (como tiempo) determina el valor de otra variable (como pago), esa información se puede representar en una ecuación lineal y mostrar en un gráfico. Estos son algunos ejemplos de las diferentes relaciones que se pueden representar en un gráfico:

- Cómo las *horas trabajadas* determinan el *dinero ganado*
- Cómo la *velocidad* determina la *distancia recorrida*
- Cómo los *minutos de ejercicio* determinan las *calorías quemadas*

En esta sección aprenderemos cómo tomar la información que se presenta en un gráfico o tabla y representarla con una ecuación lineal.

¡PREGUNTA DE ANTICIPO GED®!

Para tener éxito en el examen GED®, usted debe poder determinar la ecuación de una línea cuando se le da un gráfico:

- *¿Cuál es la ecuación que representa la línea que aparece en el gráfico de abajo?:*

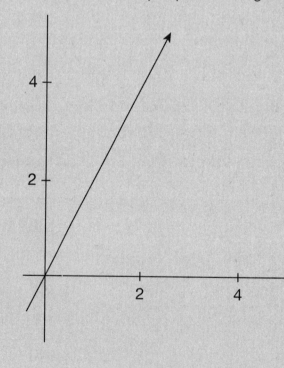

Gráfico de puntos

Hablemos sobre cómo graficar puntos (x,y) en un plano de coordenadas. Los gráficos están compuestos por una recta numérica horizontal llamada el eje de x y una recta numérica vertical llamada el eje de y. El punto de intersección entre el eje de x y el eje de y se llama **origen**. El origen tiene un valor de x de 0 y un valor de y de 0 y se escribe como par de coordenadas (0,0). Hay cuatro cuadrantes diferentes que componen el plano de coordenadas. Como puede ver a partir de la siguiente ilustración, cualquier valor de y que se encuentre debajo del eje de x es negativo. Cualquier valor de x que se encuentre a la izquierda del eje de y también es negativo.

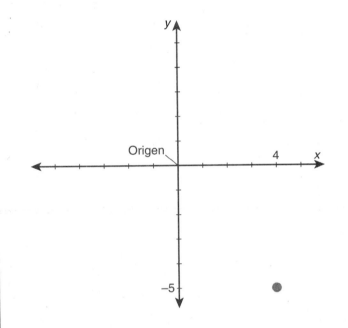

¿Qué es una pendiente?

La pendiente de una línea es una representación visual de la tasa de cambio entre dos variables diferentes, como velocidad y distancia. Cuanto más inclinada es una línea, mayor es su tasa de cambio. Una línea con una pendiente moderada muestra una tasa

de cambio lenta. Los siguientes dos gráficos muestran las diferentes pendientes para dos situaciones diferentes. El primer gráfico marca la distancia que recorre un corredor a lo largo de 4 horas en comparación con el segundo gráfico, que muestra la distancia que recorre un ciclista en el transcurso de 4 horas. El gráfico para el ciclista tiene una pendiente más inclinada porque el ciclista tiene mayor velocidad o tasa de cambio:

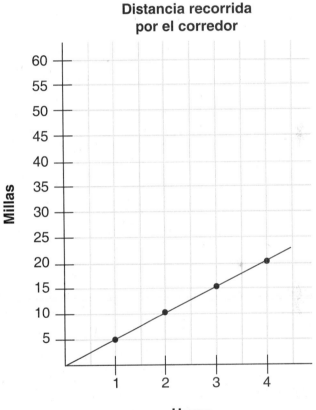

Distancia recorrida por el corredor

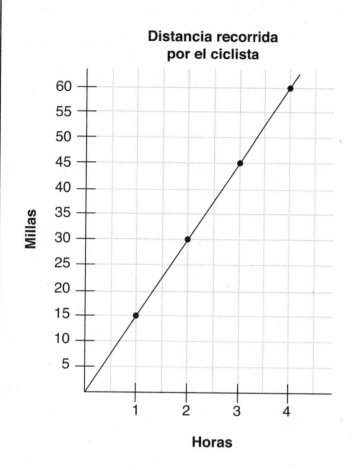

Distancia recorrida por el ciclista

coordenadas (2,30) que aparece en el gráfico del ciclista nos muestra que después de 2 horas de andar en bicicleta, la distancia recorrida es 30 millas. Observe cómo se realiza el mapeo entre las dos variables diferentes: Comenzando en un punto del eje de x, muévase verticalmente hacia arriba a un punto de la línea. Luego, a partir de ese punto, muévase horizontalmente hacia la izquierda a un punto del eje de y. Esté preparado para extraer información de gráficos como este en el examen GED®.

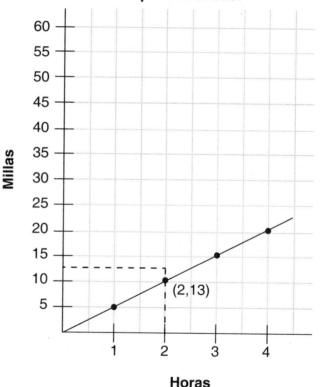

Distancia recorrida por el corredor

Interpretación de puntos en los gráficos

En los gráficos anteriores, las *Horas* están en el eje de x y las *Millas* están en el eje de y. Es importante observar que la información que aparece en el eje de x *determina* la información del eje de y. Por ejemplo, la *cantidad de horas* que alguien corre determina la *cantidad de millas que viaja*. Cada punto de la línea es un par de coordenadas en la forma (x,y) y da información sobre la relación que existe entre las dos variables en el gráfico. Interpretemos el par de coordenadas (2,10) observando el gráfico del corredor. 2 es el valor de x, que representa 2 horas y 10 es el valor de y, que representa 10 millas. Por lo tanto, (2,10) nos dice que después de 2 horas, el corredor viajó 10 millas. De forma similar, el par de

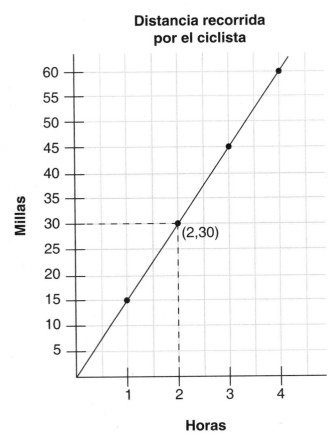

**Distancia recorrida
por el ciclista**

(2,30)

Millas

Horas

Fórmula: Pendiente

$$\text{Pendiente } \frac{\text{cambio en } y}{\text{cambio en } x} = \frac{y_2 - y_1}{x_2 - x_1}$$

Esta fórmula muestra que mientras se puedan determinar dos pares diferentes de coordenadas (x,y) en una relación, se puede calcular la pendiente o tasa de cambio de esa relación.

¡NO HAGA ESTO!

Al calcular la pendiente, es muy común que los estudiantes resten las coordenadas de x en el numerador y coloquen las coordenadas de y en el denominador. ¡Le garantizamos que cometerá este error habitual al menos una vez, pero si sabe estar atento y tener cuidado, tal vez *solamente* lo cometa una vez! Fíjese qué fácil es cometer un error al hallar la pendiente entre (1,2) y (10,20):

¡NO! $\frac{10-1}{20-2}$

SÍ . . . $\frac{20-2}{10-1}$

Cálculo de la pendiente de un gráfico

Ahora que sabemos cómo usar un gráfico para determinar pares de coordenadas en la línea, veamos cómo usar un gráfico para determinar una pendiente. Puesto que una pendiente es una medida de la tasa de cambio, se calcula al comparar el cambio en dos coordenadas y con el cambio en las dos coordenadas x correspondientes. Hay una fórmula que se usa para hallar la pendiente entre dos pares ordenados *cualquiera*. Escribiremos los pares como (x_1,y_1) y (x_2,y_2). (Esta notación de subíndice de los pequeños 1 y 2 es solo un método para indicar a qué coordenada x o y se está haciendo referencia). Esta es la fórmula de pendiente convencional:

Ejemplo

Halle la pendiente de la siguiente línea:

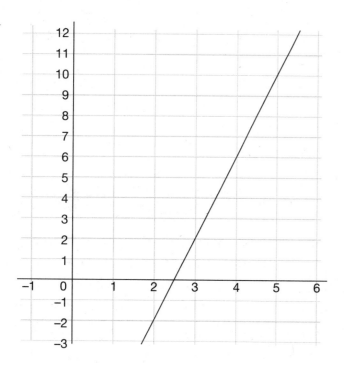

Paso 1: El primer paso es identificar dos pares de coordenadas que se apoyen en la línea. Hemos identificado (3,2) y (5,10).

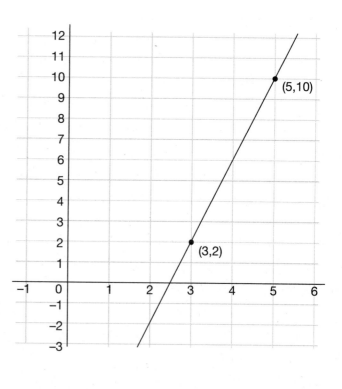

Paso 2: Coloque esos dos pares de coordenadas en la fórmula de la pendiente. Asegúrese de que las coordenadas de y se resten en el numerador y las coordenadas de x se resten en el denominador:

$$\text{Pendiente} = \frac{\text{cambio en } y}{\text{cambio en } x} = \frac{y_2 - y_1}{x_2 - x_1} = \frac{10 - 2}{5 - 3} = \frac{8}{2} = \frac{4}{1}$$
o 4

Por lo tanto, la pendiente de la línea del gráfico dado es 4 o $\frac{4}{1}$.

Cálculo de la pendiente de una tabla

A veces se le pedirá que compare una tasa de cambio entre una relación que se muestra en una tabla y otra relación que se muestra en un gráfico.

Ejemplo

Mimi es pastelera y en las vacaciones alquila un puesto en un centro comercial local para vender sus deliciosos postres. Sus ventas y ganancias se muestran en la siguiente tabla. Determine la tasa de cambio que se muestra en la tabla y explique qué representa la pendiente en términos del mundo real.

VENTAS	GANANCIA
$1.000	$300
$1.800	$940
$2.500	$1.500

Paso 1: Identifique dos pares de coordenadas en la tabla. Usaremos (1.000, 300) y (2.500, 1.500) pero se podrían usar dos pares de coordenadas cualquiera.

Paso 2: Coloque esos dos pares de coordenadas en la fórmula de la pendiente. Asegúrese de que las coordenadas y se resten en el numerador y las coordenadas x se resten en el denominador:

$$\text{Pendiente} = \frac{\text{cambio en } y}{\text{cambio en } x} = \frac{y_2 - y_1}{x_2 - x_1} = \frac{1.500 - 300}{2.500 - 1.000} = \frac{1.200}{1.500}$$
$$= \frac{4}{5}$$

Paso 3: Dado que la pendiente es $\frac{4}{5}$, esto significa que por cada aumento de $5 en las ventas, la ganancia de Mimi aumenta $4.

Forma pendiente-intersección: $y = mx + b$

La forma pendiente-intersección de una línea es $y = mx + b$, donde y siempre tiene un coeficiente de 1. La variable m será un número que representa la pendiente de la línea. La variable b será un número que representa la intersección de y. La *intersección de y* es el valor de y en el cual la línea cruza el eje de y. (A la intersección de y a veces se le llama *punto de inicio* dado que representa el valor de la relación cuando $x = 0$). La x y la y en $y = mx + b$ siempre se mantienen como variables puesto que representan todos los pares de coordenadas (x,y) diferentes que se apoyan en la línea. Estos son ejemplos de ecuaciones lineales y sus pendientes e intersecciones de y asociadas:

> $y = 3x - 8$: Esto tiene una pendiente de 3 y una intersección de y de –8.
> $\frac{1}{2}x + 20 = y$: Esto tiene una pendiente de $\frac{1}{2}$ y una intersección de y de 20.
> $y = 14 - 5x$: Esto tiene una pendiente de –5 y una intersección de y de 14.
> $5y = -6x + 8$: Esto no está en la forma $y = mx + b$ puesto que la y se multiplica por 5. En la siguiente sección usted aprenderá cómo trabajar con ecuaciones que se presentan así.

Observe que en todas las ecuaciones de arriba y debe estar sola de un lado de la ecuación y la pendiente siempre es el valor que se multiplica por x.

Manipulación de ecuaciones con $y = mx + b$

Probablemente haya notado en los ejemplos de arriba que a veces tendrá una ecuación lineal que no está en la forma pendiente-intersección. Cuando trabaje con líneas que *no* estén en formato $y = mx + b$, aísle la y usando operaciones opuestas para que quede con la forma $y = mx + b$. Esto es necesario para responder una pregunta como la siguiente:

Ejemplo

¿Cuál es la pendiente de la línea $3x + 4y = 12$?

Use operaciones opuestas para despejar y:

$$3x + 4y = 20$$
$$\underline{-3x \qquad\quad -3x}$$
$$\frac{4y}{4} = \frac{-3x + 20}{4}$$
$$y = -\frac{3}{4}x + 5,$$

entonces la pendiente de la línea es $-\frac{3}{4}$

Escritura de ecuaciones con forma pendiente-intersección

Es posible que se le pida que escriba la ecuación de una línea con forma pendiente-intersección cuando se le da una tabla, gráfico o dos pares de coordenadas. Ya sabe cómo hacer los primeros dos pasos, así que este proceso solo incluye dos pasos más:

HALLAR LA ECUACIÓN DE UNA LÍNEA

Paso 1: Identifique dos pares de coordenadas y escríbalas de forma (x_1, y_1) y (x_2, y_2).

Paso 2: Utilice esos dos pares de coordenadas para calcular la pendiente, o **m**, usando la fórmula de la pendiente:

$$\text{Pendiente} = m = \frac{y_2 - y_1}{x_2 - x_1}$$

Paso 3: Comenzando con $y = mx + b$, sustituya m por la pendiente a la que llegó en el Paso 2 y use uno de los pares de coordenadas para colocar los valores para x e y. Entonces, tendrá una ecuación donde b es el único valor desconocido. Resuelva b.

Paso 4: Vuelva a escribir la ecuación $y = mx + b$ usando los valores que encontró para m y b, pero mantenga x e y como variables.

Ejemplo

¿Cuál es la ecuación de la línea que se representa del siguiente modo?

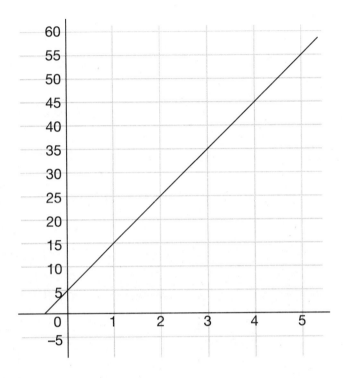

Paso 1: Primero, identifique dos pares de coordenadas que se apoyen en esta línea. Utilizaremos (3,35) y (5,55), lo que debería poder verificar al mirar el gráfico:

Paso 2: Halle la pendiente:

$$\textbf{Pendiente} = \boldsymbol{m} = \frac{\text{cambio en } y}{\text{cambio en } x} = \frac{y_2 - y_1}{x_2 - x_1} = \frac{55 - 35}{5 - 3} = \frac{20}{2},$$

entonces $m = 10$

Paso 3: Comenzando con $y = mx + b$, use el par de coordenadas (3,35) para reemplazar $x = 3$, $y = 35$, junto con $m = 10$ y luego resolver b:

$$y = mx + b$$
$$35 = 10(3) + b$$
$$35 = 30 + b$$
$$\underline{-30 \quad -30}$$
$$5 = b$$

Paso 4: Comenzando con $y = mx + b$, coloque $m = 10$ y $b = 5$ para obtener $y = 10x + 5$.

Nota: Cuando tiene un gráfico, a menudo puede simplificar el Paso 3 simplemente con mirar el gráfico para ver dónde la línea cruza el eje de y.

Hallar y = mx + b a partir de otros formatos

Ahora que ya sabe cómo escribir una ecuación con forma pendiente-intersección a partir de una gráfica, será más sencillo abordar los otros tipos de preguntas que puede encontrar en el examen GED®. Eche un vistazo a estos tres casos y cómo utilizaría los pasos descritos anteriormente para responder cada pregunta:

Caso 1: Se le dan dos puntos.

Ejemplo

¿Cuál es la ecuación de la línea que conecta (8,–2) y (6,10)?

Puesto que usted ya conoce dos pares de coordenadas, comience en el Paso 2 y continúe con el Paso 4.

Caso 2: Se le da una tabla.

Ejemplo

Escriba una ecuación que modele los datos de esta tabla:

x	y
2	$24
4,5	$52
8	$96

Use esa tabla para seleccionar dos pares de coordenadas cualquiera y luego comience con el Paso 1.

Caso 3: Se le da la pendiente y un punto.

Ejemplo

¿Cuál será la ecuación de una línea que tiene una pendiente de $\frac{2}{3}$ y pasa a través del punto (12,5)?

Puesto que usted ya conoce *m* y un par de coordenadas, puede omitir los Pasos 1 y 2 y comenzar en el Paso 3.

Líneas paralelas y perpendiculares

A veces en el examen GED® no se le dará ninguno de los 3 casos anteriores, sino información de que una línea es *paralela* o *perpendicular* a otra línea. Dos líneas son **paralelas** si tienen la *misma* pendiente. Por ejemplo, $y = 7x + 5$ y $y = 7x - 34$ son paralelas. La pendiente de cada línea es 7.

Dos líneas son **perpendiculares** si sus pendientes son *recíprocos opuestos*. Por ejemplo, si la pendiente de una línea *A* es 2, entonces la pendiente de su línea perpendicular *B* es $-\frac{1}{2}$.

Un número infinito de líneas podría ser paralelo y perpendicular a una línea dada cuando solo miramos la pendiente como factor determinante. Lo único que cambia con cada una de estas líneas es la intersección de *y* (donde cruza el eje de *y*).

No obstante, ¿qué sucedería si quisiéramos encontrar una línea *particular* que sea paralela o perpendicular a una línea dada? Siempre y cuando conozcamos la pendiente y un punto a través del cual pase la línea, podemos encontrar una línea particular paralela o perpendicular.

Ejemplo

Halle la ecuación de la línea que es paralela a $3y - 6 = 18x$ y pasa a través del punto (0,−3).

Primero, necesitamos colocar la línea dada en la forma pendiente-intersección: $y = mx + b$:

$$3y - 6 = 18x$$
$$\underline{\quad +6 \qquad\quad +6\quad}$$
$$3y \quad = 18x + 6$$
$$\frac{3y}{3} \quad = \frac{18x}{3} + 6$$
$$y \quad = 6x + 2$$

Nuestra pendiente es 6, entonces la pendiente de la línea paralela también es 6. Puesto que conocemos un valor *x* y un valor *y* para esta línea paralela, podemos sustituir estos valores en la forma pendiente-intersección para hallar *b*, la intersección de *y*.

$$y = mx + b$$
$$-3 = 6(0) + b$$
$$-3 = b$$

Entonces, la ecuación de la línea paralela a $3y - 6 = 18x$ que pasa a través de (0,−3) es:

$$y = mx + b$$
$$y = 6x - 3$$

REGLA: LÍNEAS PARALELAS Y PERPENDICULARES

Cuando dos líneas son *paralelas*, tienen pendientes idénticas.

Ejemplo: $y = 6x + 2$ y $y = 6x - 7$ son paralelas

Cuando dos líneas son *perpendiculares*, sus pendientes son recíprocos opuestos. (Las pendientes son recíprocos entre sí con signos opuestos).

Ejemplo: $y = -\frac{3}{4}x + 5$ y $y = \frac{4}{3}x + 9$ son perpendiculares.

Gráfico de ecuaciones lineales

Graficar ecuaciones lineales en realidad es mucho más simple que escribir sus ecuaciones. Puede encontrar tres casos diferentes:

Caso 1: Se le proporcionan dos puntos definidos. Estos pueden ser pares de coordenadas, estar en una tabla o en el contexto de un problema de palabras. En este caso, simplemente trace los dos pares de coordenadas (*x,y*) y dibuje una línea a través de ellos que se extienda en ambas direcciones.

Caso 2: Se le proporciona la pendiente y un punto definido. Observe que esto puede suceder en el contexto de un problema de palabras donde se le dará la tasa de cambio y suficiente información para hacer un par de coordenadas. En este caso, primero trace el punto definido en su gráfico. Luego, escriba la pendiente como una fracción y establézcala como igual a $\frac{subir}{correr}$. Comenzando en su punto dado, muévase hacia *arriba* ("subir") el número de unidades del numerador y luego muévase hacia la *derecha* ("correr") el número de unidades del denominador. (Nota: si la pendiente es negativa, su primer movimiento será hacia *abajo* y su segundo movimiento igualmente será hacia la *derecha*).

Por ejemplo, se le pide que grafique la línea que tiene una pendiente de $\frac{4}{3}$ y que pasa a través del punto (2,0). Primero, trace el punto (2,0):

Ahora que el punto está graficado, necesitamos encontrar otro punto para dibujar una línea. Dado que sabemos que la pendiente es $\frac{4}{3}$, escriba $\frac{4}{3} = \frac{subir}{correr}$. Luego, comience en el punto trazado $(2,0)$ y muévase 4 hacia arriba y 3 hacia la derecha:

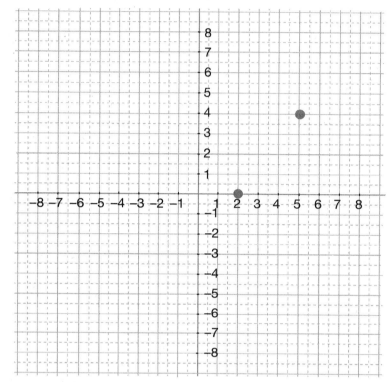

Finalmente, dibuje una línea que pase por ambos puntos:

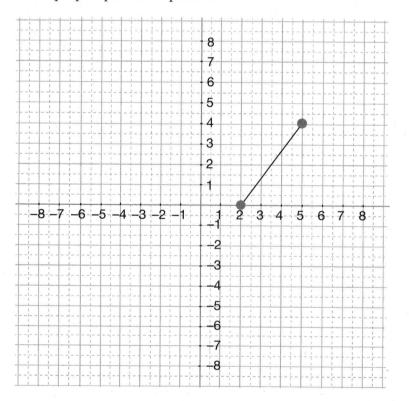

Caso 3: Se le proporciona la ecuación de una línea. Primero, utilice operaciones opuestas para transformar la ecuación a la forma $y = mx + b$. Una vez que haya hecho eso, puede graficarlo al usar los valores de la intersección de y y de la pendiente.

Por ejemplo, para graficar la línea $y = 2x - 1$, primero trace la intersección de y:

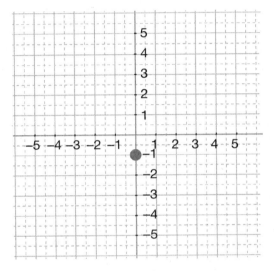

Puesto que sabemos que la pendiente es 2, podemos seguir el mismo procedimiento que en el ejemplo anterior para graficar la línea: comience en (0,–1), suba 2 y muévase hacia el costado 1:

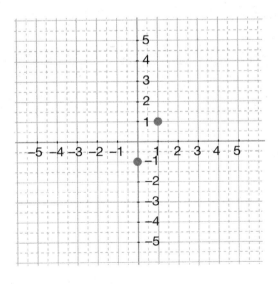

Finalmente, dibuje una línea que atraviese ambos puntos:

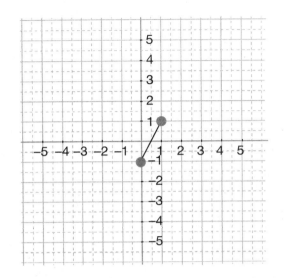

Práctica

1. ¿Cuál es la pendiente de una línea que atraviesa (8,–3) y (–2,2)?

2. ¿Cuál es la ecuación de una línea que tiene una intersección de y de 4 y una pendiente de $\frac{2}{3}$?

3. La pendiente de la línea v es $\frac{2}{5}$. Si la línea v atraviesa los puntos (–4,7) y (6,x), halle el valor de x.

4. Escriba una ecuación que represente una línea que cruza el eje de y en 8 y que contiene el punto (2,4).

5.

x	0	2	4	6
y	1	4	7	10

La tabla de arriba muestra cuatro puntos en el plano de coordenadas x-y que se encuentran en el gráfico de una línea $y = mx + b$. En base a esta información, ¿cuál es el valor de m?

6. La figura representa el número acumulado de paquetes que se cargan en camiones a lo largo de 8 horas en una pequeña bodega. Al comenzar el día, ya había alrededor de 50 paquetes cargados. En base a este gráfico, ¿cuántos paquetes se cargaron por hora?

7. ¿Cuál es la pendiente de la línea representada por la ecuación $10x - 4y = 2$?

8. Halle la ecuación de la línea que atraviesa $(9,-5)$ y tiene una pendiente de 0,5.

_____

9. Halle la ecuación de la línea que es perpendicular a $y = \frac{1}{4}x + 6$ y que atraviesa el punto $(-2,8)$. _____

10. Determine la pendiente de esta línea.

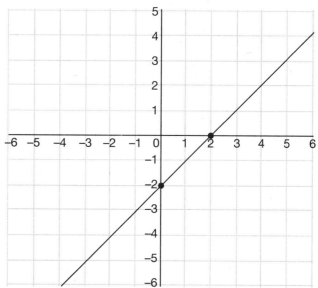

11. Haga un gráfico para la ecuación $8x + 10y = 40$.

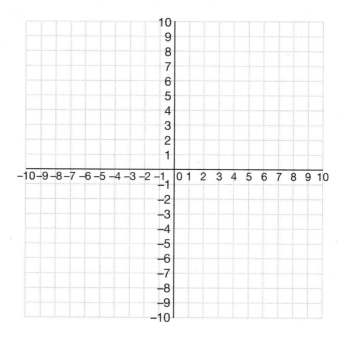

Sistemas de ecuaciones lineales

Ahora que está familiarizado con las ecuaciones lineales, vamos a aprender sobre sistemas de ecuaciones. Un *sistema de ecuaciones* es cuando se consideran dos ecuaciones lineales al mismo tiempo. Para encontrar la *solución* al sistema de ecuaciones, vamos a buscar el par de coordenadas (x,y) que funciona en ambas ecuaciones al mismo tiempo.

Por ejemplo, vea cómo el punto (4,8) funcionará en ambas ecuaciones:

$$y = 2x$$

(4,8) funciona en esta ecuación dado que cuando colocamos $x = 4$ y $y = 8$, obtenemos la afirmación verdadera 8 = 2(4).

$$12 = x + y$$

(4,8) también funciona en esta ecuación dado que cuando colocamos $x = 4$ y $y = 8$, obtenemos la afirmación verdadera 12 = 4 + 8.

Por lo tanto, podríamos decir que *(4,8) es la solución al sistema de ecuaciones* $y = 2x$ y $12 = x + y$.

¡PREGUNTA DE ANTICIPO GED®!

Hay tres métodos diferentes que se usan para resolver sistemas de ecuaciones. En esta sección, mostraremos cómo se puede usar cada método para resolver este problema:

- ¿Cuál es la solución del siguiente sistema de ecuaciones?:
  $y = 2x - 4$
  $4y = 6x + 2$

Antes de avanzar a los tres métodos para resolver sistemas de ecuaciones, se debe entender que para que un par de coordenadas sea la *solución* a una ecuación lineal, debe crear una afirmación verdadera cuando se lo reemplaza en la ecuación. Por ejemplo, (1,3) es una solución para la ecuación $4 = x + y$, dado que 4 = 3 + 1. Sin embargo, (1,3) *no* es una solución para $10 = x + y$, dado que $10 \neq 1 + 3$. Entonces, cuando se le pregunte si un par de coordenadas es una *solución* a un sistema de ecuaciones, puede verificarlo colocando cada una de las coordenadas en las ecuaciones para ver si transforman ambas ecuaciones en afirmaciones verdaderas.

Método N.° 1: Sustitución

Para hallar la solución a este sistema de ecuaciones mediante la sustitución, primero necesitamos despejar una de las variables en una de las ecuaciones para sustituir con un valor equivalente en la otra ecuación. Afortunadamente, una de las ecuaciones ya despejó y: $y = 2x - 4$. Así que el próximo paso es usar $2x - 4$ en lugar de y en la segunda ecuación para que podamos resolver x:

$$4(2x - 4) = 6x + 2$$

Distribuya el 4 a cada uno de los términos de la cantidad $2x - 4$:

$$8x - 16 = 6x + 2$$

Luego, coloque todos los números en un lado de la ecuación y la cantidad de x en el otro lado. Sume 16 a ambos lados y reste $6x$ de ambos lados:

$$
\begin{aligned}
8x - 16 &= 6x + 2 \\
+16 \quad\ &\quad\ +16 \\
8x &= 6x + 18 \\
-6x \quad &\ -6x \\
2x &= 18
\end{aligned}
$$

Para despejar x, debemos dividir cada lado de la ecuación entre 2.

$$
\frac{2x}{2} = \frac{18}{2}
$$
$$
x = 9
$$

Entonces, si $x = 9$, ¿cuál es la coordenada de y que corresponde a esa coordenada de x? Para hallar y, sustituimos x por 9 en una de las ecuaciones originales.

$$
\begin{aligned}
y &= 2x - 4 \\
y &= 2(9) - 4 \\
y &= 18 - 4 \\
y &= 14
\end{aligned}
$$

La solución en este sistema de ecuaciones es (9,14). Siempre escriba primero las coordenadas de x.

Método N.° 2: Combinación lineal

El método de la combinación lineal es exactamente lo que parece: vamos a combinar las dos ecuaciones lineales.

$$
\begin{aligned}
y &= 2x - 4 \\
4y &= 6x + 2
\end{aligned}
$$

El objetivo de combinar las dos ecuaciones es eliminar una de las variables. Hacemos esto al sumar las dos ecuaciones. Sin embargo, a veces simplemente sumar las ecuaciones como se escriben no cancelará ninguna variable. ¿Podemos sumar y y $4y$ para

obtener cero? No. ¿Podemos sumar $2x$ y $6x$ para obtener cero? No. Entonces necesitamos hacer alguna manipulación.

Enfoquémonos en eliminar las x. Si tenemos $6x$ en una ecuación, entonces necesitamos $-6x$ en la otra ecuación para obtener una suma de cero cuando se suman. ¿Hay alguna forma de transformar $2x$ en $-6x$? ¿Podríamos multiplicarlo por -3? ¡Sí! Si multiplicamos $2x$ por -3, entonces *debemos* multiplicar el resto de los términos de esa ecuación por -3:

$$
(-3)y = -3(2x - 4)
$$

Una vez que se distribuye o se multiplica el -3 por cada término, tenemos

$$
-3y = -6x + 12
$$

¿Cómo nos ayuda esto? Bueno, coloquemos las dos ecuaciones una arriba de la otra nuevamente, esta vez usando la nueva ecuación manipulada:

$$
\begin{aligned}
-3y &= -6x + 12 \\
+4y &= 6x + 2
\end{aligned}
$$

Observe que cuando procedemos a sumar cada término, sumamos $6x$ y $-6x$, que es igual a cero. ¡Eso es lo que queremos! Luego, podemos resolver y dado que será la única variable:

$$
\begin{aligned}
-3y &= -6x + 12 \\
+4y &= 6x + 2 \\
y &= 0 + 14 \\
y &= 14
\end{aligned}
$$

Ahora que sabemos que $y = 14$, podemos resolver x al sustituir y por 14 en una de las ecuaciones originales:

$$
\begin{aligned}
y &= 2x - 4 \\
14 &= 2x - 4
\end{aligned}
$$

Sume 4 a cada lado para que todos los números queden de un lado y todas las x del otro.

$$14 = 2x - 4$$
$$\underline{+4 \quad +4}$$
$$18 = 2x$$

Divida cada lado de la ecuación entre 2 para despejar x.

$$\frac{18}{2} = \frac{2x}{2}$$
$$9 = x$$

La solución para este sistema de ecuaciones es (9,14). Nuevamente, siempre escribimos la coordenada de x primero.

Método N.° 3: Gráfico

$$y = 2x - 4$$
$$4y = 6x + 2$$

Para resolver este sistema de ecuaciones mediante gráfico, necesitamos graficar cada una de estas líneas. El punto donde se intersectan estas dos líneas es la solución.

 ¿Cómo trazamos estas líneas? Primero, necesitamos que cada línea esté en la **forma pendiente-intersección**. Es decir, necesitamos que cada línea refleje el formato $y = mx + b$.

La primera ecuación ya tiene la forma pendiente-intersección, así que no necesitamos cambiarla. Sin embargo, necesitamos despejar y en la segunda ecuación para convertirla a la forma pendiente-intersección.

$$4y = 6x + 2$$

Para deshacernos del coeficiente de 4, necesitamos dividir cada lado de la ecuación entre 4.

$$\frac{4y}{4} = \frac{6x + 2}{4}$$
$$y = \frac{6}{4}x + \frac{2}{4}$$

Observe que ninguna de las fracciones está en su forma menor. Podemos reducirlas a ambas al quitar un factor de 2 de cada ecuación:

$$y = \frac{3}{2}x + \frac{1}{2}$$

Ahora está en forma pendiente-intersección y se puede graficar. Al graficar las dos líneas, se ve que la solución que funciona para ambas es (9,14), en este lugar se cruzan las líneas.

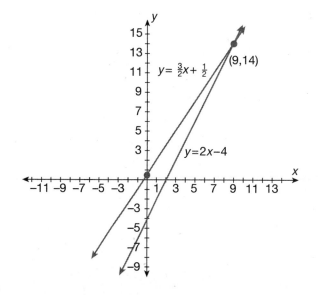

Práctica

12. ¿Para cuál de los siguientes sistemas de ecuaciones (2,–3) es una solución? (Es posible que haya más de una respuesta).
 A. $4x - 3y = 17$ y $x - y = -1$
 B. $-5x - y = 7$ y $y = 7x - 17$
 C. $(y + 5) = \frac{1}{2}(x + 2)$ y $4x - 2y = 14$

13. Resuelva el siguiente sistema de ecuaciones mediante sustitución:
 $4x + 2y = 20$ y $x = 2 + y$

14. Resuelva el siguiente sistema de ecuaciones mediante combinación:

$$y = 2x + 6 \text{ y } y = x + 8$$

15. Use el plano de coordenadas proporcionado para hallar la solución del sistema de ecuaciones:

$$y = 3x - 2$$
$$-3x + 6y = 18$$

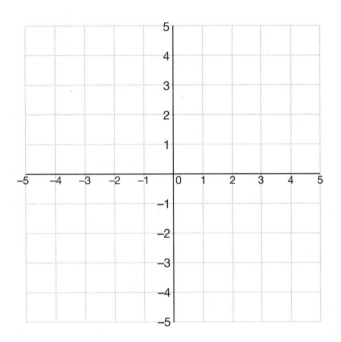

Desigualdades

Usted sabe que "quitar 14 a $2y$" se representa como $2y - 14$. Pero ¿qué sucedería si el problema dijera en cambio: "14 *es menor que* $2y$"? Esa frase convierte todo en una desigualdad. Una **desigualdad matemática** es lo que parece: una afirmación matemática en la que las dos cantidades *no* son iguales. En cambio, una cantidad es mayor que (>) o menor que (<) la otra. La desigualdad "14 es menor que $2y$" se traduce como $14 < 2y$, donde el lado abierto enfrenta la cantidad más grande. En esta sección aprenderemos cómo escribir, resolver y graficar desigualdades.

¡PREGUNTA DE ANTICIPO GED®!

Tes quiere que su promedio en Química Orgánica esté entre 70 y 80. Su profesora le dijo que para saber qué puntaje tiene que obtener en el cuarto examen para lograrlo, debería resolver la siguiente desigualdad. Halle el rango aceptable de notas para el cuarto examen de Tes.

$$70 < \frac{75 + 35 + 80 + 50 + x}{4} < 80$$

Escribir desigualdades

Los símbolos de desigualdad se usan para modelar problemas cuando no hay una sola respuesta precisa, sino que varias respuestas son aceptables. Usted debería poder reconocer las desigualdades que aparecen en el contexto de problemas de palabras al estar atento a las siguientes frases. Observe que al expresar una desigualdad, se puede usar cualquier otro verbo, como *pesa,* , *gana, cuesta,* etc.

FRASE	EJEMPLO DEL MUNDO REAL	DESIGUALDAD
al menos	Maya tiene al menos 29 años	$m \geq 29$
como mucho	Chris pesa como mucho 180	$c \leq 180$
más de/mayor que	Hércules ganó más de $20	$h > 20$
no menos de/más de	Hércules ganó no más de $50	$h \leq 50$
entre	Hércules ganó entre $20 y $50	$20 < h \leq 50$

Observe en la tabla de arriba que algunos de los símbolos de desigualdad están subrayados. Esto simboliza "o igual que". Se debe prestar mucha atención cuando *se incluye* o *no se incluye* el subrayado de un número en la desigualdad. Por ejemplo, si "Hércules ganó más de $20" entonces no podría haber ganado $20, por eso la desigualdad no está subrayada. No obstante, si "Hércules ganó no más de $50", entonces es posible que haya ganado $50, por eso se subraya el símbolo de desigualdad. Una buena idea es volver a leer cuidadosamente la descripción de la desigualdad y preguntarse si el número final puede incluirse o no en base al contexto de la pregunta.

Desigualdades de dos lados

Cuando una situación tiene un límite superior así como también un límite inferior, se utiliza una desigualdad de dos lados para representarlo. Suponga que Izzy quiere comprar un regalo de bodas para un amigo que cueste al menos $75 pero no más de $150. El primer paso para representar esto es colocar el número más pequeño a la izquierda, el número más grande a la derecha y la variable que representa el regalo, *r*, en el medio:

$75 ____ *r* ____ $150

Luego, se suman los símbolos de desigualdad para indicar si los números externos están incluidos en la solución establecida o excluidos. En este caso para Izzy estaría bien gastar $75 o $150, entonces se usan los símbolos "o igual a":

$75 ____ *r* ____ $150

Resolución de desigualdades de un lado

Para resolver la mayoría de las desigualdades, usted seguirá exactamente los mismos pasos usados para resolver ecuaciones lineales. Trabajemos en un problema:

Ejemplo
Resuelva $2x + 4 \leq 0$.

Al igual que al resolver ecuaciones lineales (es decir, $2x + 4 = 0$), aislamos *x* de un lado de la ecuación:

$$2x + 4 \leq 0$$
$$\underline{-4 \qquad -4}$$
$$2x \quad \leq -4$$
$$\frac{2x}{2} \quad \leq \frac{-4}{2}$$
$$x \leq -2$$

¿Qué significa esta oración con números? Significa que para que $2x + 4 \leq 0$ siga siendo una afirmación verdadera, podemos reemplazar *cualquier* valor de x que sea *menor o igual a –2*.

¡Cuidado con los engaños de las desigualdades!

Hay algo con lo que debe tener cuidado al resolver desigualdades: cuando divida o multiplique ambos lados *por un número negativo*, debe **cambiar la dirección del símbolo de desigualdad**. Esto no sucede si suma un número negativo o si su respuesta termina siendo un negativo. La dirección del símbolo de desigualdad *solamente* se cambia si se divide o multiplica por un negativo.

Ejemplo

Resuelva $10 - 5x > -40$.

El primer paso va a ser el mismo que en el problema anterior: vamos a restar 10 de ambos lados para despejar el $-5x$:

$$10 - 5x > -40$$
$$\underline{-10 \qquad\quad -10}$$
$$-5x > -50$$

Ahora, debemos dividir ambos lados entre –5 para despejar x. Debido a este paso, cuando llevamos el símbolo de la desigualdad, tendremos que cambiar su dirección:

$$\frac{-5x}{-5} > \frac{-50}{-5}$$
$$x < 10$$

Esto significa que para cualquier valor de x menor que 10, la desigualdad original, $10 - 5x > -40$ debería ser verdadero. Podemos sustituir x por 9 para probarlo:

$$10 - 5x > -40; x = 9$$
$$9.-5 \text{ y } 5.9.-5 \text{ y } 5. > -9.-5 \text{ y } 5.$$

$$10 - 45 > -40$$
$$-35 > -40$$

Esta afirmación verdadera indica que nuestra respuesta, $x < 10$, es correcta.

Resolver desigualdades compuestas

Resolver desigualdades compuestas, como $7 < 5x - 3 < 22$, no es tan engañoso como tal vez crea. El objetivo es despejar la variable que está en el medio de los símbolos de desigualdad. Cuando realice una operación en el centro de la desigualdad para despejar la x, realice la misma operación del lado izquierdo y derecho de la desigualdad compuesta.

Ejemplo

Resuelva $7 < 5x - 3 < 22$.

El primer paso para despejar la x es sumar 3 a las tres partes de la desigualdad:

$$7 < 5x - 3 < 22$$
$$\underline{+3 \qquad +3 \quad +3}$$
$$10 < 5x < 25$$

El paso siguiente es dividir las tres partes de la desigualdad:

$$\frac{10}{5} < \frac{5x}{-5} < 25$$
$$2 < x < 5 \text{ es su respuesta final.}$$

Gráfico de desigualdades

Es posible que se le pida que grafique la solución de una desigualdad en una recta numérica. Usemos el ejemplo $c > 3$ para mostrar cómo se hace esto. Estos son los pasos para realizar una recta numérica de desigualdad:

Ejemplo

Grafique la solución de $c > 3$.

Solución

1. Realice una recta numérica que tenga su solución en el medio y cuente tres unidades en ambas direcciones.

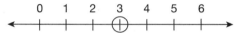

2. Haga un círculo en su solución numérica en la recta numérica. Si el símbolo de su solución es ≤ o ≥, **sombree el círculo** para mostrar que este número es parte del conjunto de la solución. Si el símbolo es < o >, **mantenga el círculo abierto** como una "o" para mostrar que NO, este número *no* es parte del conjunto de la solución:

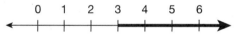

3. El último paso es sombrear la recta numérica para que indique correctamente el conjunto de su solución. Si su solución es "mayor que" la variable, usted sombreará a la derecha y si es "menor que", sombreará a la izquierda. Puesto que $c > 3$, sombreamos a la derecha:

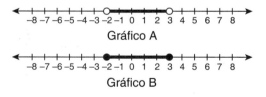

Gráfico de desigualdades compuestas

La única diferencia al graficar desigualdades compuestas es que la recta numérica no tendrá una flecha de un lado y en cambio mostrará un máximo y un mínimo. La desigualdad compuesta $-2 < x < 3$ se representa en el Gráfico A debajo y el Gráfico B es una ilustración de $-2 \leq x \leq 3$.

Gráfico A

Gráfico B

Práctica

16. Escriba una desigualdad que represente "Cuando Jennifer no estaba mirando, Kai se comió al menos 7 Oreos".

17. Escriba una desigualdad que represente "El jefe de Mika le pidió que elija un regalo para su cliente de no más de $100".

18. Charlotte está en el equipo de atletismo y hoy es el día de la competición. Realmente quiere superar el tiempo para la carrera de 400 m que tuvo la semana pasada, que fueron 70 segundos. Sin embargo, su entrenador le dijo que no quería que la corriera en menos de 65 segundos, ya que también tiene que correr la carrera de 1 milla al final de la competición de atletismo. Escriba una desigualdad que represente el tiempo que quiere lograr Charlotte.

19. ¿Cuál es el conjunto de la solución de la desigualdad $-x + 2 > 5$?

20. Resuelva la desigualdad compuesta: $-15 < 3x - 6 < 18$

21. Una fábrica puede producir al menos 16 artículos, pero no más de 20 artículos, por cada hora que está abierta. Si la fábrica está abierta durante 8 horas al día, escriba una desigualdad que represente el posible rango de números de artículos producidos por la fábrica a lo largo de un período laboral de siete días. Luego resuelva la desigualdad.

Resumen

Ahora tiene una base sólida para graficar e interpretar ecuaciones lineales y desigualdades. Las siguientes preguntas pondrán a prueba su capacidad para desempeñar una amplia gama de habilidades, así que asegúrese de retroceder y repasar cualquier tema en el que se sienta un poco inseguro.

Revisión de Álgebra, Parte 2

1. ¿Cuál es la pendiente de la siguiente línea?

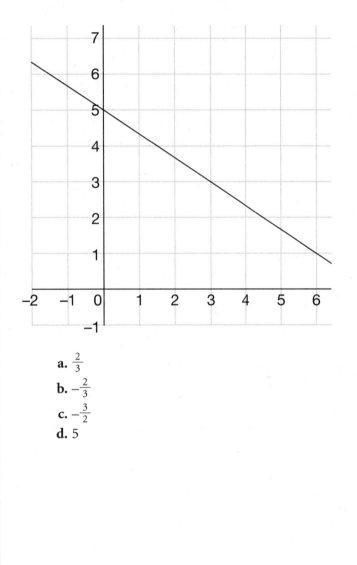

   a. $\frac{2}{3}$

   b. $-\frac{2}{3}$

   c. $-\frac{3}{2}$

   d. 5

2. Se toma una muestra de una excavación ártica y se la coloca en una cámara de calor donde la temperatura aumenta constantemente durante un período de horas. En el siguiente gráfico se representa la temperatura de la cámara a lo largo del tiempo. ¿Cuál es la temperatura en grados Fahrenheit después de 2 horas?

_____

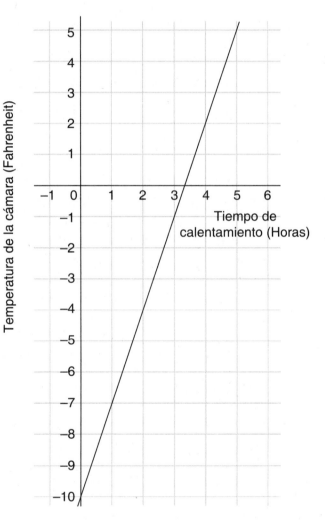

3. Identifique la tasa de cambio de la siguiente tabla:

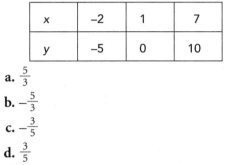

x	–2	1	7
y	–5	0	10

a. $\frac{5}{3}$

b. $-\frac{5}{3}$

c. $-\frac{3}{5}$

d. $\frac{3}{5}$

4. ¿Cuál de las siguientes ecuaciones tiene una pendiente de $\frac{1}{2}$?

a. $2y = \frac{1}{2}x + 10$

b. $y = \frac{1}{2} + 10x$

c. $3x + 6y = 10$

d. $3x - 6y = 10$

5. ¿Cuál es la ecuación de la línea que se muestra en el siguiente gráfico?

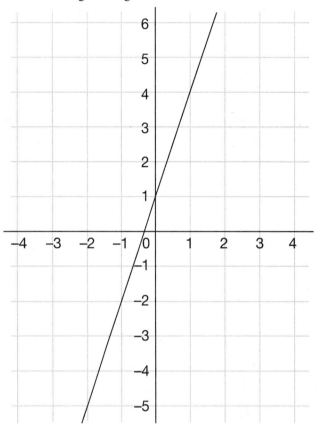

a. $y = 1x + 3$

b. $y = \frac{1}{3}x + 1$

c. $y = 3x - 1$

d. $y = 3x + 1$

6. ¿Qué línea es paralela a la línea $y - 2 = 3x$?

a. $y = 2x - 1$

b. $y = 3x + 3$

c. $y = -2x - 6$

d. $y = \frac{-1}{3}x + 9$

7. ¿Cuál es la pendiente de una línea perpendicular a $y + \frac{3}{4}x = 1$?

a. $\frac{-4}{3}$

b. -1

c. 1

d. $\frac{4}{3}$

8. ¿Cuál es una ecuación de la línea que pasa por $(-4,3)$ y tiene una pendiente de $\frac{1}{2}$?

a. $x - 2y + 10 = 0$

b. $2x - 4y - 6 = 0$

c. $-4x - 3y - 7 = 0$

d. $-4x + 3y + \frac{1}{2} = 0$

9. ¿Qué gráfico representa dos relaciones que tienen la misma tasa de cambio?

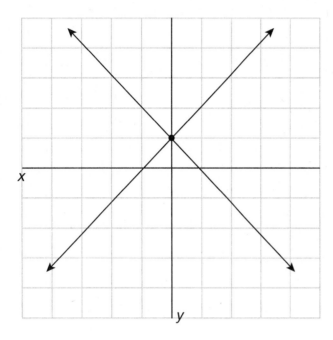

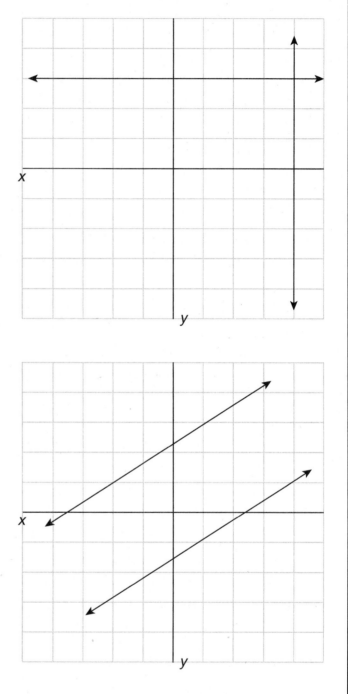

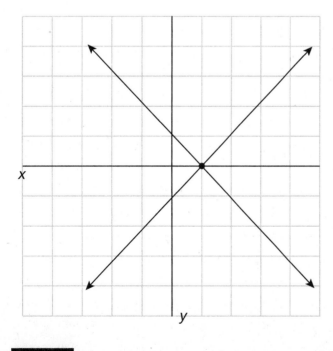

10. ¿Cuál es la solución del siguiente sistema de ecuaciones? _____

$y = 3x - 5$ y $2y + 2x = 14$

11. ¿Qué recta numérica representa el conjunto de la solución para la desigualdad $2x < 24 + 8x$?

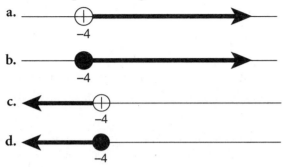

a.
      −4

b.
      −4

c.
      −4

d.
      −4

12. Enya gana $1.500 por mes después de deducir impuestos. Tiene $1.000 de gastos fijos, que incluyen renta, servicios y alimentos. Quiere ahorrar al menos $325 al mes para poder comprar un automóvil usado en uno o dos años. ¿Qué desigualdad representa de manera precisa cuánto dinero de gastos extra (m) puede llegar a tener Enya cada mes y aún así alcanzar su meta de ahorro?

   a. $m \geq \$175$

   b. $m \geq \$325$

   c. $m \leq \$325$

   d. $m \leq \$175$

13. Halle el conjunto de solución para la desigualdad compuesta: $3 < 4x - 9 < 23$

   a. $x < 8$

   b. $x > 8$ o $x < 3$

   c. $3 > x > 8$

   d. $3 < x < 8$

Respuestas y explicaciones

Práctica del capítulo

1. $-\frac{1}{2}$. Use los dos pares de coordenadas en la fórmula de la pendiente:

$$m = \frac{2 - -3}{-2 - 8} = \frac{5}{-10} = \frac{-1}{2}$$

Entonces la pendiente es $-\frac{1}{2}$.

2. $y = \frac{2}{3}x + 4$. Dado que que se le da la intersección de y y la pendiente, coloque ambos valores en la ecuación $y = mx + b$. Colocar 4 para b y $\frac{2}{3}$ para m da $y = \frac{2}{3}x + 4$.

3. $x = 11$. Puesto que la pendiente está dada y también se proporcionan 3 de las 4 coordenadas, coloque todos estos valores en la fórmula de la pendiente para resolver la coordenada de x faltante:

$$m = \frac{y_2 - y_1}{x_2 - x_1}$$
$$\frac{2}{5} = \frac{x - 7}{6 - -4}$$
$$\frac{2}{5} = \frac{x - 7}{10}$$

En este punto, use productos cruzados para resolver la x y asegúrese de colocar la cantidad $x - 7$ entre paréntesis para que se distribuya el 5:

$$5(x - 7) = 2(10)$$
$$5x - 35 = 20$$
$$\underline{+35 \quad +35}$$
$$5x \quad = 55$$
$$x \quad = \frac{55}{5}$$
$$x \quad = 11$$

4. $y = -2x + 8$. Comience con la ecuación $y = mx + b$. Puesto que la línea cruza el eje de y en 8, coloque 8 para b:

$$y = mx + 8$$

Puesto que nos dan el punto $(2, 4)$, reemplace la x con 2 y la y con 4. Ahora hay suficiente información para resolver m:

$$4 = m(2) + 8$$
$$\underline{-8 \qquad -8}$$
$$-4 = 2m$$
$$-2 = m$$

Finalmente, vuelva a escribir la ecuación $y = mx + b$ con los valores para m y b: $y = -2x + 8$

5. $m = \frac{3}{2}$. Para responder esta pregunta puede usar dos pares de coordenadas cualquiera en la fórmula de la pendiente. Aquí usaremos los dos primeros puntos $(0,1)$ y $(2,4)$:

$$m = \frac{y_2 - y_1}{x_2 - x_1} = \frac{4-1}{2-0} = \frac{3}{2}$$

6. 25 paquetes por hora. La pendiente de la línea representará la cantidad de paquetes cargados por hora. Use el punto de inicio $(0,50)$ y el punto final $(8, 250)$ en la fórmula de la pendiente:

$$m = \frac{y_2 - y_1}{x_2 - x_1}$$

$$m = \frac{250 - 50}{8 - 0} = \frac{200}{8} = 25 \text{ paquetes por hora}$$

7. $\frac{5}{2}$. Para hallar la pendiente de la línea con esta ecuación, despeje la variable de y y coloque la ecuación en la forma $y = mx + b$, donde m es la pendiente:

$$10x - 4y = 2$$
$$\underline{-10x \qquad -10x}$$
$$-4y = -10x + 2$$
$$\frac{-4y}{-4} = \frac{-10x + 2}{-4}$$
$$y = \frac{-10}{-4}x + \frac{2}{-4}$$
$$y = \frac{5}{2}x + \frac{1}{2}$$

8. $y = 0{,}5x - 9{,}5$. Sustituya con los valores conocidos en la ecuación $y = mx + b$ y resuelva b.

$$y \quad = mx + b$$
$$-5 \quad = 0{,}5(9) + b$$
$$-5 \quad = 4{,}5 + b$$
$$\underline{-4{,}5 \quad -4{,}5}$$
$$-9{,}5 = b$$

Entonces, la ecuación de esta línea es $y = 0{,}5x - 9{,}5$.

9. $y = -4x$. Si la pendiente de la línea dada es $\frac{1}{4}$, ¿cuál es la pendiente de una línea cualquiera perpendicular a ella? El opuesto recíproco: -4. Ahora que hemos identificado la pendiente, sustituyamos con los valores de x e y dados, en la ecuación pendiente-intersección para hallar la intersección de y de esta línea particular:

$$y = mx + b$$
$$8 = -4(-2) + b$$
$$8 = 8 + b$$
$$\underline{-8 \quad -8}$$
$$0 = b$$

La ecuación de la línea perpendicular a $y = \frac{1}{4}x + 6$ que pasa a través de $(-2,8)$ es $y = -4x + 0$, o simplemente $y = -4x$.

10. $m = 1$. Para hallar la pendiente, debemos identificar dos pares de coordenadas que se apoyen en la línea. $(0,-2)$ y $(2,0)$ son los puntos que utilizaremos en la fórmula de la pendiente:

$$pendiente = \frac{y_2 - y_1}{x_2 - x_1} = \frac{0 - (-2)}{2 - 0} = \frac{2}{2} = 1$$

Entonces, la pendiente de la línea es 1.

11. Vea el gráfico que aparece a continuación.

Primero, debemos manipular $8x + 10y = 40$ para que esté en la forma $y = mx + b$:

$$8x + 10y = 40$$
$$\underline{-8x \qquad\quad -8x}$$
$$\frac{10y}{10} = \frac{-8x + 40}{10}$$
$$y = \frac{-8}{10}x + \frac{40}{10}$$
$$y = -\frac{4}{5}x + 4$$

Ahora podemos ver que la intersección de y es 4 y que la pendiente, o $\frac{subir}{correr}. = -\frac{4}{5}$. Comience por trazar la intersección de y en el eje de y en 4. Luego, comenzando en este punto, muévase –4 *hacia abajo* y 5 hacia la *derecha* y trace un segundo punto en (5,0). Conecte estos puntos para obtener:

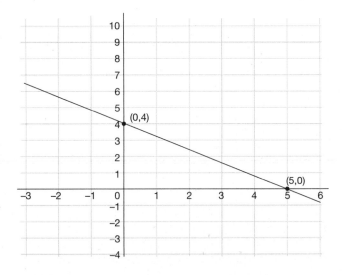

12. *A.* (2,–3) es una solución para $4x - 3y = 17$, pero no funciona en $x - y = -1$, así que no es una solución para este sistema de ecuaciones.

B. (2,–3) no es una solución para $-5x - y = 7$, pero sí es una solución para $y = 7x - 17$, así que no es una solución para este sistema de ecuaciones.

C. (2,–3) es una solución tanto para $(y + 5) = \frac{1}{2}(x + 2)$ como para $4x - 2y = 14$ así que es una solución para este sistema de ecuaciones.

13. (4,2). El método de sustitución despeja una variable en una de las ecuaciones y sustituye su valor equivalente (2 + y) en la otra ecuación. Cuando se hace esto, solo existe una variable en la nueva ecuación y se puede resolver para esa variable. Observe que en la segunda ecuación, x ya está despejada, así que podemos reemplazar la x de la primera ecuación con el valor $(2 + y)$ de la segunda ecuación:

$$\underline{4x} + 2y = 20 \text{ y } x = \underline{2 + y},$$

Reemplace la x de la primera ecuación con $(2 + y)$ de la segunda ecuación:

$$4\underline{(2 + y)} + 2y = 20$$

Comience a resolver $4\underline{(2 + y)} + 2y = 20$ para y distribuyendo el 4:

$$8 + 4y + 2y = 20$$

Combine los términos semejantes y y mueva el 8 hacia el lado derecho para obtener $6y = 12$. Esto concluye con $y = 2$.

Ahora que tenemos un valor para y, resuelva la x al sustituir $y = 2$ en una de las ecuaciones originales:

$$x = 2 + y \text{ y sabemos que } y = 2.$$

Entonces $x = 2 + 2$

Y $x = 4$.

Por lo tanto, el par de coordenadas (4,2) es la solución al sistema de ecuaciones.

14. (2,10). El método de combinación es más fácil de usar cuando ambas ecuaciones están en la misma forma y cuando x o y tienen coeficientes opuestos en ambas ecuaciones, como $5x$ y $-5x$. Nos dan $y = 2x + 6$ y $y = x + 8$, así que multiplicaremos una de las ecuaciones por -1 para que cualquiera de las y tenga el coeficiente opuesto. $-1(y) = -1(2x + 6)$, entonces $-y = -2x - 6$. Ahora podemos sumar ambas ecuaciones, para que las y se cancelen:

$$-y = -2x - 6$$
$$\underline{y = x + 8}$$
$$0 = -1x + 2$$

Puesto que y se canceló, podemos resolver la variable restante, x:

$$0 = -1x + 2,$$
$$\underline{-2 -2}$$
$$-2 = -1x$$

entonces $x = 2$.

Ahora que tenemos un valor para x, coloque $x = 2$ nuevamente en una de las ecuaciones y resuelva la y: $y = x + 8$, y $x = 2$, entonces $y = 10$. Entonces (2,10) es la solución para el sistema de ecuaciones.

15. (2,4). La ecuación $y = 3x - 2$ ya está en la forma pendiente-intersección para que se pueda graficar fácilmente, pero debemos alterar la segunda ecuación para que esté en la forma $y = mx + b$:

$$-3x + 6y = 18$$
$$\underline{+3x +3x}$$
$$\frac{6y}{6} = \frac{3x + 18}{6}$$
$$y = \frac{1}{2}x + 3$$

Ahora podemos graficar cada una de las ecuaciones al trazar la intersección de y y usar las instrucciones de la pendiente $\frac{subir}{correr}$ para trazar puntos adicionales.

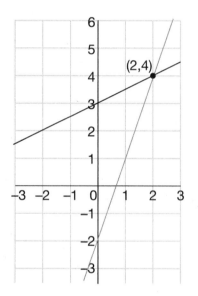

Las líneas se cruzan en (2,4), que es la solución.

16. $k \geq 7$. Puesto que Kai comió al menos 7 Oreos, esto significa que podría haber comido 7, 8 o más. Lo importante es darse cuenta de que el 7 es parte del conjunto de la solución, así que el símbolo de su desigualdad debe indicarlo. Represente esto como $k \geq 7$.

17. $r \leq \$100$. Puesto que el regalo no debía ser de más de \$100, esto significa que podría haber sido de \$100 o menos. Es importante darse cuenta de que \$100 es parte del conjunto de la solución, así que el símbolo de la desigualdad debe indicarlo. Represente esto como $r \leq \$100$.

18. $65 \leq c < 70$. Dado que Charlotte quiere que su tiempo esté por debajo de 70 segundos, 70 no estará incluido en la solución. Su entrenador no quiere que ella corra en menos de 65 segundos, pero 65 puede estar incluido en la solución:

$$65 \leq c < 70$$

19. $x < -3$. Primero, reste 2 de ambos lados:

$$2 - x > 5$$
$$\underline{-2 \qquad -2}$$
$$-x > 3$$

Ahora, para despejar la x, divida ambos lados entre -1. Puesto que estamos dividiendo entre un negativo, debemos cambiar la dirección del signo de desigualdad:

$$x < -3$$

20. $-3 < x < 8$. La meta es despejar x en el medio de las dos desigualdades. Comience por despejar x al sumar 6 a las tres partes de la desigualdad compuesta:

$$-15 < 3x - 6 < 18$$
$$\underline{+6 \qquad +6 \quad +6}$$
$$-9 < 3x < 24$$

Ahora, divida los tres lados entre 3 para despejar la x:

$$-9 < 3x < 24$$
$$\frac{-9}{3} < \frac{3x}{3} < \frac{24}{3}$$
$$-3 < x < 8$$

21. $896 < w < 1.120$. La desigualdad que representaría el número de artículos que se producen en 1 hora sería $16 \leq h \leq 20$, donde $h = $ horas. Puesto que la fábrica está abierta durante 8 horas al día, multiplique cada término de la desigualdad compuesta por 8:

$$(8)16 \leq (8)h \leq (8)20.$$

Esto se simplifica en $128 \leq 8h \leq 160$.
Puesto que 8 horas es igual a un día, reemplace $8h$ con d:

$$128 \leq d \leq 160, \text{ donde } d = \text{días.}$$

Para poder ver la producción a lo largo de 7 días, multiplique cada parte de la nueva desigualdad por 7: $(7)128 \leq (7)d \leq (7)160$. Esto se traduce en $896 \leq s \leq 1,120$, donde s es la producción por semana. La fábrica producirá entre 896 y 1.120 artículos en una semana de 7 días, de 8 horas por día.

Revisión de Álgebra, Parte 2

1. b. Primero, seleccione dos pares de coordenadas que se apoyen en la línea. Aquí seleccionamos (3,3) y (6,1):

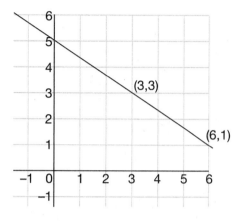

Ahora, coloque estas dos coordenadas en la fórmula de la pendiente:

$$\textbf{Pendiente} = \frac{y_2 - y_1}{x_2 - x_1} = \frac{1 - 3}{6 - 3} = \frac{-2}{3}$$

La pendiente de esta línea es $-\frac{2}{3}$, entonces **b** es la respuesta correcta. La opción **a** no es correcta dado que esto muestra una pendiente positiva pero la línea está claramente con una inclinación hacia abajo de izquierda a derecha. La opción **c** es la solución incorrecta a la que se llega cuando se usan los valores x en el numerador de la fórmula de la pendiente en vez de en el denominador. La opción **d** muestra la intersección de y y no la pendiente, por lo tanto, es incorrecta.

2. −4 grados. Al mirar el gráfico podemos ver que cuando $x = 2$ horas, la línea tiene un valor y de −4 grados:

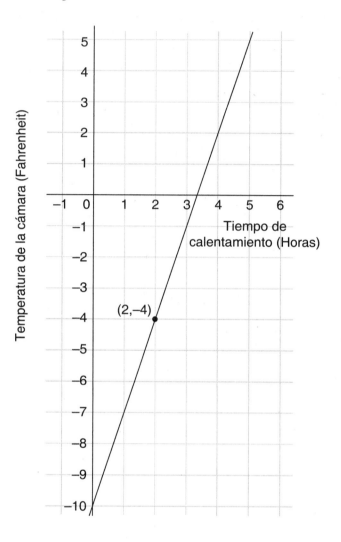

3. a. La tasa de cambio es la pendiente de la relación. Use los pares de coordenadas (1,0) y (7,10) que aparecen en la fórmula de la pendiente para calcular la tasa de cambio:

Pendiente $= \frac{y_2 - y_1}{x_2 - x_1} = \frac{10 - 0}{7 - 1} = \frac{10}{6} = \frac{5}{3}$

Entonces la tasa de cambio es $\frac{5}{3}$. La opción **b** no es correcta porque la pendiente debería ser positiva. La opción **d** es la respuesta incorrecta que se halla cuando las coordenadas de x se colocan en el numerador de la fórmula de la pendiente y la opción **c** también es un resultado de ese tipo de error.

4. d. Cuando la ecuación está en la forma $y = mx + b$, el coeficiente de x, que es m, siempre representa la pendiente. La opción **a** es incorrecta porque la ecuación aún no está en la forma $y = mx + b$, ya que comienza con $2y$. Cuando se divide todo entre 2, el coeficiente de x ya no será $\frac{1}{2}$. La pendiente de la opción **b** es 10 porque ese es el coeficiente x. En las opciones **c** y **d**, manipule las ecuaciones para despejar y. Aquí despejamos y en la opción **d**:

$$3x - 6y = 10$$
$$\underline{-3x \qquad\qquad -3x}$$
$$-6y = -3x + 10$$
$$\frac{-6y}{-6} = \frac{-3x + 10}{-6}$$
$$y = \frac{1}{2}x - \frac{10}{6}$$

Así que la opción **d** da una pendiente de $\frac{1}{2}$. La opción **c** no es correcta porque esto dará como resultado una pendiente de $-\frac{1}{2}$.

5. d. Primero, reconozca que esta línea tiene una intersección de y de 1. Eso será la b en $y = mx + b$. Luego, puede ver que desde el punto (0,1), usted debe moverse 3 espacios hacia *arriba* y 1 espacio hacia el *costado* para llegar al punto (1,4) en el gráfico. Puesto que la pendiente es $\frac{subir}{correr}$ de una línea, podemos registrar esta información como pendiente $= \frac{3}{1}$. Entonces la pendiente o m de la ecuación será 3. La ecuación final será $y = 3x + 1$ y **d** es la respuesta correcta. La opción **a** no es la respuesta correcta porque aquí la pendiente y la intersección de y se escribieron en los lugares equivocados. La opción **b** es incorrecta porque la pendiente no es igual a $\frac{1}{3}$, sino que es 3. La opción **c** no es la respuesta correcta porque esta tiene una intersección de y de -1.

6. b. La pendiente de la línea dada es 3 y la pendiente de la línea en la opción **b** también es 3. Las líneas paralelas también tienen la misma pendiente. Las opciones **a** y **c** usan de forma equivocada el valor 2 de la intersección de y y la opción **d** tiene una pendiente que la coloca perpendicular a la línea dada.

7. d. Para identificar de manera precisa la pendiente de una línea perpendicular a la dada cuando el término x está del otro lado de la ecuación, manipule la ecuación para colocarla en la forma $y = mx + b$.

$$y + \frac{3}{4}x = 1$$
$$\underline{-\frac{3}{4}x \qquad -\frac{3}{4}x}$$
$$y \qquad = \frac{-3}{4}x + 1$$

La pendiente es $\frac{-3}{4}$, así que la pendiente perpendicular debe ser el recíproco opuesto: un positivo $\frac{4}{3}$. Las opciones **b** y **c** confunden el término intersección de y para la pendiente. La opción **a** tiene el signo equivocado porque el término x no se movió al otro lado de la ecuación antes de identificar la pendiente.

Un número infinito de líneas podría ser paralelo y perpendicular a una línea dada cuando solo miramos la pendiente como factor determinante. Lo único que cambia con cada una de estas líneas es la intersección de y (donde cruza el eje de y).

8. a. Use la forma punto-pendiente de una ecuación y la información dada para responder la pregunta: $y - y_1 = m(x - x_1)$.
Dado:
$$x_1 = -4$$
$$y_1 = 3$$
$$m = \frac{1}{2}$$

Ecuación: $y - y_1 = m(x - x_1)$
Sustituya: $y - 3 = \frac{1}{2}[x - (-4)]$
Simplifique: $y - 3 = \frac{1}{2}(x + 4)$
Multiplique por 2 para eliminar las fracciones: $2y - 6 = x + 4$
Sume 6 de ambos lados: $2y = x + 10$
Reorganice los términos para que se vean como opciones: $0 = x - 2y + 10$

9. d. El gráfico **a** muestra dos relaciones que tienen la misma intersección de y, pero una tasa de cambio es positiva y la otra negativa, así que sus tasas de cambio no son iguales. El gráfico **b** muestra dos relaciones que tienen la misma intersección de x, pero una tasa de cambio es positiva y la otra es negativa así que sus tasas de cambio tampoco son iguales. El gráfico **c** muestra dos relaciones que son perpendiculares pero sus tasas de cambio no son iguales. El gráfico **d** muestra dos líneas paralelas y las líneas paralelas siempre tienen una misma tasa de cambio, por lo tanto, esta es la respuesta correcta.

10. (3,4). Puesto que una de las variables ya está despejada en esta ecuación, se puede resolver más fácilmente mediante sustitución.

$$y = \mathbf{3x - 5} \text{ y } 2y + 2x = 14.$$

Primero, reemplace la y de la segunda ecuación con "$3x - 5$" de la primera ecuación:

$$2(\mathbf{3x - 5}) + 2x = 14.$$

Luego, resuelva $2(\mathbf{3x - 5}) + 2x = 14$ para x distribuyendo el 2 y luego usando las reglas de operaciones opuestas para despejar x:

$$6x - 10 + 2x = 14$$
$$\underline{ +10 \qquad +10}$$
$$8x = 24$$
$$x = 3$$

Finalmente, resuelva y sustituyendo $x = 3$ en una de las ecuaciones originales:

$y = 3x - 5$ y $x = 3$, entonces

$y = 3(3) - 5 = 4$.

Entonces (3,4) es la solución para el sistema de ecuaciones.

11. a. Dado $2x < 24 + 8x$, despeje x usando operaciones opuestas.

Reste $8x$ de ambos lados para mover todos los términos x hacia la izquierda:

$$-6x < 24$$

Divida entre -6 para despejar x y cambie la dirección del signo de desigualdad:

$$x > -4$$

El gráfico de esta desigualdad debe tener un círculo abierto en -4 para mostrar que -4 no es parte del conjunto de la solución y se debe sombrear a la derecha para incluir valores mayores que -4, así que la opción **a** es correcta. La recta numérica b muestra la desigualdad $x \geq -4$. Las rectas numéricas de los gráficos c y d muestran la desigualdad $x < -4$ y $x \leq -4$. En este caso, se olvidó cambiar la dirección del símbolo de desigualdad al dividir entre un negativo.

12. d. Este caso indica que usted quiere ahorrar *al menos* $325 por mes. Esto significa que luego de comenzar con $1.500 de ingresos, restar $1.000 para sus gastos fijos y restar también m dólares para gastos extra, usted desea que aún le queden al menos $325. Esto se puede representar del siguiente modo:

$1.500 - 1.000 - m \geq 325$,

donde m = dinero para gastos extra

La simplificación del lado izquierdo da como resultado $500 - m \geq 325$

Ahora, mueva la m hacia el lado derecho y traiga los $325 hacia el lado izquierdo para tener una desigualdad final de $175 \geq m$, que también se puede escribir como $m \leq 175$. Esto significa que su dinero mensual para gastos extra debe ser de $175 o menos para cumplir con su meta a largo plazo de comprar un automóvil. La opción de respuesta **a** no tiene sentido porque si ella gasta más de $175 por mes, sus ahorros serán menores que su meta de $325/mes. Esta sería la respuesta para un estudiante que haya dividido entre -1 para despejar la m y luego haya olvidado cambiar la dirección del signo de desigualdad. Las opciones de respuesta **b** y **c** no funcionan porque aquí el "dinero para ahorro" se está usando como "dinero para gastos extra".

13. d. La meta es despejar x en el medio de las dos desigualdades. Lo que haga en el medio de la desigualdad, debe hacerlo también en los lados izquierdo y derecho. El primer paso es sumar 9 a las tres partes de la desigualdad compuesta. Luego, divida las tres partes entre 4 para despejar x completamente:

$$3 < 4x - 9 < 23$$
$$\underline{+9 \qquad +9 \quad +9}$$
$$12 < 4x < 32$$
$$\frac{12}{4} < \frac{4x}{4} < \frac{32}{4}$$
$$3 < x < 8$$

x es el conjunto de todos los números mayores que 3 y menores que 8. Las opciones de respuesta **b** y **c** tienen aspectos de la solución correcta, pero se han cometido errores con las direcciones de sus símbolos de desigualdad. La opción **a** solamente tiene la mitad de la solución, $x < 8$, pero esto también se debe colocar con $x > 3$.

8 ▶ ÁLGEBRA, PARTE 3: CUADRÁTICAS Y FUNCIONES

En el capítulo anterior usted aprendió sobre ecuaciones lineales y ahora estudiará ecuaciones cuadráticas. Las cuadráticas son importantes porque se utilizan para modelar y resolver muchos problemas del mundo real que las ecuaciones lineales no pueden abordar. Las ecuaciones cuadráticas se utilizan en problemas relacionados con las finanzas, la gravedad y el área. Usted también aprenderá sobre funciones, que son tipos especiales de relaciones que tienen su notación única. Las respuestas y explicaciones para todas las preguntas de práctica están al final del capítulo.

Este capítulo abarca:

- Forma estándar de las ecuaciones cuadráticas
- Factorización de ecuaciones cuadráticas
- Los cuatro métodos para resolver ecuaciones cuadráticas
- Utilización de la ecuación cuadrática
- Interpretación de vértices e intersecciones de gráficos del mundo real

- Reconocimiento de funciones
- Trabajo con notaciones de función
- Comparación de funciones

Ecuaciones cuadráticas

Una ecuación cuadrática es una ecuación que tiene una variable a la segunda potencia, más comúnmente, x^2. La forma estándar de una ecuación cuadrática es $y = ax^2 + bx + c$, donde a, b y c son coeficientes numéricos.

¡PREGUNTA DE ANTICIPO GED®!

Cuando se trata de resolver una ecuación cuadrática para hallar el valor de su incógnita, a menudo hay más pasos involucrados que al resolver una ecuación lineal.

- *Halle dos valores de x que cumplan con la siguiente ecuación: $x^2 + 6x = 16$*

Si intenta resolver la ecuación anterior mentalmente, descubrirá que es extremadamente difícil. En esta sección, aprenderá las técnicas para resolver cuadráticas.

Forma estándar de las ecuaciones cuadráticas

Así como todas las ecuaciones lineales se pueden escribir en la forma $y = mx + b$, donde m y b son coeficientes, todas las ecuaciones cuadráticas se pueden escribir en la forma $ax^2 + bx + c = y$, donde a, b y c son coeficientes. Cuando no hay una y en la ecuación, es mejor representar las cuadráticas como una ecuación igual a 0: $ax^2 + bx + c = 0$. Por ejemplo, la ecuación anterior, $x^2 + 6x = 16$, se debería volver a escribir como $x^2 + 6x - 16 = 0$. Es importante asegurarse siempre de que la a, el coeficiente de x^2, sea positivo.

FORMA ESTÁNDAR DE LAS ECUACIONES CUADRÁTICAS

Cuando una ecuación cuadrática contiene y, su forma estándar será:
$$ax^2 + bx + c = y$$
Cuando una ecuación cuadrática no contenga y, mueva todo hacia un lado, mantenga la a positiva y establezca que es igual a 0:
$$ax^2 + bx + c = 0$$

Factorización de ecuaciones cuadráticas

Es probable que en su examen GED® se le pida que *factorice* una ecuación cuadrática. Probablemente recuerde de un capítulo anterior que los polinomios se factorizan al sacar el máximo factor común fuera de un conjunto de paréntesis. Este proceso era como "deshacer" la propiedad distributiva.

Recuerde cómo la expresión $10x^3 + 5xy + 30x$ se factoriza dividiendo todo entre el m.f.c., $5x$:

$$10x^3 + 5xy^2 + 30xz = 5x(2x^2 + y^2 + 6z)$$

La factorización de ecuaciones cuadráticas se hace de manera muy diferente porque normalmente no hay un máximo factor común que se divida entre todos los términos. En cambio, al factorizar una cuadrática $x^2 + bx + c$, la cuadrática se desglosará en el producto de dos binomios, $(x + m)(x + n)$, para dos números reales m y n. Cuando el coeficiente del término x^2 es 1, hay dos trucos fáciles para encontrar los valores de m y n:

1. m y n se deben multiplicar como c
2. m y n se deben sumar a b

REGLA: FACTORIZACIÓN DE ECUACIONES CUADRÁTICAS CUANDO $a = 1$

Cuando $a = 1$, una cuadrática en la forma $1x^2 + bx + c$ se factorizará en el producto $(x + m)(x + n)$ para dos números reales m y n. Para determinar m y n:

1. m y n se deben multiplicar en c
2. m y n se deben sumar en b

Ejemplo

Factorice $x^2 + 2x - 15$.

Primero, establezca un producto de binomios para la forma factorizada de una cuadrática:

$$(x + m)(x + n)$$

Luego, haga una lista de factores que cumplan con el primer criterio, que m y n se deben multiplicar en c. Así que en este caso, $m \times n = -15$:

$$\{1, -15\}, \quad \{-15, 1\}, \quad \{3, -5\}, \quad \{-3, 5\}$$

(Nota: estos no son pares de coordenadas, sino simplemente pares de factores que se multiplican en -15).

Luego, determine cuál de los pares también cumple con el segundo criterio de que m y n se deben sumar en b. En este caso, $m + n = 2$. Dado que -3 y 5 se suman en 2, sabemos que nuestros dos factores deben ser $\{-3, 5\}$. El paso final es escribirlos en una notación factorizada: $(x - 3)(x + 5)$.

Trabajar en forma reversa: revisión de la forma factorizada

Siempre podemos revisar la forma factorizada al trabajar en forma reversa. Si aplicamos PEIU a una respuesta factorizada, deberíamos llegar a la cuadrática original. (En realidad puede usar este método para hallar la respuesta correcta de una pregunta de factorización en el examen GED® si se trata de una pregunta de opción múltiple). Revisemos la forma factorizada de $x^2 + 2x - 15$ al aplicar PEIU a $(x - 3)(x + 5)$:

Multiplique los primeros:
$$(\underline{x} - 3)(\underline{x} + 5) = \underline{x^2}$$

Multiplique los externos:
$$(\underline{x} - 3)(x \underline{+ 5}) = \underline{5x}$$

Multiplique los internos:
$$(x \underline{- 3})(\underline{x} + 5) = x^2 + 5x \underline{- 3x}$$

Multiplique los últimos:
$$(x \underline{- 3})(x \underline{+ 5}) = x^2 + 5x - 3x \underline{- 15}$$

Combine los términos x para simplificar:

$$x^2 + 5x - 3x - 15 = x^2 + 2x - 15$$

Dado que PEIU nos llevó de regreso a la cuadrática original, sabemos que nuestra forma factorizada $(x - 3)(x + 5)$ es correcta.

Factorización de caso especial

A veces se le pedirá que factorice una cuadrática que no parece encajar en $x^2 + bx + c$. Por ejemplo, ¿cómo abordaría $x^2 - 4$? En este caso, es importante reconocer que el coeficiente b de esta ecuación es igual a cero: $x^2 - 4$ es lo mismo que $x^2 + 0x - 4$.

Ejemplo
Factorice $x^2 - 4$.

Primero, vuelva a escribir $x^2 - 4$ como $x^2 + 0x - 4$ para poder ver claramente que $b = 0$.

Luego, establezca un producto de binomios para la forma factorizada de una cuadrática:

$$(x + m)(x + n)$$

Luego, m y n deben multiplicarse por c, que en este caso es igual a -4:

$$\{1, -4\}, \quad \{-4, 1\}, \quad \{-2, 2\}$$

Luego, determine cuál de los pares de arriba también cumple con el segundo criterio de que m y n deben sumarse en b, que en este caso es 0. Puesto que -2 y 2 se suman en 0, nuestros dos factores deben ser $\{-2, 2\}$. El paso final es escribirlos en notación factorizada: $(x - 2)(x + 2)$.

CONSEJOS PARA FACTORIZACIÓN RÁPIDA

Ahora debería sentirse seguro de que muchas ecuaciones cuadráticas en la forma $1x^2 + bx + c$ se pueden factorizar a la forma $(x + m)(x + n)$, donde $m \times n = c$ y $m + n = b$. Los signos de sus factores cambiarán cuando los coeficientes b y c no son ambos positivos. Estos son los 4 casos diferentes para los signos de sus factores. Utilícelos cuando trabaje en los problemas de práctica. Su conocimiento será más profundo a medida que practique más y para el día del examen debería sentirse cómodo con el reconocimiento de estos casos:

Caso 1: tanto $ax^2 + bx + c \Rightarrow m$ como n serán positivos

Caso 2: tanto $ax^2 - bx + c \Rightarrow m$ como n serán negativos (dado que deben multiplicarse en una c positiva y sumarse en una b **negativa**)

Caso 3: tanto $ax^2 + bx - c \Rightarrow m$ y n tendrán signos diferentes y el factor máximo será positivo (ya que se deben multiplicar en una c negativa y sumar en una b **positiva**)

Caso 4: tanto $ax^2 - bx - c \Rightarrow m$ y n tendrán signos diferentes y el factor mayor será negativo (dado que deben multiplicarse en una c negativa y sumarse en una b **negativa**)

Resolver cuadráticas

Además de factorizar ecuaciones cuadráticas, es fundamental que sepa cómo *resolver* ecuaciones cuadráticas. Las ecuaciones lineales se resuelven al despejar la variable mediante operaciones opuestas. Para resolver ecuaciones cuadráticas normalmente se requiere una técnica muy diferente. A continuación, investigaremos las 4 formas diferentes de resolver una ecuación cuadrática:

- Método 1: Técnica de la raíz cuadrada
- Método 2: Factorización
- Método 3: Fórmula cuadrática
- Método 4: Completar el cuadrado

Método 1: Técnica de la raíz cuadrada

Cuando se le pide que resuelva una cuadrática que no tiene un término x, el proceso es bastante sencillo. Por ejemplo, si se le da $x^2 + 20 = 56$, podemos usar la técnica de la raíz cuadrada.

Ejemplo

Resuelva $x^2 + 20 = 56$.

Para usar la técnica de la raíz cuadrada, el primer paso es despejar el término x^2 para luego poder sacar la raíz cuadrada de ambos lados de la ecuación:

$$x^2 + 20 = 56$$
$$\underline{\quad -20 \quad -20}$$
$$x^2 = 36$$

Ahora podemos despejar x fácilmente al sacar la raíz cuadrada de ambos lados de la ecuación:

$$\sqrt{x^2} = \sqrt{36}$$

Recuerde que dado que $(-6)(-6) = 36$, debemos dar cuenta de un valor negativo potencial de x. Así que no olvide el signo $\pm$ cuando escriba su respuesta:

$$x = \sqrt{36} = \pm 6$$

Por lo tanto, $x = 6$ y $x = -6$ son las dos soluciones para la ecuación $x^2 + 20 = 56$.

REGLA: SACAR LA RAÍZ CUADRADA

Es importante recordar que al sacar la raíz cuadrada de un número, siempre habrá dos respuestas: una raíz positiva y una raíz negativa.

$\sqrt{x^2} = \pm x$, puesto que $(x)(x) = x^2$ y $(-x)(-x) = x^2$

Ejemplo: $\sqrt{16} = 4$ y -4, puesto que $(4)(4) = 16$ y $(-4)(-4) = 16$

Ejemplo: $\sqrt{7} = \pm\sqrt{7}$, puesto que $(\sqrt{7})(\sqrt{7}) = 7$ y $(-\sqrt{7})(-\sqrt{7}) = 7$

Método 2: Factorización

La mayoría de las veces se le pedirá que resuelva una cuadrática que *sí* tiene un término *x*. En este caso, no podrá simplemente despejar *x*, en cambio, deberá seguir una secuencia de pasos más larga. Si se le pide que resuelva una cuadrática que se puede factorizar fácilmente en $(x + m)(x + n)$, entonces la factorización es el mejor método para llegar a una solución numérica también. Trabajemos en el problema de la Pregunta de Anticipo que aparece arriba para ver cómo resolver una ecuación cuadrática mediante factorización.

Ejemplo

Halle dos valores de x que cumplan *con la siguiente ecuación:* $x^2 + 6x = 16$.

El primer paso es reorganizar el problema original para que todos los números estén de un lado y la ecuación quede en 0:

$$x^2 + 6x = 16$$
$$\underline{\quad -16 \quad -16}$$
$$x^2 + 6x - 16 = 0$$

Ahora, vamos a factorizarlo al escribir primero todos los factores que se *multiplican* en –16:

$$\{-1,16\} \quad \{1,-16\} \quad \{4,-4\} \quad \{2,-8\} \quad \{-2,8\}$$

Luego, determine cuál de esos pares de números también se *suma* en 6. Vemos que –2 y 8 cumplirán con el requisito, así que podemos volver a escribir nuestra ecuación en forma factorizada:

$$x^2 + 6x - 16 = 0$$
$$(x - 2)(x + 8) = 0$$

Puesto que $(x - 2)(x + 8) = 0$, el término $(x - 2)$ *o el término* $(x + 8)$ debe tener un valor de cero. No es necesario que ambos sean iguales a cero al mismo tiempo. Siempre que uno de ellos sea igual a cero, su producto será igual a cero. Por lo tanto, se pueden hallar las dos soluciones al considerar las ecuaciones:

$$x - 2 = 0, \text{ y}$$
$$x + 8 = 0$$

Las soluciones son $x = 2$ y $x = -8$.

Podemos verificar estas soluciones al colocar cada una de ellas en la ecuación original, $x^2 + 6x = 16$.

Primero, investigue qué sucede cuando $x = 2$:

$$x^2 + 6x = 16$$
$$2^2 + 6 \times 2 = 16$$

$4 + 12 = 16$, que es una afirmación verdadera, así que esta solución debe ser correcta.

Luego, ponga a prueba la ecuación cuando $x = -8$:

$$x^2 + 6x = 16$$
$$(-8)^2 + 6 \times (-8) = 16$$

$64 + (-48) = 16$, que también es una afirmación verdadera, así que esta solución es la segunda solución correcta.

CUATRO PASOS PARA RESOLVER CUADRÁTICAS CON FACTORIZACIÓN

Cuando $a = 1$ use estos tres pasos para resolver *x* mediante factorización:

Paso 1: coloque la ecuación en la forma $x^2 + bx + c = 0$

Paso 2: factorícela en $(x + m)(x + n) = 0$, de modo que $mn = c$ y $m + n = b$

Paso 3: establezca $(x + m) = 0$ y $(x + n) = 0$ y resuelva *m* y *n*.

Método 3: Fórmula cuadrática

A pesar de que la factorización es un método estupendo para utilizar cuando $a = 1$, la misma se vuelve considerablemente más difícil cuando a no es igual a 1. Por lo tanto, cuando $a \neq 1$, considere utilizar la fórmula cuadrática. A pesar de que la fórmula cuadrática parece muy confusa, no entre en pánico, esta fórmula estará en la hoja de referencia del examen GED® el día del examen:

$$x = \frac{-b \pm \sqrt{b^2 - 4ac}}{2a}$$

Para usar la fórmula cuadrática:

Paso 1. Identifique los valores de a, b y c en su ecuación cuadrática

Paso 2. Sustituya estos valores en la fórmula cuadrática

Paso 3. Evalúe la expresión siguiendo el orden de las operaciones en PEMDAS

Ejemplo

Halle dos valores de x que cumplan con la siguiente ecuación: $2x^2 + 11x = -12$.

Para identificar los valores de a, b y c en $2x^2 + 11x = -12$, primero debemos establecer la ecuación igual a cero. Sume 12 a ambos lados para hacer esto:

$$2x^2 + 11x = -12$$
$$\underline{+12 \quad +12}$$
$$2x^2 + 11x + 12 = 0$$

Ahora podemos ver que $a = 2$, $b = 11$ y $c = 12$. Coloque estos valores en la fórmula cuadrática:

$$x = \frac{-b \pm \sqrt{b^2 - 4ac}}{2a}$$
$$x = \frac{-11 \pm \sqrt{11^2 - 4(2)(12)}}{2(2)}$$
$$x = \frac{-11 \pm \sqrt{121 - 96}}{4}$$
$$x = \frac{-11 \pm \sqrt{25}}{4}$$
$$x = \frac{-11 \pm 5}{4}$$

En este punto, necesitamos resolver dos ecuaciones separadas, una para suma en el numerador y otra para resta en el numerador:

$$x = \frac{-11 + 5}{4} = \frac{-6}{4} = -\frac{3}{2}$$
$$x = \frac{-11 - 5}{4} = \frac{-16}{4} = -4$$

Las dos soluciones son $x = -\frac{3}{2}$ y $x = -4$. Esto significa que ambos valores funcionan en la ecuación original $2x^2 + 11x = -12$.

FÓRMULA CUADRÁTICA

Para usar la fórmula cuadrática, coloque la ecuación cuadrática en la forma $ax^2 + bx + c = 0$. Luego, coloque los valores de a, b y c en la fórmula, prestando atención a sus signos, y evalúela para dos soluciones.

$$x = \frac{-b \pm \sqrt{b^2 - 4ac}}{2a}$$

Tenga cuidado, ¡la fórmula cuadrática *no* siempre le dará dos soluciones! ¿Por qué? Porque la fórmula cuadrática contiene la raíz cuadrada $\sqrt{b^2 - 4ac}$. Mire estos tres casos diferentes que puede encontrar al usar la fórmula cuadrática:

- **Caso 1**: Si $b^2 - 4ac$ es igual a un número positivo, usted tendrá dos soluciones diferentes.
- **Caso 2**: Si $b^2 - 4ac$ es igual a un número negativo, usted tendrá cero soluciones porque es imposible sacar la raíz cuadrada de un número negativo.
- **Caso 3**: Si $b^2 - 4ac$ es igual a cero, usted solamente tendrá una solución porque al sumar y restar 0 al término $-b$ del numerador dará como resultado la misma respuesta.

Método 4: Completar el cuadrado

Dejamos este método para el final dado que puede ser el método menos común requerido para el examen GED®. De hecho, usted no tendrá que usar este método para *resolver* la respuesta de una ecuación cuadrática. Se usa más comúnmente para volver a escribir ecuaciones cuadráticas en un formato diferente. No obstante, *se puede* usar para resolver una ecuación cuadrática, así que resolvamos $x^2 + 6x - 16 = 0$ completando el cuadrado:

Paso 1: Coloque los términos x^2 y bx en un lado de la ecuación y la constante en el otro lado: $x^2 + bx - c = 0$ se convierte en $x^2 + bx = c$

$$x^2 + 6x - 16 = 0$$
$$\underline{+16 +16}$$
$$x^2 + 6x = 16$$

Paso 2: Luego, halle la mitad de b y elévela al cuadrado para obtener $(\frac{1}{2}b)^2$

En este caso, $b = 6$, entonces $(\frac{1}{2}b)^2 = (\frac{1}{2} \times 6)^2 = 3^2 = 9$

Paso 3: Luego, sume el valor que encontró de $(\frac{1}{2})^2 = $ a ambos lados de la ecuación:

$$x^2 + 6x = 16$$
$$x^2 + 6x \underline{+ 9} = 16 \underline{+ 9}$$

Paso 4: Ahora, el lado izquierdo de la ecuación se puede escribir como $(x + \frac{1}{2}b)^2$:

$$x^2 + 6x + 9 = 25$$
$$(x + 3)^2 = 25$$

Paso 5: Ahora esta ecuación se puede resolver sacando la raíz cuadrada de ambos lados. Recuerde que cuando saque la raíz cuadrada del lado derecho, habrá una respuesta negativa y una positiva:

$$(x + 3)^2 = 25$$
$$\sqrt{(x + 3)^2} = \sqrt{25}$$
$$x + 3 = \pm 5$$

Ahora realice dos cálculos separados para obtener las respuestas finales:

$$x + 3 = 5, \text{ entonces } x = 2$$
$$x + 3 = -5, \text{ entonces } x = -8$$

Ambos valores de $x = 2$ y $x = -8$ funcionan en la ecuación original, $x^2 + 6x = 16$

Contexto del mundo real

Hay ocasiones en que los problemas del mundo real no se pueden modelar con ecuaciones lineales y, en su lugar, debemos modelarlos con ecuaciones cuadráticas. Algunas situaciones comunes que requieren ecuaciones cuadráticas son problemas que tienen que ver con el área, el volumen y la gravedad. Por ejemplo, consideremos el problema que tiene que resolver Terry, el albañil.

Ejemplo

A Terry se le dieron instrucciones para que cree un patio de mosaicos de modo tal que la longitud sea el doble del ancho. El presupuesto para el proyecto solo cubre 72 pies cuadrados de mosaicos, así que Terry está tratando de determinar las dimensiones exactas del área con mosaicos. Escriba y resuelva una ecuación cuadrática para determinar las dimensiones del patio.

Comencemos por hacer que el ancho del patio sea igual a a y la longitud del patio sea igual al doble de eso, o $2a$. Esta imagen lo muestra:

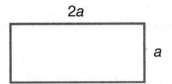

El área de este rectángulo es largo × ancho, que es $(2a)(a) = 2a^2$. Establezca esta expresión igual a 72 pies cuadrados:

$$2a^2 = 72$$

Puesto que esta ecuación cuadrática no tiene un término b, esta es una oportunidad ideal para usar la técnica de la raíz cuadrada. Despeje a^2 y luego saque la raíz cuadrada de ambos lados:

$$2a^2 = 72$$
$$\frac{2w^2}{2} = \frac{72}{2}$$
$$a^2 = 36$$

$$\sqrt{w^2} = \sqrt{36}$$
$$a = \pm 6$$

$a = 6$ y $a = -6$ son soluciones de esta ecuación. Sin embargo, dado que estamos hablando de dimensiones de un área con mosaicos, no tiene sentido tener una solución negativa. Por lo tanto, $a = 6$.

Si el ancho es 6, simplemente multiplicamos eso por 2 para obtener el largo.

Por lo tanto, las dimensiones del patio con mosaicos serán de 12 pies por 6 pies y el patio tendrá un área de 72 pies cuadrados.

Práctica

1. Factorice la siguiente expresión: $x^2 + 6x + 5$.

2. Factorice $x^2 - 11x + 24$.

3. Factorice $x^2 - 81$.

4. Determine si $(2x + 2)(x - 8)$ es la forma factorizada correcta de $2x^2 - 6x - 16$.

5. Resuelva $x^2 + 40 = 45$. _____

6. Use la factorización para hallar la solución de $x^2 = 24 - 2x$.

7. ¿Cuál es el valor máximo posible de x si $x^2 - 14x + 35 = -10$?

8. Resuelva la siguiente ecuación con la fórmula cuadrática: $3x^2 - 11x = 20$.

9. Theo tiene una parcela de jardín cuadrada en el frente de su casa con longitudes laterales de x pies. Le preguntó a sus padres si puede extender la longitud en 5 pies y el ancho en 2 pies. Sus padres no están seguros porque si él hace esta expansión, su jardín cubrirá 100 pies cuadrados de su patio. Escriba una ecuación cuadrática que se pueda usar para resolver las dimensiones actuales de la parcela del jardín de Theo.

Gráficos de cuadráticas

Ahora que aprendió cómo factorizar y resolver ecuaciones cuadráticas, echemos un vistazo a gráficos de cuadráticas en el plano de coordenadas.

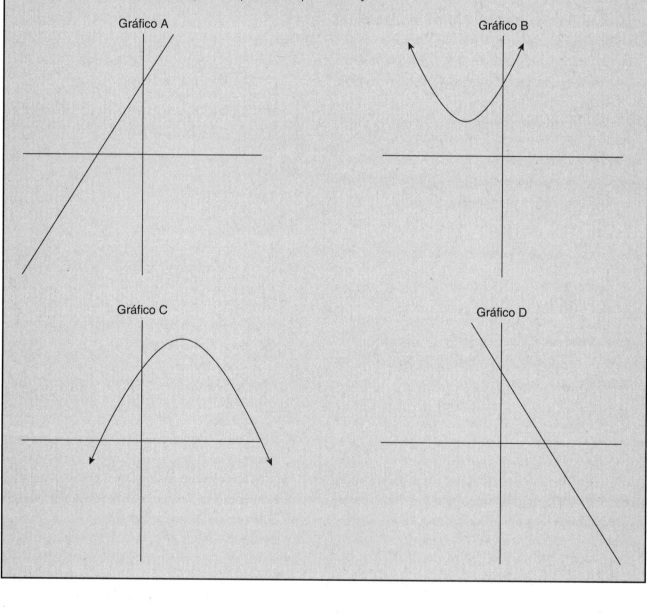

¡PREGUNTA DE ANTICIPO GED®!

A pesar de que no necesita conocer todos los detalles específicos de graficar ecuaciones cuadráticas, sí es necesario que esté familiarizado con su forma.

■ *¿Cuál de los siguientes gráficos podrían representar $y = x^2 + 2x + 4$?*

Gráfico A

Gráfico B

Gráfico C

Gráfico D

Decodificación de ecuaciones cuadráticas

Al graficarlas, las ecuaciones cuadráticas tienen la forma de una parábola, que es una curva con forma de campana. Las parábolas se pueden abrir hacia arriba y parecer una sonrisa o abrirse hacia abajo y parecer un ceño fruncido. Las parábolas pueden ser anchas o angostas.

Una vez que una ecuación cuadrática está en la forma estándar, $ax^2 + bx + c = y$, las variables a y c revelan características importantes sobre el aspecto del gráfico:

El coeficiente "a" determina la dirección e inclinación de la parábola:

- Cuando a es positiva, la parábola se abre hacia arriba y se ve como una sonrisa.
- Cuando a es negativa, la parábola se abre hacia abajo y se ve como un ceño fruncido.

a es positiva a es negativa

se abre hacia arriba   se abre hacia abajo

- Cuando a es un número más grande $(a > 1)$, las paredes de la parábola son inclinadas y hacen una forma de campana angosta.
- Cuando a tiene un valor más pequeño $(a < 1)$, las paredes de la parábola son graduales y hacen una forma de campana más ancha.

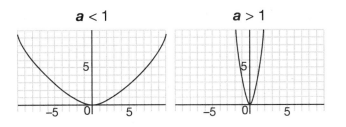

$a < 1$ $a > 1$

La constante "c" siempre representará la intersección de y de la parábola o el lugar donde la parábola cruza el eje de y.

El siguiente es un gráfico de $y = 3x^2 + 4x + 2$:

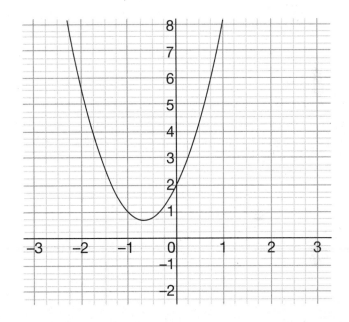

Vértice: el máximo o el mínimo

El vértice de una parábola es el punto en el cual la pendiente de la parábola cambia de negativa a positiva o viceversa. El vértice de una parábola hacia arriba es donde la parábola tiene un **mínimo**, lo que significa que es el punto más bajo en toda la parábola. La siguiente ilustración muestra una parábola con un vértice en $(-1,1)$, que es el mínimo de la parábola:

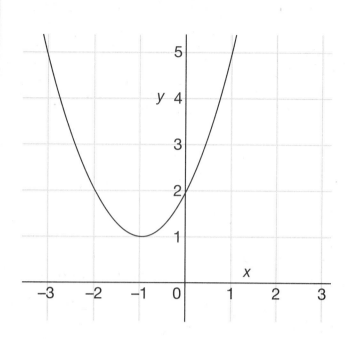

Si la parábola está hacia abajo, su vértice representa el punto **máximo** o más alto de la parábola. La siguiente ilustración muestra una parábola con un vértice en (3,1), que representa el máximo de la parábola:

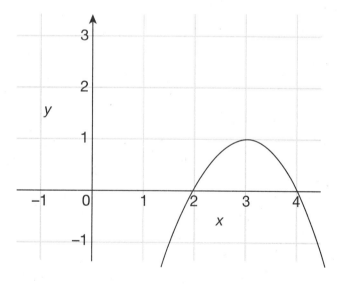

Interpretación de intersecciones

Las parábolas se pueden usar para representar situaciones que implican fuerza y gravedad. Por ejemplo, si estuviera parado sobre una plataforma en un segundo piso y tirara una pelota hacia arriba, pero fuera de la plataforma, la siguiente parábola podría representar la trayectoria o camino de la pelota a lo largo del tiempo:

Consideremos el contexto del mundo real de lo que significan las intersecciones y el vértice:

- La intersección de **y** es (0,15). Puesto que el eje de x muestra el Tiempo en segundos y el eje de y representa la Altura en pies, podemos interpretar que el punto (0,15) significa que a los 0 segundos (el tiempo en que se lanzó la pelota), la pelota estaba a 15 pies de altura. Por lo tanto, podemos identificar que la plataforma desde la cual se lanzó la pelota estaba a 15 pies del suelo.
- Asimismo, obtenemos información al observar el **vértice**, que es aproximadamente (0,55;20). Esto nos dice que la pelota alcanzó una altura máxima de 20 pies, 0,55 segundos después de que fue lanzada.
- Por último, la intersección de **x** también se puede decodificar. El punto (1,7;0) nos dice que a los 1,7 segundos, la pelota estaba a 0 pies del suelo, lo que significa que aterrizó en el suelo 1,7 segundos después de que fue lanzada.

Interpretación de intervalos crecientes y decrecientes

Observe que el vértice representa el punto más alto de la trayectoria de la pelota. De 0 segundos a 0,55 segundos, la pelota iba hacia arriba y la función era **creciente**. Se puede reconocer un *intervalo creciente* porque la pendiente de la curva irá hacia arriba de izquierda a derecha. Alrededor de los 0,55 segundos la pelota dejó de moverse hacia arriba por una milésima de segundo, dado que la gravedad detuvo su movimiento hacia arriba y luego comenzó a caer hacia el suelo. De 0,55 segundos hasta 1,7 segundos, la función fue **decreciente**. Se puede reconocer un *intervalo decreciente* porque la pendiente de la curva irá hacia abajo de izquierda a derecha. A los 0,55 segundos la pelota estuvo quieta por un momento, entonces a los 0,55 segundos no estaba creciente ni decreciente. (Hablaremos sobre la notación específica que se usa con los intervalos crecientes y decrecientes en el próximo capítulo).

Identificación de intersecciones de una ecuación

Las parábolas siempre tendrán una intersección de **y**, que se puede hallar fácilmente al identificar la variable c en la ecuación cuadrática. (Observe que a veces usted no podrá hallar la c porque será igual a 0. Dos ejemplos de esto son $y = x^2$ e $y = 3x^2 + x$. Ambas parábolas tendrán una intersección de y de 0).

No se garantiza que todas las parábolas tengan intersecciones de **x**. Según dónde esté el vértice de una parábola y de si la curva de la campana se abre hacia arriba o hacia abajo, las ecuaciones cuadráticas pueden tener 0, 1 o 2 intersecciones de *x*:

1 intersección de x

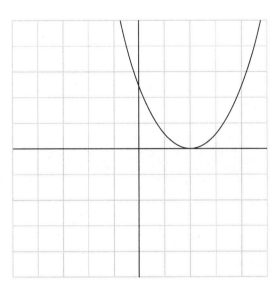

2 intersecciones de x

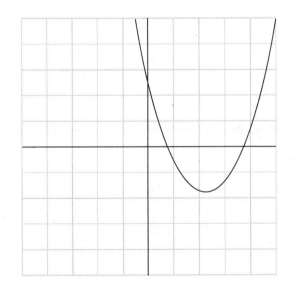

0 intersecciones de x

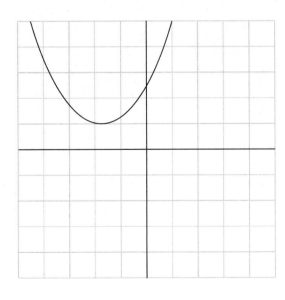

Es importante comprender que cuando la parábola cruce el eje de x, la coordenada de y tendrá un valor de 0. Esto se debe a que la curva no tiene ningún movimiento vertical del eje de x. Por lo tanto, para resolver las intersecciones de x cuando se da una ecuación, establezca $y = 0$ y resuelva la ecuación cuadrática mediante uno de los 4 métodos expuestos.

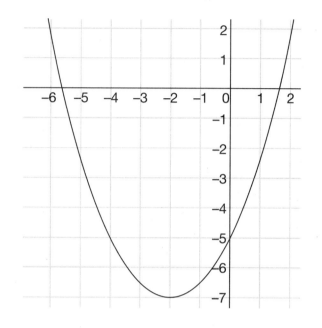

REGLA: RESOLVER INTERSECCIONES

Cuando se le da un gráfico, es fácil identificar la intersección de x y la intersección de y al ver dónde la curva cruza la línea. Pero si está trabajando desde una ecuación cuadrática:

- Halle la intersección de **y** al identificar la c cuando la ecuación está en formato estándar.

- Halle la intersección de **x** al establecer $y = 0$ y luego usar uno de los 4 métodos tratados anteriormente para resolver una ecuación cuadrática.

Práctica

10. Si la ecuación cuadrática $10x - 5x^2 + 7 = y$ se grafica en el plano de las coordenadas, ¿en qué dirección se abrirá la parábola?

11. ¿Cuál es la intersección de y de la cuadrática $y + 7 = 10x - 5x^2$?

12. ¿Cuáles son las intersecciones de x de $y = x^2 + 8x + 16$?

13. Identifique el vértice de la siguiente cuadrática:

14. La siguiente ilustración muestra la trayectoria de vuelo de una pelota de semillas que Amara tiró desde lo alto de un tobogán. Use el gráfico para responder las siguientes preguntas:

a. ¿De qué altura se tiró la pelota de semillas?

b. ¿Después de cuántos segundos la pelota de semillas llegó a su pico y a qué altura estaba del suelo?

c. ¿Después de cuántos segundos la pelota de semillas golpeó el suelo?

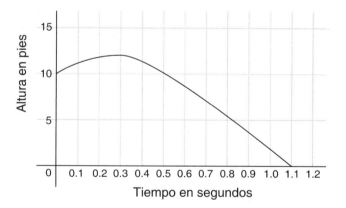

Funciones

Una función es una relación magnética donde cada entrada de x corresponde a una salida de y única. Un ejemplo de una función es cómo las *horas trabajadas* se corresponden con el *pago recibido*. En esta sección, podrá ver que la funciones en realidad se usan en la vida diaria más de lo que usted cree.

¡PREGUNTA DE ANTICIPO GED®!

A pesar de que las funciones se utilizan comúnmente para resolver problemas del mundo real, los estudiantes a menudo confunden inicialmente su notación. Usted necesitará comprender cómo trabajar con la notación de función en el examen GED®:

- *Si se le da la función $f(x) = 4x + 10$, ¿cuál es el valor de $f(5)$?*

Definición de una función

Usted ya está familiarizado con un tipo de función muy común: las ecuaciones lineales. En la ecuación $y = 2x + 3$, la variable x es la *entrada* o el valor que usted reemplaza con un número. Después de colocar un número para la x, el valor correspondiente de y que obtiene después de multiplicar ese número por 2 y sumar 3 es el *resultado*. Una ecuación o relación es una función si cada valor de entrada solo tiene un valor de salida posible.

La relación *Distancia* = 50(*tiempo*) es una función que relaciona el *tiempo* que un tren estuvo en movimiento (la entrada) con la *distancia* que ha viajado (la salida). Cualquier grupo de variables se puede considerar una función siempre y cuando cada entrada de x tenga una, y solo una, salida y correspondiente. Si el mismo valor de x se coloca a la par de dos valores de y diferentes, esa relación *no* es una función. Se le puede hacer una pregunta como esta:

Ejemplo

Nombre todas las relaciones siguientes que representan una función:
A. *(1,3), (3,1), (2,3), (4,1)*
B. *(1,3), (3,1), (2,3), (3,1)*
C. *(1,3), (3,1), (2,3), (3,4)*

Para que una relación *no* sea una función, la misma coordenada de x debe corresponderse con dos valores de y diferentes.

La relación A es una función porque hay cuatro coordenadas de x diferentes.

La relación B es una función porque a pesar de que dos de los puntos tienen la misma coordenada de x, esos pares de coordenadas también tienen la misma coordenada de y. Esto cumple con la regla de que cada x tiene un, y solo un, valor de y correspondiente.

La relación C no es una función puesto que los puntos (3,1) y (3,4) no cumplen con la regla de que cada x tiene un, y solo un, valor de y correspondiente.

¡ALERTA DE VOCABULARIO! FUNCIONES

Una ecuación o relación es una **función** si cada valor de *entrada* solo tiene un valor de *salida* posible. Siempre y cuando cada x única tenga una y solo una y, entonces una relación es una función. Si los mismos valores de x tienen dos valores de y diferentes asociados a ellos, entonces la relación *no* es una función.

Trabajar con notaciones de función

Las funciones se escriben usando una notación, $f(x)$. $f(x)$ se lee "f de x" y esta notación representa el valor de y de una función para un valor de x dado. Consideremos $f(x) = 2x + 5$. La notación $f(x) = 2x + 5$ es simplemente otra forma de escribir $y = 2x + 5$. La $f(x)$ se usa para mostrar que en esta relación matemática, los valores de entrada de x determinan los valores de salida de y. $f(4)$ significa *el valor de y de una función cuando $x = 4$*. Entonces $f(4)$ pregunta: "¿Cuál es el valor de y cuando $x = 4$?" Para calcular el valor de $f(4)$, reemplace todos los *valores de x* en una ecuación con 4 y evalúe la expresión como se hace debajo:

Ejemplo

Dada la función $f(x) = 2x + 5$, halle el valor de $f(4)$.

Comience con $f(x) = 2x + 5$, y coloque 4 para la coordenada de x. Luego, evalúe:

$$f(\underline{4}) = 2(\underline{4}) + 5$$
$$f(\underline{4}) = 8 + 5 = 13$$

A veces, necesitará sustituir por el valor de x en más de un lugar. Puesto que todas las ecuaciones cuadráticas son funciones, utilizaremos una cuadrática como nuestro enfoque del siguiente ejemplo:

Ejemplo

Dada la función $f(x) = 2x^2 - 5x + 10$, determine el valor de $f(-3)$.

Esta ecuación pregunta cuál es el valor de la función cuando $x = -3$. Por lo tanto, debemos sustituir por −3 todas las x de la ecuación:

$$f(x) = 2x^2 - 5x + 10$$
$$f(-3) = 2(-3)^2 - 5(-3) + 10$$

Ahora, debemos seguir atentamente el orden correcto de las operaciones:

$$f(-3) = 2(9) - (-15) + 10$$
$$f(-3) = 18 + 15 + 10$$
$$f(-3) = 43$$

La respuesta, $f(-3) = 43$, se lee "f de −3 es 43" y significa que cuando x es −3, el valor de la función o y es igual a 43. (Observe que la frase "valor de la función" significa el *valor de y*).

Comparación de funciones

Es posible que le pidan que compare la tasa de cambio o los puntos de inicio de dos funciones presentadas de dos formas diferentes. Si una función se representa como una tabla de puntos y otra función se muestra como un gráfico o ecuación, ¿cómo puede comparar sus tasas de cambio o intersecciones de y? No permita que la notación de función ni el lenguaje de las preguntas lo confundan, ¡usted ya tiene la habilidad para hacer esto!

Ecuación: Si le dan una ecuación, colóquela en la forma $y = mx + b$ y la tasa de cambio es igual a m. La intersección de y será el valor de b.

Tabla: Si le dan una tabla, use dos puntos cualquiera para calcular la tasa de cambio con la fórmula de la pendiente: *pendiente* $= \frac{y_2 - y_1}{x_2 - x_1}$. Si uno de los puntos de la tabla tiene $x = 0$, su valor de y correspondiente será la intersección de y. (También puede resolver b al colocar la pendiente y una de las coordenadas en la ecuación $y = mx + b$).

Gráfico: Si le dan un gráfico, la intersección de y es fácil de identificar. La pendiente se puede calcular al contar la *elevación* sobre el *trayecto* entre dos puntos cualquiera o al colocar dos pares de coordenadas en la línea de la fórmula de la pendiente: *pendiente* $= \frac{y_2 - y_1}{x_2 - x_1}$.

Ejemplo

Debajo se representan tres funciones lineales. Ordene las funciones por sus tasas de cambio, de menor a mayor.

Función A: $f(x) = 10 - 3x$

Función B:

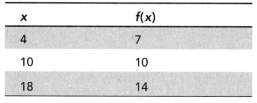

x	f(x)
4	7
10	10
18	14

Función C:

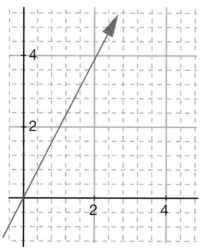

Después de volver a escribir la Función *A* como $f(x) = -3x + 10$, podemos ver que la tasa de cambio de esta función es –3.

Usando la fórmula de la pendiente para los puntos (4,7) y (10,10), calculamos que la tasa de cambio de la Función B es la $\frac{1}{2}$: $pendiente = \frac{y_2 - y_1}{x_2 - x_1} = \frac{10 - 7}{10 - 4} = \frac{3}{6} = \frac{1}{2}$

Vemos que la línea pasa a través del origen (0,0) así como por el punto (2,4). Podemos usar estos dos puntos para determinar la pendiente o la tasa de cambio al calcular $\frac{y_2 - y_1}{x_2 - x_1}$:

$$\frac{4 - 0}{2 - 0} = \frac{4}{2} = 2$$

La tasa de cambio de esta línea es 2.

Por lo tanto, el orden correcto de sus pendientes es:

Función A, en $m = -3$
Función B, en $m = \frac{1}{2}$
Función C: en $m = 2$

Práctica

15. Determine si las tablas A, B y C representan funciones:

TABLA A:		TABLA B:		TABLA C:	
m	n	p	q	t	s
2	5	1	5	5	1
3	10	2	5	5	2
1	1	3	5	5	3
0	2	4	5	5	4
3	10	5	5	5	5

16. Dada la función $f(x) = 4x + 10$, ¿cuál es el valor de $f(5)$?

17. ¿Cuál es el valor de $f(-1)$ si $f(x) = 3x^2 - 6x + 8$?

18. Para la entrada k, la función f se define como $f(k) = -2k^2 + 1$. ¿Cuál es el valor de $f(-8)$?

19. Dada la siguiente ecuación, complete el gráfico para todos los valores de $f(x)$.
$f(x) = 3x^3 - 12$

x	f(x)
1	
3	
5	
7	

20. Evalúe la función $f(x) = 2x^2 + 5x$ cuando $x = 3v$.

21. Escriba una función para representar la siguiente situación:

A Greg se le paga un salario por hora así como también una comisión por la cantidad de refrigerados que vende en un día. Le dan $13 por hora y trabaja 8 horas por día. Por cada refrigerador que vende, le dan $40. ¿Qué función representa la cantidad de dinero que Greg gana en un determinado día? _____

Resumen

Felicitaciones. Acaba de concluir su tercer capítulo sobre álgebra y ha acumulado una gran variedad de habilidades nuevas. Ahora sabe cómo reconocer, factorizar, resolver, escribir e interpretar ecuaciones cuadráticas. También comprende cómo decir si una agrupación de coordenadas es una función y puede trabajar con notación de funciones. Ponga a prueba su conocimiento sobre ecuaciones cuadráticas y funciones con estas preguntas que son ejemplos similares a los que verá el día del examen.

Revisión de cuadráticas y funciones

Nota: Varias de estas preguntas son ejemplos de preguntas de arrastrar y soltar que puede ver en el examen GED®.

1. Factorice $x^2 - 12x + 32$ al arrastrar y soltar los números y las operaciones de la lista que aparece debajo. (Puede usar cada número o signo más de una vez).

$(x \_\_ \_\_\_\_\_)(x \_\_ \_\_\_\_\_)$

+	–	1	2	3	4	5	6	7	8	9	16

2. Factorice $w^2 - 36$ al arrastrar y soltar números y operaciones de la lista que aparece debajo. (Puede usar cada número o signo más de una vez).

$(w \_\_ \_\_\_\_\_)(w \_\_ \_\_\_\_\_)$

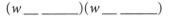

+	–	1	2	3	4	5	6	7	8	9	16

3. ¿Cuál de las siguientes funciones tendrá una curva con forma de campana al graficarla?
 a. $y = \frac{1}{x^2}$
 b. $x^3 + 2x^2 + 8 = y$
 c. $y = 8x - 3$
 d. $(x - 8)^2 = 3x + y$

4. ¿Cuáles son las soluciones a la ecuación $17 + x^2 = 81$?
 a. 9 y 9
 b. $\pm\sqrt{98}$
 c. 8 y –8
 d. 9 y –9

5. ¿Cuál es la solución más pequeña para $x^2 - 15x = 100$?

6. Halle las dos soluciones para la ecuación $x^2 - 5x = -6$.
 a. 2, –3
 b. 2, 3
 c. –2, –3
 d. –2, 3

7. Sin repetir uno de los pares de coordenadas existentes, seleccione dos números que harían que lo siguiente fuera una función:

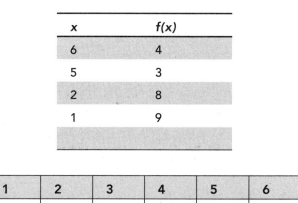

x	f(x)
6	4
5	3
2	8
1	9

1	2	3	4	5	6

8. ¿Qué función representa la información de la siguiente tabla?

x	f(x)
−3	−23
0	4
3	−23
6	−104

a. $f(x) = 3x^2 - 4$
b. $f(x) = -2x^2 - 4$
c. $f(x) = 2x^2 - 4$
d. $f(x) = -3x^2 + 4$

9. El gráfico que se muestra aquí representa una función $y = g(x)$. ¿Cuál es el vértice de $g(x)$?

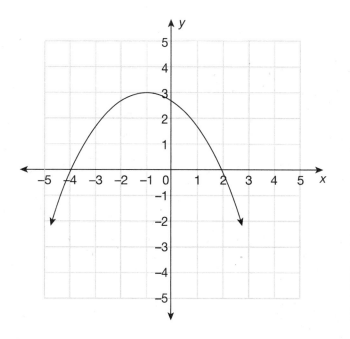

10. Halle las dos soluciones para $2x^2 - 9x - 18 = 0$.

11. ¿Cuál de las siguientes es una expresión equivalente de $2y^2 - yp - p^2$?
a. $(2y + p)(y - p)$
b. $(y + p)(y - p)$
c. $2(y^2 - yp - p^2)$
d. $(2y - p)(y + p)$

12. ¿Dónde está la intersección de la función $f(x) = 5x^2 - 25$ con el eje de x?
a. $x = 5, x = -5$
b. $y = 5, y = -5$
c. $x = \sqrt{5}, x = -\sqrt{5}$
d. $y = \sqrt{5}, y = -\sqrt{5}$

Respuestas y explicaciones

Práctica del capítulo

1. **$(x + 5)(x + 1)$.** La forma factorizada de $x^2 + 6x + 5$ será $(x + m)(x + n)$ donde $mn = c$ y $m + n = b$. Identifique que $c = 5$ y $b = 6$ en la ecuación cuadrática dada. Los únicos factores de 5 son 5 y 1 y se multiplicarán en 5 y se sumarán en 6, entonces sustituya por 5 y 1 en $(x + m)(x + n)$: $(x + 5)(x + 1)$.

2. **$(x - 8)(x - 3)$.** La forma factorizada de $x^2 - 11x + 24$ será $(x + m)(x + n)$ donde $mn = c$ y $m + n = b$. Identifique que $c = 24$ y $b = -11$ en la ecuación cuadrática dada. Puesto que los dos factores se deben multiplicar en un 24 positivo y sumar en un 11 negativo, podemos identificar que ambos factores deben ser negativos. Piense en una lista de pares de factores: $\{-1,-24\}$, $\{-2,-12\}$, $\{-3,-8\}$ y $\{-4,-6\}$. Los factores -8 y -3 se multiplicarán en 24 y se sumarán en -11, así que sustituya -8 y -3 en $(x + m)(x + n)$: $(x - 8)(x - 3)$.

3. **$(x + 9)(x - 9)$.** La forma factorizada de $x^2 - 81$ será $(x + m)(x + n)$ donde $mn = c$ y $m + n = b$. Identifique que $c = -81$ y $b = 0$ en la ecuación cuadrática dada. Los factores 9 y -9 se multiplicarán en -81 y se sumarán en 0, así que sustituya por 9 y -9 en $(x + m)(x + n)$: $(x + 9)(x - 9)$.

4. **No.** Para determinar si $(2x + 2)(x - 8)$ es la forma factorizada correcta de $2x^2 - 6x - 16$, multiplique el binomio usando PEIU:

    Primeros: $(2x)(x) = 2x^2$

    Externos: $(2x)(-8) = -16x$

    Internos: $(2)(x) = 2x$

    Últimos: $(2)(-8) = -16$

    Ahora, combine todos los términos de arriba y simplifique:

    $2x^2 - 16x + 2x - 16 = 2x^2 - 14x - 16$. Puesto que $(2x + 2)(x - 8)$ no se simplifica en $2x^2 - 6x - 16$, no debe ser la factorización correcta de la cuadrática.

5. **$x = \pm\sqrt{5}$.** Puesto que la ecuación $x^2 + 40 = 45$ solo tiene una x^2 y no tiene un término x, utilice el método de la raíz cuadrada. Despeje x^2 y saque la raíz cuadrada de ambos lados:

    $$x^2 + 40 = 45$$
    $$x^2 = 5$$
    $$x^2 = \sqrt{x^2} = \sqrt{5}$$
    $$x = \sqrt{5} \text{ y } x = -\sqrt{5}$$

6. **$x = 4$ y $x = -6$.** Primero, reorganice $x^2 = 24 - 2x$ para que a sea positiva, todos los términos estén de un lado de la ecuación y se vea como $ax^2 + bx + c = 0$

    $$x^2 = 24 - 2x$$
    $$\underline{-24 \quad -24}$$
    $$x^2 - 24 = -2x$$
    $$\underline{\quad +2x \quad +2x}$$
    $$x^2 + 2x - 24 = 0$$

    La forma factorizada de esto será $(x + m)(x + n) = 0$ donde $mn = c$ y $m + n = b$. Identifique que $c = -24$ y $b = 2$. Puesto que los dos factores se deben multiplicar en -24 y sumar en 2 positivo, podemos identificar que un factor será negativo y otro factor debe ser positivo. Cree una lista de pares de factores en la que el factor mayor sea positivo (de ese modo, se sumarán en una b positiva): $\{-1,24\}$, $\{-2,12\}$, $\{-3,8\}$ y $\{-4,6\}$. Los factores -4 y 6 se multiplicarán en -24 y se sumarán en 2, así que sustituya por -4 y 6 en $(x + m)(x + n)$: $(x - 4)(x + 6) = 0$. Ahora, resuelva $(x - 4) = 0$ y $(x + 6) = 0$ para llegar a las dos soluciones de $x = 4$ y $x = -6$.

7. 9. Esta pregunta requiere que resuelva $x^2 - 14x + 35 = -10$ e identifique la solución mayor. Primero, reorganice $x^2 - 14x + 35 = -10$ para que a sea positiva, todos los términos estén de un lado de la ecuación y se vea así $ax^2 + bx + c = 0$.

$$x^2 - 14x + 35 = -10$$
$$\underline{ +10 \quad +10}$$
$$x^2 - 14x + 45 = 0$$

La forma factorizada de esto será $(x + m)(x + n) = 0$ donde $mn = c$ y $m + n = b$. Identifique que $c = 45$ y $b = -14$. Puesto que los dos factores se deben multiplicar en un 45 positivo y sumar en $a -14$, podemos identificar que ambos factores deben ser negativos. Cree una lista de pares de factores que se multipliquen en 45: $\{-1, -45\}$, $\{-3, -15\}$ y $\{-5, -9\}$. Los factores -5 y -9 se multiplicarán en 45 y se sumarán en -14, así que sustituya por -5 y -9 en $(x + m)(x + n)$: $(x - 5)(x - 9) = 0$. Ahora resuelva $(x - 5) = 0$ y $(x - 9) = 0$ para llegar a las dos soluciones de $x = 5$ y $x = 9$. Puesto que la pregunta pedía el *valor máximo posible de x*, la respuesta correcta será $x = 9$.

8. $x = 5$ y $-\frac{4}{3}$. Primero, reorganice $3x^2 - 11x = 20$ de modo que a sea positiva, todos los términos estén de un lado de la ecuación y se vea así $ax^2 + bx + c = 0$:

$$3x^2 - 11x = 20$$
$$\underline{ -20 \quad -20}$$
$$3x^2 - 11x - 20 = 0$$

Ahora, identifique que $a = 3$, $b = -11$ y $c = -20$. Coloque estos valores en la fórmula cuadrática:

$$x = \frac{-b \pm \sqrt{b^2 - 4ac}}{2a}$$

$$x = \frac{-(-11) \pm \sqrt{(-11)^2 - 4(3)(-20)}}{2(3)}$$

$$x = \frac{11 \pm \sqrt{121 + 240}}{6}$$

$$x = \frac{11 \pm \sqrt{361}}{6}$$

$$x = \frac{11 \pm 19}{6}$$

Ahora, resuelva $x = \frac{11 + 19}{6}$ y $x = \frac{11 - 19}{6}$:

$$x = \frac{11 + 19}{6} = \frac{30}{6} = 5$$
$$x = \frac{11 - 19}{6} = \frac{-8}{6} = -\frac{4}{3}$$

Entonces, las dos soluciones son $x = 5$ y $x = -\frac{4}{3}$.

9. $100 = x^2 + 7x + 10$. La actual parcela del jardín de Theo es un cuadrado con una longitud de lado de x pies. Puesto que él quiere extender la longitud 5 pies y el ancho 2 pies, podemos escribir:

nueva longitud = $x + 5$

nuevo ancho = $x + 2$

Con estas dimensiones, la nueva parcela del jardín tendría un área de 100 pies cuadrados. Utilice esta información en la fórmula del área para escribir una ecuación cuadrática:

Área = longitud × ancho

$$100 = (x + 5)(x + 2)$$

Use PEIU para multiplicar el lado derecho de la ecuación para obtener $x^2 + 7x + 10$:

$$100 = x^2 + 7x + 10$$

Esta ecuación se podría resolver para hallar las dimensiones actuales de la parcela cuadrada del jardín de Theo con una longitud de lado x.

10. La parábola se abrirá hacia abajo. Primero, coloque $10x - 5x^2 + 7 = y$ en la forma estándar, $y = ax^2 + bx + c$, al reorganizar los términos: $y = -5x^2 + 10x + 7$. Puesto que a determina la dirección en que se abre la parábola, identifique a como -5. Esto nos dice que la parábola se abrirá hacia abajo y tendrá paredes inclinadas y una forma de campana angosta.

11. $y = -7$. Para identificar la intersección de y de una cuadrática a partir de su ecuación, pásela a la forma estándar $y = ax^2 + bx + c$ e identifique c.

$$y + 7 = 10x - 5x^2$$
$$\underline{\quad -7 \qquad\qquad -7 \quad}$$
$$y = -5x^2 + 10x - 7$$

Puesto que $c = -7$, la intersección de y de la cuadrática es -7.

12. $x = -4$. Para hallar la intersección de x de $y = x^2 + 8x + 16$, establezca $y = 0$ y use una de las 4 técnicas para resolver ecuaciones cuadráticas. La forma factorizada de $0 = x^2 + 8x + 16$ será $0 = (x + m)(x + n)$ donde $mn = c$ y $m + n = b$. Identifique que $c = 16$ y $b = 8$ en la cuadrática dada. Dos factores que se multiplicarán en 16 y se sumarán en 8 son 4 y 4, así que sustituya por 4 y 4 en $0 = (x + m)(x + n)$: $(x + 4)(x + 4)$. Resolver $(x + 4) = 0$ da la respuesta $x = -4$. Hay solo 1 intersección única de x para esta cuadrática dado que la solución $(x + 4) = 0$ se repite.

13. $(-2,-7)$. El vértice de una parábola es su mínimo o máximo y es el punto de inflexión. Esta parábola tiene un mínimo de $(-2,-7)$.

14. a. 10 pies; b. 0,3 segundos; 12 pies; c. 1,1 segundos. Para determinar la altura de la cual se tiró la bolsa de semillas, mire la intersección de y. La intersección y está en $(0,10)$, lo que significa que a los 0 segundos la bolsa de semillas estaba a 10 pies del suelo. Por lo tanto, se tiró desde 10 pies. El vértice se puede usar para identificar cuando la bolsa de semillas estaba en su pico y a qué altura estaba del suelo. El vértice es aproximadamente $(0,3;12)$, lo que indica que después de 0,3 segundos la bolsa de semillas llegó a una altura máxima de 12 pies. La intersección de x, $(1,1;0)$, nos dice que después de 1,1 segundos la bolsa de semillas estaba a 0 pies del suelo, así que este fue el punto en el cual golpeó el suelo.

15. A y B sí; C no. La tabla A representa una función dado que los únicos valores de entrada que se repiten son 3 y ambos valores de entrada tienen el mismo valor de salida, 10. La tabla B también representa una función. A pesar de que todos los valores de salida son iguales a $q = 5$, cada valor de entrada es único y tiene un, y solo un, valor de salida. La tabla C no es una función porque hay valores de entrada repetidos y todos tienen valores de salida diferentes, así que esto viola la definición de función de que cada entrada debe tener una y solo una salida.

16. $f(5) = 30$. Dada la función $f(x) = 4x + 10$, $f(5)$ significa el valor de y de la función cuando $x = 5$. Por lo tanto, coloque 5 en la ecuación para la variable x y evalúe:

$$f(x) = 4x + 10$$
$$f(5) = 4(5) + 10$$
$$f(5) = 30, \text{ entonces } f(5) = 30$$

17. $f(-1) = 17$. Para hallar el valor de $f(-1)$ si $f(x) = 3x^2 - 6x + 8$, reemplace todos los valores de x con -1 y evalúe la expresión:

$$f(x) = 3x^2 - 6x + 8$$
$$f(-1) = 3(-1)^2 - 6(-1) + 8$$
$$f(-1) = 3(1) - (-6) + 8$$
$$f(-1) = 3 + 6 + 8$$
$$f(-1) = 17$$

18. $f(-8) = -127$. Para hallar el valor de $f(-8)$ si $f(k) = -2k^2 + 1$, reemplace k con -8 y evalúe:

$$f(k) = -2k^2 + 1$$
$$f(-8) = -2(-8)^2 + 1$$
$$f(-8) = -2(-8)(-8) + 1$$
$$f(-8) = -2(64) + 1$$
$$f(-8) = -127$$

19.

x	f(x)
1	–9
3	69
5	363
7	1.017

Para hallar los valores de salida, necesitamos sustituir nuestras entradas en la función $f(x)$.

$$f(x) = 3x^3 - 12$$
$$f(1) = 3(1)^3 - 12$$
$$= 3 - 12$$
$$= -9$$
$$f(3) = 3(3)^3 - 12$$
$$= 3(27) - 12$$
$$= 81 - 12$$
$$= 69$$
$$f(5) = 3(5)^3 - 12$$
$$= 3(125) - 12$$
$$= 375 - 12$$
$$= 363$$
$$f(7) = 3(7)x^3 - 12$$
$$= 3(343) - 12$$
$$= 1.029 - 12$$
$$= 1.017$$

Observe que $f(x)$ es la coordenada de y. Estos puntos se podrían trazar en un gráfico para ver esta porción de la función.

20. $18v^2 + 15v$ o $3v(6v + 5)$. Observe que esta pregunta no le pide que simplemente evalúe la función para hallar un valor *numérico* de x, sino que usted tendrá que sustituir ambas x de la función por el término algebraico $3v$ y luego simplificar la función al realizar las operaciones requeridas:

$$f(x) = 2x^2 + 5x$$
$$f(3v) = 2(3v)^2 + 5(3v)$$
$$f(3v) = 2(3v)(3v) + 5(3v)$$
$$f(3v) = 2(9v^2) + 15v$$
$$f(3v) = 18v^2 + 15v$$
$$f(3v) = 3v(6v + 5)$$

21. $M = 104 + 40n$ **(las variables variarán)**. Usemos M para el total de dinero que Greg gana en un día dado. Sabemos que le pagan \$13 por hora y que trabaja 8 horas por día. Por ahora,

$$M = (13)(8)$$

Además, Greg obtiene una comisión de \$40 por cada refrigerador que vende. Hagamos que n represente el número de refrigeradores que Greg vende. Esto probablemente cambie día a día. Cuando ponemos esto en la ecuación, lo multiplicamos por \$40, dado que Greg obtiene \$40 por cada refrigerador que vende.

$$M = (13)(8) + 40n$$

Simplificada, la función es

$$M = 104 + 40n$$

Esta es una función porque el valor M cambiará según el valor, n, que se sustituye en la ecuación. Cada entrada n dará como resultado una salida diferente, M.

Revisión de cuadráticas y funciones

1. $(x-8)(x-4)$. La forma factorizada de $x^2 - 12x + 32$ será $(x+m)(x+n)$ donde $mn = c$ y $m+n = b$. Identifique que $c = 32$ y $b = -12$ en la cuadrática dada. Puesto que los dos factores se deben multiplicar en 32 positivo y sumar en 12 negativo, podemos identificar que ambos factores deben ser negativos. Piense en una lista de pares de factores: $\{-1,-21\}$, $\{-2,-16\}$ y $\{-4,-8\}$. Los factores -8 y -4 se multiplicarán en 32 y se sumarán en -4, así que sustituya -8 y -4 en $(x+m)(x+n)$: $(x-8)(x-4)$.

2. $(w-6)(w+6)$. La forma factorizada de $w^2 - 36$ será $(w+m)(w+n)$ donde $mn = c$ y $m+n = b$. Puesto que no hay un término w, esto significa que b debe ser igual a 0: $w^2 + 0w - 36$. No obstante, $c = -36$. Los dos factores que se multiplican en -36 y suman en 0 son -6 y 6, así que sustituya -6 y 6 en $(w+m)(w+n)$: $(w-6)(w+6)$.

3. d. Puesto que las cuadráticas tienen curvas en forma de campana, identifique cuál de las siguientes ecuaciones es una cuadrática. La ecuación de la opción **a** tiene un término x^2. No obstante, está en la parte inferior de una fracción, así que no es una cuadrática. La ecuación de la opción **b** tiene un término líder de x^3 así que esto no es una ecuación cuadrática y sino cúbica. La ecuación de la opción **c** está en forma $y = mx + b$, así que es una ecuación lineal y no tendrá una curva en forma de campana al graficarla. La ecuación de la opción **d** tendrá un término x^2 del lado izquierdo, después de expandir $(x-8)^2$ mediante multiplicación PEIU. Esta ecuación es una cuadrática que tendrá una curva en forma de campana.

4. c. Puesto que no hay términos x en la ecuación $17 + x^2 = 81$, esta es una oportunidad estupenda para usar la técnica de la raíz cuadrada. Despeje x^2 y luego saque la raíz cuadrada de ambos lados:

$$17 + x^2 = 81$$
$$\underline{-17 \qquad -17}$$
$$x^2 = 64$$

Saque la raíz cuadrada de ambos lados:

$$x^2 = 64$$

$$\sqrt{x^2} = \sqrt{64}$$

entonces $x = 8$ y -8. Las opciones de respuesta incorrecta **a** y **d** se obtuvieron al sacar la raíz cuadrada de 81 en vez de resolver la x de la ecuación. La opción de respuesta incorrecta **b** sería la respuesta a la que se llegaría si se sumaran 81 y 17 en vez de restarlos.

5. $x = -5$. Esta pregunta requiere que usted resuelva $x^2 - 15x = 100$ e identifique la solución mayor. Primero, reorganice $x^2 - 15x = 100$ para que a sea positiva y todos los términos estén de un lado de la ecuación:

$$x^2 - 15x = 100$$
$$\underline{-100 \quad -100}$$
$$x^2 - 15x - 100 = 0$$

La forma factorizada de esto será $(x+m)(x+n) = 0$, donde $mn = c$ y $m+n = b$. Identifique que $c = -100$ y $b = -15$. Puesto que los dos factores se deben multiplicar en un negativo y sumar en un negativo, podemos identificar que un factor debe ser negativo y el otro debe ser positivo. Cree una lista de pares de factores que se multipliquen en -100 donde el factor máximo sea negativo (de ese modo se sumarán en una b negativa): $\{1,-100\}$, $\{2,-50\}$, $\{3,-25\}$, $\{5,-20\}$ y $\{10,-10\}$. Los factores 5 y -20 se multiplicarán en -100 y se sumarán en -15, así que sustituya por 5 y -20 en $(x+m)(x+n)$: $(x+5)(x-20) = 0$. Ahora, resuelva $(x+5) = 0$ y $(x-20) = 0$ para llegar a las dos soluciones de $x = -5$ y $x = 20$. Puesto que la pregunta pedía la *solución más pequeña*, la respuesta correcta será $x = -5$.

6. b. Esta es una ecuación cuadrática y se puede resolver de varias formas: factorización, completar el cuadrado o usar la fórmula cuadrática. No obstante, mirando los términos $-5x$ y -6, es evidente que factores de 6 pueden sumarse en 5, así que factorizaremos esta cuadrática para obtener las soluciones. Primero, establecemos la ecuación igual a 0: $x^2 - 5x + 6 = 0$. Queremos hallar los dos valores de x donde la ecuación es igual a 0. Al factorizar, obtenemos $(x - 2)(x - 3)$. Multiplíquelo si es necesario para verificar que de hecho arroje la ecuación original. Cualquier número multiplicado por 0 es 0, entonces ¿para qué valores de x obtendríamos una respuesta de 0? Cuando $x = 2$ y cuando $x = 3$. Las opciones **a**, **c** y **d** han colocado los signos positivo y negativo de manera incorrecta.

7. Puesto que no se le permite repetir uno de los pares de coordenadas existentes, no puede usar 6, 5, 2 ni 1 como valores de x, ya que estos son los valores de x existentes en pares únicos. Solo las coordenadas 3 o 4 se podrían elegir para el valor de x y luego cualquier otro término podría funcionar para los valores de y correspondientes.

8. d. Al colocar los valores de la tabla en cada una de las ecuaciones, está claro que $-3x^2 + 4$ es la única ecuación que cumple con las relaciones entre las entradas y salidas. Sin siquiera sustituir todas las entradas para verificar las salidas, la entrada 0 hace que sea obvio que **d** es la única función que cumple con la relación.

9. $(1,3)$. El vértice de una parábola es su punto mínimo o máximo. $g(x)$ tiene un máximo en $(-1,3)$.

10. $x = 6$ y $x = -\frac{3}{2}$. Puesto que $a \neq 1$ en $2x^2 - 9x - 18 = 0$, resolveremos esto usando la fórmula cuadrática. Primero, identifique que $a = 2$, $b = -9$ y $c = -18$. Coloque estos valores en la fórmula cuadrática:

$$x = \frac{-b \pm \sqrt{b^2 - 4ac}}{2a}$$

$$x = \frac{-(-9) \pm \sqrt{(-9)^2 - 4(2)(-18)}}{2(2)}$$

$$x = \frac{9 \pm \sqrt{81 + 144}}{4}$$

$$x = \frac{9 \pm \sqrt{225}}{4}$$

$$x = \frac{9 \pm 15}{4}$$

Ahora, resuelva $x = \frac{9 + 15}{4}$ y $x = \frac{9 - 15}{4}$:

$x = \frac{9 + 15}{4} = \frac{24}{4} = 6$

$x = \frac{9 - 15}{4} = \frac{-6}{4} = -\frac{3}{2}$

Entonces, las dos soluciones son $x = 6$ y $x = -\frac{3}{2}$.

11. a. Mirando las opciones de respuesta, podemos deducir que necesitamos factorizar $2y^2 - yp - p^2$. Teniendo en cuenta cómo resolver PEIU al revés, obtenemos los dos factores $(2y + p)(y - p)$. Cuando estos dos binomios se multiplican o se resuelven con PEIU, obtenemos la expresión original. La opción **b** no tiene el factor necesario de 2 para obtener $2y^2$. La opción **c** factoriza de forma incorrecta un 2 solamente del primer término. La opción **c** tiene los signos de suma y resta colocados de manera incorrecta. De la forma en que está escrito **d**, obtendríamos $+yp$ en vez de $-yp$ al multiplicar.

12. c. Para determinar en qué lugar una función se cruza con el eje de x, establezca $y = 0$ y resuelva x:

$$f(x) = 5x^2 - 25$$
$$0 = 5x^2 - 25$$

Puesto que esta cuadrática no tiene un término b, resuelva esta ecuación con la técnica de la raíz cuadrada. Para hacerlo, despeje b^2 y luego saque la raíz cuadrada de ambos lados:

$$0 = 5x^2 - 25$$
$$\underline{+25 \qquad +25}$$
$$\frac{25}{5} = \frac{5x^2}{5}$$
$$5 = x^2$$

Ahora coloque x^2 a la izquierda y saque la raíz cuadrada de ambos lados:

$$\sqrt{x^2} = \sqrt{5}$$
$$x = \sqrt{5} \text{ y } x = -\sqrt{5}$$

Entonces **c** es la respuesta correcta. La opción **d** establece de manera incorrecta la intersección de x igual a y, pero y debe tener un valor de 0 en el punto donde la curva se cruza con el eje de x. Las opciones **a** y **b** provienen de restar un 5 y sacar la raíz cuadrada de 25.

9 ▶

INTERPRETACIÓN DE DATOS EN GRÁFICOS Y TABLAS

Los gráficos y las tablas nos permiten presentar información visualmente sobre una variada gama de materias: el costo creciente de la atención médica, las fluctuaciones históricas del mercado de valores, la cantidad y los tipos de personas que viven en una comunidad, entre otras cosas. La información gráfica está por todos lados: comerciales de televisión, artículos de periódicos y páginas web, por mencionar algunos ejemplos.

Este capítulo le muestra cómo interpretar gráficos con lenguaje preciso y también cómo manipular datos para crear tablas que representan información clave de manera exacta. Las respuestas y explicaciones para todas las preguntas de práctica están al final del capítulo.

Este capítulo abarca:

- Intervalos crecientes y decrecientes
- Intervalos positivos y negativos
- Máximos y mínimos relativos
- Simetría de gráficos
- Comportamiento de funciones en los extremos
- Gráficos de barras e histogramas

- Gráficos de torta
- Diagramas de puntos, diagramas de caja y diagramas de dispersión

Características clave de los gráficos

Cada gráfico cuenta una historia de los datos que representa. Los gráficos tienen muchas características que se pueden usar para describir lo que está sucediendo en una situación del mundo real. Las características clave también pueden ayudar a identificar la ecuación de la función que se está representando. En esta sección vamos a observar más de cerca a las intersecciones, los intervalos crecientes y decrecientes, los intervalos positivos y negativos, los máximos y mínimos relativos, las simetrías y el comportamiento en los extremos.

¡PREGUNTA DE ANTICIPO GED®!

Usted aprendió sobre máximos y mínimos en el capítulo anterior y aquí también aprenderá cómo responder este tipo de preguntas sobre máximos y mínimos *relativos*:

- *Haga clic en el gráfico para indicar las posiciones de los máximos relativos. Puede indicar más de un punto si es necesario:*

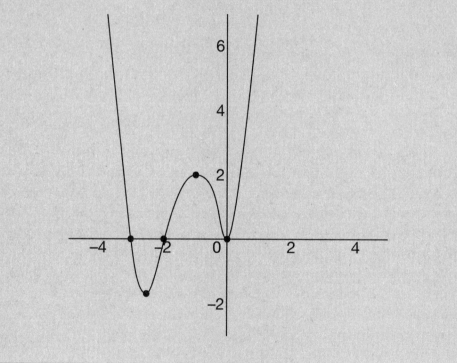

Encontrar intersecciones en los gráficos

Hay **intersecciones de x** e **intersecciones de y**, que son puntos en los que la línea de un gráfico se cruza con un eje. Como se imagina, las intersecciones de x intersecan o cruzan el eje de x y las intersecciones de y intersecan o cruzan el eje de y.

Observe el siguiente gráfico de $y = x + 4$.

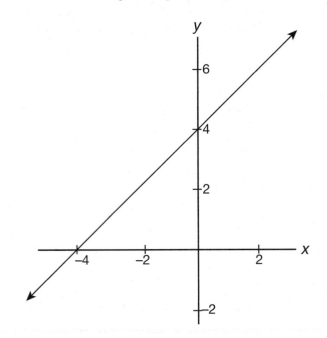

¿En qué punto la línea cruza el eje de x?

$(-4,0)$

La intersección de x de esta función es -4. ¿Qué observa sobre el valor de y? Es 0. Si una función cruza el eje de x, entonces en ese punto exacto no hay altura (movimiento hacia arriba o hacia abajo) de la función. Por lo tanto, el valor de y debe ser 0.

¿En qué punto la línea cruza el eje de y?

$(0,4)$

La intersección de y es 4. ¿Qué observa sobre el valor de x? Es 0. Si una función cruza el eje de y en ese punto exacto, no hay ancho (movimiento hacia la izquierda o derecha) de la función. Por lo tanto, el valor de x debe ser 0.

A veces las funciones tienen más de una intersección de x o intersección de y. Observe el siguiente gráfico.

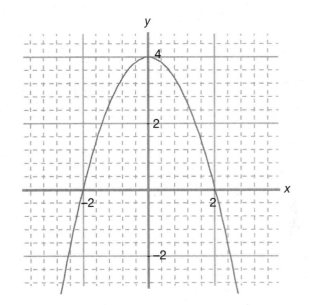

¿Cuántas intersecciones de y tiene esta parábola?

Una: cuando $x = 0$, $y = 4$.

¿Cuántas intersecciones de x tiene esta parábola?

Dos: cuando $y = 0$, $x = 2$ y -2.

Encontrar intersecciones de ecuaciones

Ahora debería estar familiarizado con estos dos hechos:

- Las intersecciones de x siempre tendrán un valor de y de 0
- Las intersecciones de y siempre tendrán un valor de x de 0

Por lo tanto, si se le pide que determine las intersecciones de una ecuación en vez de un gráfico, siga estos pasos:

REGLA: CÁLCULO DE INTERSECCIONES

Cuando busque las intersecciones de una función a partir de una ecuación:

- Halle las intersecciones de x al establecer $y = 0$ y luego resuelva la ecuación para x.

- Halle la intersección de y al establecer $x = 0$ y luego resuelva la ecuación para y.

Ejemplo

Halle las intersecciones de x y las intersecciones de y de la función $f(x) = x^2 + 10x + 9$.

La notación $f(x)$ es la misma que "y". Así que halle la intersección de x al reemplazar $f(x)$ con 0 y luego resolver x:

$$0 = x^2 + 10x + 9$$

Utilicemos la factorización para resolver esta cuadrática. Puesto que 9 y 1 se multiplican en 9 y se suman en 10, podemos factorizar esto en:

$$0 = (x + 9)(x + 1)$$

Ahora, establezca cada factor binomio igual a cero y resuelva x:

$$x + 9 = 0$$
$$x = -9$$

$$x + 1 = 0$$
$$x = -1$$

Entonces las dos intersecciones de x están en $x = -1$ y $x = -9$.

Luego, resuelva la intersección de y al establecer $x = 0$ y resolver y:

$$f(x) = (0)^2 + 10(0) + 9$$
$$y = 0 + 0 + 9$$
$$y = 9$$

Entonces la intersección de y se produce en $y = 9$.

Intervalos crecientes y decrecientes

Una forma de pensar en el concepto de intervalos crecientes y decrecientes es observar si el gráfico se eleva o cae de izquierda a derecha. Es importante recordar que los gráficos se leen como palabras, de izquierda a derecha y no al revés. Una función es **creciente** durante intervalos en los cuales el gráfico se eleva de izquierda a derecha. Las funciones tienen una **pendiente positiva** durante intervalos crecientes. Por el contrario, la función es **decreciente** durante intervalos en los cuales el gráfico cae de izquierda a derecha. Las funciones tienen una **pendiente negativa** durante intervalos decrecientes. Es importante reconocer que los puntos donde la función cambia de creciente a decreciente (o viceversa) son puntos donde la misma *no es* creciente *ni* decreciente. En los gráficos, estos puntos no crecientes y no decrecientes se ven como las cimas de los picos o el fondo de los valles.

Cuando hablamos de intervalos, nombramos los valores de x sobre los que existe un cierto comportamiento. Por ejemplo, la función graficada a continuación es creciente desde antes de que podamos ver el gráfico (desde los valores negativos de x) hasta que llega a su pico cuando $x = 0$. Puesto que parece que este gráfico sigue eternamente, utilizamos $-\infty$ para representar los valores negativos de x. Decimos que esta función es creciente en el intervalo $(-\infty, 0)$.

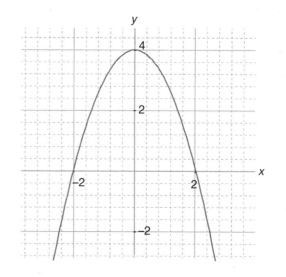

Al observar la ilustración anterior, vemos que este gráfico tiene una pendiente hacia abajo desde $x = 0$ hasta lo que parece ser el infinito, así que decimos que esta función es decreciente en el intervalo $(0, +\infty)$, donde tiene una pendiente negativa. Es muy importante observar que estamos usando paréntesis ( ) en vez de corchetes [ ]. Dado que la función no es creciente ni decreciente en $x = 0$, 0 *no* se debe incluir ni en los intervalos crecientes ni en los decrecientes. Los paréntesis indican que el valor *no* está incluido en el intervalo, mientras que los corchetes *sí* incluyen el número en el intervalo. Puesto que ∞ y $-\infty$ no son números exactos, con estos símbolos siempre se usan paréntesis.

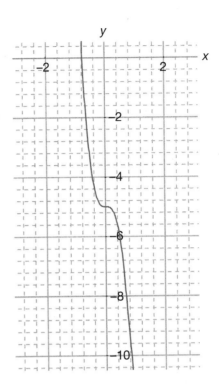

REGLA: NOTACIÓN DE INTERVALO

Los intervalos representan los valores de x en los cuales una función exhibe un cierto comportamiento (creciente, decreciente, constante). El punto en el cual cambia el comportamiento *no* se debería incluir en el intervalo y los paréntesis se usan para mostrar cuándo un punto *no* está incluido en un intervalo.

$(-\infty, 8)$ significa el intervalo desde que x comienza una infinidad negativa hasta (pero sin incluir) $x = 8$.

$(-2, \infty)$ significa el intervalo desde que x comienza en -2 hasta (pero sin incluir) $x = \infty$. Observe que -2 está incluido en este intervalo.

Observe que esta función se inclina hacia abajo a la derecha y nunca se curva hacia arriba. Por lo tanto, no hay intervalos donde $f(x)$ sea creciente. No obstante, otra característica importante para observar es dónde la función cruza el eje de y. En este punto, $f(x)$ se aplana momentáneamente y no es creciente ni decreciente. A excepción de este punto $(0, -5)$, donde el gráfico no se eleva ni cae, el gráfico es decreciente. Para excluir $x = 0$ del intervalo decreciente, debemos describir los intervalos decrecientes como una unión de los dos intervalos decrecientes separados $(-\infty, 0)$ y $(0, +\infty)$. Escribimos estos dos intervalos decrecientes unidos con un $\cup$ para ilustrar este concepto:

La función $f(x)$ decrece $(-\infty, 0) \cup (0, +\infty)$.

Positivo y negativo

Las funciones se consideran positivas o negativas en base a los valores de y. Es decir, podemos decir durante qué intervalo(s) la función es positiva o negativa al mirar las partes del gráfico que están arriba o abajo del eje de x. Cualquier parte de la función que

Veamos otra función para ilustrar intervalos crecientes y decrecientes:

Ejemplo

¿En qué intervalo(s) $f(x)$ es creciente?

¿En qué intervalo(s) $f(x)$ es decreciente?

esté arriba del eje de *x* significa que el valor de *y* es **positivo**. Cualquier parte de la función que esté debajo del eje de *x* significa que el valor de *y* es **negativo**.

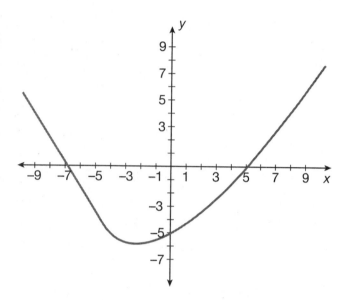

Esta función es positiva en los intervalos (∞,–7) ∪ (5,∞) y es *negativa* en el intervalo (–7,5). Observe que aquí se usan paréntesis para mostrar que –7 y 5 *no* están incluidos en estos intervalos. Esto se debe a que cuando *x* = –7 y *x* = 5, el valor de *y* es 0, entonces el valor de la función no es positivo ni negativo en estos dos puntos.

Máximos y mínimos relativos

En el capítulo anterior usted aprendió que el máximo o el mínimo en una parábola es su pico o valle. Otros tipos de funciones pueden tener *máximos relativos* y *mínimos relativos*. La palabra *relativo* hace referencia a la región del gráfico en la que se ubica un pico o valle. Por ejemplo, si usted fuera la persona más alta de su clase, pero no la más alta de la escuela, diríamos que *usted es la persona más alta en lo relativo a su clase*.

Los máximos y mínimos relativos se producen en el lugar donde la pendiente de la función cambia de dirección. Son fáciles de reconocer puesto que forman un pico o valle. En una función puede haber

más de un máximo y/o mínimo relativo. La pregunta de anticipo que se presentó anteriormente en este capítulo es un ejemplo de esto y regresaremos a ella más adelante. Por ahora, trabaje con el siguiente ejemplo:

Ejemplo

Identifique los máximos y mínimos relativos en la función $f(x)$:

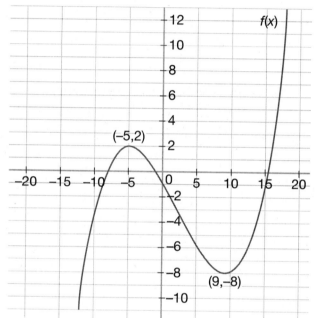

Puesto que el punto (–5,2) es relativamente más alto que todos los puntos que están inmediatamente a su alrededor, (–5,2) es un máximo relativo. Observe que es un pico en el gráfico.

Dado que el punto (9,–8) es relativamente menor que todos los puntos que están inmediatamente a su alrededor, este punto es un mínimo relativo. Observe que está en el fondo de un valle en el gráfico.

Simetrías

Algunos gráficos son **simétricos** sobre el eje de *x* o el eje de *y*. Crear simetría es como mirar en un espejo. Si le dieran la mitad de la información de una función simétrica, usted podría completar el gráfico. Por ejemplo, observe este gráfico:

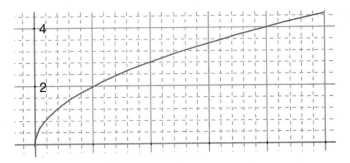

Si esta función es simétrica sobre el eje de *x*, usted puede reflejar la relación y trazar el resto del gráfico.

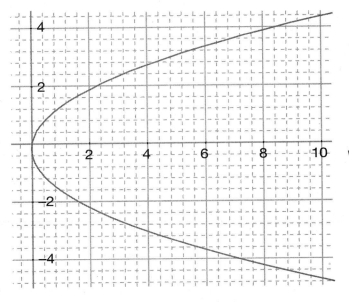

Si el mismo gráfico original tuviera simetría sobre el eje de *y*, estaría reflejado horizontalmente y se vería así:

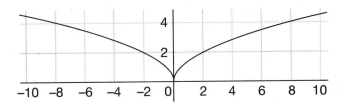

Considere el siguiente gráfico:

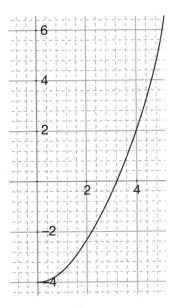

Si le dijeran que es simétrico sobre el eje de *y*, ¿cómo completaría el gráfico?

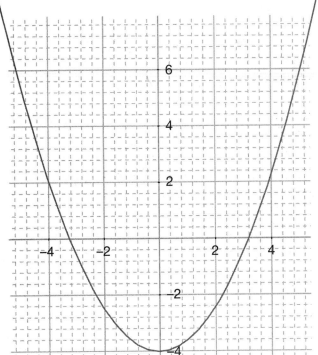

Comportamiento en los extremos

El comportamiento en los extremos se refiere a lo que hace la función cuando los valores de x se acercan a $+\infty$ y $-\infty$. Por lo general, a usted le importará determinar si los valores de y van a $+\infty$ y $-\infty$ cuando x se convierte en infinitamente más grande o más pequeña. Si observa un gráfico, es fácil decir qué le sucede a los valores de y cuando los valores de x se acercan a $+\infty$ o $-\infty$. No obstante, ¿qué sucede si no tiene un gráfico, sino que solo le dan una ecuación funcional?

Hay dos características que se usan para determinar el comportamiento de una función en los extremos. Definamos *grado* y *coeficiente principal*:

El **grado** de una función es el exponente máximo que hay en una función.

El **coeficiente principal** es el número que se multiplica por el término con el mayor exponente.

Por ejemplo, $y = -4x^3 + 2x - 7$ es una función de tercer grado con un coeficiente principal de -4. Hay dos conjuntos diferentes de reglas que se deben seguir para las funciones con grados pares y las funciones con grados impares:

Funciones con grados pares

Todas las funciones que tienen un grado par (x^2, x^4, x^8, etc.) tendrán una forma parabólica con comportamiento idéntico en los extremos en cada dirección.

- **Las funciones pares con un coeficiente principal positivo se abrirán hacia arriba.** El valor de y se acercará a $+\infty$ cuando x se acerque a $+\infty$ o $-\infty$. Esto se escribe como $x \to +\infty$, $y \to +\infty$ y también como $x \to -\infty$, $y \to +\infty$.
- **Las funciones pares con un coeficiente principal negativo se abrirán hacia abajo.** El valor de y se acercará a $-\infty$ cuando x se acerque a $+\infty$ o $-\infty$. Por lo tanto, como $x \to +\infty$, $y \to -\infty$ y como $x \to -\infty$, $y \to -\infty$.

Los siguientes dos ejemplos muestran el comportamiento de las funciones con grado par:

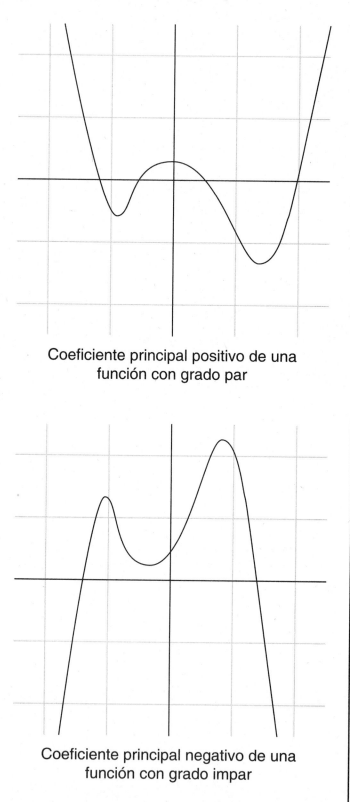

Coeficiente principal positivo de una función con grado par

Coeficiente principal negativo de una función con grado impar

Funciones con grado impar

Todas las funciones que tienen un grado impar (x^3, x^5, x^7, etc.) tendrán una forma *cúbica* con comportamiento opuesto en los extremos en cada dirección.

- **Las funciones impares con un coeficiente principal positivo** comenzarán desde la parte inferior izquierda del gráfico y ascenderán hacia la derecha. El valor de y se acercará a $+\infty$ cuando x se acerque a $+\infty$. El valor de y se acerca a $-\infty$ cuando x se acerca a $-\infty$. Esto se escribe como $x \rightarrow +\infty$, $y \rightarrow +\infty$ y también como $x \rightarrow -\infty$, $y \rightarrow -\infty$.

Esta es una ilustración de una función de grado impar con un coeficiente principal positivo:

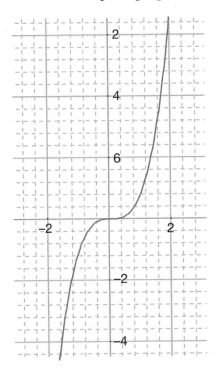

- **Las funciones impares con un coeficiente principal negativo** comenzarán desde la parte superior izquierda del gráfico y descenderán hacia la derecha. El valor de y se acerca a $-\infty$ cuando x se acerca a $+\infty$. El valor de y se acerca a $+\infty$ cuando x se acerca a $-\infty$. Por lo tanto, cuando $x \rightarrow +\infty$, $y \rightarrow -\infty$ y cuando $x \rightarrow -\infty$, $y \rightarrow +\infty$.

Esta es una ilustración de una función de grado impar con un coeficiente principal negativo:

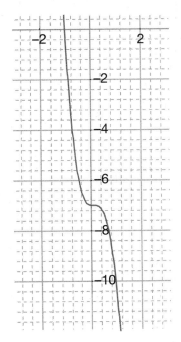

Práctica

1. Identifique la intersección de x y la intersección de y de la función $f(x) = 3x + 4$.

2. ¿Dónde cruzará el eje de y- la función $g(x) = 10x^3 - 5x^2 - 15x + 20$?

Use la siguiente ilustración para responder las preguntas 3 a 9:

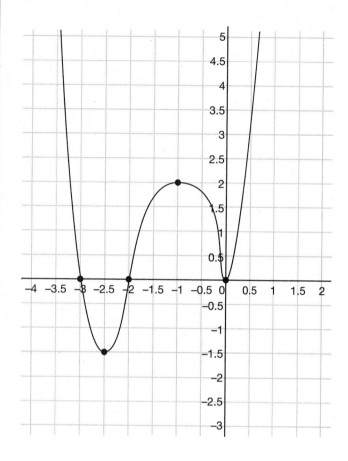

3. Nombre las coordenadas de todos los máximos relativos.

4. Nombre las coordenadas de todos los mínimos relativos.

5. Nombre las coordenadas de todas las intersecciones de *x*.

6. Nombre las coordenadas de todas las intersecciones de *y*.

7. ¿En qué intervalos esta función es creciente?

8. ¿En qué intervalos esta función es decreciente?

9. Nombre los intervalos para los que la función es positiva y los intervalos para los que la función es negativa.

10. ¿Cuál es el comportamiento en los extremos de la función $x^4 + 3x^3 - 2x$ cuando $x \rightarrow -\infty$?

_____

11. ¿Cuál es el comportamiento en los extremos de la función $-2x^5 + 3x^3 + x^2$ cuando $x \rightarrow +\infty$?

_____

Representar datos con diferentes tipos de gráficos

Un conjunto de datos se puede representar en muchos formatos gráficos diferentes. En el examen GED® se le pedirá que responda preguntas en base a información presentada en gráficos de barras, gráficos circulares/de torta, diagramas de puntos, diagramas de caja, histogramas y diagramas de dispersión.

Gráficos de barras

Los gráficos de barras se usan para representar y mostrar datos con valores diferentes para cada categoría. Las diferentes alturas de las barras ofrecen una comparación de los datos con un breve vistazo. Hay dos tipos de gráficos de barras: vertical y horizontal.

Los gráficos de barras verticales muestran las categorías sobre el eje de *x* y los valores sobre el eje de *y*.

Por ejemplo, el siguiente gráfico de barras muestra el número promedio de hijos por hogar para la familia de Carolyn Dexter. Los datos incluyen las cuatro generaciones pasadas además de la generación actual del clan Dexter.

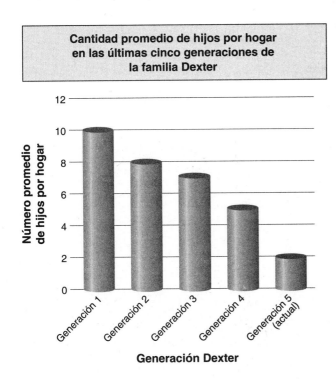

Cantidad promedio de hijos por hogar en las últimas cinco generaciones de la familia Dexter

Generación Dexter

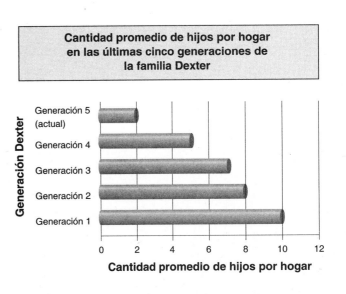

Cantidad promedio de hijos por hogar en las últimas cinco generaciones de la familia Dexter

Como puede ver, las categorías (Generación 1, Generación 2, Generación 3, Generación 4 y Generación 5 [actual]) se colocan sobre el eje de *x*. Los valores de los datos (el número promedio de hijos por hogar) se colocan sobre el eje de *y* en intervalos iguales. Al mirar rápidamente, puede ver que el número promedio de hijos por hogar ha disminuido de generación en generación .

Los gráficos de barras horizontales muestran las categorías sobre el eje de *y* y los valores de los datos sobre el eje de *x*. Con los mismos datos que antes, también podemos hacer un gráfico de barras horizontal. Se vería así:

Aquí, puede ver que las categorías (Generación 1, Generación 2, Generación 3, Generación 4 y Generación 5 [actual]) ahora están colocadas sobre el eje de *y*. Los valores de los datos (el número promedio de hijos por hogar) ahora se ubican sobre el eje de *x*. Aún así, es fácil observar rápidamente que el número promedio de hijos por hogar ha disminuido de generación en generación.

En el examen GED® se le puede pedir que interprete información presentada en un gráfico de barras o que termine de construir un gráfico de barras al arrastrar y soltar la altura correcta de la barra para completar el gráfico según un conjunto de datos dado.

Práctica

12. En promedio, según los gráficos ¿cuántos hijos más tenían los hogares en la primera generación en comparación con la generación Dexter actual? _____

13. Si la tendencia actual en tamaño familiar continúa para la familia Dexter, ¿cuál es el número menos probable de hijos para la sexta generación?

    a. 0

    b. 1

    c. 2

    d. 3

Hay cinco categorías diferentes de libros en la Biblioteca Everdale. Use el siguiente gráfico de barras pare responder las preguntas 14 y 15:

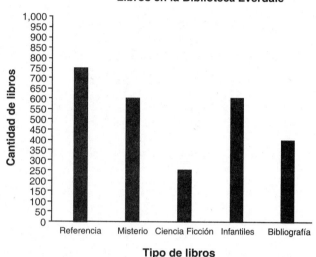

Libros en la Biblioteca Everdale

de un 100%. Sirven para comparar información particular con un todo. Por ejemplo, si el 80% de todos los niños en países en vías de desarrollo sufren de desnutrición, un gráfico circular podría mostrar estos datos fácilmente.

14. La Biblioteca Everdale parece tener aproximadamente la misma cantidad de ¿qué dos categorías de libros?

15. Complete la siguiente afirmación con las opciones que aparecen a continuación: "La cantidad de libros de ciencia ficción de la Biblioteca Everdale parece ser aproximadamente _____ la cantidad de libros de referencia".
    a. el doble de
    b. la mitad de
    c. el triple de
    d. un tercio de

Gráficos circulares/Gráficos de torta

Los gráficos circulares o **gráficos de torta** se utilizan para expresar datos que en conjunto forman un todo. Son ideales cuando se presentan porcentajes

El 80% de los niños con desnutrición en países en vías de desarrollo más el 20% de los niños con buena nutrición menores de cinco años en países en vías de desarrollo es igual al total del 100% de los niños. El gráfico de círculo proporciona una representación visual de esta estadística.

En el examen, es posible que tenga que identificar la parte correcta del círculo para completar un gráfico, de manera similar al ejemplo del gráfico de barras. O quizá deba encontrar porcentajes de datos para construir correctamente el gráfico circular o al menos reconocer el gráfico correcto.

Práctica

16. En base a los valores de la tabla, ¿qué gráfico circular representa correctamente estos datos? Estadísticas de la Oficina de Censos de Estados Unidos, 2012

MADRES SOLTERAS CON HIJOS MENORES DE 18 AÑOS	PADRES SOLTEROS CON HIJOS MENORES DE 18 AÑOS
10,322 millones	1,956 millones

c.

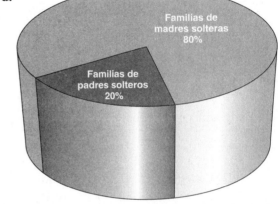

a.

b.

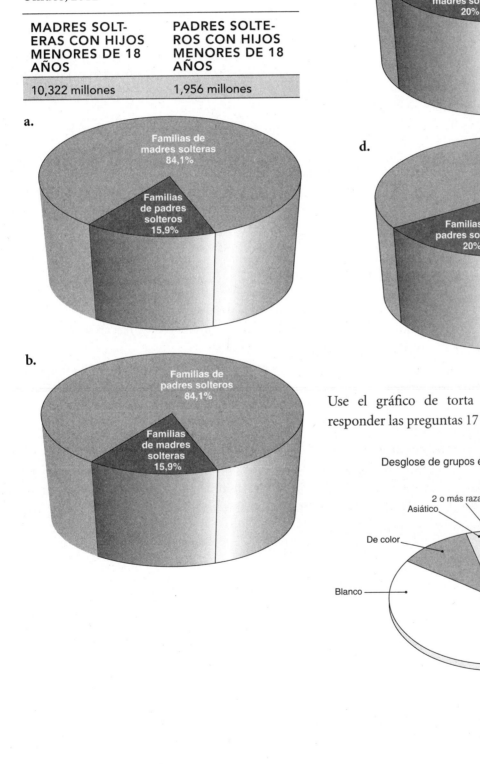

d.

Use el gráfico de torta que aparece debajo para responder las preguntas 17 y 18:

Desglose de grupos étnicos en país no revelado

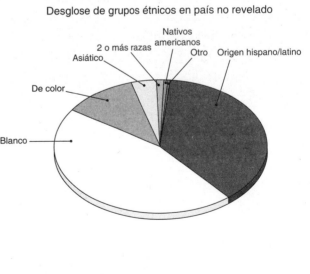

17. Si el gráfico de torta representa el desglose de grupos étnicos en un país de 10 millones de personas, ¿cuál es la mejor estimación para el número de personas de origen hispano/latino en ese país?

    a. 5 millones

    b. 3 millones

    c. 2 millones

    d. 1 millón

18. ¿Aproximadamente qué porcentaje de la población es blanca en este país?

    a. 30% – 40%

    b. 40% – 50%

    c. 50% – 60%

    d. 60% – 70%

Diagramas de puntos

Los diagramas de puntos se usan para mostrar datos numéricos o categóricos sobre una línea horizontal. Los datos numéricos que se colocan sobre la línea horizontal pueden representar "la cantidad de minutos que los estudiantes viajan para llegar a la escuela", mientras que los datos categóricos muestran el "sabor favorito de helado". La cantidad de puntos o x sobre cada categoría representa la frecuencia de los datos que se representan. Los diagramas de puntos son una forma estupenda de ver rápidamente cómo se distribuyen los datos. El siguiente gráfico de puntos representa la cantidad de millas que los maestros de la Academia Windmere recorrieron en bicicleta hasta la escuela durante la Semana "Vamos al trabajo en bicicleta".

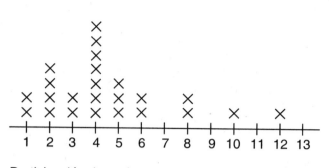

Participación de profesores en la Semana *Vamos al trabajo en bicicleta* de la Academia Windmere

Al mirar este gráfico de puntos, podemos obtener diversa información rápidamente:

- La menor cantidad de millas recorridas en bicicleta fue 1 milla, que fue lo que recorrieron dos maestros.
- El recorrido más largo fue de 12 millas, que lo hizo un maestro.
- La distancia más común recorrida en bicicleta hasta el trabajo fue de 4 millas.
- El rango de millas recorridas en bicicleta fue entre 1 y 12 millas
- Si contamos todas las x, podemos ver que 24 maestros participaron en la Semana "Vamos al trabajo en bicicleta" de la Academia Windmere.

En el examen GED®, esté preparado para crear diagramas de puntos con preguntas de arrastrar y soltar, así como también interpretar información presentada en diagramas de puntos.

Práctica

19. Esta lista de datos representa la cantidad de vasos de café descartables que los miembros de la policía local informaron que usan en una semana dada. Cree un diagrama de puntos para representar de manera precisa estos datos: 7, 5, 7, 2, 10, 0, 7, 5, 12, 0, 7, 5, 1, 14, 8

20. Use su diagrama de puntos de la pregunta 19 para determinar si cada una de las siguientes afirmaciones son verdaderas, falsas o no se pueden determinar:

A. La mayoría de la policía usa en promedio al menos un vaso de café descartable por día.

B. Dos miembros de la policía no beben café.

C. Tres miembros de la policía usan tres vasos de café descartables por semana o menos.

Diagramas de caja

Los diagramas de caja son similares a los diagramas de puntos ya que también muestran datos sobre una línea horizontal. No obstante, los diagramas de caja son más útiles para resumir una gran cantidad de datos. Una vez que los datos están organizados en un diagrama de caja, es fácil ver todos los *cuartiles* o números que dividen los datos en cuartos. En un vistazo, los diagramas de caja nos muestran dónde se encuentra el 25% superior de los datos, dónde se encuentra el 50% superior (e inferior) de los datos y donde se encuentra el 25% más bajo de los datos. Veamos las puntuaciones recientes de los exámenes de la clase de la maestra Betty, que tiene 25 estudiantes:

25 puntuaciones del examen de la clase de la maestra Betty:
55, 65, 67, 69, 75, 76, 78, 79, 82, 83, 84, 85, 86, 87, 87, 89, 90, 91, 91, 91, 92, 93, 93, 93, 100

Nota: Las puntuaciones de los estudiantes de la maestra Betty aquí ya están enumeradas en orden ascendente. Si le dan datos que *no* están enumerados de menor a mayor, usted *debe* ponerlos en orden antes de crear el diagrama de caja.

A pesar de que hay 25 números en el conjunto de datos, un diagrama de caja ofrece un *resumen* de los datos donde solo se trazarán cinco números:

1. Mediana del conjunto total de datos
2. Cuartil inferior (es decir, la mediana de la mitad inferior del conjunto de datos)
3. Cuartil superior (es decir, la mediana de la mitad superior del conjunto de datos)
4. Mínimo (es decir, el punto más bajo del conjunto de datos)
5. Máximo (es decir, el punto más alto del conjunto de datos)

Entonces, ¿cómo encontramos estos cinco números? Comencemos con la mediana del conjunto total de datos. (En el próximo capítulo vamos a tratar la mediana en más en detalle pero, por ahora, usted debe saber que la mediana de un conjunto de datos es el *número del medio* cuando esos datos se enumeran en orden ascendente). Observando nuestra lista de datos en orden ascendente, ¿cuál es la *mediana* o el número del medio?

55, 65, 67, 69, 75, 76, 78, 79, 82, 83, 84, 85, **86**, 87, 87, 89, 90, 91, 91, 91, 92, 93, 93, 93, 100

El número 86 es la mediana porque hay una cantidad par de 12 números a cada uno de sus lados en el conjunto de datos.

Luego, hallemos el cuartil inferior, la mediana de la mitad inferior del conjunto de datos. Los primeros 12 valores son:

55, 65, 67, 69, 75, **76, 78**, 79, 82, 83, 84, 85. . . .

Hay un número par de puntos de datos, así que necesitamos encontrar el promedio de los dos números del medio para obtener nuestro cuartil inferior:

Promedio de los 2 números del medio: $\frac{76 + 78}{2}$ = 77

El número 77 es el cuartil inferior, la mediana de la mitad inferior del conjunto de datos.

Para hallar el cuartil superior, halle la mediana de la mitad superior del conjunto de datos:

. . . 87, 87, 89, 90, 91, **91, 91**, 92, 93, 93, 93, 100

Nuevamente, hay 12 números, pero los dos números del medio son iguales, así que es fácil sacar su promedio para obtener el cuartil superior:

Promedio de los 2 números del medio: $\frac{91 + 91}{2}$ = 91

El número 91 es el cuartil superior, la mediana de la mitad superior del conjunto de datos.

El mínimo y el máximo son fáciles de encontrar. Son simplemente el número más alto y el más bajo del conjunto de datos (en este caso, 55 y 100).

Ahora que tenemos nuestros cinco puntos, tracémoslos en la recta numérica.

Mínimo: 55
Cuartil inferior: 77
Mediana: 86
Cuartil superior: 91
Máximo: 100

Los números en negrita van a convertirse en líneas para formar una caja. Los extremos simplemente van a ser puntos.

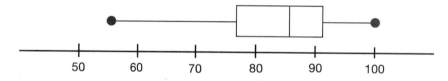

¿Qué nos dice esta visual? ¡En realidad es un resumen de información muy útil! La analizaremos en sus partes clave:

La caja: ¿puede ver que la caja contiene tres líneas verticales? Las líneas que se encuentran en el extremo izquierdo, el medio y el extremo derecho de la caja representan los valores de 77, 86 y 91. La caja le permite a la maestra Betty ver que el 50% del medio de sus estudiantes está dentro del rango de los valores de la caja, de 77 a 91.

Los extremos: los puntos extremos de 55 y 100 permiten a la maestra Betty ver los extremos de su conjunto de datos. Ella puede ver rápidamente cuántos puntos más o menos obtuvieron sus estudiantes con mayor y menor puntuación con respecto al 50% de las calificaciones de la caja.

El margen: dado que la línea que aparece dentro de la caja en 77 representa la puntuación de la mediana de todos los datos, podemos determinar rápidamente cuán consolidadas o similares fueron las puntuaciones en la mitad superior de la clase en comparación con la mitad inferior de la clase. La maestra Betty puede ver que la mitad inferior de las puntuaciones de la clase están más separadas, mientras que la mitad superior de las puntuaciones de la clase están más cerca. Esto significa que a los estudiantes a los que les fue mejor tienen desempeño más similar que los estudiantes a los que les fue peor, que tienen diferencias más grandes en sus habilidades.

Los cuartiles: el último término que debe conocer para los diagramas de caja son los cuartiles. Los *cuartiles* son las tres mediciones centrales que dividen el conjunto de datos en cuartos o secciones de 25% de los datos. El primero, el segundo y el tercer cuartil se muestran en el siguiente conjunto de datos, con los nombres Q_1, Q_2 y Q_3, respectivamente. Observe cómo dividen los datos en cuatro cuartos. Podemos ver que el 75% superior de las calificaciones tuvo un margen o rango que es muy similar al 25% inferior de las calificaciones:

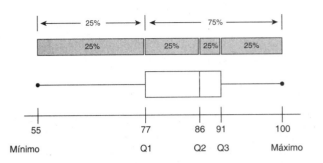

A pesar de que crear un diagrama de caja es un proceso más trabajoso que construir cualquiera de las tablas anteriores que tratamos en esta sección, esperamos que pueda ver cuán útiles son los diagramas de caja para evaluar grandes conjuntos de datos. En el examen GED® se le puede pedir que interprete información de un diagrama de caja individual, que compare conjuntos de datos representados por dos diagramas de caja diferentes o que determine qué diagrama de caja representa de manera precisa un conjunto de datos.

¡NO HAGA ESTO!

Recuerde: para crear un diagrama de caja, primero se deben enumerar los datos en orden ascendente. ¡No intente crear un diagrama de caja sin organizar los datos de menor a mayor!

Práctica

21. Los dos diagramas de caja que aparecen debajo muestran los datos de las temperaturas máximas diarias para cada día del otoño en Minnesota y Alaska. ¿Qué estado tiene una temperatura más constante en el otoño?

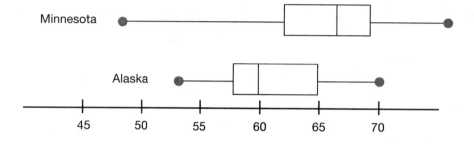

22. ¿Cuál es la mediana de los datos que se muestran aquí? _____

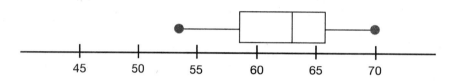

Histogramas

Los histogramas se parecen mucho a los gráficos de barras ya que el eje de *x* contiene datos y el eje de *y* muestra la frecuencia de esos datos. La diferencia importante que existe entre los gráficos de barra y los histogramas es que los gráficos de barras pueden presentar datos categóricos o datos numéricos precisos en el eje de *x*, mientras que los histogramas se usan para representar *rangos consecutivos de datos* sobre el eje de *x*. Esto hace que los histogramas sean una mejor opción para grandes conjuntos de datos o para datos que tienen un rango de números más amplio.

El siguiente histograma muestra el rango de edad de los estudiantes inscriptos en la clase *Retiro para principiantes* del profesor Duvall en el instituto terciario de la comunidad local. Observe en el siguiente gráfico que las barras están trazadas una al lado de la otra, en vez de con un espacio entre medio, como los gráficos de barras:

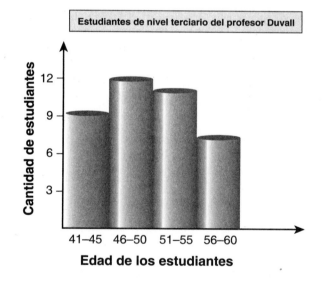

En el examen GED® se le puede pedir que arrastre y suelte la barra correcta para completar un conjunto de datos o se le puede pedir que responda en base a la lectura de un histograma.

Ejemplo

¿Cuántos alumnos hay en la clase del profesor Duvall?

A. 50
B. 44
C. 39
D. 35

La respuesta correcta es la opción **c**. Sume cuántos alumnos hay en cada uno de los rangos de edad:

9 41 a 45 años de edad
12 46 a 50 años de edad
11 51 a 55 años de edad
+7 56 a 60 años de edad
39 estudiantes

Práctica

Use el gráfico anterior de los estudiantes del profesor Duvall para responder las preguntas 23 y 24.

23. De acuerdo con el gráfico, ¿qué porcentaje de estudiantes tienen entre 46 y 50 años? _____

24. De acuerdo con el gráfico, cuál es la diferencia de porcentaje entre el grupo etario con mayor número de estudiantes y el grupo etario con menor número de estudiantes? _____

Diagramas de dispersión

Los datos que son **bivariados** comparan dos variables diferentes. Por ejemplo, los datos bivariados que vamos a ver más adelante en esta sección comparan la cantidad de horas que un estudiante estudió cada semana con la cantidad de semanas que le llevó a ese estudiante aprobar el examen GED®. Los **diagramas de dispersión** nos permiten interpretar la relación entre las dos variables de los datos bivariados para reconocer las tendencias y hacer predicciones sobre los datos que el gráfico no contiene.

Estos son algunos términos para conocer con respecto a los diagramas de dispersión:

Conjunto: un conjunto de puntos es donde se ubican la mayoría de los puntos trazados. También se puede referir a la dirección de los puntos trazados como un todo.

Valor atípico: este es un punto que no está dentro del conjunto. Puede ser considerablemente más grande o más pequeño o puede ser un punto que no tiene relación con el resto de los datos.

Asociación lineal: un gráfico tiene una asociación lineal si los puntos trazados se parecen a una línea.

Asociación no lineal: un gráfico tiene una asociación no lineal si los puntos trazados se parecen a una curva.

Asociación positiva: una asociación positiva de datos bivariados significa que a medida que una variable aumenta, la otra también aumenta.

Asociación negativa: la asociación negativa de datos bivariados significa que a medida que una variable aumenta, la otra disminuye.

Ahora, usemos estos términos para describir el siguiente diagrama de dispersión, que compara el tiempo en minutos conducido en una autopista con la distancia conducida en millas.

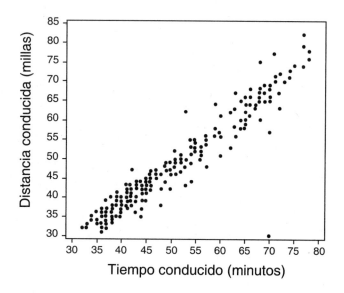

HORAS DE ESTUDIO	CANTIDAD DE SEMANAS PARA APROBAR EL EXAMEN GED
1	30
3	25
4	24
6	21
8	19
10	27
11	17
12	16
14	14
17	13
20	10

- El mayor **conjunto** de puntos se da desde 35 a 47 minutos.
- El punto (70,30) es un **valor atípico**. Es posible que represente a alguien que tuvo problemas con su automóvil o que era un conductor extremadamente prudente.
- Este diagrama de dispersión muestra **una asociación lineal positiva**: A medida que la cantidad de minutos aumenta, sucede lo mismo con la cantidad de millas.

Creación de un diagrama de dispersión

Esta es una tabla de datos bivariados: la cantidad de horas que cada estudiante estudió cada semana comparado con la cantidad de semanas que le llevó a cada estudiante aprobar el examen GED®.

Con estos datos, permita que la columna de la izquierda de "Horas de estudio" represente las coordenadas de *x*. Permita que los datos correspondientes de "Semanas para aprobar el examen GED" que aparecen en la columna derecha representen las coordenadas de *y*. Luego, trace cada uno de estos 11 pares de coordenadas en el siguiente diagrama de dispersión:

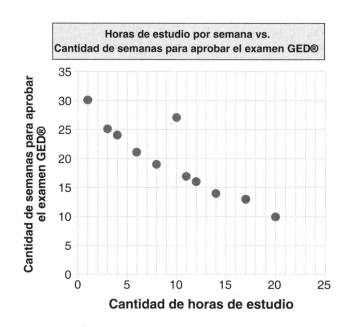

26. ¿Qué punto se consideraría un valor atípico?

    a. (14,14)

    b. (3,25)

    c. (10,27)

    d. (17,13)

27. ¿Qué afirmación NO es verdadera sobre este gráfico?

    a. Los datos muestran una asociación lineal negativa.

    b. Los datos muestran que cuantas más horas se estudia cada semana, más rápido se aprueba el examen GED®.

    c. Los datos muestran una asociación no lineal negativa.

    d. Se puede predecir de manera bastante segura que un estudiante que estudia 19 horas por semana aprobará el examen GED® en aproximadamente 11 semanas.

Resumen

Ahora tiene un rico repertorio de técnicas para mostrar, interpretar y analizar datos. Probablemente note que a medida que aprende más sobre matemáticas, incorpora habilidades previas en el nuevo material. Practique sus habilidades aquí y prepárese para pasar a aplicar todas sus habilidades de álgebra a los temas de geometría en el siguiente capítulo.

En este punto, quizá sea de ayuda que revise la pendiente y las ecuaciones lineales en el Capítulo 7 para recordar cómo calcular una pendiente, cómo calcular la intersección de *y* y cómo interpretar las intersecciones de un gráfico. En el examen GED® se le puede pedir que realice estas tareas a partir de un diagrama de dispersión, así como también que use un diagrama de dispersión para realizar predicciones sobre los puntos de datos que no están en el gráfico. Por ejemplo, mirando este gráfico, ¿cuántas semanas predice que le llevaría a alguien aprobar el examen GED® si estudiara 25 horas por semana? Usted debería poder ver el gráfico y realizar una predicción de entre 5 y 7 semanas en base a la tendencia mostrada. Practique sus interpretaciones de diagrama de dispersión con las siguientes preguntas de práctica.

Práctica

Para responder las preguntas 25 a 27, use el diagrama de dispersión anterior que compara las horas estudiadas con las semanas necesarias para aprobar el examen GED®.

25. ¿Estos datos muestran una asociación positiva o negativa? _____

Revisión de interpretación de datos en gráficos y tablas

1. ¿Qué gráfico tiene una intersección de y en -5 y aumenta durante el intervalo $(-\infty,-5) \cup (-5,\infty)$?

a.

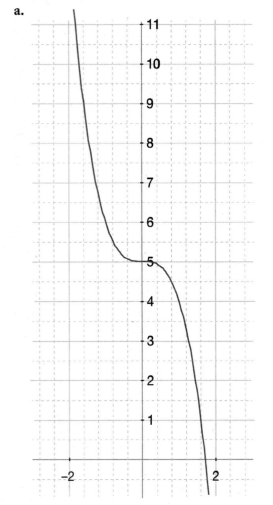

b.

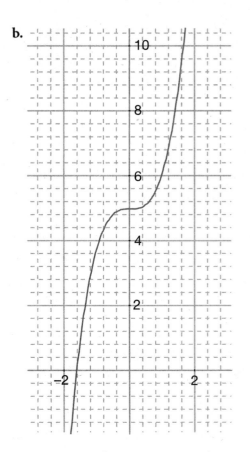

c.

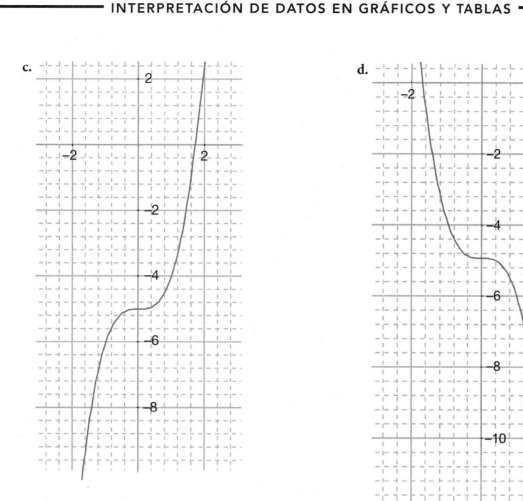

d.

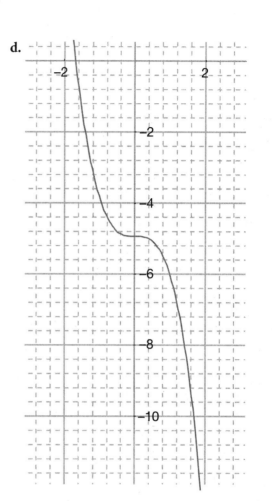

Use el siguiente gráfico de la función g(x) para responder las preguntas 2 a 5:

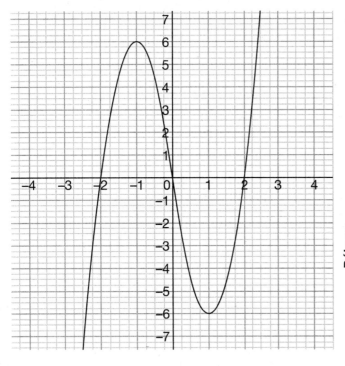

2. ¿En qué intervalo g(x) es decreciente?
   a. [–2,0]
   b. (0,2)
   c. (–1,1)
   d. (6,–6)

3. ¿Cuál de las siguientes funciones podría ser la forma general de la ecuación que representa esta función, para coeficientes reales *a, b, c, d* y *m*?
   a. $y = ax^2 + bx + c$
   b. $y = ax^3 + bx^2 + cx + d$
   c. $y = mx + b$
   d. $y = \frac{1}{x}$

4. ¿Cuál es la mejor aproximación del mínimo relativo de g(x)?
   a. (–1,6)
   b. (0,0)
   c. (1,–6)
   d. (–2,4;–7,5)

5. ¿En qué intervalo(s) g(x) es positivo?
   a. (0,6)
   b. (–2,0)
   c. (–∞,–1) y (1,+∞)
   d. (–2,0) y (2,+∞)

Use el siguiente gráfico de barras pare responder las preguntas 6 y 7:

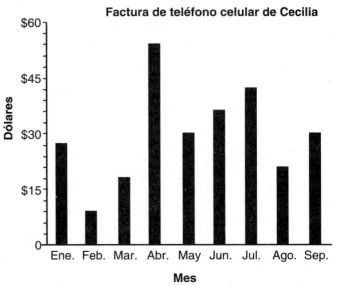

Factura de teléfono celular de Cecilia

6. Cecilia traza en un gráfico de barras el costo de su factura de teléfono celular cada mes, desde enero hasta septiembre. ¿Cuánto gastó Cecilia en su teléfono celular en abril y mayo combinados? _____

7. ¿Qué respuesta se aproxima más al costo promedio de la factura de teléfono celular de Cecilia cada mes?
   a. $15
   b. $20
   c. $30
   d. $40

Use el siguiente diagrama de caja para responder las preguntas 8 y 9:

8. Este diagrama de caja muestra los precios de los libros de texto en una escuela secundaria local. ¿Qué rango describe el 50% del medio de los precios (*p*) de los libros de texto?
a. $30 < p < $85
b. $50 < p < $85
c. $50 < p < $90
d. $85 < p < $90

9. ¿Qué porcentaje de libros cuesta entre $85 y $90?
a. 25%
b. 50%
c. 75%
d. No se puede determinar a partir de este gráfico.

Use el siguiente gráfico de torta para responder las preguntas 10 y 11:

Presupuesto de la familia Johnson

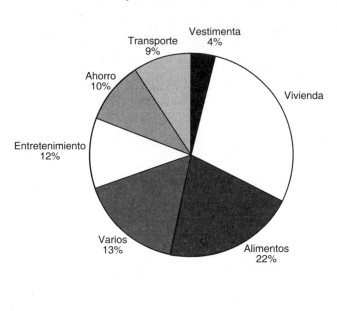

10. El gráfico muestra el presupuesto de la familia Johnson para un mes.

En porcentaje de gastos generales, ¿cuánto dinero más se gasta en alimentos que en transporte y vestimenta combinados?

_____

11. ¿Qué porcentaje tiene presupuestado la familia Johnson para vivienda? _____

12. ¿Cuál de las siguientes afirmaciones describe mejor la relación entre los puntos de datos que se muestran en el diagrama de dispersión?

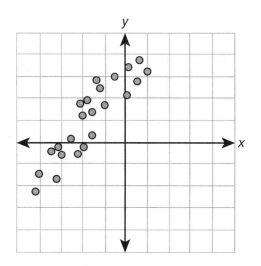

a. Hay una correlación positiva.
b. Hay una correlación negativa.
c. No parece haber ninguna correlación.
d. No se puede determinar sin conocer los valores de los puntos de datos.

Respuestas y explicaciones

Práctica del capítulo

1. $y = 4$ y $x = -\frac{4}{3}$. Puesto que la ecuación lineal $f(x) = 3x + 4$ está en la forma $y = mx + b$, sabemos que b o 4 es la intersección de y. Para hallar la intersección de x, reemplace y con 0 y resuelva x:

$$f(x) = 3x + 4$$
$$0 = 3x + 4$$
$$\underline{-4 \qquad -4}$$
$$\frac{-4}{3} = \frac{3x}{3}$$
$$x = -\frac{4}{3}$$

2. $y = 20$. El valor de x será 0 en el punto en que una función cruza el eje de y. Por lo tanto, reemplace todas las variables de x con 0 y resuelva y:

$$g(x) = 10x^3 - 5x^2 - 15x + 20$$
$$y = 10(0)^3 - 5(0)^2 - 15(0) + 20$$
$$y = 20$$

3. $(-1,2)$. Solamente hay un máximo relativo en $(-1,2)$, que hace un pico.

4. $(-2,5;-1,5)$ y $(0,0)$. Hay dos mínimos relativos que ocurren en los dos valles: $(-2,5;-1,5)$ y $(0,0)$.

5. $(-3,0)$, $(-2,0)$ y $(0,0)$. La función toca el eje de x en tres lugares diferentes: $(-3,0)$, $(-2,0)$ y $(0,0)$.

6. $(0,0)$. Hay una sola intersección de y en $(0,0)$.

7. $(-2,5;-1)$ y $(0,+\infty)$. Las funciones son crecientes en los intervalos donde su pendiente es positiva o donde sube de izquierda a derecha. Los intervalos son definidos por los valores de x en los cuales se exhibe un comportamiento. En esta función, la pendiente es positiva desde $x = -2,5$ hasta $x = -1$. Luego, la pendiente es nuevamente positiva desde $x = 0$ hasta lo que parece ser $x = \infty$. Excluya los extremos al escribir estos intervalos entre paréntesis. Esta función es creciente en los intervalos $(-2,5;-1)$ y $(0, +\infty)$.

8. $(-2,5;-1)$ y $(0, +\infty)$. Las funciones son decrecientes en los intervalos donde su pendiente es negativa o donde baja de izquierda a derecha. Los intervalos son definidos por los valores de x en los que se exhibe un comportamiento. En esta función la pendiente es negativa desde lo que parece ser $x = -\infty$ hasta $x = -2,5$. Luego, la pendiente es negativa nuevamente desde $x = -1$ hasta $x = 0$. Excluya los extremos al escribir estos intervalos entre paréntesis. Esta función es creciente en los intervalos $(-2,5;-1)$ y $(0, +\infty)$.

9. **Positiva:** $(-\infty,-3) \cup (-2,0) \cup (0,\infty)$. **Negativa:** $(-3,-2)$. Los intervalos se expresan en términos de los valores de x para los que se exhibe un cierto comportamiento. Una función es positiva cuando su valor de y es positivo y su gráfico está sobre el eje de x. Esta función es positiva en $(-\infty,-3) \cup (-2,0) \cup (0,\infty)$. Una función es negativa cuando se ubica debajo del eje de x y sus valores de y son negativos. Esta función es negativa en $(-3,-2)$. Observe que los puntos en los que la función se cruza con el eje de x no son positivos ni negativos, así que estos se deben excluir de los intervalos al usar paréntesis en vez de corchetes.

10. **Cuando $x \to -\infty$, $f(x) \to +\infty$.** Solo nos interesa el primer término. Tiene una potencia par de x y un coeficiente positivo. Por lo tanto, se comportará como una parábola con un coeficiente positivo. La forma parabólica será vertical, entonces cuando $x \to -\infty$, $f(x) \to +\infty$.

11. **Cuando $x \to +\infty$, $f(x) \to -\infty$.** Nuevamente, solo nos interesa el primer término. Tiene una potencia impar de x y un coeficiente negativo. Por lo tanto, se comportará como una función cúbica con un coeficiente negativo. La función generalmente decrece desde la izquierda hacia la derecha del gráfico. Cuando $x \to +\infty$, $f(x) \to -\infty$.

12. 8. La primera generación que se muestra es la Generación 1. La altura de la barra para la Generación 1 es 10, lo que significa que cada hogar tenía un promedio de 10 hijos. La altura de la barra para la generación actual (Generación 5) es 2, lo que significa que hoy cada hogar de la familia Dexter tiene un promedio de 2 hijos. En promedio, la diferencia entre la primera generación que se muestra y la generación Dexter actual es de 8 hijos por hogar.

13. d. La quinta generación (actual) de la familia Dexter tiene 2 hijos. Puesto que la cantidad de hijos ha disminuido de una generación a otra, lo menos probable sería que la cantidad de hijos de la sexta generación *aumentara* a 3. La opción de respuesta **c** (2 hijos) tampoco es muy probable, dado que la tendencia es que la cantidad de hijos *disminuya*, pero 3 hijos es menos probable dado que aumentar la cantidad de hijos es lo opuesto a disminuir la cantidad de hijos de una generación.

14. Misterio e infantiles. De acuerdo con el gráfico de barras, la altura de la barra que representa los libros de misterio es igual a la altura de la barra de los libros infantiles. La Biblioteca Everdale tiene aproximadamente la misma cantidad de libros de misterio que de libros infantiles.

15. d. De acuerdo con el gráfico de barras, la altura de la barra de ciencia ficción es de aproximadamente 250 libros, mientras que la altura de la barra de referencia muestra alrededor de 750 libros. Por lo tanto, hay alrededor de $\frac{1}{3}$ de libros de ciencia ficción en comparación con los libros de referencia. La opción **c** es un error fácil de cometer porque revierte la relación: hay el *triple* de libros de referencia que de libros de ciencia ficción.

16. a. Para representar información en un gráfico circular, primero debemos encontrar el porcentaje del todo para cada estadística, dado que el círculo representa un todo. Primero, necesitamos encontrar la cantidad total de padres solteros al sumar 10,322 millones y 1,956 millones:

10,322 millones
+ 1,956 millones
12,278 millones

Ahora que conocemos la cantidad total de familias, podemos hallar el porcentaje de familias de madres solteras y familias de padres solteros al calcular problemas de división:

$$\frac{\text{N.º de familias de madres solteras}}{\text{Número total de familias}} = \frac{10{,}322 \text{ millones}}{12{,}278 \text{ millones}}$$
= 0,8406 = 84,1% (redondeado)

$$\frac{\text{N.º de familias de padres solteros}}{\text{Número total de familias}} = \frac{1{,}956 \text{ millones}}{12{,}278 \text{ millones}}$$
= 0,1593 = 15,9% (redondeado)

La opción **b** tiene invertidas las estadísticas para padres solteros y madres solteras. La opción **d** es una respuesta redondeada, pero al estar la opción **a**, la opción **d** no es precisa. La opción **c** es similar a la opción **d**, pero las estadísticas están revertidas.

17. b. Observando el gráfico de torta, la cantidad de personas de origen hispano/latino conforman alrededor de un tercio de la población. Si el gráfico de torta representa un total de 10 millones de personas, entonces un tercio de 10 millones sería 3,3 millones, así que **b** es la mejor respuesta. La opción **a** es incorrecta porque 5 millones de personas de origen hispano/latino de un total de 10 millones sería el 50% de la población y el gráfico no muestra que las personas de origen hispano/latino abarquen la mitad del gráfico circular. De forma similar, las opciones **c** y **d** representan un quinto y un décimo de la población, pero al mirar el gráfico, podemos ver que las personas de origen hispano/latino conforman más que un quinto del gráfico circular.

18. Al observar el gráfico circular, podemos ver que casi un 50% de la población de este país es blanca, así que la opción de respuesta **b** es la respuesta correcta. Las opciones de respuesta **c** y **d** requerirían que la sección que representa a los blancos ocupara más de la mitad del gráfico, pero no es así. La opción **a** es demasiado baja para ser correcta.

19. Puesto que el rango de datos iba de 0 a 14, haga una recta numérica con espacios parejos entre 0 y 14. Cada vez que aparece un punto de datos en el conjunto, coloque una *x* sobre esa etiqueta de datos:

Cantidad de vasos de café descartables usados por semana

20. A: verdadero; B: no se puede determinar; C: falso. Al contar todos los puntos de datos, vemos que hay 15 personas representadas en este diagrama de puntos. La afirmación A, "La mayoría de la policía usa en promedio al menos un vaso de café descartable por día", es verdadera porque solo 2 de cada 15 personas no usan al menos un vaso descartable por día. La afirmación B "Dos miembros de la policía no beben café", puede ser verdadera dado que dos personas no usan vasos de café descartables, pero no sabemos si beben café en su casa o usan vasos de café reutilizables, así que esto no se puede determinar. La afirmación C, "Tres miembros de la policía usan tres vasos de café descartable por semana o menos", es falsa puesto que hay cuatro personas que usan tres vasos de café descartables por semana o menos.

21. Alaska. El rango de temperaturas extremas en Alaska no es tan grande como en Minnesota. Por lo tanto, si estuviera tratando de decidir a dónde ir de vacaciones en otoño y quisiera llevar poco equipaje, le convendría ir a Alaska dado que no necesitaría llevar tanta ropa para prever las condiciones climáticas cambiantes.

22. 63. Para encontrar la mediana de los datos mostrados, busque el valor de la línea central de la caja.

23. 31%. Para hallar el porcentaje de estudiantes de entre 46 y 50 años, primero tiene que hallar la cantidad total de estudiantes. En el primer ejemplo calculamos 39 estudiantes en total. Al leer el gráfico, podemos ver que la cantidad de estudiantes de entre 46 y 50 años es 12. Para hallar el porcentaje, simplemente dividimos 12 entre 39 y luego movemos la coma decimal dos espacios hacia la derecha.

$$\frac{12}{39} = 0,307 = 30,7 = 31\% \text{ (redondeado)}$$

Entonces, el 31% de los estudiantes del profesor Duvall tiene entre 46 y 50 años.

24. **13%.** En el ejemplo anterior hallamos el porcentaje del grupo etario con mayor cantidad de estudiantes. Luego, debemos encontrar el porcentaje de estudiantes que están en el grupo etario con menor cantidad de estudiantes. La menor cantidad de estudiantes de un grupo etario es 7, que están en el rango etario de 56 a 60 años. Halle el porcentaje dividiendo 7 entre la cantidad total de estudiantes y luego mueva el lugar del decimal.

$$\frac{7}{39} = 0{,}179 = 17{,}9 = 18\% \text{ (redondeado)}$$

Entonces, la diferencia de porcentaje es

$$\begin{array}{r} 31\% \\ -18\% \\ \hline 13\% \end{array}$$

Entonces, la diferencia de porcentaje entre los grupos etarios con mayor y menor cantidad de estudiantes en la clase del profesor Duvall es 13%.

25. **asociación negativa.** Vuelva a ver los seis términos que definimos anteriormente. La asociación negativa significa que a medida que una variable aumenta, la otra disminuye. En este gráfico, a medida que la cantidad de horas de estudio aumenta, la cantidad de tiempo que lleva aprobar el examen GED® disminuye.

26. **c.** Este punto en el gráfico se ubica lejos del conjunto con tendencia a la baja. Deben haber otras razones por las que este estudiante no aprobó el examen GED® en menos semanas, dado que no sigue la tendencia.

27. **c.** El gráfico muestra una asociación lineal, así que la opción **c** no es verdadera. El gráfico tiene una asociación negativa: a medida que la cantidad de horas de estudio aumenta, la cantidad de semanas que lleva aprobar el examen GED® disminuye. Dado que el gráfico tiene una asociación lineal, se pueden predecir valores que no se encuentran trazados y que siguen la progresión lineal.

Revisión de interpretación de datos en gráficos y tablas

1. **c.** Este gráfico interseca el eje de y en -5. También aumenta de $(-\infty, -5) \cup (-5, \infty)$.

2. **c.** Las funciones son decrecientes en los intervalos donde su pendiente es negativa o baja de izquierda a derecha. Los intervalos son definidos por los valores de x en los que se exhibe un comportamiento. En esta función la pendiente es negativa desde $x = -1$ hasta $x = 1$. Entonces, esta función es decreciente en los intervalos $(-1, 1)$. La opción de respuesta **d** nombra los *valores de y* en los que la función es decreciente, pero esta no es la convención correcta para hablar sobre intervalos. Las opciones **a** y **b** muestran los intervalos en los que la función es *positiva* y *negativa*, respectivamente (se deben usar paréntesis y corchetes en la opción **a**).

3. **b.** Las funciones con grados pares tienen comportamientos similares en los extremos en ambas direcciones, mientras que las funciones con grado impar tienen comportamientos opuestos en ambas direcciones. Puesto que esta función va en dos direcciones opuestas cuando x se acerca a ∞ y cuando x se acerca a $-\infty$, debe ser una función de grado impar. Esto elimina la opción **a**. La opción **c** no tiene sentido puesto que es una ecuación lineal y este gráfico es curvo. La opción **d** no tiene sentido puesto que x está en la parte inferior de una fracción. La opción **b** es la respuesta correcta porque muestra una función cúbica y las funciones cúbicas siempre tienen comportamientos opuestos en ambas direcciones.

4. c. El mínimo relativo de $g(x)$ será donde cruza un valle y la pendiente cambia de dirección. La opción **d** muestra el punto más bajo del gráfico, pero este no es por definición el *mínimo relativo*. La opción **b** muestra el origen, que no está en un valle. La opción **a** muestra el máximo relativo, que está en un pico. La opción **c** es el mínimo relativo y el valle está en $(1,-6)$.

5. Una función es positiva cuando su valor de y es positivo y su gráfico está sobre el eje de x. Los intervalos se expresan en términos de los valores de x para los que se exhibe un cierto comportamiento. La función $g(x)$ es positiva cuando x va de -2 a 0 y luego nuevamente cuando x va de 2 a ∞. Esto se escribe como $(-2,0)$ y $(2,+\infty)$ entonces **d** es la respuesta correcta. La opción **c** es incorrecta porque nombra los intervalos de la función donde es *creciente* en lugar de nombrar los intervalos donde es *positiva*. La opción **b** nombra un solo intervalo donde la función es positiva pero se olvida del intervalo $(2,+\infty)$. La opción **a** incluye el rango de altura de la función en el segundo cuadrante, que no tiene nada que ver con que el intervalo de la función sea positivo.

6. **$84.** Use el gráfico de barras para saber cuánto gastó Cecilia en su teléfono celular en abril y cuánto gastó en su teléfono celular en mayo. Luego, sume esos dos valores para saber cuánto gastó en los dos meses combinados.
Cada marca en el eje vertical del gráfico representa $3. Cecilia gastó $54 en abril y $30 en mayo.

$$\$54 + \$30 = \$84$$

Cecilia gastó $84 en su teléfono celular en abril y mayo combinados.

7. c. Mirando el gráfico podemos considerar cada opción de respuesta para ver cuál se aproxima más al costo promedio de la factura de teléfono celular de Cecilia cada mes. La opción **a** no tiene sentido dado que febrero es la única factura de menos de $15 y el resto de los meses tienen facturas considerablemente mayores que esta. La opción **b** tampoco tiene mucho sentido, ya que solo tres de los nueve meses tienen $20 o menos y los seis meses restantes tienen casi $30 o más. La opción **d** no parece la mejor respuesta ya que solo dos de los nueve meses tienen $40 o más. Este promedio parece demasiado alto. Después de eliminar estas tres opciones, está claro que la opción **c** es la mejor aproximación puesto que tres de los nueve meses están razonablemente cerca de $30.

8. c. Cada punto de un diagrama de caja representa el principio y/o el final de un cuartil. El punto que se ubica más a la izquierda representa el principio del primer cuartil, el siguiente punto representa el final del primer cuartil y el principio del segundo cuartil y así sucesivamente. Cada cuartil representa un 25% de los datos. Puesto que en un conjunto de datos hay cuatro cuartiles, los dos cuartiles del medio (el segundo y tercer cuartil) representan el 50% del medio de los datos.
Para este conjunto de datos, el principio del segundo cuartil es $50 y el final del tercer cuartil es $90. Entonces, el 50% del medio de los datos está entre $50 y $90.

9. a. Puesto que $85 representa la mediana y $90 representa el cuartil superior, podemos concluir que el 25% de los datos está entre $85 y $90. La opción **b** no es correcta porque el 50% de los datos está ya sea en el rango demostrado por la caja ($50 a $90), o en el rango que va desde la mediana hasta el máximo ($85 a $110). La opción **c** es incorrecta porque el 75% de los libros cuestan *menos de* $90 pero más de $30, pero los libros entre $85 y $90 no son el 75% de los datos.

10. 9%. Para hallar la diferencia entre alimentos y el total combinado de gastos de transporte y vestimenta, observe los números que aparecen en el gráfico. Los gastos de alimentos son 22%, transporte 9% y vestimenta 4%; 22 − (9 + 4) = 9%.

11. 30%. En un gráfico de torta, todos los porcentajes deben sumar el 100%. Al sumar todos los otros porcentajes dados obtenemos un 70%. Esto significa que queda un 30% para vivienda.

12. a. Al observar un diagrama de dispersión de puntos de datos, existe una correlación si hay una relación entre x e y que es verdadera para la mayoría de los puntos. Por ejemplo, si los valores de y aumentan a medida que los valores de x aumentan, entonces hay una correlación positiva. En otras palabras, si parece que los puntos suben a medida que se mueve de izquierda a derecha en el gráfico, entonces hay una correlación positiva. De forma similar, si los valores de y disminuyen a medida que los valores de x aumentan, entonces hay una correlación negativa. Los valores se comportan de forma opuesta entre sí.

De acuerdo con este diagrama de dispersión, hay una relación perceptible. A medida que los valores de x aumentan, también aumentan los valores de y. Por lo tanto, hay una correlación positiva.

10 ▶ FUNDAMENTOS DE GEOMETRÍA

La geometría es el estudio de las figuras y relaciones espaciales. Las habilidades de geometría que usted necesita para el examen GED® también son habilidades importantes para la vida que lo beneficiarán en el mundo real: trabajar con el perímetro, área, volumen y área de la superficie de las figuras. Ya sea que vaya a comprar alfombras para su hogar, semillas de césped para su jardín o un cerco para proteger a su perro, usted descubrirá que estas habilidades de geometría son útiles para su vida diaria. Las respuestas y explicaciones para todas las preguntas de práctica están al final del capítulo.

Este capítulo abarca:

- Perímetro
- Uso del teorema de Pitágoras con triángulos rectángulos
- Circunferencia
- Área
- Área de la superficie de los prismas
- Volumen de los prismas
- Aplicación de los factores de escala a las figuras geométricas

HOJA DE FÓRMULAS MATEMÁTICAS DEL EXAMEN GED®

No necesita memorizar las fórmulas para el perímetro, área, volumen o área de la superficie para tener éxito en el examen GED®. El día del examen tendrá acceso a una hoja de fórmulas, que contendrá todas las fórmulas que necesita. Con lo que *debe* estar familiarizado es:

- *cuándo* necesita utilizar cada fórmula,
- *qué* representa cada variable de la fórmula y
- *cómo* calcular de manera correcta los valores que se ingresan en la fórmula.

Por ejemplo, considere una pregunta que le pide utilizar la fórmula del área de la superficie para un prisma recto: $AS = ph + 2B$.

Usted debe saber que p = perímetro de la cara delantera, h = altura del prisma y B = área de la base. La hoja de referencia de fórmulas que aparece en la página 191 contiene las fórmulas a las que tendrá acceso el día del examen. A medida que trabaje en las preguntas de práctica en este capítulo, utilice esta hoja de referencia para simular las condiciones de evaluación.

Área

Paralelogramo: $A = bh$

Trapezoide: $A = \frac{1}{2}h(b_1 + b_2)$

Área de la superficie y volumen

Prisma rectangular/recto:	$AS = ph + 2B$	$V = Bh$
Cilindro:	$AS = 2\pi rh + 2\pi r^2$	$V = \pi r^2 h$
Pirámide:	$AS = \frac{1}{2}ps + B$	$V = \frac{1}{3}Bh$
Cono:	$AS = \pi rs + \pi r^2$	$V = \frac{1}{3}\pi r^2 h$
Esfera:	$AS = 4\pi r^2$	$V = \frac{4}{3}\pi r^3$

(p = perímetro de base B; $\pi \approx 3,14$)

Álgebra

Pendiente de una línea: $m = \frac{y_2 - y_1}{x_2 - x_1}$

Forma pendiente-intersección de la ecuación de una línea: $y = mx + b$

Forma punto-pendiente de la ecuación de una línea: $y - y_1 = m(x - x_1)$

Forma estándar de una ecuación cuadrática: $y = ax^2 + bx + c$

Fórmula cuadrática: $x = \frac{-b \pm \sqrt{b^2 - 4ac}}{2a}$

Teorema de Pitágoras: $a^2 + b^2 = c^2$

Interés simple: $I = cit$

(I = interés, c = capital, i = tasa de interés, t = tiempo)

TRABAJAR CON FÓRMULAS DE FORMA INVERSA

En las secciones siguientes no solo se le pedirá que calcule el perímetro, área y volumen con las fórmulas, sino también que trabaje de forma inversa. Por ejemplo, se le puede solicitar que resuelva una dimensión faltante, como la *altura*, cuando se conocen el volumen, la longitud y el ancho de un prisma. Usted ya tiene las habilidades necesarias para trabajar de forma inversa: Inserte toda la información dada y utilice sus habilidades de álgebra para despejar la variable desconocida.

Perímetro

Peri significa "alrededor" y *metro* significa "medida". Entonces, el **perímetro** de cualquier figura es simplemente la medida que hay alrededor de la figura. Un entrenador de fútbol puede hacer que su equipo corra vueltas alrededor del perímetro de un campo de fútbol o un contratista puede colocar un cerco temporal alrededor de una obra de trabajo para que los peatones no crucen por allí inadvertidamente y se lesionen. Dado que en los problemas de palabras no necesariamente se le pedirá que halle el *perímetro* de una figura dada, es importante que pueda reconocer que las preguntas que tienen que ver con la distancia que hay alrededor del exterior de una figura se refieren al perímetro de esa figura.

¡PREGUNTA DE ANTICIPO GED®!

En el examen GED® usted debe estar preparado para trabajar de forma inversa para resolver una medida faltante cuando se da la distancia que hay alrededor de una figura:

- ¿Cuál es el radio de un círculo con una circunferencia de 16π?

Rectángulos y cuadrados

Para hallar el perímetro de un rectángulo o cuadrado, simplemente halle la suma de las medidas de cada lado de la figura. Es útil usar las siguientes fórmulas cuando le dan el perímetro y le solicitan que determine la longitud del lado de un cuadrado.

Perímetro de un rectángulo = $l + l + a + a$
P = 2l + 2a
l = largo y a = ancho

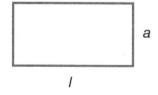

Ejemplo

¿Cuánto cerco se necesitará para cerrar un jardín rectangular que tiene 9 pies de largo y 5,5 pies de ancho?

Primero, debe reconocer que en esta pregunta se debe calcular un perímetro puesto que es necesario determinar la distancia que hay *alrededor* de un rectángulo. Dado que se le da un largo de 9 y un ancho de 5,5, coloque ambas medidas en la fórmula:

$$P = 2l + 2a$$
$$P = 2(9) + 2(5,5)$$
$$P = 18 + 11$$
$$P = 29$$

Se necesitan 29 pies de cerco para cerrar este jardín.

Perímetro de un cuadrado = $l + l + l + l$

P = 4l

l = longitud del lado (los 4 lados de un cuadrado tienen la misma longitud)

Ejemplo

Fernando tiene 30 pies de mosaicos decorativos restantes para crear un borde alrededor del patio. Si quiere que el patio sea cuadrado, ¿cuál es la longitud de lado del patio de mayor tamaño que podría crear con estos mosaicos de borde?

La palabra "borde" indica que en esta pregunta debemos trabajar con el perímetro puesto que un borde va *alrededor* de una figura. Observe que aquí se le da el perímetro (30 pies) y se debe resolver la longitud del lado. ¡En esta pregunta se debe *trabajar de forma inversa*! Los 30 pies se deben ingresar como perímetro en la fórmula y luego la longitud del lado se puede resolver así:

$$P = 4l$$
$$30 = 4l$$
$$\frac{30}{4} = l$$
$$l = 7{,}5$$

La máxima longitud de lado de un patio cuadrado que se puede cerrar con 30 pies de mosaico decorativo es 7,5 pies.

Triángulos

No hay fórmula para hallar el perímetro de un triángulo. Para hallar el perímetro de un **triángulo**, simplemente sume las medidas de los tres lados.

Por ejemplo, hallemos el perímetro del triángulo que aparece a continuación:

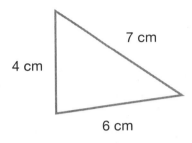

Perímetro = 4 cm + 6 cm + 7 cm = 17 cm

Teorema de Pitágoras

Una habilidad que puede necesitar para hallar el perímetro de un triángulo rectángulo es el teorema de Pitágoras. Este teorema se usa para hallar la longitud del lado faltante de los **triángulos rectángulos**. Para usar la fórmula correctamente, es importante conocer las partes que conforman los triángulos rectángulos:

Catetos: Los dos lados que forman el ángulo recto se llaman *catetos* del triángulo.

Hipotenusa: El lado más largo de los triángulos rectángulos siempre se encuentra opuesto al ángulo recto y se llama *hipotenusa*.

Esta es una ilustración de un triángulo con catetos *a* y *b* y una hipotenusa *c*:

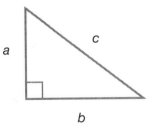

El **teorema de Pitágoras** establece:

$$(\text{Cateto 1})^2 + (\text{Cateto 2})^2 = (\text{Hipotenusa})^2$$

En vez de usar palabras para representar la fórmula, usualmente se abrevia con las variables *a*, *b* y *c*:

$$a^2 + b^2 = c^2$$

Para usar la fórmula correctamente, no es extremadamente importante que preste atención a las variables exactas. No obstante, es *muy* importante que se asegure de que la hipotenusa esté sola y que los catetos estén juntos. Observe el siguiente ejemplo donde la hipotenusa se etiqueta con la letra *b* y mire cómo se calcula:

Ejemplo

¿Cuál es la longitud del lado *b*?

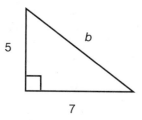

A pesar de que *b* es el lado desconocido de este triángulo, esta no es la misma *b* que se da en el teorema de Pitágoras $a^2 + b^2 = c^2$. Es importante recordar que la hipotenusa debe estar sola. En este triángulo dado, *b* es la hipotenusa y los dos lados dados son los catetos. Comenzando con la fórmula, complete la información para los catetos y resuelva la hipotenusa:

$$a^2 + b^2 = c^2$$
$$5^2 + 7^2 = b^2$$
$$25 + 49 = b^2$$
$$74 = b^2$$
$$\sqrt{74} = \sqrt{b^2}$$
$$8,60 = b$$

¡NO HAGA ESTO!

Al trabajar con el Teorema de Pitágoras, los estudiantes suelen querer colocar la variable desconocida por sí sola y resolver la hipotenusa. Es importante reconocer cuándo la pregunta le pide que resuelva un cateto. Observe este error común al establecer el teorema de Pitágoras para resolver el lado faltante en el siguiente triángulo:

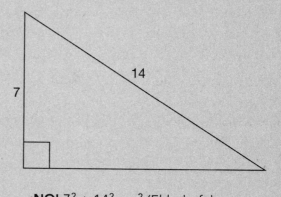

¡**NO!** $7^2 + 14^2 = c^2$ (El lado faltante *no* es la hipotenusa).

SÍ . . . $7^2 + b^2 = 14^2$ (El lado faltante *es* el cateto).

Polígonos

Un **polígono** es una figura bidimensional con al menos tres lados rectos. Para hallar el perímetro de un polígono, halle la suma de las medidas de todos los lados. Algo con lo que tiene que tener cuidado en los polígonos son las marcas en los lados que indican congruencia. Si dos lados tienen una sola marca que los atraviesa, esto significa que son **congruentes** o tienen la misma longitud. Lo mismo sucede con una marca doble o una marca triple en dos o más lados. Por ejemplo, en la siguiente figura observe que los lados más pequeños tienen una sola marca, esto indica que todos miden 1,5 yardas de largo. Las marcas dobles en los dos lados horizontales de la parte superior e inferior indican que estos dos lados también son congruentes. Halle el perímetro de la siguiente figura:

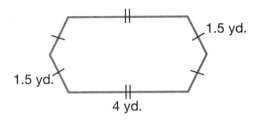

Perímetro = 4 yd. + 4 yd. + 1,5 yd. + 1,5 yd. +
$$1,5 \text{ yd.} + 1,5 \text{ yd.}$$
$$= 2(4 \text{ yd.}) + 4(1,5 \text{ yd.})$$
$$= 8 \text{ yd.} + 6 \text{ yd.}$$
$$= 14 \text{ yd.}$$

Circunferencia

La **circunferencia** de un círculo mide la distancia que hay alrededor del círculo. Este concepto es similar a hallar el perímetro de una figura con lados rectos. Sin embargo, dado que un círculo no tiene ningún lado recto, la distancia que hay alrededor del círculo (la circunferencia) debe calcularse de manera diferente.

Antes de poder calcular la circunferencia de un círculo, es necesario que conozca algunos términos.

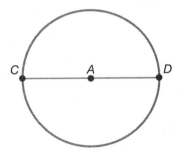

Centro: En la figura, el centro está en el punto A.

Radio: Cualquier línea que se dibuje desde el centro, A, hacia la parte exterior del círculo se llama radio. Por lo tanto, la línea que va desde A hasta D, $\overline{AD}$, es un radio y la distancia que va desde A hasta C, $\overline{CA}$, es un radio. Por lo tanto, $\overline{AD} = \overline{CA}$.

Diámetro: Cualquier línea que se dibuje desde un lado del círculo hasta el otro lado y pase a través del centro del círculo se llama diámetro. Por lo tanto, la línea es un diámetro porque pasa a través del centro del círculo, A.

Observe que $\overline{CA} + \overline{AD} = \overline{CD}$. La longitud del diámetro de un círculo es equivalente al doble del radio: $d = 2r$.

$$\pi = 3{,}14159265359\ldots$$

A los efectos de las ecuaciones que involucran círculos, se puede redondear en 3,14.

Cuando tenga que hallar la distancia que hay alrededor de un círculo, use la fórmula de la circunferencia. Acaba de aprender que el diámetro es igual al doble del radio: $d = 2r$. Por este motivo, hay dos formas diferentes de escribir la fórmula de la circunferencia:

Circunferencia $= 2\pi r$ **Circunferencia** $= \pi d$
r = radio d = diámetro

Ejemplo

¿Cuál es la circunferencia del siguiente círculo si $\overline{AB} = 4$ cm?

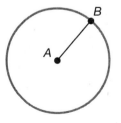

Para hallar la circunferencia del círculo, use la fórmula $2\pi r$. En este problema, el radio, r, es 4 cm:

$$C = 2\pi r$$
$$= 2\pi(4 \text{ cm})$$
$$= 8(3,14) \text{ cm}$$
$$= 25,12 \text{ cm}$$

Práctica

1. Halle el perímetro del siguiente rectángulo:

_____

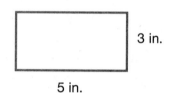

3 in.

5 in.

2. Lizzy usó 64 pulgadas de cinta para rodear una caja cuadrada. ¿Cuál era la longitud de lado de la caja?

3. ¿Cuál es la longitud del lado faltante del siguiente triángulo? _____

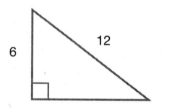

6

12

4. Reggie va en bicicleta al trabajo todos los días. Recorre 10 millas desde su casa hacia el norte por la calle Robert y luego 8 millas por la calle Dodd. Puede andar a 18 mph. ¿Cuánto tiempo ahorraría Reggie si usara el sendero para bicicletas que pasa por el medio del parque?

_____

5. Un lado de un octágono regular tiene una longitud de 4 cm. ¿Cuál es el perímetro del octágono?
   a. 8 cm
   b. 24 cm
   c. 36 cm
   d. 32 cm

6. Rusty necesita pedir suficiente madera para crear un cerco en el terreno del jardín comunitario, que tiene forma de pentágono regular (un pentágono con cinco lados congruentes). El cerco cuesta $12,50 por pie, ¿cuánto costará cercar el jardín comunitario? _____

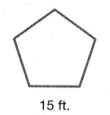

15 ft.

7. Emma trabaja para una empresa de servicios gastronómicos y su jefe le pidió que decore los bordes de las fuentes para servir con una cinta roja brillante para el Día de San Valentín. ¿Cuánta cinta necesitará Emma para envolver una fuente circular para pizza que tiene un diámetro de 14 pulgadas? Redondee su respuesta a la pulgada más próxima.

8. Si la circunferencia de un círculo es de 62,8 mm, ¿cuál es el diámetro? _____

Área

En tanto que el perímetro se refiere a la medida que hay *alrededor* de una figura, el **área** se refiere al espacio que hay *dentro* de una figura. Si un jardinero quiere saber cuántas semillas de césped se necesitan para plantar un nuevo jardín o el propietario de una casa quiere pedir tela para cubrir su piscina durante la noche, ambas personas necesitarán realizar cálculos de *área*. En general, para hallar el área de figuras como rectángulos, cuadrados, triángulos y círculos, usted usará la multiplicación.

¡PREGUNTA DE ANTICIPO GED®!

En su examen GED® no solo se esperará que encuentre las áreas de las figuras estándar, sino que también necesitará poder calcular el área de las figuras compuestas, que son formas conformadas por diferentes figuras juntas.

- ¿Cuál es el área de la siguiente figura?

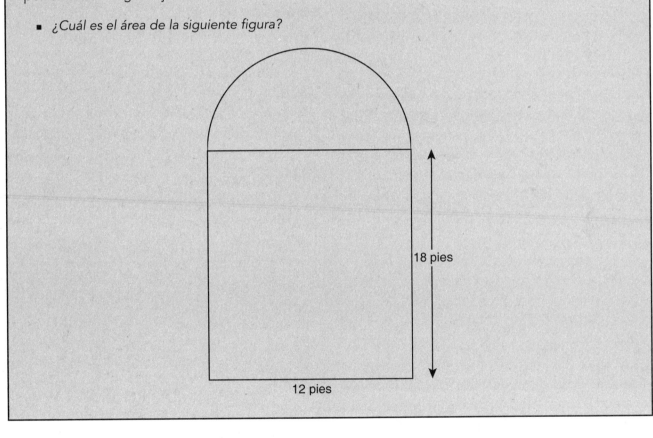

18 pies

12 pies

Rectángulos y cuadrados

Para hallar el perímetro de un rectángulo o cuadrado, simplemente multiplique dos lados adyacentes cualquiera. Si se le pide que trabaje de forma inversa para hallar una dimensión faltante, es de gran ayuda usar la fórmula del área para rectángulos o cuadrados.

Área de un rectángulo = largo × ancho
$$A = l \times a$$

REGLA: INDICACIÓN DE ÁREA

Dado que el área representa un espacio bidimensional, al expresar una medición de área es necesario usar *unidades al cuadrado*. Un área de 10 ft² se lee "diez pies cuadrados" y se refiere al espacio que ocupan 10 cuadrados, cada uno con una medida de 1 pie por 1 pie. Si no se da una unidad de medida, escriba *unidades²* a continuación de una medición de área.

Ejemplo

¿Cuál es el área de esta figura?

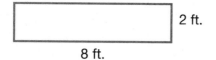

2 ft.

8 ft.

Puesto que el área de un rectángulo es *largo × ancho* y a usted se le proporcionan ambas dimensiones, simplemente colóquelos en la fórmula y escriba su respuesta en pies cuadrados:

$$A = l \times a$$
$$A = (8 \text{ ft.})(2 \text{ ft.})$$
$$A = 16 \text{ ft.}^2$$

La forma para calcular el área de un cuadrado es similar a hallar el área de un rectángulo, pero debido a que las longitudes de los lados son iguales, observe que esta fórmula termina siendo el cuadrado de una de las longitudes de los lados:

Área de un cuadrado = lado × lado
$$A = l \times l$$
$$A = l^2$$

Lo más común es que en las preguntas que tienen que ver con el área de un cuadrado se le pida que trabaje de forma inversa:

Ejemplo

Odessa quiere construir una maceta cuadrada. Tiene suficientes semillas para cubrir un área de 20 pies cuadrados. ¿Cuál debería ser la longitud del lado de la maceta?

Utilice la fórmula del área de un cuadrado, coloque 20 pies cuadrados como área y resuelva la longitud del lado:

$$A = l^2$$
$$20 = l^2$$

Recuerde que puesto que *l* está multiplidado al cuadrado, usted debe tomar la raíz cuadrada de ambos lados para despejar *l*:

$$\sqrt{20} = \sqrt{s^2}$$
$$\pm 4,5 \approx l$$

Solamente la solución positiva de 4,5 tiene sentido en el mundo real para este problema, así que la maceta debería tener lados de 4,5 pies.

Triángulos

Después de una breve inspección, la fórmula para el área de los triángulos no parece mucho más complicada que la fórmula del área para los rectángulos:

Área de un triángulo = $\frac{1}{2}$(**base** × **altura**)

$A = \frac{1}{2}bh$

Sin embargo, al trabajar con triángulos el aspecto más importante es seleccionar la dimensión correcta que se debe usar como altura. La **altura** de un triángulo es la línea perpendicular que se extiende desde la base hasta el vértice opuesto. Mirando el triángulo que aparece al derecho, si b representa la **base** del triángulo,

h debería ser la altura, puesto que se extiende perpendicularmente desde la base b hasta el vértice opuesto.

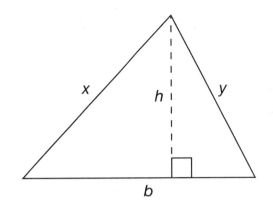

REGLA: ALTURA DE UN TRIÁNGULO

La **altura** de un triángulo es la línea perpendicular que se extiende desde la base hasta el vértice opuesto. Dos lados solamente se pueden considerar perpendiculares si hay un pequeño cuadrado dibujado donde se encuentran los lados o si se usa este símbolo en el texto del problema: $\perp$. En todos los triángulos cada lado se puede considerar la base, pero la altura siempre debe ser perpendicular a ese lado y extenderse hasta el vértice opuesto. La siguiente ilustración muestra cómo cambia la altura a medida que cambia la base:

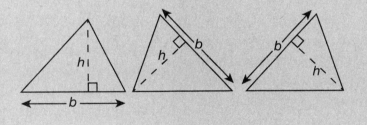

Ejemplo

¿Cuál es el área del siguiente triángulo?

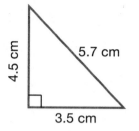

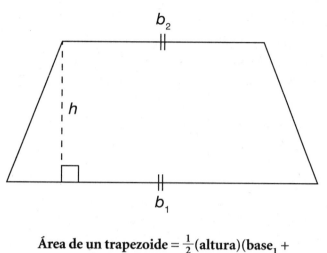

A pesar de que a usted se le dan los tres lados de este triángulo, debe tener cuidado cuando seleccione los dos lados para usar como base y altura. A pesar de que parece que 5,7 es la parte inferior o *base* del triángulo, no tiene una línea perpendicular que se extienda hasta el vértice opuesto. Puesto que el lado etiquetado 4,5 cm es perpendicular al lado etiquetado 3,5 cm, úselos como base y altura:

$$A = \tfrac{1}{2}bh$$
$$= (\tfrac{1}{2})(3{,}5 \text{ cm})(4{,}5 \text{ cm})$$
$$= (\tfrac{1}{2})(15{,}75 \text{ cm}^2)$$
$$= 7{,}875 \text{ cm}^2 \approx 7{,}88 \text{ cm}^2$$

Trapezoides

Un **trapezoide** es un polígono de cuatro lados con un par de lados paralelos. Los lados paralelos se llaman *bases* y la *altura* de un trapezoide es la línea perpendicular que conecta las bases. En la siguiente ilustración las dos bases están etiquetadas como b_1 y b_2 y la altura está etiquetada como h:

Área de un trapezoide $= \tfrac{1}{2}$**(altura)(base₁ + base₂)**

$A = \tfrac{1}{2}h(b_1 + b_2)$

Los lados no paralelos de un trapezoide se llaman *catetos*. A veces uno de los catetos será perpendicular a ambas bases y en este caso se puede usar como altura. (¡Pero tenga cuidado de no usar un cateto no perpendicular de un trapezoide como su altura!)

Ejemplo

¿Cuál es el área del trapezoide que se muestra aquí?

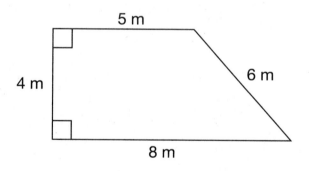

Dado que las bases paralelas miden 8 m y 5 m, estos serán nuestros valores para b_1 y b_2. Observe que el lado izquierdo es perpendicular a la base. Use su dimensión de 4 m como altura:

$$A = \tfrac{1}{2}h(b_1 + b_2)$$
$$A = \tfrac{1}{2}4(5 + 8)$$

$A = \frac{1}{2}4(13)$

$A = 26 \; m^2$

Paralelogramos

Un **paralelogramo** es un polígono de cuatro lados con dos pares de lados paralelos. La altura de un paralelogramo es la línea perpendicular que conecta los pares de lados, llamados bases. Observe en la ilustración que, en vez de marcas en los lados, hay flechas. Estas flechas indican que dos lados son paralelos. Los lados superior e inferior tienen una sola flecha, que muestra que son paralelos. Los lados izquierdo y derecho tienen dos flechas que indican que crean otro par paralelo.

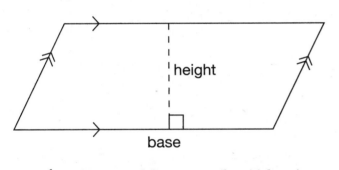

Área de un paralelogramo = (base)(altura)

$A = bh$

Círculos

La fórmula del área para los círculos a veces se confunde con la fórmula de la circunferencia, pero si tiene en cuenta que el área siempre se escribe en *unidades cuadradas*, esto debería ayudarlo a recordar que la fórmula del área para los círculos contiene r^2:

Área de un círculo = π(radio)^2

$A = \pi r^2$

Al usar esta fórmula es importante recordar que primero debe elevar el radio al cuadrado, antes de multiplicarlo por π. También es útil tener en cuenta que a veces se le puede dar el diámetro y usted deberá convertirlo al radio antes de usar esta fórmula.

Ejemplo

Halle el área del siguiente círculo si la línea AB mide 2,75 pulgadas.

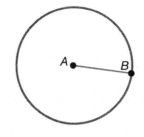

$A = \pi r^2$

$A = \pi(2,75 \; \text{in.})^2$

$\quad = 7,5625 \; \text{in.}^2$

$\quad = 23,74625 \; \text{in.}^2 \approx 23,75 \; \text{in.}^2$

Práctica

9. Los miembros del directorio de un complejo de apartamentos deciden que quieren destinar 200 ft^2 del espacio común a crear un área de picnic rectangular con una parrilla y algunas mesas. Si uno de los miembros del directorio sugiere que la longitud de este espacio sea de 25 pies de largo, ¿cuán amplia sería el área?

10. Se necesitan 32 pies de cerco para cerrar un gallinero cuadrado. ¿Cuál es el área de este gallinero?

11. Calcule el área del triángulo:

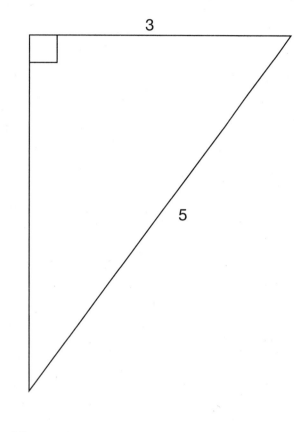

12. ¿Cuál es el área de este círculo? _____

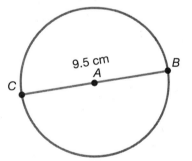

13. Brenda contrató a un paisajista para convertir su patio cubierto de tierra en un lugar extraordinario para pasar el rato. Le gustaría construir una plataforma circular con un diámetro de 10 pies en el medio de su patio rectangular, que es de 25 pies por 18 pies. Dado que actualmente el patio es de tierra, Brenda va a comprar césped para sembrar alrededor de la plataforma. Si el contratista cobra $1,20 por cada pie cuadrado de césped que instale, ¿cuánto le costará a Brenda comprar el césped?

_____

14. Halle el valor faltante en el trapezoide dado si su área es de 45 cm^2.

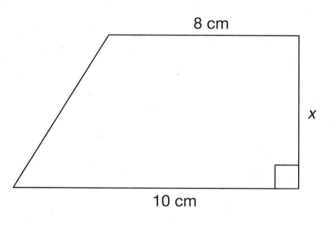

Volumen

El volumen mide el espacio que hay dentro de un objeto tridimensional. El volumen se mide en términos de cuántos cubos de igual tamaño se necesitan para rellenar un espacio por completo. Imagine cuántos cubos de madera con una longitud del lado de 1 pulgada se necesitarían para llenar una caja de zapatos si estuvieran apilados cuidadosamente uno al lado del otro sin espacios. Esa cantidad de cubos sería el volumen de esa caja en pulgadas cúbicas, que se escribe *in*³. El 3 indica que se están considerando 3 dimensiones: largo, ancho y altura, así que asegúrese de expresar siempre el volumen en unidades *cúbicas*.

A pesar de que en el examen GED® usted dispondrá de las fórmulas para calcular el volumen, en esta sección debería trabajar para sentirse cómodo al usarlas.

¡PREGUNTA DE ANTICIPO GED®!

Es probable que las preguntas de volumen aparezcan en forma de problemas de palabras:

- *¿Cuántos pies cúbicos de agua se necesitan para llenar un estanque que tiene* 18 *pies de largo,* 3 *pies de ancho y* 2 *pies de profundidad?*

Prismas rectangulares y prismas rectos

Un prisma es un objeto tridimensional sólido. Tiene dos extremos congruentes y caras de polígono que intersecan con los extremos en ángulos de 90 grados. Los extremos o **bases** de los **prismas rectangulares** son rectángulos. Estos son ejemplos de prismas rectangulares:

Un **prisma recto** puede tener bases que son triángulos, paralelogramos, trapezoides o cualquier figura de polígono. Siempre y cuando las dos bases de un polígono sean congruentes y todas las otras caras sean rectangulares, el prisma se considera un prisma recto. Estos son algunos ejemplos:

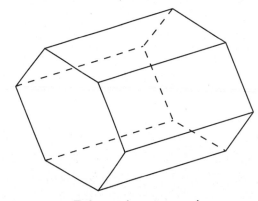

Prisma hexagonal

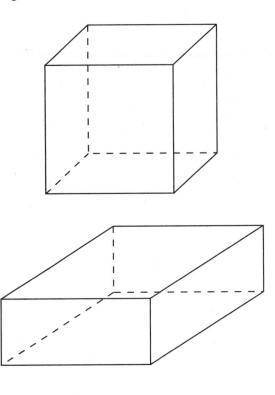

un rectángulo, un triángulo o un trapezoide. Veamos cómo usaríamos esta fórmula con el siguiente prisma rectangular.

Ejemplo

Halle el volumen del prisma rectangular ilustrado:

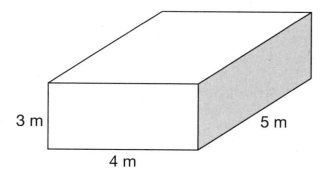

En este caso las dos bases idénticas son la cara anterior y posterior, y ambas tienen 4 metros de largo por 3 metros de ancho. La altura de este prisma es de 5 metros. Ingrese toda esta información en la fórmula y resuelva el volumen:

$$\text{Volumen} = Bh$$
$$B = \text{área de la base} = largo \times ancho$$
$$B = 4 \; m \times 3 \; m = 12 \; m^2, h = 5 \; m$$
$$V = Bh = 12 \; m^2 \times 5 \; m$$
$$V = 60 \; m^3$$

A veces usted necesitará usar la fórmula del volumen para trabajar de forma inversa y resolver una dimensión faltante:

Ejemplo

Si la altura de un prisma rectangular es de 3 cm y la longitud del prisma es de 8 cm, halle el ancho en cm si el volumen es 96 cm³.

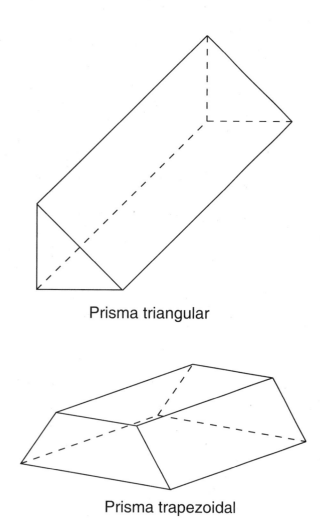

Prisma triangular

Prisma trapezoidal

En esta sección se agrupan los prismas rectangulares y los prismas rectos porque para ambos se usa la misma fórmula para calcular el volumen. Para hallar el volumen de estos tipos de prismas, multiplique el área de la base del polígono por la altura de la cara rectangular. Preste mucha atención a la fórmula a la que podrá acceder el día del examen:

Volumen de un prisma rectangular/recto = *Bh*
B = área de la base, *h* = altura

Observe que la variable única, *B*, se usa para indicar el *área de la base*. La fórmula que usted deberá usar primero para calcular *B* cambiará según la base sea

Primero, escriba la fórmula para el volumen de un prisma rectangular:

$$V = Bh$$

Dado que este es un prisma rectangular, vuelva a escribir B como la dado que esta es la fórmula para el área de la base rectangular:

$$V = (la)h$$

Ahora estamos listos para colocar los valores dados:

$$96 \text{ cm}^3 = (8 \text{ cm})(3 \text{ cm})a$$
$$96 \text{ cm}^3 = (24 \text{ cm}^2)a$$
$$\frac{96 \text{ cm}^3}{24 \text{ cm}^2} = \frac{(24 \text{ cm}^2)a}{24 \text{ cm}^2}$$
$$4 \text{ cm} = a$$

Entonces, el ancho desconocido del prisma rectangular es de 4 cm.

Cilindros

Un cilindro es una figura tridimensional que tiene dos círculos como bases. Un rollo de papel higiénico vacío es un ejemplo perfecto de un cilindro. Hallar el volumen de un cilindro es similar a hallar el volumen de un prisma puesto que se multiplica el área de la base por la altura. No obstante, en un cilindro el área de la base es el área de un círculo, πr^2.

Volumen de un cilindro $= \pi r^2 h$
r = radio, h = altura

Si le dan el diámetro, usted deberá dividirlo entre 2 para hallar el radio antes de usar la fórmula.

Ejemplo

Ari está diseñando un acuario cilíndrico que tendrá 1 pie de altura. Si quiere que este acuario pueda contener 3 pies cúbicos de agua, ¿cuál debería ser el ancho del acuario?

Este es un caso en el cual conocemos el volumen pero nos piden que hallemos el diámetro. Por lo tanto, debemos trabajar de forma inversa para resolver la única incógnita de la fórmula: el radio, y luego duplicarlo para responder la pregunta.

$$V = \pi r^2 h$$
$$3 \text{ ft}^3 = \pi r^2 (1 \text{ ft})$$
$$\frac{3 \text{ ft}^3}{3,14 \text{ ft}} = \frac{(3,14 \text{ ft})r^2}{3,14 \text{ ft}}$$
$$0,96 \text{ ft} \approx r^2$$
$$\sqrt{0.96} = \sqrt{r^2}$$
$$\pm 0,98 = r$$
$$\pm 1 \text{ ft} \approx r$$

En esta pregunta la solución negativa no tiene sentido en el mundo real, así que el radio debería tener 1 pie de ancho. Esto significa que el diámetro debería tener 2 pies de ancho.

Conos circulares rectos

En la última sección, nos imaginamos un rollo de papel higiénico vacío como ejemplo de un cilindro. Ahora para el cono circular recto, vamos a imaginarnos un cono de helado que tenga el mismo largo y ancho que el rollo de papel higiénico vacío:

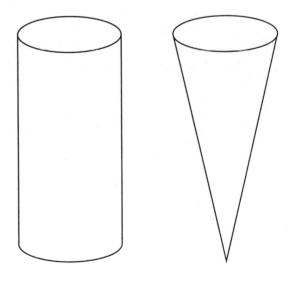

¿Puede imaginar que el cono contendría alrededor de $\frac{1}{3}$ de la cantidad de líquido o helado que contendría el cilindro? Observe que la siguiente fórmula para el volumen de un cono circular recto es $\frac{1}{3}$ del volumen de un cilindro, que era $\pi r^2 h$.

Volumen de un cono circular recto $= \frac{1}{3}\pi r^2 h$
$r =$ radio, $h =$ altura

La *altura* de un cono es la línea que va desde la punta del cono hasta el *centro* del círculo en la parte superior. Lea la información que aparece en el siguiente cuadro para asegurarse de no utilizar información incorrecta en esta fórmula de volumen.

¡NO HAGA ESTO!

A veces en el examen GED® se le dará información que no necesita, lo que hace que la pregunta sea un desafío mayor. En el caso de los conos circulares rectos, es posible que se sienta tentado a usar la altura inclinada del cono en la fórmula del volumen, pero asegúrese de que la altura que seleccione vaya desde la punta del cono hasta el *centro* del círculo. Veamos cómo establecer los cálculos del volumen para el siguiente cono utilizando la fórmula $V = \frac{1}{3}\pi r^2 h$.

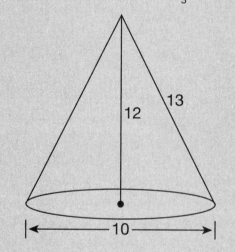

¡NO! Volumen $\neq \frac{1}{3}\pi(10)^2(13)$. Esto es incorrecto porque el *diámetro* es 10 y no el radio. Esto también es incorrecto porque 13 es la *altura inclinada* del cono y no la *altura*.

SÍ . . . Volumen $= \frac{1}{3}\pi(5)^2(12)$. Esto es correcto dado que el diámetro se dividió a la mitad para obtener un radio de 5 y se usó la altura correcta de 12.

Pirámides rectas

Acaba de aprender que la fórmula para el volumen de un cono es $\frac{1}{3}$ de la fórmula para el volumen de un cilindro. Tal vez ahora no lo sorprenda saber que el volumen para una pirámide recta es $\frac{1}{3}$ del volumen de un prisma recto. Observe esta ilustración de una pirámide dentro de un prisma recto para comprender visualmente cómo se relaciona el volumen de una pirámide con el volumen de un prisma:

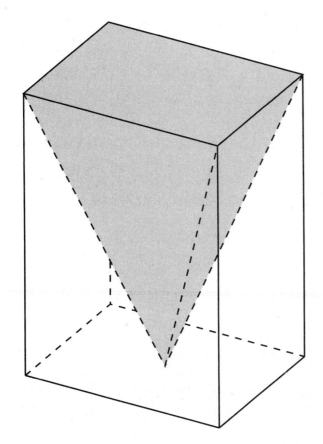

Volumen de una pirámide recta $= \frac{1}{3}Bh$
B = área de la base, h = altura

Ejemplo

Halle la altura de esta pirámide si el volumen es 54 mm³.

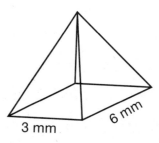

3 mm   6 mm

Sabemos que el volumen es 54 mm³. Podemos hallar B al multiplicar el largo × ancho de la base rectangular:

$$B = (6 \text{ mm})(3 \text{ mm})$$
$$= 18 \text{ mm}^2$$

Regrese a la fórmula y sustituya por los valores conocidos para encontrar la altura:

$$V = \frac{1}{3}Bh$$
$$54 \text{ mm}^3 = \frac{1}{3}(18 \text{ mm}^2)(h)$$
$$(3)(54 \text{ mm}^3) = (3)\frac{1}{3}(18 \text{ mm}^2)(h)$$
$$162 \text{ mm}^3 = (18 \text{ mm}^2)h$$
$$9 \text{ mm} = h$$

Esferas

La fórmula para el volumen de las esferas también involucra un factor fraccionario, pero el factor es $\frac{4}{3}$ en lugar de $\frac{1}{3}$:

Volumen de una esfera $= \frac{4}{3}\pi r^3$
r = radio

NOTA: TRABAJAR CON π

Es posible que en el examen GED® vea preguntas que le piden que exprese su respuesta "en términos de π". Esto significa que en vez de usar 3,14 como valor de π en sus cálculos, simplemente puede dejar π como parte de su respuesta final. Es posible que a veces no reciba una instrucción explícita pero todas las opciones de respuesta tendrán π. Por lo tanto, es buena idea observar las opciones antes de comenzar con una pregunta que requiere que utilice π.

Ejemplo

Mia recibió un globo de helio enorme que tiene 3 pies de ancho, ¡y casi se la lleva volando! ¿Cuántos pies cúbicos de helio se necesitaron para llenar este globo? Exprese su respuesta en términos de π.

Primero, necesitamos reconocer que la información proporcionada se refiere al diámetro y no al radio. Puesto que el diámetro es 3 pies, use un radio de $\frac{3}{2}$ pies en la fórmula del volumen para las esferas.

$$\textbf{Volumen de una esfera} = \tfrac{4}{3}\pi r^3$$
$$V = \tfrac{4}{3}\pi\left(\tfrac{3}{2}\right)^3$$

A pesar de que parece extraño tener una fracción al cubo, elevar $\frac{3}{2}$ al cubo en realidad es mucho más fácil de calcular que el cubo de 1,5:

$$V = \tfrac{4}{3}\pi\left(\tfrac{3}{2}\right)\left(\tfrac{3}{2}\right)\left(\tfrac{3}{2}\right)$$
$$V = \tfrac{4}{3}\pi\left(\tfrac{27}{8}\right)$$
$$V = \tfrac{9}{2}\pi$$

Entonces, el globo necesitó $\frac{9}{2}\pi$ pies cúbicos de helio.

En una pregunta como esta, observe que también es buena idea revisar si sus respuestas están en formato decimal o de fracción, puesto que en esta pregunta elevar $\frac{3}{2}$ al cubo fue mucho más fácil que elevar su equivalente decimal al cubo.

Práctica

15. ¿Cuál es el volumen del siguiente prisma recto en términos de *x*?

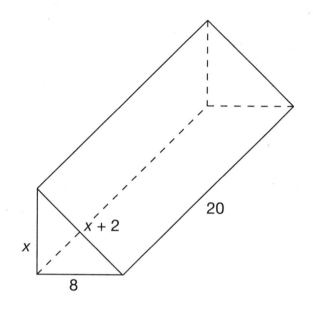

16. Halle el volumen del cilindro que se muestra aquí. _____

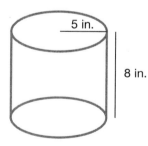

17. Una lata cilíndrica vacía tiene una altura de 4 pulgadas y una base con un radio de 1,5 pulgadas. Melanie llena la lata con agua. ¿Cuál es el volumen de agua que Melanie vierte en la lata?

a. 5,5π pulgadas cúbicas

b. 6π pulgadas cúbicas

c. 6,5π pulgadas cúbicas

d. 9π pulgadas cúbicas

18. Halle el radio del cono si el volumen es 148 cm³ y la altura es 7 cm. Redondee su respuesta al décimo más cercano a un centímetro.

_____

19. La Gran Pirámide de Guiza tiene una base cuadrada con una longitud de lado de aproximadamente 750 pies. La altura de la pirámide es de aproximadamente 450 pies. ¿Cuántos pies cúbicos de piedra se utilizaron para construir esta pirámide?

20. Halle el volumen de una esfera con un diámetro de 11 pulgadas. Redondee su respuesta final a la pulgada entera más cercana.

21. Estas dos cajas tienen el mismo volumen ($V = l \times a \times h$). Halle la longitud del lado faltante en la caja B.

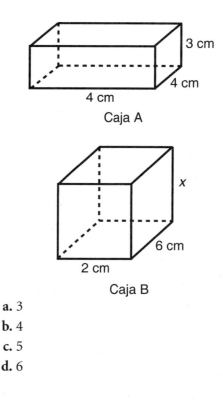

3 cm

4 cm

4 cm

Caja A

x

6 cm

2 cm

Caja B

a. 3

b. 4

c. 5

d. 6

Área de la superficie

Anteriormente usted aprendió que el **área** hace referencia a la medida que hay dentro de una figura bidimensional, tal como cuánta pintura se necesitaría para cubrir una pared. Ahora aprenderá cómo calcular el área de toda la superficie de una figura tridimensional, tal como cuánta pintura se necesitaría para pintar todos los lados de un cubo. Cuando medimos las áreas combinadas de todos los lados de un objeto tridimensional, hallamos el **área de la superficie**. Usted tendrá acceso a las siguientes fórmulas de área de la superficie, así que dedique su tiempo a aprender a utilizarlas.

Prismas rectangulares y prismas rectos

Usted observará algunas variables nuevas en las fórmulas para el área de la superficie. Por ejemplo, la fórmula para calcular el área de la superficie de los prismas rectangulares y rectos requiere que halle el perímetro de la base, que está representado por p:

Área de la superficie de prismas rectangulares/rectos $= ph + 2B$

B = Área de la base, p = perímetro de la base, h = altura del prisma

Ejemplo

Calcule el área de la superficie del siguiente prisma rectangular:

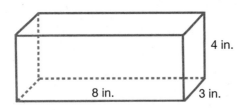

Hay tres valores desconocidos que usted debe hallar para resolver el área de la superficie: p, h y B.

p = perímetro de la base = 8 in. + 8 in. + 3 in. + 3 in. = 22 in.
h = altura del prisma = 4 in.
B = área de la base = (8 in.)(3 in.) = 24 in.^{2}

Sustituya por estos valores en la fórmula para obtener

$AS = (22\ \text{in.})(4\ \text{in.}) + 2(24\ \text{in.}^2)$
$= 88\ \text{in.}^2 + 48\ \text{in.}^2$
$= 136\ \text{in.}^2$

Entonces, el área de la superficie de la figura es 136 pulgadas cuadradas.

Cilindros

Puede que la fórmula para el área de la superficie de los cilindros parezca complicada, pero es más sencilla que la fórmula para el área de la superficie del prisma recto, puesto que solamente se necesita colocar la altura y el radio.

Área de la superficie de un cilindro $= 2\pi rh + 2\pi r^2$

r = radio, h = altura del prisma

Ejemplo

Halle la altura de un cilindro de 20 cm de ancho, si el área de su superficie es de 1.256 cm².

Puesto que el área de la superficie está dada, este problema requiere que trabajemos de forma inversa. Primero, determine que dado que el cilindro tiene un ancho de 20 cm, su radio es de 10 cm. Coloque esto en el valor r de la ecuación y use 1.256 cm² como área de la superficie:

Área de la superficie de un cilindro $= 2\pi rh + 2\pi r^2$
$1.256 = 2\pi 10h + 2\pi 10^2$
$1.256 = 20\pi h + 200\pi$
$1.256 = 62{,}8h + 628$
$\underline{-628 \qquad\qquad -628}$
$\frac{628}{62{,}8} = \frac{62{,}8h}{62{,}8}$
$10 = h$

Entonces, la altura de este cilindro es 10 cm.

Conos circulares rectos

Recuerde que cuando aprendió a calcular el volumen de los conos circulares rectos anteriormente en este capítulo, le advertimos que no usara por error la *altura inclinada* como *altura*. Al determinar el área de la superficie de conos circulares rectos, se usa la altura inclinada en lugar de la altura. En la siguiente ilustración *s* representa la altura inclinada:

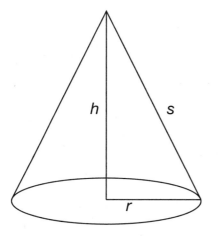

Área de la superficie de un cono $= \pi rs + \pi r^2$
r = radio, *s* = altura inclinada

Ejemplo

Represente el área de la superficie del siguiente cono en términos de π.

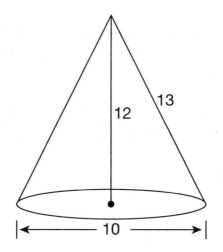

Identifique que $r = 5$ y $s = 13$ y use estos valores en la fórmula del área de la superficie:

Área de la superficie de un cono $= \pi rs + \pi r^2$
$$AS = \pi(5)(13) + \pi(5)^2$$
$$AS = 65\pi + 25\pi$$
$$AS = 90\pi$$

Entonces, el área de la superficie de este cono en términos de π es 90π unidades cuadradas.

Pirámide recta

Puesto para hallar el área de la superficie de un prisma recto se necesita el perímetro de la base, quizá no le sorprenda saber que para calcular el área de la superficie de una pirámide también deberá hallar el perímetro de la base. Observe también que, así como con los conos, para calcular el área de la superficie de las pirámides se usa la *altura inclinada* en lugar de la *altura*:

Área de la superficie de una pirámide $= \frac{1}{2}ps +$
B
p = perímetro de la base, *s* = altura inclinada,
B = área de la base

Nota: En el examen GED® solamente trabajará con pirámides rectas. En las pirámides rectas todas las alturas inclinadas son congruentes, así que solo necesita que se le proporcione una de estas dimensiones.

Ejemplo

Calcule el área de la superficie de la siguiente pirámide al décimo más cercano:

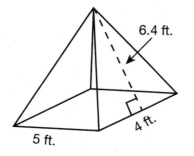

Podemos ver que la longitud de la altura inclinada, *s*, es 6,4 ft. Para hallar *p* y *B*, necesitamos hacer algunos cálculos.

p = perímetro de la base B = 5 ft. + 5 ft. + 4 ft. + 4 ft. = 18 ft.

B = área de la base = (5 ft.)(4 ft.) = 20 ft.^{2}

Sustituya por estos valores en la fórmula:

$$AS = \tfrac{1}{2}ps + B$$

$$AS = \tfrac{1}{2}(18 \text{ ft.})(6,4 \text{ ft.}) + 20 \text{ ft.}^2$$
$$= 57,6 \text{ ft.}^2 + 20 \text{ ft.}^2$$
$$= 77,6 \text{ ft.}^2$$

Entonces, el área de la superficie de la pirámide es 77,6 pies cuadrados.

Esferas

Observe que la fórmula para el área de la superficie de una esfera es 4 veces el área de un círculo:

Área de la superficie de una esfera = $4\pi r^2$

r = radio

Ejemplo

Si el área de la superficie de una pelota es 113,04 *pulgadas cuadradas, ¿cuál es el radio de la pelota?*

En este problema, el área de la superficie está dada y necesitamos resolver el radio. Sustituya por el valor del área de la superficie en la fórmula y resuelva *r*.

$$AS = 4\pi r^2$$
$$113{,}04 \text{ in.}^2 = 4\pi r^2$$
$$\frac{113{,}04 \text{ in.}^2}{4(3{,}14)} = \frac{4(3{,}14)r^2}{4(3{,}14)}$$
$$9 \text{ in.}^2 = r^2$$
$$\sqrt{9 \text{ in.}^2} = \sqrt{r^2}$$
$$3 \text{ in.} = r$$

Entonces, el radio de la esfera es 3 in.

Práctica

22. Halle el área de la superficie del siguiente prisma:

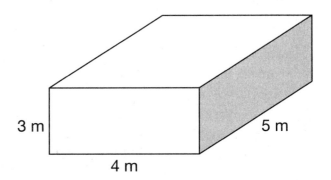

23. Halle el área de la superficie de un cilindro que tenga un diámetro de 12 cm y una altura de 20 cm. _____

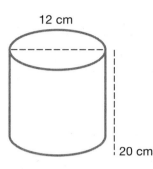

12 cm

20 cm

24. Halle el área de la superficie del cono. Represente su respuesta en términos de π.

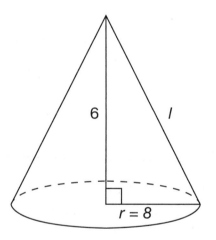

6   *l*

r = 8

25. La Gran Pirámide de Guiza tiene una base cuadrada con una longitud de lado de aproximadamente 750 pies. La altura de la pirámide es de aproximadamente 450 pies y la altura inclinada es de aproximadamente 783 pies. ¿Cuál es el área de la superficie de los lados de la Gran Pirámide de Guiza que están expuestos a la luz solar y el oxígeno (sin incluir la base)?

26. Calcule el área de la superficie de una canica que tiene un diámetro de 14 mm. Redondee su respuesta al décimo más cercano.

Figuras compuestas

Hasta ahora ha estado trabajando con un conjunto fijo de figuras básicas: rectángulos, cuadrados, círculos, etc. Las **figuras compuestas** son figuras que se pueden descomponer en dos o más figuras básicas.

Cálculo con figuras compuestas

En el examen GED® se le puede pedir que halle el perímetro, área, volumen y área de la superficie de figuras compuestas. Para resolver este tipo de problemas, no podrá simplemente aplicar una fórmula única. En cambio, deberá pensar analíticamente cómo descomponer la figura compuesta en figuras más básicas o partes de figuras básicas y cómo aplicar las fórmulas correctas.

Ejemplo

La Escuela Secundaria John James está creando una cancha de baloncesto en su área recreativa exterior. La siguiente es una imagen de la zona de tiro libre que desean realizar frente a cada cesto. Si Beto necesita marcar con cinta el perímetro de la zona de tiro libre para poder pintarlo de manera precisa, ¿cuántos pies de cinta necesita?

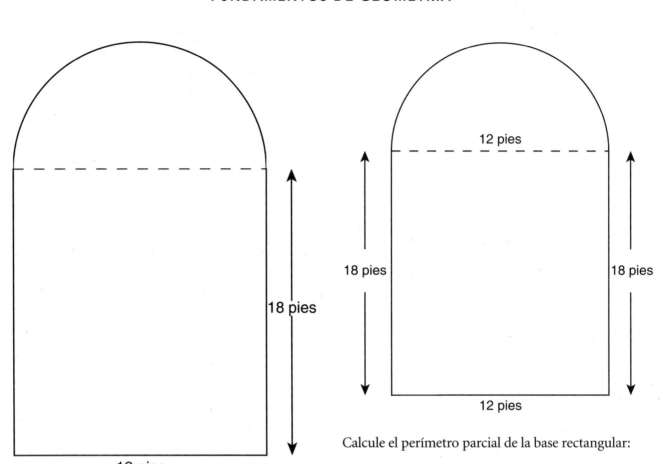

Puesto que se pide que hallemos el perímetro de esta figura, primero debemos identificar que este es un rectángulo en la parte inferior con medio círculo en la parte de arriba. No contaremos la parte superior del rectángulo (donde está la línea de puntos) así que esta dimensión se deberá omitir en los cálculos. Etiquete todos los lados con cuidado:

Calcule el perímetro parcial de la base rectangular:

Perímetro parcial de la base rectangular = 18 + 12 + 18 = 48 ft

Puesto que la parte superior del rectángulo se etiquetó con 12 pies, debería ser evidente que el semicírculo tiene un radio de 6 pies. Calcule la circunferencia de la parte superior circular y luego divídala a la mitad para hallar la circunferencia de solamente la mitad del círculo:

Circunferencia de la parte superior circular = πr^2

$C = \pi 6^2$

$C = 36\pi \approx 113$ ft

El semicírculo de la parte superior de la figura tiene una circunferencia de $\frac{113}{2} = 56,5$ ft

Combine el perímetro parcial y la circunferencia de medio círculo para obtener el perímetro completo de la zona de tiro libre de baloncesto: 48 ft. + 56,5 ft. = 104,5 ft. Beto necesitará alrededor de 105 pies de cinta para marcar el perímetro de la zona de tiro libre.

Trabajar con espacio negativo

El espacio negativo es el espacio que queda después de retirar una parte de un espacio. El examen GED® puede poner a prueba su habilidad para hallar el área, volumen o área de la superficie de un espacio negativo en una figura compuesta. Para abordar una tarea de este tipo, primero calcule el área, volumen o área de la superficie de todo el espacio. Luego, calcule el área, volumen o área de la superficie para el espacio que se va a excluir y reste eso del cálculo de todo el espacio.

Ejemplo

La siguiente es una ilustración del patio trasero que se está construyendo en un restaurante. El patio tendrá 35 pies de longitud por 15 pies de ancho y tendrá una fuente redonda con un diámetro de 8 pies. Determine la cantidad de pies cuadrados de mosaicos necesarios para cubrir el patio que se representa con el área sombreada que aparece a continuación:

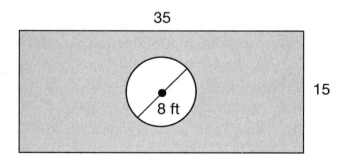

Dado que esta ilustración representa un círculo dentro de un rectángulo, usted primero deberá hallar el área del rectángulo:

Área del rectángulo = la
Área del rectángulo = $(35)(15) = 525$ ft.^{2}

Luego, halle el área del círculo, que tiene un diámetro de 8 pies y un radio de 4 pies.

Área del círculo = πr^2
Área del círculo = $\pi(4^2) \approx 50$ ft.^{2}

Finalmente, reste las dos áreas:
Área en la que se colocarán los mosaicos = (Área del rectángulo) – (Área del círculo)
Área en la que se colocarán los mosaicos = $(525$ ft.$^2) - (50$ ft.$^2) = 475$ ft.^{2}

Entonces, en este restaurante se necesitará comprar 475 ft.^{2} de mosaicos para el patio.

Factor de escala

Los factores de escala se usan en varios entornos: mapas, planos de planta y proyectos de edificios, son algunos ejemplos. Para reproducir el plano de planta de un edificio de oficinas en un papel de tamaño manejable, se necesitan los factores de escala. Si cada figura y dimensión del plano de planta se reduce con el mismo factor, el dibujo será una reproducción precisa de las dimensiones espaciales.

Reducción y ampliación

Un factor de escala es un factor que multiplica un conjunto de términos por el mismo factor para cambiar todos los valores a un índice constante. Por ejemplo, si 4 y 10x se aumentan a un factor de escala de 3, los valores se convertirían en 12 y 30x. Cuando multiplicamos cosas por un factor de escala que es menor que 1, disminuimos el tamaño de los términos originales. Por ejemplo, 4 y 10x se convertirían en 2 y 5x después de que se los multiplique por un factor de escala de $\frac{1}{2}$.

La pregunta más sencilla que se le pedirá que realice con el factor de escala es reproducir una figura utilizando un factor de escala:

Ejemplo
¿Cuáles son las nuevas dimensiones de este triángulo si se lo aumenta con un factor de escala de 4?

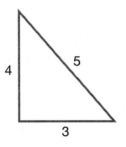

Multiplique cada longitud de lado por 4 para obtener las nuevas dimensiones:

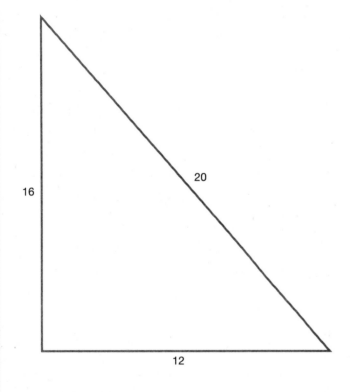

Resolver factores de escala

Los problemas que involucran un factor de escala pueden pedirle que identifique el factor de escala que se usó dándole una dimensión original y una a escala:

Ejemplo
Un mapa del Gran Cañón muestra una ruta de 2 millas como 10 milímetros. ¿Cuál es la escala del mapa?

Puesto que el mapa es una versión a escala reducida del Gran Cañón, se nos pide que determinemos cuál es la distancia representada por cada mm en el mapa. Para hacer esto, colóquelo como una razón que compara millas con mm:

$$\frac{\text{millas}}{\text{mm}} = \frac{2\ \text{millas}}{10\ \text{mm}}$$

Ahora simplifique esta razón para que el denominador se lea "1 mm". Para hacer esto, dividiremos el numerador y el denominador entre 10:

$$\frac{\text{millas}}{\text{mm}} = \frac{2\ \text{millas} \div 10}{10\ \text{mm} \div 10} = \frac{0{,}2\ \text{millas}}{1\ \text{mm}}$$

Esto significa que en el mapa se usa una escala de 1 mm : 0,2 millas.

Uso de proporciones con factores de escala

Otras veces se le dará un problema de escala con 3 dimensiones y usted deberá resolver la cuarta dimensión faltante. Para hacer esto, establezca una proporción teniendo cuidado de mantener los elementos semejantes en las mismas partes de las razones. (Para repasar cómo establecer proporciones y resolverlas con productos cruzados, consulte el Capítulo 5).

Ejemplo
Se dibuja un mapa de modo que 2,5 pulgadas en el mapa representen una distancia verdadera de 10 millas. Si dos ciudades están a 7,1 pulgadas de distancia en el mapa,

¿cuál es la distancia verdadera entre las dos ciudades, redondeada a la décima de milla más cercana?

Establezca una proporción que muestre dos razones que comparen pulgadas con millas. Si m es la cantidad de millas que hay entre las dos ciudades, entonces la siguiente proporción representa la información dada:

$$\frac{\text{pulgadas}}{\text{millas}} = \frac{2,5 \text{ pulgadas}}{10 \text{ millas}} = \frac{7,1 \text{ pulgadas}}{m \text{ millas}}$$

Ahora use productos cruzados para resolver m:

$$10(7,1) = 2,5(m)$$
$$71 = 2,5m$$
$$m = 28,4 \text{ millas}$$

Práctica

27. En un mapa dado, Grand Rapids, Michigan, está a 27 centímetros de Akron, Ohio. Si estas dos ciudades están a 324 millas de distancia, ¿cuál es el factor de escala que se usa en este mapa?

Resumen

Después de completar este capítulo, usted comprenderá en profundidad cómo trabajar con el perímetro, área, volumen y área de la superficie de innumerables figuras. También habrá aprendido cómo manejar estos tipos de cálculos con figuras compuestas y cómo combinar sus habilidades de geometría y álgebra para trabajar con escalas. Use la hoja de referencia proporcionada mientras practica las siguientes preguntas, que son similares a las que verá el día del examen GED®, y compruebe cuánto comprende las diferentes fórmulas presentadas.

Revisión de Fundamentos de geometría

1. La longitud de un lado del cuadrado A es el doble de largo que el lado del cuadrado B. ¿Cuánto más grande es el área del cuadrado A?
  a. 4 veces más grande
  b. 2 veces más grande
  c. 8 veces más grande
  d. 0,5 veces más grande

2. El perímetro de un cuadrado es de 24 pulgadas. ¿Cuál es su área?
  a. 144 in.^{2}
  b. 576 in.^{2}
  c. 16 in.^{2}
  d. 36 in.^{2}

3. Halle el área de la región que aparece sombreada en esta figura. Recuerde que la fórmula para el área de un círculo es $A = \pi r^2$.

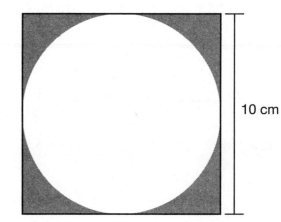

10 cm

  a. 100 cm^2
  b. 78,5 cm^2
  c. 21,5 cm^2
  d. 178,5 cm^2

4. El área de la superficie de un cubo está dada por la expresión $6s^2$, donde s es la longitud de un borde. Si el área de la superficie de un cubo es de 54 centímetros cuadrados, ¿cuál es la longitud de sus bordes?

a. 3 cm

b. 6 cm

c. 9 cm

d. 81 cm

5. Si el borde de un cubo es de 10 cm y el borde de un segundo cubo es de 8 cm, ¿cuál es la diferencia en las áreas de la superficie de los dos cubos?

a. 216 cm^2

b. 384 cm^2

c. 488 cm^2

d. 600 cm^2

6. Halle el área de la siguiente figura.

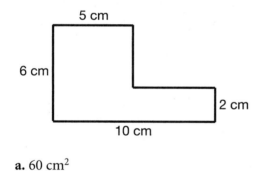

5 cm
6 cm
2 cm
10 cm

a. 60 cm^2

b. 23 cm^2

c. 50 cm^2

d. 40 cm^2

7. En un mapa la distancia entre Hamden y Milford es 1,75 cm. En la vida real, Hamden está a 105 km de Milford. En el mismo mapa, Cheshire está a 2 cm de Mystic. ¿A qué distancia está Cheshire de Mystic en la vida real?

a. 210 km

b. 3,5 km

c. 120 km

d. 107 km

8. La siguiente figura es un octágono regular. ¿Cuál es el perímetro de la figura? _____

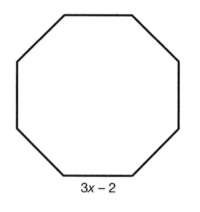

$3x - 2$

9. Jim trabaja para una empresa de alfombras. Su próximo trabajo es realfombrar un espacio de oficinas. De acuerdo con el diagrama, ¿cuántos pies cuadrados de alfombra necesita para completar este trabajo?

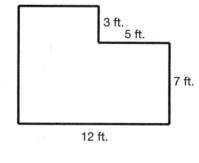

3 ft.
5 ft.
7 ft.
12 ft.

a. 44 ft.^{2}

b. 105 ft.^{2}

c. 120 ft.^{2}

d. 144 ft.^{2}

10. El perímetro de un rectángulo es 64. La longitud de uno de los lados del rectángulo es 8. Halle la longitud de los otros tres lados.

    a. 10, 23, 23

    b. 8, 22, 22

    c. 8, 24, 24

    d. 12, 22, 22

11. Si la siguiente figura aumenta con un factor de escala de 4, ¿cuál será el perímetro de la nueva figura? _____

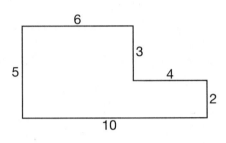

12. Keyonna está leyendo los planos para un apartamento que va a decorar. Utiliza su regla para ver que, en el plano, la cocina mide 2 pulgadas de ancho por 3,5 pulgadas de largo. ¿Cuál es el área de la cocina en pies cuadrados?

Entrada

Porche

Sala

Cocina   Escala: 1 in. = 4 ft.   Dormitorio

1 in.

Respuestas y explicaciones

Práctica del capítulo

  1. **16 in.**

     Perímetro $= 2l + 2a$

                 $= 2(5 \text{ in.}) + 2(3 \text{ in.})$

                 $= 10 \text{ in.} + 6 \text{ in.}$

                 $= 16 \text{ in.}$

  2. $l = 16$. A usted se le da el valor del perímetro de un cuadrado, así que colóquelo en la fórmula del perímetro del cuadrado y resuelva la longitud del lado:

     Perímetro $= 4l$

     $64 = 4l$

     $\frac{64}{4} = l$, entonces $l = 16$.

  3. **10.4.** Nuevamente, en el teorema de Pitágoras sustituya por los valores dados. Observe que el lado faltante *no* es la hipotenusa, así que utilicemos *a* como longitud del lado faltante.

     $a^2 + 6^2 = 12^2$

     $a^2 + 36 = 144$

     $\underline{\quad -36 \quad -36 \quad}$

     $\sqrt{a^2} = \sqrt{108}$

     $a \approx 10,4$

4. 17 minutos. Primero, veamos cuánto le lleva a Reggie ir a trabajar por su camino normal. Él recorre en bicicleta 10 millas hacia el norte y luego 8 millas hacia el este, lo cual nos da un total de 18 millas. Si viaja a 18 mph, ¿cuánto tiempo le toma ir a trabajar? Use la fórmula *distancia = razón × tiempo* y resuelva el tiempo:

$$d = rt$$
$$18 = 18t$$
$$\frac{18}{18} = \frac{18t}{18}$$
$$1 \text{ hora} = t$$

A Reggie le toma 1 hora ir a trabajar por su camino normal. Para saber cuánto le tomaría ir a trabajar por el sendero para bicicletas, necesitamos hallar la distancia usando el teorema de Pitágoras.

$$a^2 + b^2 = c^2$$
$$10^2 + 8^2 = c^2$$
$$100 + 64 = c^2$$
$$164 = c^2$$
$$\sqrt{164} = \sqrt{c^2}$$
$$12.8 = c$$

La distancia desde la casa de Reggie hasta su trabajo por el sendero para bicicletas es de 12,8 millas. Use la fórmula de la distancia para hallar cuánto tiempo le tomará a Reggie ir a trabajar por el sendero para bicicletas:

$$d = rt$$
$$12,8 = 18t$$
$$0,71 \text{ horas} = t$$

Para saber cuánto tiempo menos le tomaría a Reggie ir a trabajar por el sendero para bicicletas en comparación con su camino normal, reste los dos tiempos.

0,71 de una hora = $(0,71)(60) = 42,6 \approx 43$ minutos

60 minutos – 43 minutos = 17 minutos

Entonces, si Reggie usa el sendero para bicicletas para ir a trabajar, tardará 17 minutos menos que si usa su camino normal.

5. d. Un octágono regular tiene ocho lados, todos de la misma longitud. El perímetro es la longitud que hay alrededor del exterior de una figura. Si se suman los ocho lados de 4 cm cada uno, el perímetro es 32 cm.

6. $937,50. Dado que el jardín tiene la forma de un pentágono regular, las longitudes de los lados son equivalentes. Por lo tanto, el perímetro es

$$p = 5(15 \text{ ft.})$$
$$= 75 \text{ ft.}$$

El costo del cerco es de $12,50 por pie, por lo tanto, el costo total de cercar el jardín comunitario es

$$C = (75 \text{ ft.})(\$12,50)$$
$$= \$937,50$$

7. Use la fórmula de la circunferencia con diámetro puesto que esta es la dimensión proporcionada:

Circunferencia = πd
$$C = \pi(14)$$
$$C = 43,96, \text{ que se redondea en 44 pulgadas}$$
de cinta.

8. 20 mm. Recuerde que la ecuación para la circunferencia es $C = 2\pi r$ o $C = \pi d$. Dado que para resolver este problema necesitamos hallar el diámetro, usemos $C = \pi d$.

$$C = \pi d$$
$$62,8 \text{ mm} = (3,14)d$$
$$20 \text{ mm} = d$$

9. 8 pies. Puesto que esta será un área para picnic rectangular, use la fórmula del área de un rectángulo, coloque las dimensiones dadas para el área y la longitud, y luego trabaje de forma inversa para ver cuál sería el ancho:

Área = *largo* × *ancho*

$200 = 25 \times a$

$\frac{200}{25} = a$, entonces el ancho sería de 8 pies.

¡Un área para picnic bastante angosta!

10. 64 ft². La primera información es el perímetro del gallinero, dado que 32 pies *rodean* el gallinero. Una vez que hallamos la longitud del lado, podemos usarla en la fórmula del área de un cuadrado. Dado que trabajamos con un gallinero cuadrado, use la fórmula del perímetro del cuadrado, coloque el perímetro de 32 pies, y trabaje de forma inversa para obtener la longitud del lado:

Perímetro = $4l$

$32 = 4l$

Entonces, $l = 8$. Ahora, coloque esto en la fórmula del área:

Área = l^2

Área = $8^2 = 64$ ft²

11. 6 unidades². Para calcular el área de cualquier triángulo, usted debe tener las dimensiones de su *base* y *altura*, que son perpendiculares entre sí. En este triángulo tiene dos lados perpendiculares pero no conoce las dimensiones de ninguno de los dos. Se le da la hipotenusa de 5 y uno de los catetos de 3, así que use esta información para resolver el cateto faltante en el teorema de Pitágoras:

$a^2 + b^2 = c^2$

$(3)^2 + b^2 = (5)^2$

$9 + b^2 = 25$

$b^2 = 16$

$b = 4$

Ahora que sabe que los dos lados perpendiculares miden 3 unidades y 4 unidades, puede colocarlos en la fórmula del área para triángulos:

$A = \frac{1}{2}bh = \frac{1}{2}(4)(3) = 6$ unidades²

12. 70,85 cm². Para la ecuación del área del círculo se necesita el valor del radio, r. No obstante, en este problema se nos proporcionó el diámetro. Recuerde, $d = 2r$, entonces $\frac{d}{2} = r$.

$\frac{9,5 \text{ cm}}{2} = 4,75$ cm $= r$

Ahora, use la ecuación para el área:

$A = \pi r^2$

$= \pi (4,75 \text{ cm})^2$

$= 22,5626\pi$ cm²

$= 70,84625$ cm² $\approx 70,85$ cm²

13. $445,80. Para hallar el costo del césped, necesitamos hallar el área del patio rectangular y luego restarle el área de la plataforma circular.

$$A_{patio} = largo \times ancho$$
$$= (25 \text{ ft.})(18 \text{ ft.})$$
$$= 450 \text{ ft.}^2$$
$$A_{plataforma} = \pi r^2$$
$$= (3,14)(5 \text{ ft.})^2$$
$$= 78,5 \text{ ft.}^2$$
$$A_{césped} = 450 \text{ ft.}^2 - 78,5 \text{ ft.}^2$$
$$= 371,5 \text{ ft.}^2$$

Por último, multiplique el área sembrada por el costo por pie cuadrado para obtener el costo total de la instalación de césped.

$$Costo = (371,5)(\$1,20)$$
$$= \$445,80$$

14. 5 cm. Puesto que se nos proporciona el área de ambas bases, podemos colocarlas en la fórmula del área del trapezoide y trabajar de forma inversa para hallar la altura, x:

$$A = \tfrac{1}{2}h(b_1 + b_2)$$
$$45 = \tfrac{1}{2}h(10 + 8)$$
$$45 = \tfrac{1}{2}h(18)$$
$$45 = h(9), \text{ entonces } h = 5 \text{ cm}$$

15. $80x$ cm³. Comenzando con la fórmula para el volumen de un prisma recto $V = Bh$, vemos que primero tenemos que hallar el área de la base, B. Dado que este es un prisma triangular, halle B con la fórmula para el área de un triángulo:

Área de la base del triángulo = $\tfrac{1}{2}bh$

La base y la altura deben ser perpendiculares entre sí, así que usaremos las longitudes de los lados del triángulo de 8 y x en la fórmula:

Área de la base del triángulo = $\tfrac{1}{2}(8 \text{ cm})(x \text{ cm})$
$$= 4x \text{ cm}^2$$

Use $4x$ cm² como B en la fórmula del volumen y utilice 20 cm como altura del prisma, h:

$$V = Bh$$
$$V = (4x \text{ cm}^2)(20 \text{ cm})$$
$$V = 80x \text{ cm}^3$$

16. 628 in³. La fórmula para el volumen de un cilindro es $V = \pi r^2 h$. A partir del diagrama, podemos ver que la altura del cilindro es 8 pulgadas y el radio es 5 pulgadas. Sustituya por estos valores en la fórmula para resolver el volumen.

$$V = \pi r^2 h$$
$$= \pi(5 \text{ in.})^2(8 \text{ in.})$$
$$= \pi(25 \text{ in.}^2)(8 \text{ in.})$$
$$= (3,14)(200 \text{ in.}^3)$$
$$= 628 \text{ in.}^3$$

17. d. Use la fórmula $V = \pi r^2 h$, donde r es el radio de la base y h es la altura del cilindro:
$\pi(1,5^2)4 = \pi \times 2,25 \times 4$, que es igual a 9π.

18. 4,5 cm. La fórmula para el volumen de un cono es $V = \frac{1}{3}r^2h$. Tenemos valores para V y h:

$V = 148$ cm^3

$h = 7$ cm

Luego, sustituimos por estos valores en la fórmula, lo que nos da la siguiente ecuación en la que r es el único valor desconocido:

$V = \frac{1}{3}r^2h$

148 cm$^3 = \frac{1}{3}\pi r^2(7$ cm$)$

$(3)148$ cm$^3 = (3)\frac{1}{3}\pi r^2(7$ cm$)$

444 cm$^3 = (3,14)(7$ cm$)r^2$

$\frac{444 \text{ cm}^3}{(3,14)(7 \text{ cm})} = \frac{(3,14)(7 \text{ cm})r^2}{(3,14)(7 \text{ cm})}$

$20,2$ cm$^2 = r^2$

$\sqrt{20.2 \text{ cm}^2} = \sqrt{r^2}$

$4,5$ cm $= r$ (redondeado a la décima)

Redondeado a la décima más cercana a un centímetro, el volumen es 4,5 cm.

19. 84.375.000 ft^3. La fórmula del volumen para el área de una pirámide recta requiere que primero hallemos el área de la base rectangular de la pirámide. Puesto que la Gran Pirámide de Guiza tiene una base cuadrada con una longitud de lado de aproximadamente 750, multiplique 750 por sí mismo para obtener el área de la base cuadrada: 750 × 750 = 562.500 ft^2. Puesto que sabemos que la altura de la Gran Pirámide es de aproximadamente 450 pies, estamos listos para usar la fórmula del volumen para pirámides:

Volumen de una pirámide recta $= \frac{1}{3}Bh$

Volumen $= \frac{1}{3}(562.500$ ft$^2)(450$ ft$)$

$V = 84.375.000$ ft^3

Entonces, para construir la Gran Pirámide se usó el equivalente a más de 84 millones de cubos de 1 pie.

20. 697 in^3. El diámetro de 11 pulgadas nos informa que el radio es la mitad de 11 pulgadas. Por lo tanto, el radio es 5,5 pulgadas. Sustituya por este valor en la fórmula para hallar el volumen de la esfera:

$V = \frac{4}{3}\pi r^3$

$V = \frac{4}{3}\pi(5,5$ in.$)^3$

$V = \frac{4}{3}\pi(166,375$ in.$^3)$

$V = \frac{4}{3}(522,4175$ in.$^3)$

$V = 696,5566$ in.^{3}

$V \approx 697$ in.^{3}

21. b. El volumen de la caja A es 48 cm^3 (4 × 4 × 3 = 48). El volumen de la caja B también debe ser 48 cm^3, así que las tres dimensiones de la caja B se multiplicarán en 48. Resuelva la ecuación para x:

$2 \times 6 \times x = 48$

$12x = 48$

$x = 4$

22. 94 m^2. Comience con la fórmula para el área de la superficie de un prisma rectangular: $ph + 2B$. Primero calcule B, el área de la base, multiplicando la longitud por el ancho: (3 m)(4 m) = 12 m^2. $B = 12$ m^2. Luego, calcule p = perímetro de la base. Perímetro = $2l + 2a$ = 2(4 m) + 2(3 m) = 14 m. La altura del prisma es 5 m. Coloque estas tres medidas en la fórmula del área de la superficie:

AS $= ph + 2B$

AS $= (14$ m$)(5$ m$) + 2(12$ m$^2)$

AS $= 70$ m$^2 + 24$ m^2

AS $= 94$ m^2

23. 979,68 cm³. Para sustituir por los valores en la fórmula $AS = 2\pi rh + 2\pi r^2$, primero necesitamos identificar el radio. El problema indica que el diámetro es 12 cm. El radio es la mitad del diámetro, así que el radio = 6 cm.

Ahora, sustituya por los valores en la fórmula para el área de la superficie de un cilindro:

$$AS = 2\pi rh + 2\pi r^2$$
$$= 2\pi(6 \text{ cm})(20 \text{ cm}) + 2\pi(6 \text{ cm})^2$$
$$= 2\pi(120 \text{ cm}^2) + 2\pi(36 \text{ cm}^2)$$
$$= 2(3,14)(120 \text{ cm}^2) + 2(3,14)(36 \text{ cm}^2)$$
$$= 753,6 \text{ cm}^2 + 226,08 \text{ cm}^2$$
$$= 979,68 \text{ cm}^2$$

Entonces, el área de la superficie del cilindro es 979,68 cm².

24. 144π cm². Recuerde que para el área de la superficie del cono se necesita la altura inclinada del cono. Aquí, la altura inclinada está etiquetada como *l* pero podemos resolver *l* con 6 y 8 como catetos en el teorema de Pitágoras:

$$a^2 + b^2 = c^2$$
$$6^2 + 8^2 = c^2$$
$$36 + 64 = c^2$$
$$100 = c^2$$

$c = 10$, así que ahora sabemos que la altura inclinada = 10.

Ahora use la fórmula del área de la superficie y mantenga la respuesta final en términos de π:

Área de la superficie de un cono = $\pi rs + \pi r^2$
$$AS = \pi(8 \text{ cm})(10 \text{ cm}) + \pi(8 \text{ cm})^2$$
$$AS = 80\pi \text{ cm}^2 + 64\pi \text{ cm}^2$$
$$AS = 144\pi \text{ cm}^2$$

25. 1.174.500 ft². Considere la fórmula para el área de la superficie de una pirámide: $\frac{1}{2}ps + B$. Puesto que esta pregunta nos pide el área de la superficie de los lados de la Gran Pirámide que están expuestos a la luz solar y el oxígeno, sin incluir la base, esto significa que simplemente podemos ignorar la parte final de la fórmula, "+ B", ya que esto representa el área de la base. Dado que las longitudes de los lados de la base cuadrada son 750 pies, podemos determinar que el perímetro de la base = 4(750 ft) = 3.000 ft. Coloque esto y la altura inclinada de 783 pies en la fórmula reducida:

Área de la superficie sin la base = $\frac{1}{2}ps$
$$AS = \frac{1}{2}(3.000)(783) = 1.174.500 \text{ ft}^2$$

26. 615,4 mm². Primero, divida el diámetro a la mitad para obtener un radio de 7 para usar en la fórmula del área de la superficie:

$$AS = 4\pi r^2$$
$$AS = 4\pi(7)^2$$
$$AS = 196\pi \text{ mm}^2 = 615,44 \text{ mm}^2$$

27. 1 cm : 12 millas. Se nos pide que determinemos cuántas millas representa cada centímetro en el mapa. Para hacer esto, establezca una razón que compare millas con centímetros:

$$\frac{\text{millas}}{\text{cm}} = \frac{324 \text{ millas}}{27 \text{ cm}}$$

Ahora, simplifique el radio que creamos para que el denominador se lea "1 cm". Para hacer esto, divida tanto el numerador como el denominador entre 27:

$$\frac{\text{millas}}{\text{cm}} = \frac{324 \text{ millas} \div 27}{10 \text{ cm} \div 27} = \frac{12 \text{ millas}}{1 \text{ cm}}$$

Esta escala se puede escribir 1 cm : 12 millas.

Revisión de Fundamentos de geometría

1. a. *Método 1:*

Elija algunos ejemplos de la situación dada y analice los resultados.

Ejemplo: Si el cuadrado *A* tiene lados de 10 de longitud, el cuadrado *B* tendrá lados de 5 de longitud.

Luego, el área de *A* es 100 y el área de *B* es 25.

El área del cuadrado *A* es el cuádruple del área del cuadrado *B*.

Ejemplo: Si el cuadrado *A* tiene lados de 6 de longitud, el cuadrado *B* tendrá lados de 3 de longitud.

Entonces, el área de *A* es 36 y el área de *B* es 9.

El área del cuadrado *A* es el cuádruple del área del cuadrado *B*.

Si continúa probando otras situaciones, los resultados serán los mismos. El área del cuadrado más grande siempre es el cuádruple del área del cuadrado más pequeño.

Método 2:

La situación se puede analizar de forma algebraica.

Longitud del lado del cuadrado $B = x$

Longitud del lado del cuadrado $A = 2x$

Área del cuadrado $B = x^2$

Área del cuadrado $A = (2x)^2 = 4x^2$

$4x^2$ es el cuádruple de x^2.

2. d. Todos los lados de un cuadrado tienen el mismo largo. El perímetro es la distancia que hay alrededor de la parte externa de una figura. Usted puede dividir el perímetro de un cuadrado entre 4 para determinar la longitud de un lado: $24 \div 4 = 6$. Por lo tanto, la longitud de un lado del cuadrado es 6 pulgadas. Para hallar el área, multiplique la longitud por el ancho. En un cuadrado, la longitud y el ancho son los mismos. En este caso ambos tienen 6 pulgadas y $6 \times 6 = 36$. El área del cuadrado es 36 pulgadas cuadradas.

3. c. Para hallar el área de la región sombreada, reste el área del círculo del área del cuadrado. Observe que el radio del círculo es la mitad de la longitud de un lado del cuadrado. Por lo tanto, el radio es 5 cm.

Área del cuadrado: $10 \times 10 = 100$ cm^2

Área del círculo: $3{,}14 \times 5^2 = 3{,}14 \times 25 = 78{,}5$ cm^2

Área de la región sombreada:

cuadrado – círculo

$100 - 78{,}5 = 21{,}5$ cm^2

El área de la región sombreada es 21,5 cm^2.

4. a. El área de la superficie del cubo es el producto de 6 y un número al cuadrado. Así que puede escribir la ecuación $6s^2 = 54$ y resolverla para hallar *s*:

$6s^2 = 54$

$s^2 = 9$

Debido a que $s^2 = 9$, cada borde mide 3 cm.

5. a. Dado que cada borde de un cubo tiene la misma longitud, el área de cada cara es s^2. Hay seis caras en cada cubo, así que el área de la superficie de un cubo es $6s^2$.

El área de la superficie del primer cubo es:

$$6(10^2) = 6(100) = 600$$

El área de la superficie del segundo cubo es:

$$6(8^2) = 6(64) = 384$$

La diferencia entre las dos áreas de la superficie es:

$$600 - 384 = 216$$

6. d. Halle las longitudes de los dos lados faltantes.

El lado horizontal faltante se puede hallar al restar el lado de 5 cm del lado de 10 cm. Por lo tanto, el lado horizontal faltante es de 5 cm. El lado vertical faltante se puede hallar al restar el lado de 2 cm del lado opuesto de 6 cm. De este modo, el lado vertical faltante es de 4 cm.

El siguiente dibujo muestra todos los lados.

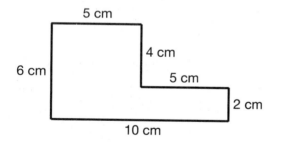

La forma se puede separar en dos rectángulos (se muestran dos formas posibles).

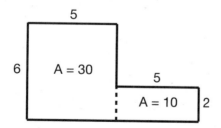

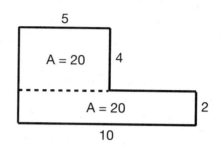

En la primera figura el área del rectángulo más grande es de 30 cm² y la del rectángulo más pequeño es de 10 cm². El área total es de 40 cm² (30 + 10).

En la segunda figura el área del rectángulo superior es 20 cm² y el área del rectángulo inferior es 20 cm². El área total es 40 cm² (20 + 20).

7. c.

Método 1:

Establezca una proporción que compare la distancia en la vida real y la distancia en el mapa:

$$\frac{\text{mapa de Hamden a Milford}}{\text{vida real Hamden a Milford}} =$$

$$\frac{\text{mapa de Cheshire a Mystic}}{\text{vida real Cheshire a Mystic}}$$

$$\frac{1,75x}{105} = \frac{2}{x}$$

$$1,75x = 210$$

$$x = 120$$

La distancia entre Cheshire y Mystic es 120 km.

Método 2:

Determine la cantidad de kilómetros representados por 1 cm en el mapa: $105 \div 1,75 = 60$.

Cada centímetro en el mapa es 60 km en la vida real.

La distancia desde Cheshire a Mystic en el mapa es 2 cm. Puesto que $2 \times 60 = 120$, la distancia desde Cheshire a Mystic en la vida real es 120 km.

8. 24x – 16. El perímetro de una figura es la distancia que hay alrededor de ella. Para un octágono regular (cuyos lados tienen longitudes equivalentes), se puede hallar el perímetro al multiplicar la longitud de un lado por el número total de lados. De acuerdo con el diagrama, la longitud de cada lado del octágono es $3x - 2$, así que el perímetro es $8(3x - 2)$. Asegúrese de distribuir el 8 a los dos términos que están dentro de los paréntesis para no llegar a $24x - 2$, que es incorrecto.

Cuando el 8 se distribuye de manera correcta,
$$P = 8(3x) - 8(2)$$
$$= 24x - 16$$

9. b. Hay dos formas de resolver este problema. La primera es dividir la sala en dos rectángulos, calcular el área de cada uno y sumarlas. Hay dos formas de dividir la sala en dos rectángulos:

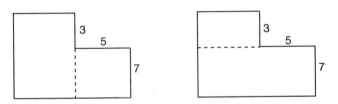

En el diagrama que aparece a la izquierda, un rectángulo tiene una longitud de 5 pies y un ancho de 7 pies y el otro tiene un largo de 10 pies (que es el resultado de 7 + 3) y un ancho de 7 (que es el resultado de 12 – 5). Para hallar el área de la sala, establezca la siguiente ecuación: (5 ft.)(7 ft.) + (10 ft.)(7 ft.). Esto da como resultado 105 ft.² como área de la sala.

En el diagrama que aparece a la derecha un rectángulo tiene un largo de 12 pies y un ancho de 7 pies y el otro tiene un largo de 7 pies (que es el resultado de 12 – 5) y un ancho de 3 pies. Para hallar el área de la sala, establezca la siguiente ecuación: (12 ft.)(7 ft.) + (7 ft.)(3 ft.). Esto también da 105 ft.² como resultado del área de la sala.

El segundo método es calcular el área del rectángulo grande, (12 ft.)(10 ft.), y restar el área de la parte faltante de la sala, (5 ft.)(3 ft.). La ecuación se lee 120 ft.² – 15 ft.² = 105 pies cuadrados.

10. c. El perímetro de una figura es la distancia que hay alrededor de la figura. Dado que los lados opuestos de un rectángulo son iguales y un lado de este rectángulo tiene un largo de 8, el otro lado también tiene un largo de 8. El conjunto de números cuya suma es 64 cuando se suman a 8 es 8 + 8 + 24 + 24 = 64.

11. 120 unidades. El perímetro de la figura compuesta original será la suma de todos sus lados: 5 + 6 + 3 + 4 + 2 + 10 = 30 unidades. Cuando una figura aumenta con un factor de escala, todos sus lados individuales se multiplican por ese factor. Por lo tanto, aquí todos los lados se multiplicarían por 4 para determinar la longitud de los lados y el perímetro asociado de la nueva figura: 5(4) + 6(4) + 3(4) + 4(4) + 2(4) + 10(4) = 120 unidades.

Un atajo para hallar el nuevo perímetro después de usar un factor de escala de 4 es simplemente multiplicar el perímetro original por 4: 30 unidades × 4 = 120 unidades.

12. 112 ft². Dado que cada pulgada en el dibujo representa 4 pies en la vida real, multiplique las dimensiones en escala por 4 para obtener las dimensiones en la vida real:

ancho de 2 pulgadas × 4 pies = 8 pies de ancho

largo de 3,5 pulgadas × 4 pies = 14 pies de largo

Dado que la cocina tiene 8 pies de ancho por 14 pies de largo, multiplique estas dos dimensiones para obtener el área: 8 pies × 14 pies = 112 ft.²

CAPÍTULO 11 ▶ ESTADÍSTICA Y PROBABILIDAD

E l campo de la estadística gira en torno a los datos, cómo se recopilan, organizan y manipulan para que podamos interpretar la información para hacer predicciones. Comprender las medidas de tendencia central, como la media, mediana y moda es importante para poder resumir un número "típico" a partir de un cuerpo de información. La probabilidad es una aplicación de la estadística que apunta a predecir la posibilidad de que sucedan ciertos eventos. Finalmente, los métodos de conteo nos ayudan a calcular el número de agrupaciones diferentes que son posibles a partir de un conjunto de opciones dadas. Las respuestas y explicaciones para todas las preguntas de práctica están al final del capítulo.

Este capítulo abarca:

- Media, mediana y moda de conjuntos de datos
- Promedios ponderados
- Probabilidad simple
- Probabilidad compuesta
- Permutaciones
- Combinaciones

Medidas de tendencias centrales

Las medidas de tendencias centrales son una forma de hablar sobre un conjunto de datos utilizando un número para resumir los datos. Como verá a lo largo de este libro, para muchas secciones del examen GED® será necesario que comprenda cómo hallar e interpretar estas medidas para entender los datos presentados, ya sean datos de experimentos científicos, información de una tabla de población de estudios sociales o simplemente un problema de matemáticas. Hay cuatro medidas diferentes de tendencias centrales que deberá saber calcular: media, mediana, moda y promedio ponderado.

¡PREGUNTA DE ANTICIPO GED®!

Con las medidas de tendencia central, es esencial que tenga en claro todas las diferentes definiciones para poder responder las preguntas de manera correcta:

- *Enumere la media, la mediana y la moda del conjunto de datos:*

  {3, 9, 6, 4, 8, 3, 6, 4, 7, 10, 1, 20, 4}

Cálculo de la media
La **media** es lo mismo que el *promedio* de un conjunto de datos. Para hallar la media, sume todos los números del conjunto de datos y luego divida entre el número total de valores de datos. Por ejemplo, si hay cinco números en un conjunto de datos, sume los cinco números y luego divídalos entre 5. Si hay 12 números en un conjunto de datos, sume los 12 números y luego divídalos entre 12.

$$\frac{\text{suma de valores de datos}}{\text{N.º total de valores de datos}} = \text{promedio (media)}$$

Tome el siguiente escenario como ejemplo.

Ejemplo
Bobbi hace las compras cada dos semanas. Los últimos cuatro recibos de las compras fueron de $75,30; $59,65; $72,92 y $67,20. ¿Cuál es el monto promedio de dinero que Bobbi gasta cada dos semanas en las compras?

Para hallar el monto promedio que Bobbi gasta en las compras, sume los cuatro recibos de las compras y divídalos entre 4:

$$\$75,30 + \$59,65 + \$72,92 + \$67,20 = \$275,07$$
$$\frac{\$275,07}{4} \approx \$68,77$$

Entonces, en promedio, Bobbi gasta $68,77 cada dos semanas en las compras.

Trabajar de forma inversa con una media dada
A veces, se le dará la media y se le pedirá que trabaje de forma inversa para determinar el valor de uno o más puntos de datos. En este caso, necesitará asignar expresiones algebraicas como x o $2x$ a los valores desconocidos que puede resolver después de sustituir toda la información dada en una ecuación. Estas son preguntas comunes en el examen GED®, así que asegúrese de comprender los métodos que se usan en el siguiente problema:

Ejemplo

La profesora Reba lleva un registro de cuántos estudi-antes se presentan de lunes a jueves a estudiar para el examen GED®. Usualmente, los estudiantes vienen en grupos. Este es un gráfico de los números de la semana pasada:

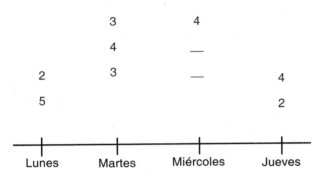

La profesora Reba olvidó escribir dos números para el miércoles. Si el número promedio de estudiantes por grupo era 3,2 y uno de los grupos desconocidos tenía un estudiante más que el otro grupo descono-cido, ¿cuál es el número promedio de estudiantes que vinieron a ver a la profesora Reba cada día?

Primero, traduzca las palabras a lenguaje matemático. Sabemos que uno de los grupos del miércoles tenía un estudiante más que el otro. Asigne x a uno de los grupos y $x + 1$ al otro.

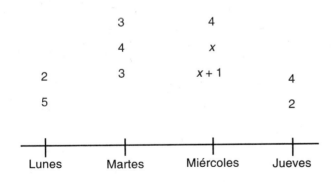

Luego, sume todos los números, divídalos entre 10 y establezca la igualdad al promedio conocido de 3,2:

$$\frac{2+5+3+4+3+4+x+x+1+4+2}{10} = 3,2$$

$$\frac{28+2x}{10} = 3,2$$

$$\frac{10(28+2x)}{10} = (3,2)10$$

$$28 + 2x = 32$$

$$\begin{array}{r} -28 \qquad -28 \\ \hline 2x = 4 \end{array}$$

$$\frac{2x}{2} = \frac{4}{2}$$

$$x = 2$$

Así que ahora sabemos que uno de los grupos del miércoles tenía 2 estudiantes (x) y el otro tenía 3 estu-diantes ($x + 1$).

Finalmente, podemos calcular el número prome-dio de estudiantes que la profesora Reba vio por día:

Lunes: $2 + 5 = 7$

Martes: $3 + 4 + 3 = 10$

Miércoles: $4 + 2 + 3 = 9$

Jueves: $4 + 2 = 6$

$\frac{7 + 10 + 9 + 6}{4} = 8$ estudiantes por día

Mediana

La **mediana** de un conjunto de datos es el valor del medio de un conjunto de datos ordenados de forma ascendente. Para entender el concepto, considere esta pregunta:

¿Cuál es la mediana de los siguientes valores de datos?

63, 72, 54, 69, 66

Para hallar la mediana, primero vuelva a escribir los números en orden ascendente:

54, 63, 66, 69, 72

La mediana es 66 porque hay dos números a la izqui-erda y dos números a la derecha.

54, 63, 66 , 69, 72

Hallar la mediana es muy simple cuando hay una cantidad impar de valores. Sin embargo, ¿qué sucede si hay una cantidad par de valores? En ese caso, tome el promedio de los dos números del medio.

¿Cuál es la mediana de los siguientes valores de datos?

23, 10, 31, 5, 39, 33

Primero, vuelva a escribir los valores en orden ascendente:

5, 10, 23, 31, 33, 39

Los dos números del medio son 23 y 31:

5, 10, | 23, 31, | 33, 39

La mediana de este conjunto de datos es el promedio de 23 y 31:

$$\frac{23 + 31}{2} = 27$$

HOJA DE FÓRMULAS MATEMÁTICAS DEL EXAMEN GED®

Las definiciones para la media y la mediana estarán en la hoja de fórmulas el día del examen. A pesar de que esto puede tentarlo a no aprender de memoria cómo calcular estas medidas, será importante que no malgaste tiempo valioso del examen en buscar estas definiciones.

- **media** es igual al total de los valores de un conjunto de datos dividido entre el número de elementos que aparece en el conjunto de datos
- **mediana** es el valor del medio que figura en un conjunto de datos con un número impar de valores ordenados, o la media de los dos valores del medio que figuran en un conjunto de datos con un número par de valores ordenados

Moda

La **moda** de un conjunto de datos es el número que aparece más frecuentemente. Es importante saber que un conjunto de datos no siempre tiene una única moda. Estas son las tres posibilidades diferentes para la moda del conjunto de datos:

__Una moda:__ un conjunto de números tiene una sola moda si un solo número aparece con mayor frecuencia que todos los demás.

Ejemplo: 9, 3, 4, 2, 9, 8, 9, 2, 9, 4

Solución: la moda del conjunto de datos es 9, dado que aparece más veces que cualquier otro número en el conjunto de datos.

__Sin moda:__ si no hay un número que aparezca más que los otros números, entonces el conjunto de datos no tiene moda.

Ejemplo: 3, 4, 2, 9, 8, 11, 2, 1, 5, 4

Solución: este conjunto de datos no tiene una moda puesto que ningún número está presente más que el resto de los números.

__Más de una moda:__ si más de un número aparece con mayor frecuencia que el resto de los datos, entonces puede haber varias modas.

Ejemplo: 3, 4, 7, 9, 8, 5, 2, 8, 9, 4, 3, 9, 4, 8

Solución: las modas del conjunto de datos son 4, 8 y 9 puesto que cada uno de estos números aparece igual cantidad de veces más que el resto. (Observe que a pesar de que 3 aparece dos veces, no es una moda, puesto que 4, 8 y 9 aparecen tres veces cada uno).

VOCABULARIO: MEDIA, MEDIANA, MODA

¡Use estos trucos simples para tener en claro las definiciones de *media*, *mediana* y *moda*!

Media: "Compramos un promedio de 2 *media*lunas para cada uno".

Mediana: esta palabra suena como "medio", que es la medida que está en el medio entre pequeño y grande. "Me gustaría pedir una medida *mediana*, por favor . . . !"

Moda: cuando algo está de *moda* se utiliza con frecuencia, así que recuerde que la *moda* de un conjunto de datos es el dato que aparece con más frecuencia.

Promedio ponderado

Un promedio ponderado es el promedio que se encuentra con términos que tienen un "peso" o importancia diferente dentro de un conjunto de datos. Por ejemplo, un profesor puede dar más importancia a la calificación del examen final que a la calificación de una prueba. Hay dos casos en los que usted calculará un promedio ponderado en vez de un promedio estándar o media. Explicaremos cada caso por separado.

Caso 1: cantidades de valores diferentes

Los datos presentados en tablas o gráficos a menudo requieren un promedio ponderado. Esto se debe a que cada uno de los valores de la tabla no solo está presente una vez, sino que está presente una cantidad de veces diferente de otros valores. Por ejemplo, la tabla siguiente muestra la cantidad de veces que Brooke corrió una cierta cantidad de millas a lo largo de un mes:

NÚMERO DE MIL-LAS CORRIDAS	FRECUENCIA A LO LARGO DE UN MES
2	9
4	8
6	5
8	3

¿Cómo calculamos la cantidad promedio de millas que Brooke corrió cada día? Primero, descubra cuántas veces salió a correr ese mes al sumar los valores de la columna de frecuencia: Brooke corrió 25 veces a lo largo del mes ($9 + 8 + 5 + 3 = 25$).

Luego, dado que Brooke corrió 2 millas 9 veces, 4 millas 8 veces, 6 millas 5 veces y 8 millas 3 veces, es útil comprender que podríamos escribir las 25 distancias diferentes que corrió de la siguiente forma:

2, 2, 2, 2, 2, 2, 2, 2, 2, 4, 4, 4, 4, 4, 4, 4, 4, 6, 6, 6, 6, 6, 8, 8, and 8

2 millas, nueve veces   4 millas, 8 veces   6 millas, 5 veces   8 millas, 3 veces

Si bien se podría hallar el promedio sumando estas 25 distancias y dividiéndolas entre 25, es más eficiente hallar el promedio ponderado al multiplicar la cantidad de veces que corrió por las millas corridas para obtener subtotales:

- Agregue una tercera columna a la tabla y nómbrela "Subtotal de millas".
- Complétela con el producto de (N.º de millas) × (frecuencia):

NÚMERO DE MILLAS CORRIDAS	FRECUENCIA A LO LARGO DE UN MES	SUBTOTAL DE MILLAS (N.º DE MILLAS) × (FRECUENCIA):
2	9	$2 \times 9 = 18$ millas
4	8	$4 \times 8 = 32$ millas
6	5	$6 \times 5 = 30$ millas
8	3	$8 \times 3 = 24$ millas
	N.º total de veces que corrió = 25	Millas totales = 104

- Sume los cuatro productos de la columna derecha para obtener la distancia total para el mes: 104 millas.
- Dado que Brooke corrió 25 días, divida esto entre 25 para hallar el promedio ponderado:

Millaje ponderado: $\frac{104}{25} = 4{,}16$ millas por cada vez que corrió.

A veces usted verá preguntas que presentan datos que implican frecuencia en un formato de problema de palabras. Por ejemplo, "En junio, Brooke corrió 2 millas en 9 días, 4 millas en 8 días, 6 millas en 5 días y 8 millas en 3 días. Determine la distancia promedio que recorrió Brooke cada día que corrió". En este caso, la solución seguiría implicando un promedio ponderado al multiplicar primero las *frecuencias* por los *valores*.

¡NO HAGA ESTO!

Cuando los estudiantes ven tablas con números, siempre se ven tentados a simplemente sumar los valores de la columna de la izquierda (o la columna de la derecha) y dividirlos entre el número de líneas que hay en la tabla. Esto casi siempre está mal porque los datos que se expresan en tablas o gráficos a menudo presentan la frecuencia con la que ocurre cada valor. Puesto que *frecuencia* significa el *número de veces*, cuando se da información de frecuencia, usted debe hallar un promedio ponderado y no solo la media.

Caso 2: ponderación de valores con porcentajes

Las puntuaciones de calificaciones finales para las clases a menudo se computan con un promedio ponderado, dado que un profesor puede querer dar más importancia a ciertos tipos de tareas (como pruebas) que a otras (como deberes). Trabajemos con esta pregunta paso a paso para mostrar cómo calcular los promedios ponderados cuando los datos están ponderados con porcentajes:

Myrna enseña en una universidad. Al asignar calificaciones finales, le da diferente importancia a cada tipo de tarea. El conjunto de tareas de Myrna tiene un valor total de 100 puntos.

TAREA	NÚMERO	PORCENTAJE
Pruebas	4	70%
Deberes	6	10%
Examen final	1	20%

Las puntuaciones de Chad se muestran en la tabla siguiente. ¿Cuál es su calificación final para el curso?

TAREA	PUNTUACIONES
Pruebas	78, 85, 88, 90
Deberes	87, 90, 83, 93, 91, 90
Examen final	82

A pesar de que toda la información proporcionada puede hacer que esta pregunta parezca abrumadora al principio, resolverla no es tan difícil como parece. Solo hay que seguir tres pasos:

Paso 1: halle el promedio básico para cada uno de los tres tipos diferentes de tareas:

$$\text{Promedio de prueba} = \frac{78 + 85 + 88 + 90}{4} = 85{,}25$$

$$\text{Promedio de deberes} = \frac{87 + 90 + 83 + 93 + 91 + 90}{6} = 89$$

$$\text{Examen final} = 82 \text{ (aquí hay una sola puntuación)}$$

Paso 2: multiplique la ponderación porcentual asociada a cada tipo de tarea por el promedio para esa tarea. Esto va a determinar cuántos puntos aportará cada tipo de tarea a la puntuación final de Chad.

(Recuerde convertir los porcentajes de ponderación en decimales antes de multiplicar)

Promedio de pruebas (70%) = 85,25 × 0,70
$$= 59,675$$
Promedio de deberes (10%) = 89 × 0,10 = 8,9
Examen final (20%) = 82 × 0,20 = 16,4

Paso 3: sume los valores del Paso 2 para obtener la calificación final de Chad para el curso.

Calificación final = 59,675 + 8,9 + 16,4 = 84,975

Por lo tanto, la puntuación final de Chad fue 85%.

Práctica

1. La clase del profesor Carlo está aprendiendo sobre sapos. El profesor llevó a su clase al estanque para ver los sapos en su ambiente. Una de las tareas era que cada uno de los 14 estudiantes midiera un sapo para calcular una longitud promedio. La longitud promedio era 2,35 pulgadas. Usando los siguientes datos, calcule la longitud del decimocuarto sapo.

SAPO	LONGITUD (PULGADAS)
1	2,3
2	1,9
3	2,0
4	2,4
5	2,5
6	3,0
7	2,7
8	2,6
9	2,5
10	2,4
11	2,3
12	2,1
13	2,4
14	x

2. Holly va a competir en 4 eventos gimnásticos diferentes y quiere tener una puntuación promedio de 9,2. Obtuvo una puntuación de 8,9 en caballete, 8,6 en barras asimétricas y 9,5 en barra. ¿Qué puntaje debe obtener en la rutina de suelo para lograr su meta de promedio de 9,2 en la competencia?

3. Ash es una agente inmobiliaria que está intentando vender una propiedad en un vecindario con el que no está familiarizada. Quiere decirle a la familia que representa cuál es el precio medio de las propiedades en las ventas locales que se concretaron en el último mes. El mes pasado, se vendieron viviendas a los siguientes precios: $280.000, $200.000, $424.000, $390.000, $280.000 y $320.000. Halle el precio medio de las propiedades.

Para las preguntas 4 y 5, identifique las modas de los conjuntos de datos.

4. 45, 56, 23, 45, 12, 56, 38 _____

5. 100, 96, 94, 101, 106 _____

Para las preguntas 6–7, utilice el siguiente gráfico de barras que muestra la cantidad de lápices que los estudiantes tenían en sus estuches al llegar a una clase de arte.

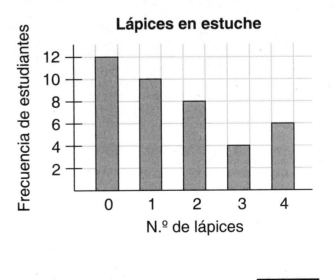

243

6. ¿Cuál era el número medio de lápices que tenían los estudiantes en sus estuches cuando llegaron a la clase de arte?

7. ¿Qué número de lápices representa la moda?

8. La siguiente tabla muestra la cantidad de millas que cada estudiante recorre de ida hasta la clase de viola de la profesora Bradley. Halle la cantidad promedio de millas que los estudiantes de la profesora Bradley recorren de ida:

CANTIDAD DE MILLAS RECORRIDAS DE IDA	CANTIDAD DE ESTUDIANTES
1	4
2	3
3	5
4	6
5	3

9. Stephanie es propietaria de una panadería y va a comprar insumos. Si compra 20 latas de duraznos a $6,50 cada una y 28 latas de cerezas a $9 cada una, ¿cuál es el precio promedio por lata de fruta?

10. Gallespie es profesor de ciencias en una escuela secundaria. En la tabla siguiente, se muestra la ponderación que le da a cada tarea.

TAREA	NÚMERO	PORCENTAJE
Pruebas	5	60%
Deberes	5	15%
Experimentos	4	25%

Observando las puntuaciones de Katie, calcule su calificación final para el semestre en la centésima más cercana de un punto porcentual.

TAREA	PUNTUACIONES (DE 100)
Pruebas	93, 97, 88, 91, 95
Deberes	90, 99, 100, 95, 96
Experimentos	89, 90, 85, 92

Probabilidad

Posiblemente alguna vez haya escuchado a alguien exclamar: "¿Qué probabilidad hay de que eso suceda?". La **probabilidad** de que algo suceda es la posibilidad de que se produzca un evento. Por ejemplo, si usted vive en el desierto, la probabilidad de que llueva en junio es muy baja. Hay dos tipos de probabilidad: simple y compuesta. La **probabilidad simple** se refiere a que suceda un evento único, como sacar un 1 al lanzar un dado por única vez. La **probabilidad compuesta** se refiere a la posibilidad de que se cumpla más de una condición, como sacar un 1 con un dado y luego sacar cruz al lanzar una moneda.

Comprender la probabilidad lo ayudará a entender la posibilidad de que se produzcan eventos en el mundo real y lo ayudará a responder preguntas como esta en el examen GED[å].

- *Si se están considerando 17 hombres y 23 mujeres para formar un jurado, ¿cuál es la probabilidad de que los 12 jurados seleccionados sean hombres?*

Probabilidad simple

La probabilidad simple es la razón del número de resultados deseables con respecto al número total de resultados posibles. Por lo general, la probabilidad se representa como una fracción en los términos más bajos y a veces como un porcentaje. La notación que se usa para expresar la probabilidad de que se produzca un evento es $P(E)$, que significa la probabilidad de que se produzca un evento E:

Probabilidad de que se produzca un evento =
$$\frac{\text{N.º de eventos deseables}}{\text{N.º total de eventos posibles}}$$

Observe que el numerador establece un "N.º de eventos deseables" plural a pesar de que la probabilidad es de que "se produzca un evento" único. A veces puede haber más de un resultado que sería exitoso. Por ejemplo, si quería que su cumpleaños cayera un fin de semana, habría dos eventos deseables que podrían satisfacer ese deseo: sábado y domingo. Dado que el número total de eventos posibles incluye los 7 días de la semana, escribimos lo siguiente:

P(Cumpleaños el fin de semana) =
$$\frac{\text{N.º de días de fin de semana}}{\text{N.º total de días en la semana}} = \frac{2}{7}$$

La probabilidad $\frac{2}{7}$ también se puede convertir a 29%. (Para repasar cómo convertir fracciones en porcentajes, consulte el Capítulo 5). A pesar de que en el informe del tiempo tal vez se diga que "hay una probabilidad de lluvia del 40%", en el examen GED®

generalmente se pedirá que las respuestas de probabilidad sean presentadas en fracciones con los términos más bajos.

REGLA: PROBABILIDAD SIMPLE

La **probabilidad** de que se produzca un evento es la razón entre el número de resultados deseables y el número total de resultados posibles, y se abrevia así $P(E)$:

$$P(E) = \frac{\text{N.º de eventos deseables}}{\text{N.º total de eventos posibles}}$$

Revisemos algunas probabilidades simples comunes que pueden aparecer el día del examen. Estar familiarizado con estas probabilidades lo ayudará a resolver las preguntas de probabilidad compuesta que se presentan en la sección siguiente.

Ejemplo

¿Cuál es la probabilidad de obtener cara al lanzar una moneda?

Hay dos posibilidades al lanzar una moneda: cara o cruz.

$$P(\text{Cara}) = \frac{\text{N.º de caras}}{\text{N.º total de lados}} = \frac{1}{2}$$

Observe que la probabilidad de obtener cruz al lanzar una moneda por única vez también es $\frac{1}{2}$. Ahora veamos algunas probabilidades asociadas a un dado de 6 caras.

Ejemplo

¿Cuál es la probabilidad de sacar un 5 al tirar un dado?

Hay 6 posibilidades correspondientes a todas las caras del dado y esta probabilidad solo pide una de ellas, un 5:

$$P(\text{Sacar un 5}) = \frac{\text{N.º de eventos deseables}}{\text{N.º total de eventos posibles}} = \frac{1}{6}$$

Solo porque hay 6 eventos posibles al tirar un dado, no espere que el denominador sea siempre un 6 al responder preguntas de probabilidad. Recuerde reducir su respuesta a los menores términos:

Ejemplo

¿Cuál es la probabilidad de sacar un número primo al tirar un dado?

Aún hay 6 eventos posibles, pero ahora debemos tener más cuidado al determinar el número de eventos deseados. Hay 3 números primos hasta 6: 2, 3 y 5 son primos. (Recuerde que *número primo* es cualquier número *mayor que* 1 cuyos factores sean solamente 1 y el número mismo). Ahora presentaremos nuestros hallazgos usando la fórmula de probabilidad:

$$P(\text{Sacar un número primo}) = \frac{\text{N.º de eventos deseables}}{\text{Nº. total de eventos posibles}}$$
$$= \frac{3}{6} = \frac{1}{2}$$

Entonces, hay $\frac{1}{2}$ probabilidad de que cada vez que tire el dado saque un número primo. Esto significa que cada dos veces que tire el dado, es posible que saque un número primo una vez. Ahora que entiende la probabilidad simple, pasemos a la probabilidad compuesta.

Probabilidad compuesta

La probabilidad compuesta se refiere a la posibilidad de que sucedan dos eventos no relacionados. La probabilidad compuesta de que se produzcan dos eventos se halla multiplicando la probabilidad del primer evento por la probabilidad del segundo evento. La probabilidad compuesta se escribe así:

$$P(A \text{ y } B) = P(A) \times P(B)$$

Respondamos una pregunta común de probabilidad compuesta:

Ejemplo

¿Cuál es la probabilidad de lanzar una moneda dos veces y obtener cara dos veces seguidas?

Dado que la probabilidad de obtener cara es $\frac{1}{2}$, utilice esto en la fórmula de la probabilidad compuesta:

$$P(\text{Cara y cara}) = P(\text{Cara}) \times P(\text{Cara})$$
$$P(\text{Cara y cara}) = \frac{1}{2} \times \frac{1}{2} = \frac{1}{4}$$

Entonces, la probabilidad de obtener dos caras cuando se tira una moneda dos veces es de $\frac{1}{4}$ o 25%.

La fórmula de la probabilidad compuesta se puede expandir para investigar la probabilidad de que se produzcan más de dos eventos independientes:

Ejemplo

¿Cuál es la probabilidad de tirar un dado tres veces y obtener 1, 2, 3 en ese orden?

La probabilidad de sacar un número particular en un dado es $\frac{1}{6}$. Use esto en la fórmula de la probabilidad compuesta:

$$P(1 \text{ luego } 2 \text{ luego } 3) = P(1) \times P(2) \times P(3)$$
$$P(1 \text{ luego } 2 \text{ luego } 3) = \frac{1}{6} \times \frac{1}{6} \times \frac{1}{6} = \frac{1}{216}$$

Entonces, la probabilidad de sacar 1, 2 y 3 al tirar un dado tres veces es $\frac{1}{216}$, ¡que es menos de un 1% de probabilidad!

REGLA: PROBABILIDAD COMPUESTA

La **probabilidad compuesta** de que sucedan dos o más eventos es el producto de la probabilidad simple de cada uno de los eventos individuales:

- $P(A, B \text{ y } C) = P(A) \times P(B) \times P(C)$

Probabilidad con y sin reemplazo

A veces, en los problemas de probabilidad compuesta, un primer evento influye en la posibilidad de un segundo evento. Digamos que hay 5 dulces Starburst en su bolsillo: rosado, rojo, amarillo, anaranjado y verde. ¡Usted quiere el rojo! La probabilidad de que el primer Starburst que elija sea el rojo es de $\frac{1}{5}$. Si en cambio usted elije uno anaranjado (y se lo come), solo le quedarán 4 Starbursts en el bolsillo. Por lo tanto, la probabilidad de que el segundo dulce que elija sea el rojo será de $\frac{1}{4}$. En el contexto de las matemáticas, nos referimos a este método (de no devolver el primer elemento) como "sin reemplazo". En el examen GED®, lea si en la pregunta se indica expresamente que un elemento se devuelve antes de que se produzca el siguiente evento (esto se llama "con reemplazo"). Si no se indica, tenga cuidado al determinar la probabilidad del segundo evento.

Cálculo de probabilidades sin reemplazo

Para calcular la probabilidad compuesta de que se produzcan los dos eventos, al evaluar la probabilidad de que se produzca el segundo evento, suponga siempre que el primer evento deseado se produjo. Veamos cómo hacer esto con la siguiente pregunta:

Ejemplo

Suponga que hay 8 pelotas de tenis en un contenedor: 5 verdes y 3 rojas. ¿Cuál es la probabilidad de sacar una pelota verde en el primer intento y luego una pelota roja en el segundo intento, sin volver a colocar la primera pelota en el contenedor?

Primero, sabemos que vamos a responder la pregunta con esta fórmula:

$$P(\text{Verde luego roja}) = P(\text{Verde}) \times P(\text{luego roja})$$

Observe que arriba utilizamos el término "luego roja" en vez de "y roja". Estas palabras se usan para recordarnos que debemos considerar cuidadosamente la probabilidad del segundo evento porque el primer evento influye en su probabilidad.

Dado que hay 5 pelotas de tenis verdes y 8 pelotas de tenis en total, la probabilidad de sacar un pelota de tenis verde primero es de $\frac{5}{8}$. Entonces P(Verde) = $\frac{5}{8}$.

Ahora $P(\text{luego roja})$ se debe calcular con la suposición de que la primera pelota que se sacó fue verde. Ahora aún quedan 3 pelotas de tenis rojas, pero solo hay 7 pelotas de tenis en total dado que la primera pelota no se devolvió. Por lo tanto, $P(\text{luego roja}) = \frac{3}{7}$.

Coloque ambas probabilidades en la fórmula de probabilidad compuesta:

$$P(\text{Verde luego roja}) = P(\text{Verde}) \times P(\text{luego roja})$$
$$P(\text{Verde luego roja}) = \frac{5}{8} \times \frac{3}{7} = \frac{15}{56}$$

$\frac{15}{56}$ es un poco difícil entenderlo mentalmente, así que tal vez sea útil considerarlo también como una probabilidad de aproximadamente 27%.

Práctica

Use la siguiente información para responder las preguntas 11–13.

A cada estudiante del último año en la escuela preparatoria Alexa Mae se le asigna un número de identificación de 3 dígitos entre 000 y 999. Todos los números de identificación tienen 3 dígitos, por lo tanto, el número de identificación 7 se escribe 007 y el número de identificación 16 se escribe 016. Una vez que se asigna un número a un estudiante, no se puede volver a asignar.

11. Delilah está obsesionada con π, así que espera que se le asigne el número 314. ¿Cuál es la probabilidad de que se le asigne el 314 como número de identificación?

12. A Skye le encantan los dígitos repetidos tres veces y no le importa qué número sea, siempre que su número de identificación sea tres veces el mismo número. ¿Cuál es la probabilidad de que Skye saque un número de identificación con dígitos repetidos?

13. A Lulu le gustan los números con dígitos consecutivos en orden ascendente o descendente, como 123 y 876. ¿Cuál es la probabilidad de que obtenga el número que quiere?

Use el gráfico de barras de las preguntas 6 y 7 que aparecen en la sección previa para responder las preguntas 14 y 15:

14. Si se selecciona a un estudiante de la clase al azar, ¿cuál es la probabilidad de que tenga exactamente 3 lápices?

15. Si se elige un estudiante de la clase al azar, ¿cuál es la probabilidad de que tenga al menos 1 lápiz?

16. La probabilidad de sacar un tenedor de un cajón es de $\frac{4}{13}$. Se toma un utensilio y se lo coloca sobre la mesa. Luego se toma otro utensilio del mismo cajón. ¿Cuál es la probabilidad de que los dos utensilios que se toman del cajón sean tenedores?

17. A Wyeth le gustaría elegir a 3 estudiantes de su clase de 30 estudiantes para que sean líderes de la clase. Su clase tiene 16 chicas y 14 chicos. Si Wyeth elige estos estudiantes de a uno por vez, sin reemplazo, ¿cuál es la probabilidad de que los tres líderes de la clase sean chicos? Exprese su respuesta como un porcentaje del número entero más cercano.

Técnicas de conteo

En el contexto de la estadística y la probabilidad, la frase "técnicas de conteo" hace referencia a los métodos que se utilizan para calcular el número de agrupaciones diferentes que se pueden formar de un conjunto de opciones. Las técnicas de conteo que se presentan en el examen GED® son permutación y combinación.

Es posible que las técnicas de conteo le sean útiles fuera del examen GED[a].

- *Mara empacó 4 camisas, 3 polleras y 2 pares de zapatos para sus vacaciones. ¿Cuántos atuendos únicos, que consistan en una pollera, una camisa y un par de zapatos puede usar con la vestimenta que empacó?*

Principio fundamental de conteo

El principio fundamental de conteo nos proporciona un modo de computar la cantidad total de formas en que diferentes eventos independientes pueden ocurrir juntos. Dicho principio indica que si hay m resultados posibles para un primer evento y n resultados posibles para un segundo evento, entonces el número total de resultados posibles para los dos eventos juntos es el producto de $m \times n$. Este principio es verdadero para cualquier cantidad de eventos diferentes. Observemos cómo aplicamos este principio para resolver la pregunta de anticipo anterior:

Ejemplo

Mara empacó 4 camisas, 3 polleras y 2 pares de zapatos para sus vacaciones. ¿Cuántos atuendos únicos, que consistan en una pollera, una camisa y un par de zapatos puede usar con la vestimenta que empacó?

Resolver un problema así es sencillo, dado que el número de resultados diferentes para cada evento se indica con claridad: Mara tiene 4 camisas, 3 polleras y 2 pares de zapatos. Multiplique estos números entre sí para calcular el número total de atuendos únicos que puede formar:

$$4 \times 3 \times 2 = 24 \text{ equipos}$$

A veces ayuda dibujar un problema de conteo con tres ilustraciones, como se muestra a continuación. Al observar este diagrama, usted debería poder entender *por qué* funciona este principio. Observe que solo con las camisas y polleras, Mara podría formar 12 atuendos diferentes. Luego, en cada uno de esos 12 atuendos hay 2 opciones de zapatos diferentes para elegir, por lo tanto, los 12 atuendos de camisa y pollera se convertirán en 24 atuendos de camisa, pollera y zapatos:

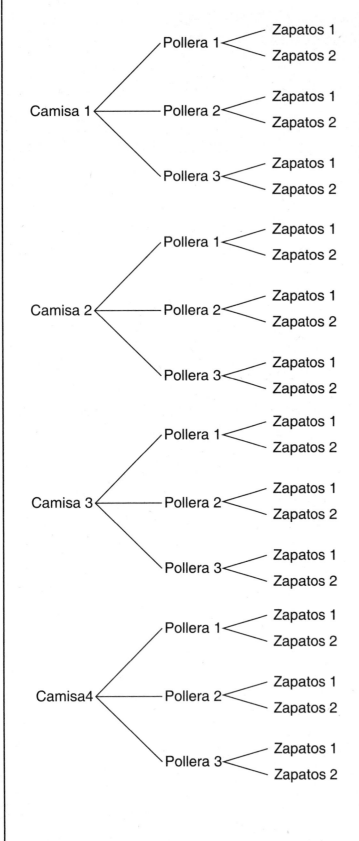

El problema anterior mostró el principio fundamental de conteo cuando los elementos eran completamente independientes. Al igual que sucede con los problemas de probabilidad "sin reemplazo" que hicimos, a veces usamos el principio fundamental de conteo cuando el primer evento afecta la cantidad de posibilidades del segundo evento, como verá en el ejemplo siguiente.

Ejemplo

Hay 15 equipos diferentes que compiten en una feria de ciencias. ¿De cuántas formas distintas se pueden otorgar los trofeos de primer, segundo, tercer y cuarto lugar?

Hay 15 equipos diferentes y solo cuatro trofeos.
¿Cuántos equipos pueden ganar el primer lugar? 15

Después de que se entregue el trofeo de primer lugar, ¿cuántos equipos pueden ganar el segundo lugar? 14

Después de que se entregue el segundo lugar, ¿cuántos equipos pueden ganar el tercer lugar? 13

Después de que se entregue el tercer lugar, ¿cuántos equipos pueden ganar el cuarto lugar? 12

Observe que después de cada evento, el número de posibilidades para el siguiente evento disminuye en 1 número. Así que ahora se producen 4 eventos y el número de posibilidades de que se produzca cada evento es 15, 14, 13 y luego 12. El principio fundamental de conteo indica que se deben multiplicar todos estos números para determinar la cantidad total de combinaciones posibles para que los 15 equipos ganen los cuatro trofeos:

$$15 \times 14 \times 13 \times 12 = 32.760$$

Observe que en este cálculo final, comenzamos con el número total de opciones y luego redujimos esa opción de a un número a la vez. Hicimos esto 4 veces dado que se elegían 4 equipos. Esta misma técnica se puede aplicar a problemas similares. Por ejemplo, si se seleccionaran al azar 3 de 10 estudiantes para preparar un aperitivo, preparar una bebida y lavar los platos, la cantidad de formas posibles en que se podrían asignar estas tareas a los estudiantes se hallaría multiplicando $10 \times 9 \times 8$.

Factoriales

Antes de pasar a las fórmulas para permutaciones y combinaciones, es necesario que sepa cómo trabajar con factoriales. Un **factorial** es una instrucción matemática para multiplicar un número n por cada numero entero positivo menor o igual que n. Los factoriales se indican con un signo de exclamación y "$n!$" se lee "n factorial". Esta es la definición de $n!$:

$$n! = n(n-1)(n-2)(n-3)\ldots(1)$$

A pesar de que en el examen GED® no se le presentará una pregunta como "¿Cuál es el valor de 5!?", usted deberá comprender la notación factorial para usar las fórmulas que se presentan en las dos secciones siguientes. Debería sentirse cómodo al convertir 5! de la siguiente forma:

$$5! = 5 \times 4 \times 3 \times 2 \times 1 = 120$$

Permutaciones

Las permutaciones son agrupaciones en las que el *orden importa*. Dado que obtener un trofeo del primer lugar es diferente que obtener un trofeo del cuarto lugar, nuestro análisis anterior de la cantidad de formas en que se podrían entregar los trofeos de primer, segundo, tercer y cuarto lugar a 15 equipos es un ejemplo de permutación. No obstante, si se entregaran 4 premios de igual valor a 4 de 15 equipos, este sería un ejemplo de cuándo *no* importaría el orden (hablaremos sobre este tipo de preguntas en la sección siguiente).

A pesar de que resolvimos la pregunta anterior de permutación de los 4 trofeos para 15 equipos usando el principio fundamental de conteo, hay una fórmula que se puede aplicar a cualquier problema que implique permutación. Desafortunadamente, la fórmula de permutación no se le proporcionará en el examen GED®, así que deberá memorizarla.

REGLA: FÓRMULA DE PERMUTACIÓN

Cuando n elementos se deben colocar en grupos de k y el orden es importante, el número de **permutaciones** se puede calcular como tal:
$$P(n,k) = \frac{n!}{(n-k)!}$$
La permutación se utilizará para situaciones que impliquen clasificación o para eventos en los que un orden de opciones sea considerablemente diferente de otro orden de las mismas opciones. Con las permutaciones, A-B-C y C-B-A cuentan como dos grupos separados. Cuentan como dos permutaciones diferentes.

Para demostrar la fórmula, usemos el problema anterior de equipos que se seleccionan para un primer, segundo, tercer y cuarto lugar a partir de un grupo de 15 equipos. Primero, reconozca que $n = 15$ y $k = 4$.

$$P(n,k) = \frac{n!}{(n-k)!}$$
$$P(15,4) = \frac{15!}{(15-4)!}$$
$$P(15,4) = \frac{15!}{11!}$$
$$P(15,4) = \frac{15 \times 14 \times 13 \times 12 \times 11 \times 10 \times 9 \times 8 \times 7 \times 6 \times 5 \times 4 \times 3 \times 2 \times 1}{11 \times 10 \times 9 \times 8 \times 7 \times 6 \times 5 \times 4 \times 3 \times 2 \times 1}$$

Ahora, observe que todos los factores que aparecen en el numerador desde 11 hasta 1 se pueden cancelar con todos los factores desde 11 hasta 1 que aparecen en el denominador. Realizar esta cancelación disminuirá significativamente el tiempo que le lleva responder preguntas como esta.

$$P(15,4) =$$

$$\frac{15 \times 14 \times 13 \times 12 \times \cancel{11 \times 10 \times 9 \times 8 \times 7 \times 6 \times 5 \times 4 \times 3 \times 2 \times 1}}{\cancel{11 \times 10 \times 9 \times 8 \times 7 \times 6 \times 5 \times 4 \times 3 \times 2 \times 1}}$$

$$P(15,4) = 15 \times 14 \times 13 \times 12 = 32.760$$

Por lo tanto, el número de permutaciones de 4 equipos clasificados entre 15 equipos es de 32.760, que es la misma respuesta que obtuvimos antes con el principio fundamental de conteo.

Combinaciones

Con las **combinaciones** el orden no importa. Por ejemplo, el número de combinaciones de tres aperitivos diferentes que un grupo puede pedir en un restaurante es un caso de combinación. No importa en qué orden se enumeran los aperitivos elegidos: ensalada, sopa y pan es lo mismo que sopa, pan y ensalada.

La fórmula para las combinaciones es similar a la de las permutaciones. No obstante, se suma otro factor al denominador para disminuir el número de posibilidades. Nuevamente, si el orden no importa, entonces 1, 2, 3 es lo mismo que 3, 2, 1. Por lo tanto, la combinación solo se cuenta una vez.

REGLA: FÓRMULA DE COMBINACIÓN

Cuando n elementos se colocan en grupos de k y el orden *no* es importante, se puede calcular el número de **combinaciones** como tal:

$$C(n,k) = \frac{n!}{k!(n-k)!}$$

Con las combinaciones, A-B-C no cuenta como un grupo diferente de C-B-A. Se cuentan como una única combinación. Por eso, $n!$ se divide entre $k!$ (esto es para quitar las combinaciones repetidas de la respuesta).

Observe que la única diferencia entre la fórmula para permutación y combinación es la $k!$ en el denominador de la fórmula de combinación. Nuevamente, esto es para eliminar las combinaciones repetitivas de la respuesta, dado que el orden no importa.

Ejemplo

Hay 13 aperitivos diferentes para elegir en un restaurante. Rafael y sus amigos quieren pedir tres aperitivos para la mesa ¿Cuántas combinaciones diferentes de tres aperitivos podrían pedir?

Dado que para este problema el orden no importa, use la fórmula de combinaciones. Establezca $n = 13$ y $k = 3$:

$$C(n,k) = \frac{n!}{(n-k)!}$$
$$C(13,3) = \frac{13!}{3!(13-3)!}$$
$$C(13,3) = \frac{13!}{3!(10)!}$$
$$C(13,3) = \frac{13 \times 12 \times 11 \times \cancel{10 \times 9 \times 8 \times 7 \times 6 \times 5 \times 4 \times 3 \times 2 \times 1}}{3 \times 2 \times 1 (\cancel{10 \times 9 \times 8 \times 7 \times 6 \times 5 \times 4 \times 3 \times 2 \times 1})}$$
$$C(13,3) = \frac{1.716}{6}$$
$$C(13,3) = 286$$

Rafael y sus amigos tendrán que elegir con cuidado, ya que hay 286 combinaciones diferentes de tres aperitivos que podrían seleccionar a partir de las 13 opciones distintas.

¡NO HAGA ESTO!

Una de las cosas más difíciles de hacer al responder problemas que implican combinaciones y permutaciones es clasificar de qué tipo de problema se trata. Para decidir qué fórmula utilizar, altere el orden de la misma agrupación de elementos y pregúntese si ese orden es considerablemente diferente del primer orden. ¿Pedir *totopos* y *guacamole* sería lo mismo que pedir *guacamole* y *totopos*? ¿La contraseña *1234* sería la misma que la contraseña *4321*?

Práctica

18. Si Odessa tira una moneda y un dado, ¿cuántos resultados diferentes hay?

19. Con su respuesta de la pregunta anterior, ¿cuál es la probabilidad de que Odessa saque cruz cuando tire la moneda y un 3 cuando tire el dado?

20. A Maya le encanta preparar comida sabrosa y ser anfitriona de cenas en su hogar. Tiene cuatro ensaladas, cinco platos principales y tres postres favoritos que le gusta preparar. Con estas recetas, ¿cuántas combinaciones únicas puede ofrecer Maya a sus invitados que contengan una ensalada, un plato principal y un postre?

21. 20 atletas participan en una competencia de natación para obtener el primer, segundo y tercer lugar. ¿De cuántas formas diferentes se podrían entregar los trofeos? _____

22. Hay 10 colores diferentes de notas adhesivas en el clóset de suministros de la oficina de Zachary. Los empleados pueden elegir cuatro colores diferentes para organizar sus materiales. ¿Cuántas combinaciones de colores diferentes podría seleccionar Zachary al elegir cuatro notas adhesivas? _____

Resumen

Ha revisado los temas más fundamentales e importantes de estadísticas y probabilidad: medidas de tendencias centrales, probabilidad y métodos de conteo. Ponga a prueba su habilidad para recordar y aplicar todas las definiciones y fórmulas diferentes con las siguientes preguntas de revisión.

Revisión de estadística y probabilidad

1. ¿Cuál es la moda del siguiente conjunto de datos? {45, 56, 23, 36, 45, 79, 12, 12, 56, 38, 80}
   a. 79
   b. 45
   c. 12, 45, 56
   d. 80

2. Phoebe trabaja medio tiempo en el cine. Su horario para las próximas tres semanas, que se muestra aquí, incluye el número de horas que Phoebe trabajará cada día.

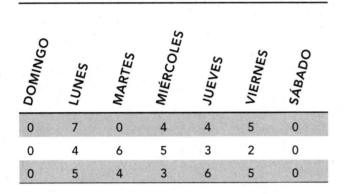

DOMINGO	LUNES	MARTES	MIÉRCOLES	JUEVES	VIERNES	SÁBADO
0	7	0	4	4	5	0
0	4	6	5	3	2	0
0	5	4	3	6	5	0

¿Cuál es el número medio de horas que Phoebe trabajará en un día a lo largo de las próximas tres semanas?

a. 0 horas
b. 3 horas
c. 4 horas
d. 5 horas

3. Pat pasa los viernes a la noche jugando al bowling. En los primeros cuatro juegos, saca puntuaciones de 123, 165, 127 y 144. Si la media de los cinco juegos de Pat es 146, ¿cuánto saca en su quinto juego?

a. 140
b. 141
c. 146
d. 171

4. Jackie juega a encontrar un anillo en la piscina. Tiene 30 segundos para recuperar tantos anillos como pueda del fondo de la piscina. Juega nueve veces y sus puntuaciones se muestran en la tabla. ¿Cuál es la puntuación media de Jackie?

NÚMERO DE JUEGO	PUNTUACIÓN DE ANILLOS
1	4
2	3
3	5
4	8
5	6
6	3
7	9
8	3
9	4

a. 3
b. 4
c. 5
d. 6

5. Una ruleta está dividida en diez secciones iguales, numeradas del 1 al 10. Si se hace girar la ruleta una vez, ¿cuál es la probabilidad de que salga un número menor que 5?

a. $\frac{1}{5}$
b. $\frac{2}{5}$
c. $\frac{1}{2}$
d. $\frac{1}{10}$

6. Un chanchito alcancía contiene tres monedas de 25 centavos, cinco monedas de 1 centavo, dos monedas de 5 centavos y seis monedas de 10 centavos. Evander elige una moneda al azar de la alcancía y saca una de 25 centavos. La moneda NO se reemplaza. Si Evander selecciona otra moneda, ¿cuál es la probabilidad de que sea de 25 centavos?

a. $\frac{2}{15}$

b. $\frac{3}{15}$

c. $\frac{2}{16}$

d. $\frac{3}{16}$

7. Yolanda está jugando un juego de cartas de memoria con su sobrina. Tienen un mazo de 28 cartas que contiene 14 pares de animales que coinciden. Cada jugador tiene un turno para dar vuelta dos cartas intentando encontrar una coincidencia. Si Yolanda tiene el primer turno, ¿cuál es la probabilidad de que saque un par coincidente en su primer turno?

a. $\frac{1}{27}$

b. $\frac{1}{28}$

c. $\frac{1}{378}$

d. $\frac{1}{756}$

8. ¿De cuántas formas diferentes se podrían otorgar los trofeos para el primer, segundo y tercer lugar a los equipos de las Ligas Menores en el torneo de final de temporada?

Panteras
Pumas
Tiburones
Leones
Tigres
Demonios Azules
Marineros

a. 5.040

b. 7

c. 210

d. 3

9. Joan quiere empacar siete CD en la valija, pero solo caben cuatro. ¿Cuántas combinaciones diferentes de CD se podrían empacar en la valija de Joan?

a. 28

b. 35

c. 210

d. 840

10. El gráfico muestra cuántos deberes hizo Michael cada noche. ¿Cuál es el número medio de horas que Michael pasó haciendo sus deberes en las noches que se muestran? _____

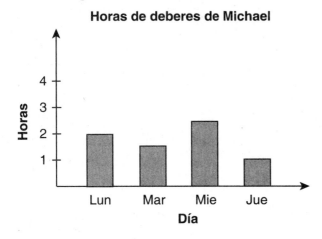

Horas de deberes de Michael

11. El profesor Kissam tiene las siguientes siete puntuaciones de examen final en su libro de calificaciones de la clase de Historia del arte: 92, 84, 79, 92, 84, 94 y 92. En la clase hay 8 estudiantes, pero el profesor olvidó registrar la puntuación del examen final del octavo estudiante antes de devolver los exámenes. Unos días después, el profesor Kissam ve al estudiante en la pizzería y le pregunta cuál fue su puntuación en el examen final. El estudiante no recuerda exactamente, pero le dice que le fue mejor que a su amigo, que obtuvo un 84, pero no tan bien como a su compañero de habitación, que obtuvo un 92. Si el profesor Kissam recuerda que la mediana de las ocho puntuaciones fue 90,5, halle la puntuación del estudiante que falta. _____

12. Una entrenadora de baloncesto tiene 9 jugadores en su equipo. ¿Cuántas formaciones diferentes de 5 jugadores puede crear para el equipo inicial?

a. 15.120

b. 45

c. 126

d. 25

Respuestas y explicaciones

Práctica del capítulo

1. 1,8 pulgadas. Asigne una variable a la longitud faltante, x. Escriba una ecuación del promedio y luego resuelva x:

$$\text{promedio/media} = \frac{\text{suma de valores de datos}}{\text{N.º de valores de datos}}$$

$$2,35 =$$

$$\frac{2,3 + 1,9 + 2,0 + 2,4 + 2,5 + 3,0 + 2,7 + 2,6 + 2,5 + 2,4 + 2,3 + 2,1 + 2,4 + x}{14}$$

$$2,35 = \frac{31,1 + x}{14}$$

$$2,35(14) = \frac{14(31,1 + x)}{14}$$

$$32,9 = 31,1 + x$$

$$\underline{-31,1 \quad\quad -31,1}$$

$$1,8 = x$$

La longitud del decimocuarto sapo es de 1,8 pulgadas.

2. 9,8. Puesto que Holly participa en 4 eventos, el promedio se calculará sumando la puntuación de los cuatro eventos y luego dividiendo esa suma entre 4:

$$Promedio = \frac{caballete + barras\ asimétricas + barra + suelo}{4}$$

Complete con la información dada y use la variable f para representar su puntuación en suelo. Trabaje de forma inversa para hallar cuál debe ser su puntuación en la competencia en suelo para obtener un promedio de 9,2:

$$9,2 = \frac{8,9 + 8,6 + 9,5 + f}{4}$$

$$9,2 = \frac{27 + f}{4}$$

Aquí multiplicamos ambos lados por 4 para despejar $26,9 + f$:

$$9,2(\times 4) = \frac{27 + f}{4}(\times 4)$$

$$36,8 = 27 + f$$

$$\underline{-27 \quad -27}$$

$$9,8 = f$$

Entonces, para lograr su meta, ¡hoy Holly debe obtener un 9,8 en suelo!

3. $300.000. Para hallar la mediana de un conjunto de datos, primero se los debe colocar en orden ascendente y el dato del *medio* será la mediana.

$200.000, $280.000, $280.000, $320.000, $390.000, $424.000

En este caso, hay dos precios de casas que componen el *medio* de los datos, así que debemos tomar el promedio de esos precios: $\frac{280.000 + 320.000}{2} = 300.000$. Entonces, el precio medio de las propiedades de este vecindario es $300.000.

4. 45 y 56. Hay dos modas en este conjunto de datos, ya que tanto 45 como 56 aparecen dos veces.

5. Ninguno. Dado que en este conjunto de datos ninguno de los números aparece más de una vez, podemos decir que este conjunto de datos no tiene una moda.

6. 1. Para encontrar el número medio de lápices, primero debemos hallar la cantidad total de estudiantes que estuvieron en la clase ese día. Sume la frecuencia para cada barra: 12 + 10 + 8 + 4 + 6 = 40 estudiantes. La mediana será el dato que está justo en el medio cuando las entradas individuales están en orden ascendente. Dado que este es un número par de entradas de datos, el dato del medio será un promedio de los datos 20.º y 21.º. Use las barras para contar los puntos de datos: dado que hay 12 estudiantes que trajeron 0 lápices y 10 estudiantes que trajeron 1 lápiz, sabemos que los datos 20.º y 21.º estarán ambos en la columna de estudiantes que trajeron 1 lápiz, así que la media es 1.

7. 0. La moda es el dato más frecuente y dado que la barra para 0 lápices es la más alta, sabemos que 0 es la moda.

8. 3 millas. Puesto que en cada categoría hay una cantidad diferente de estudiantes, es necesario encontrar el promedio ponderado. Comience por calcular el número total de millas recorridas de ida por *todos* los estudiantes de la profesora Bradley multiplicando el número de millas que figura en la primera columna por el número de estudiantes que figura en la segunda columna. Escriba estos productos en la tercera columna:

NÚMERO DE MILLAS RECORRIDAS DE IDA	NÚMERO DE ESTUDIANTES	(N.º DE MILLAS)(N.º DE ESTUDIANTES) = SUBTOTAL DE MILLAS
1	4	1(4) = 4
2	3	2(3) = 6
3	5	3(5) = 15
4	6	4(6) = 24
5	3	5(3) = 15

Número total de millas recorridas de ida: 4 + 6 + 15 + 24 + 15 = 64. Luego divida esto entre el número total de estudiantes que hay en la clase de viola: 4 + 3 + 5 + 6 + 3 = 21 estudiantes. Entonces, el promedio de millas recorridas será el total de millas dividido entre el número de estudiantes: $\frac{64}{21} \approx 3,05$. En promedio, los estudiantes de la profesora Bradley recorren alrededor de 3 millas de ida para ir a la clase de viola.

9. **$7,96.** Puesto que las diferentes latas de frutas tienen distintos precios, para poder hallar el promedio, cada tipo se debe multiplicar por la cantidad que se compró. Puesto que Stephanie compró 20 latas a $6,50 cada una y 28 latas a $9 cada una, el monto total gastado se puede establecer como $6,50(20) + $9,00(28) y el número total de latas se hallará sumando 20 + 28:

$$\text{Precio medio por lata} = \frac{\text{Costo total de todas las latas de frutas}}{\text{N.º de latas de frutas}}$$

$$\text{Precio medio por lata} = \frac{\$6,50(20) + \$9,00(28)}{20 + 28}$$

$$\text{Precio medio por lata} = \frac{\$382}{48} = \$7,96$$

Entonces, el precio promedio por lata de fruta que gastó Stephanie fue de $7,96/lata.

10. **92,33%.** Para hallar la calificación final de Katie, se debe calcular un promedio ponderado puesto que el profesor Gallespie pondera cada tipo de tarea de forma diferente. Halle la puntuación promedio de cada tipo de tarea, multiplíquela por su porcentaje de ponderación, luego sume los porcentajes para obtener la calificación final de Katie.

$$\begin{aligned}
\text{Puntuación final} &= 0,60\left(\frac{93 + 97 + 88 + 91 + 95}{5}\right) \\
&\quad + 0,15\left(\frac{90 + 99 + 100 + 95 + 96}{5}\right) \\
&\quad + 0,25\left(\frac{89 + 90 + 85 + 92}{4}\right) \\
&= 0,60(92,8) + 0,15(96) + \\
&\quad 0,25(89) \\
&= 55,68 + 14,4 + 22,25 \\
&= 92,33
\end{aligned}$$

11. $\frac{1}{1.000}$. La probabilidad de que se produzca un evento es $P(E) = \frac{\text{N.º de eventos deseables}}{\text{N.º total de eventos posibles}}$. Puesto que hay 1.000 números de identificación de 3 dígitos posibles de 000 a 999 y el único número de identificación que Delilah quiere es el 314, la probabilidad de que le toque el número de identificación π es $\frac{1}{1.000}$.

12. $\frac{1}{100}$. Hay 10 números de identificación posibles que tienen dígitos repetidos tres veces: 000, 111, 222, . . . 999. Hay 1.000 eventos posibles de números de 3 dígitos de 000 a 999. Puesto que la probabilidad de que se produzca un evento es de:

$$P(E) = \frac{\text{N.º de eventos deseables}}{\text{N.º total de eventos posibles}},$$ la probabilidad de que Skye obtenga un número de identificación con tres dígitos repetidos es de $\frac{10}{1.000} = \frac{1}{100}$.

13. $\frac{2}{125}$. Primero, enumeraremos todos los números de identificación que tienen dígitos consecutivos en orden ascendente: 012, 123, 234, 345, 456, 567, 678 y 789. Puesto que hay 8 en orden ascendente, esto significa que debe haber 8 en orden descendente. Por lo tanto, en total hay 16 números de identificación que a Lulu le gustaría tener. Dado que hay 1.000 números de 3 dígitos posibles de 000 a 999, la probabilidad de que obtenga uno de estos 16 números es de $\frac{16}{1.000} = \frac{2}{125}$.

14. $\frac{1}{10}$. Al observar el gráfico, 4 estudiantes tienen 3 lápices en sus estuches. Puesto que hay 40 estudiantes en total (vea la explicación para la pregunta N.º 6 para el total de estudiantes), la probabilidad de que un estudiante elegido al azar tenga exactamente 3 lápices es de $\frac{4}{40} = \frac{1}{10}$.

15. $\frac{7}{10}$. Puesto que debemos hallar la probabilidad de que un estudiante tenga *al menos 1 lápiz,* esto incluirá a todos los estudiantes excepto a los que tienen 0 lápices. Puesto que hay 40 estudiantes en total y 12 de ellos tienen 0 lápices en sus estuches, esto significa que 28 estudiantes tenían 1 lápiz o más en sus estuches. Por lo tanto, la probabilidad de que un estudiante elegido al azar tenga al menos 1 lápiz es de $\frac{28}{40} = \frac{7}{10}$.

16. $\frac{1}{13}$. Puesto que el primer utensilio no se devuelve al cajón, el número de utensilios que hay en el cajón disminuye a 13. Al calcular la probabilidad compuesta, siempre se supone que el primer evento es exitoso para determinar la probabilidad simple del segundo evento. Esto significa que P(Primer utensilio tenedor) $= \frac{4}{13}$ y P(Segundo utensilio tenedor) $= \frac{3}{12}$. Multiplique estas dos probabilidades simples entre sí para hallar la probabilidad compuesta de que se produzcan ambos eventos: $\frac{4}{13} \times \frac{3}{12} = \frac{12}{156} = \frac{1}{13}$.

17. 9%. Dado que estos estudiantes se eligen sin reemplazo, cada vez que se elige un estudiante, el tamaño de la clase disminuirá un número. Al calcular la probabilidad "sin reemplazo", usted debe suponer que cada evento es "exitoso", así que el número de chicos disponible entre los cuales se puede elegir también se debe reducir en 1:

P(Primer estudiante que es un chico) $= \frac{14}{30}$

P(Segundo estudiante que es un chico) $= \frac{13}{29}$

P(Tercer estudiante que es un chico) $= \frac{12}{28}$

Para la probabilidad compuesta, multiplique las tres probabilidades entre sí:

P(Chico luego chico luego chico) $\frac{14}{30} \times \frac{13}{29} \times \frac{12}{28}$
$= \frac{2.184}{24.360} = 0,09 = 9\%$

Entonces, la probabilidad de que los tres estudiantes elegidos al azar sean chicos es de 9%.

18. 12. Puesto que hay 2 resultados posibles al lanzar la moneda y 6 resultados posibles al lanzar el dado, multiplique estos dos números entre sí para calcular el número total de combinaciones posibles: $2 \times 6 = 12$.

19. $\frac{1}{12}$. Hay una sola forma en la que Odessa puede sacar cruz al lanzar la moneda y sacar un 3 al lanzar el dado. Pero dado que hay 12 resultados posibles en total, la probabilidad de que llegue a este resultado específico es de $\frac{1}{12}$.

20. 60. El principio fundamental de conteo indica que el número total de resultados posibles para los tres eventos individuales es el producto del número de posibilidades para cada evento. Puesto que Maya tiene cuatro ensaladas, cinco platos principales y tres postres favoritos, multiplique 4 por 5 por 3 para obtener 60 combinaciones únicas.

21. 6.840. Este es un problema de permutación (es decir, el orden importa). Con solo pensarlo, ¿cuántos atletas pueden ganar el primer lugar? 20. ¿Cuántos pueden ganar el segundo lugar después de que se haya otorgado el primer lugar? 19. ¿Cuántos pueden ganar el tercer lugar después de que el primer y el segundo lugar se hayan otorgado? 18. Entonces, la cantidad de combinaciones en que se podrían otorgar los trofeos es $20 \times 19 \times 18 = 6.840$.

Utilizando la fórmula, obtendremos la misma respuesta:
$$P(20,3) = \frac{n!}{k!(n-k)!} = \frac{20!}{(20-3)!}$$
$$= \frac{20 \times 19 \times 18 \times 17 \times 16 \times 15 \times 14 \times 13 \times 12 \times 11 \times 10 \times 9 \times 8 \times 7 \times 6 \times 5 \times 4 \times 3 \times 2 \times 1}{17 \times 16 \times 15 \times 14 \times 13 \times 12 \times 11 \times 10 \times 9 \times 8 \times 7 \times 6 \times 5 \times 4 \times 3 \times 2 \times 1}$$
$$= \frac{20 \times 19 \times 18 \times \cancel{17 \times 16 \times 15 \times 14 \times 13 \times 12 \times 11 \times 10 \times 9 \times 8 \times 7 \times 6 \times 5 \times 4 \times 3 \times 2 \times 1}}{\cancel{17 \times 16 \times 15 \times 14 \times 13 \times 12 \times 11 \times 10 \times 9 \times 8 \times 7 \times 6 \times 5 \times 4 \times 3 \times 2 \times 1}}$$
$$= 20 \times 19 \times 18 = 6.840$$

22. 210. Este es un ejemplo de combinación en el que el orden no importa. Use la fórmula de combinaciones para hallar cuántas combinaciones de colores de cuatro notas adhesivas se pueden obtener de diez colores diferentes.
$$C(10,4) = \frac{10!}{4!(10-4)!}$$
$$= \frac{10 \times 9 \times 8 \times 7 \times 6 \times 5 \times 4 \times 3 \times 2 \times 1}{4 \times 3 \times 2 \times 1(6 \times 5 \times 4 \times 3 \times 2 \times 1)}$$
$$= \frac{10 \times 9 \times 8 \times 7 \times \cancel{6 \times 5 \times 4 \times 3 \times 2 \times 1}}{4 \times 3 \times 2 \times 1(\cancel{6 \times 5 \times 4 \times 3 \times 2 \times 1})} = \frac{10 \times 9 \times 8 \times 7}{4 \times 3 \times 2 \times 1}$$
$$= \frac{5.040}{24} = 210$$

Revisión de estadística y probabilidad

1. c. La *moda* es el número que aparece con mayor frecuencia. Este conjunto de datos tiene 3 modas porque 12, 45 y 56 se presentan más que cualquier otro número. La opción **b** es la mediana correcta de este conjunto de datos pero no la moda. (Es el dato central cuando estos se enumeran en orden ascendente). La opción **a** es la mediana correcta de este conjunto de datos. (Está en el medio del conjunto de datos del modo en que están presentados, pero los datos no están en orden ascendente). La opción **d** es el máximo del conjunto de datos pero no es la moda.

2. c. La mediana de un conjunto de datos es el dato que se encuentra justo en el medio una vez que estos se colocan en orden. Para hallar el número medio de horas que Phoebe trabajará en un día a lo largo de las próximas tres semanas, ordene el número de horas que trabaja cada día y elija el número que queda en el medio:

0, 0, 0, 0, 0, 0, 0, 2, 3, 3, **4**, 4, 4, 4, 5, 5, 5, 5, 6, 6, 7

Hay 21 días en el horario, así que el número del medio es el 11.º número que se muestra arriba, el 4. El número medio de horas que trabajará Phoebe es 4.

3. d. La media o puntuación promedio de los cinco juegos de Pat es 146. Esto significa que Pat tiene un puntaje de 5×146 o 730 en cinco juegos. Sea x la puntuación de Pat en el quinto juego. Su puntuación total en cinco juegos es igual a:

$123 + 165 + 127 + 144 + x = 559 + x$

Ahora, establezca que ese total es igual a la puntuación total de Pat, 730:

$559 + x = 730$

Reste 559 de ambos lados:

$x = 171$

Pat obtiene una puntuación de 171 en su quinto juego.

Para verificar su respuesta, sume la puntuación de Pat en cada uno de los cinco juegos y divida la suma entre 5:

$123 + 165 + 127 + 144 + 171 = 730$

El dividendo debería ser igual a la media de Pat, 146:

$730 \div 5 = 146$

4. b. Coloque las nueve puntuaciones de anillos en orden ascendente. El valor del medio (el quinto valor) es la puntuación media:

3, 3, 3, 4, **4**, 5, 6, 8, 9

La puntuación media es 4.

5. b. La ruleta tiene diez secciones iguales, así que la probabilidad de que salga cualquier número es de $\frac{1}{10}$. Cuatro números de la ruleta son menores que 5 (1, 2, 3 y 4). La probabilidad de que salga un número menor que 5 es de $\frac{4}{10}$ o $\frac{2}{5}$.

6. a. Antes de que Evander saque una moneda, hay 16 monedas en la alcancía:

3 monedas de veinticinco centavos + 5 monedas de un centavo + 2 monedas de cinco centavos + 6 monedas de diez centavos = 16 monedas

Una vez que Evander saca la primera moneda de 25 centavos, quedan:

2 monedas de veinticinco centavos + 5 monedas de un centavo + 2 monedas de cinco centavos + 6 monedas de diez centavos = 15 monedas

Ahora solo hay 15 monedas en la alcancía y solo dos de ellas son de 25 centavos. Si Evander selecciona otra moneda, la probabilidad de que sea de 25 centavos es de $\frac{2}{15}$.

7. a. Buscamos la probabilidad compuesta de P(Animal luego animal que coincide). Para calcular la probabilidad compuesta de dos eventos relacionados, multiplicamos la probabilidad simple de que se produzca cada evento. Puesto que a Yolanda no le importa qué animal aparecerá en la primera carta que dé vuelta, usamos una probabilidad de 1 para la primera carta. (Básicamente, la P(Animal) para la primera carta que dé vuelta es $\frac{28}{28} = 1$, puesto que no importa *qué* animal aparecerá en la primera carta). Ahora, hay 27 cartas restantes y Yolanda espera dar vuelta la *única* carta que tiene el animal que coincide. Por lo tanto, la P(luego animal que coincide) es $\frac{1}{27}$. Así que multiplique las dos probabilidades entre sí para obtener la probabilidad compuesta: P(Animal luego animal que coincide) = 1 × $\frac{1}{27} = \frac{1}{27}$. Por lo tanto, la probabilidad de que Yolanda saque cualquier par coincidente en las dos primeras cartas que dé vuelta es de $\frac{1}{27}$.

La opción **c** fue el resultado del error de pensar que Yolanda estaba buscando un animal *específico* al dar vuelta la primera carta y, por lo tanto, comenzó con una probabilidad incorrecta de $\frac{2}{28}$ para la primera carta y $\frac{1}{27}$ para la segunda carta. La opción **b** es una respuesta incorrecta debido a que se olvidó reducir el número de cartas disponibles en uno para la segunda carta y, por lo tanto, se usó $\frac{1}{28}$ para la segunda carta. La opción **d** es el resultado de usar $\frac{1}{28}$ y $\frac{1}{27}$ como las dos probabilidades simples.

8. c. Este es un problema que implica permutación, que requiere la siguiente fórmula: $\frac{n!}{(n-r)!}$, donde n = número total de opciones y r = número de opciones elegidas. Puesto que hay siete equipos que podrían ganar un trofeo, $n = 7$. Solo tres equipos obtendrán trofeos, así que $r = 3$. Cuando se sustituyen estos valores en la ecuación, obtenemos $\frac{n!}{(n-r)!} = \frac{7!}{(7-3)!} = \frac{7 \cdot 6 \cdot 5 \cdot 4 \cdot 3 \cdot 2 \cdot 1}{4 \cdot 3 \cdot 2 \cdot 1} = 7 \cdot 6 \cdot 5 = 210$.

9. b. Joan puede colocar cuatro de los siete CD en su valija. Es importante comprender que no importa el orden en que elige los CD. El grupo de CD A, B, C y D es lo mismo que el grupo A, B, D y C o D, C, A y B.

Este es un problema de combinación, así que usted debe utilizar la fórmula de combinación para encontrar la respuesta:

$C(n,k) = \frac{n!}{k!(n-k)!}$, donde n es el número de opciones y k es el número de elecciones hechas.

Joan tiene siete CD y elige cuatro. Divídalo entre 4! para asegurarse de no contar el mismo grupo de cuatro CD más de una vez:

$$\frac{7 \times 6 \times 5 \times 4 \times 3 \times 2 \times 1}{(4 \times 3 \times 2 \times 1)(3 \times 2 \times 1)} = \frac{7 \times 6 \times 5 \times \cancel{4 \times 3 \times 2 \times 1}}{(\cancel{4 \times 3 \times 2 \times 1})(3 \times 2 \times 1)}$$

$$= \frac{7 \times 6 \times 5}{3 \times 2 \times 1} = \frac{210}{6} = 35$$

10. 1,75 horas. La media es el promedio. Para hallar el promedio de cuatro números, sume los números y divida entre 4. Michael pasó 2 horas haciendo deberes el lunes, 1,5 horas el martes, 2,5 horas el miércoles y 1 hora el jueves. La suma de este tiempo es 7 horas ($2 + 1,5 + 2,5 + 1 = 7$). Luego, divida 7 entre 4 ($7 \div 4 = 1,75$). La media es 1,75 horas.

11. La mediana de un conjunto de datos siempre es el número del medio cuando están ordenados en orden ascendente. Con un número impar de puntos de datos, es fácil hallar la mediana. Sin embargo, cuando se tiene un número par de datos, hay dos números del medio. La mediana entonces es el promedio de esos dos números del medio.

Para encontrar la puntuación faltante, primero debemos ordenar los datos de menor a mayor:

79, 84, 84, 92, 92, 92, 94

El problema indica que el punto faltante en el conjunto de datos está entre 84 y 92. Por lo tanto, represente la puntuación faltante con x y agréguela a nuestra lista en orden ascendente:

79, 84, 84, x, 92, 92, 92, 94

Los dos números del medio son x y 92.

El problema también indica que el promedio de estos dos números es 90,5. Así que escribamos la ecuación y luego resolvamos x:

$$\frac{x+92}{2} = 90,5$$

$$2\left(\frac{x+92}{2}\right) = (90,5) \times 2$$

$$x + 92 = 181$$

$$\underline{-92 \qquad -92}$$

$$x = 89$$

El punto faltante es 89.

12. c. El orden en que se seleccionan los jugadores iniciales no es importante, así que use la combinación para resolver este problema. (Usar la fórmula de combinación evitará que se cuenten los jugadores A, B, C, D y E como una formación de equipo diferente de A, B, C, E y D).

$$C(n,k) = \frac{n!}{k!(n-k)!}$$

$$C(9,5) = \frac{9!}{5!(9-5)!}$$

$$C(9,5) = \frac{9!}{5! \times 4!} = \frac{9 \times 8 \times 7 \times 6 \times 5!}{5! \times (4 \times 3 \times 2 \times 1)}$$

$$C(9,5) = 126$$

La opción **a** es incorrecta porque esa es la respuesta que se obtiene al usar la fórmula de permutaciones. La opción **b** es solo el producto del número de jugadores que hay en el equipo y el número de jugadores que hay en la formación inicial, que no tiene nada que ver con el número de equipos iniciales.

En este capítulo usted aprenderá a utilizar la calculadora TI-30XS MultiView de Texas Instruments. Puede comprar esta calculadora en una tienda de artículos para oficina o por Internet por menos de $20. Tener esta calculadora a mano mientras estudia para el examen GED® le dará una gran ventaja el día del examen. Cuanto mejor comprenda cómo usar la calculadora, más útil le será. A menudo, los estudiantes ingresan información en la calculadora de manera incorrecta, lo que da como resultado respuestas erróneas, así que es importante aprender a usar las diferentes funciones de la calculadora de manera precisa. Si no compra esta calculadora para preparar el examen, intente tomar una prestada de su escuela o biblioteca.

GED® Testing Service creó un breve tutorial para la calculadora. A pasar de que no es obligatorio, quizá le sirva verlo antes de continuar con este capítulo. Se puede encontrar aquí: http://www.gedtestingservice.com/ged_calc_en_web/

Este capítulo abarca:

- Teclas esenciales de la TI-30XS
- Trabajar con radicales y exponentes

- Utilizar respuestas previas en cálculos actuales
- Tecla de conmutación de respuesta

- Trabajar con porcentajes
- Trabajar con notación científica

LA CALCULADORA TI-30XS ES UN ARMA DE DOBLE FILO

Quizá alguna vez haya oído a los maestros mencionar que una calculadora no reemplaza el sentido común. Es fácil presionar × en vez de + y obtener una respuesta completamente incorrecta, o saltearse un dígito al ingresar un número largo. Por lo tanto, es fundamental que *piense detenidamente* en sus respuestas antes de realizar la selección final. Quienes diseñan el EXAMEN GED® están entrenados para inventar opciones de respuesta falsas que representan errores comunes que los estudiantes cometen con las calculadoras. Así que el solo hecho de que una respuesta que haya calculado aparezca como opción **b**, no significa que sea correcta. Por ejemplo, 7% de impuesto a las ventas sobre una camisa de $20 no es $14, pero $14 seguramente será una opción de respuesta porque ese es el resultado de un error común que se comete con la calculadora.

La calculadora TI-30XS es un arma de doble filo: Ayuda a los estudiantes a ser eficientes con muchos cálculos, pero también les da una sensación falsa de seguridad que puede hacer que dejen de lado el sentido común. Asegúrese de usar la cabeza para estimar soluciones antes de resolver un problema en la calculadora. Una vez que tenga una respuesta en la pantalla, antes de seleccionar la respuesta y seguir adelante, use su mente para determinar si tiene sentido en el mundo real.

Teclas esenciales

La TI-30XS no es una calculadora común de 4 operaciones. Puede calcular problemas que se ingresan como porcentajes, fracciones y notación científica. También puede convertir entre formas equivalentes de valores como decimales y fracciones, raíces cuadradas y decimales, y π y decimales. Vamos a hablar sobre algunas de las teclas más importantes:

on : Esta tecla que se encuentra en la esquina inferior izquierda del teclado enciende la T1-30XS.

enter : Esta tecla inferior derecha es equivalente a = cuando usted está realizando cálculos. También funciona como tecla enter/yes cuando selecciona modos o comandos.

◄ ► : Inmediatamente arriba de la tecla de flecha se encuentra la tecla de conmutación. Esta tecla se utilizará para desplazarse entre expresiones equivalentes de números, tales como de $\frac{1}{2}$ a 0,5. Hablaremos sobre cómo usar la tecla de conmutación más adelante en este capítulo.

⬤ : En la esquina superior derecha del teclado usted encontrará un botón con flechas en 4 direcciones. Utilícelo para mover el cursor a la izquierda, a la derecha, hacia arriba y hacia abajo. A lo largo de este capítulo, en vez de mostrar esta tecla entera cada vez que le damos instrucciones de mover el cursor, utilizaremos los siguientes símbolos para desplazarse a la izquierda, a la derecha, hacia arriba y hacia abajo con este botón: ◄, ►, ▲, ▼. Para cambiar un carácter que ya ingresó, simplemente utilice el botón con flechas en 4 direcciones para mover el cursor sobre el carácter que desea cambiar. Ingrese el carácter que desea y el carácter no deseado se reemplazará por el nuevo carácter.

2nd : La tecla verde que aparece en la esquina superior izquierda del teclado le permite acceder a todas las funciones secundarias, que están escritas en verde arriba de varias de las teclas. Observe que cuando presiona la tecla [2nd], ve que aparece "2ND" en la parte superior izquierda de la pantalla. Esto significa que la TI-30XS está lista para acceder a una función secundaria. Al presionar la tecla [2nd] nuevamente, verá que desaparece "2ND" de la pantalla, lo que significa que vuelve al modo primario.

[**off**]: Busque la tecla [on] que se encuentra en la esquina inferior izquierda del teclado. Arriba de la misma verá la palabra "off" escrita en verde. Siempre que vea un texto en verde, se accederá a esta función usándola con el botón [2nd]. En este capítulo, indicaremos las funciones secundarias con corchetes en vez de con un cuadro. Ahora practique acceder a la función [2nd] al encender y apagar la calculadora con estos pasos y observe cómo la misma tecla se escribe con dos notaciones diferentes a continuación:

[on] [2nd] [off]

[(−)] **y** [−]: Ahora tómese un momento para observar que hay dos teclas con un "−". La tecla [(−)] que está debajo de [3] es un símbolo negativo, en tanto que el [−] que se encuentra a la derecha de [9] se utiliza para restar. Si confunde estas dos teclas, obtendrá cálculos equivocados o mensajes de error, así que es importante entenderlas bien.

[clear]: En la esquina superior derecha del teclado, arriba de [÷], se encuentra [clear]. Use esta tecla para borrar todos los caracteres que aparecen en una línea de entrada de una sola vez. Esta tecla también se utiliza para borrar un mensaje de error.

[delete]: En la fila superior de teclas, la tecla que está más a la derecha es [delete]. A diferencia de [clear], que elimina una fila completa de datos, [delete] se usa para eliminar un único carácter. Si desea eliminar el último carácter que ingresó, simplemente presione [delete]. Si desea eliminar un carácter anterior, use las teclas de dirección para mover el cursor sobre el carácter que le gustaría eliminar y presione [delete].

SÍMBOLOS CLAVE EN ESTE CAPÍTULO

Como se mencionó anteriormente, la tecla [2nd] se puede usar para acceder a todas las funciones secundarias escritas en verde en la TI-30XS. En este capítulo, será importante que usted pueda discernir a qué tipos de teclas nos referimos a medida que aprende a usar la TI-30XS.

Las teclas primarias tienen sus funciones directamente en la cara de la tecla. Usaremos un cuadro alrededor de la función para indicar las teclas primarias:

- Ex: [on] indica la tecla "on" que está en la esquina inferior izquierda del teclado.

Las teclas secundarias tienen sus funciones escritas en verde arriba de las caras de las teclas, en el cuerpo de la calculadora. Utilizaremos corchetes alrededor de la función para indicar las teclas secundarias:

- Ex: [off] indica la función secundaria "off" asociada a la tecla [on].

Nota: Cuando vea [2nd] en las instrucciones, la tecla siguiente siempre será una tecla secundaria entre corchetes, así que recuerde buscar esa función siguiente en *verde*!

Modos de la TI-30XS

La TI-30XS tiene la capacidad de operar en varios modos diferentes, según el tipo de cálculo que esté haciendo. Esta es una característica particularmente útil para trigonometría y para calcular en radianes, pero estos temas no son abarcados por el examen GED®. Usted puede leer el manual de instrucciones de la calculadora o ver algunos tutoriales en línea sobre cómo trabajar con estos otros modos, pero la mayor parte del tiempo utilizaremos el modo predeterminado de la calculadora, que se trata en la sección siguiente.

Modo predeterminado

Las pantallas que se muestran en este capítulo están asociadas al modo predeterminado de la TI-30XS, *MathPrint*, a menos que se indique lo contrario. Cuando encienda la calculadora por primera vez, presione $\boxed{\text{mode}}$, que se encuentra a la derecha del $\boxed{\text{2nd}}$ verde. Esto hará que aparezca la siguiente pantalla:

Para cambiar el modo, use el botón con flechas en 4 direcciones y presione $\boxed{\text{enter}}$ cuando el cursor esté en el modo que le gustaría seleccionar. Quizá le convenga utilizar el modo *SCI* para resolver problemas con notación científica, pero no es necesario. (Veremos el cálculo en notación científica más adelante).

Restablecer el modo predeterminado

Si sale del modo predeterminado y quiere restablecer la calculadora al modo predeterminado, presione $\boxed{\text{2nd}}$ [reset] $\boxed{2}$. Esto devolverá toda la configuración predeterminada, pero también borrará la memoria y todas las entradas de su historial, así que tenga la precaución de que no haya nada que necesite en la memoria o el historial de la calculadora cuando la restablezca.

Trabajar con radicales y exponentes

Recuerde que $\sqrt{x^2} = \pm x$. Sacar la raíz cuadrada es la operación opuesta a elevar un número al cuadrado, así que no debería sorprenderle encontrar $[\sqrt{\ }]$ como función secundaria de $\boxed{x^2}$. Hablemos sobre cómo realizar algunas operaciones básicas con raíces cuadradas.

Calcular una raíz cuadrada

Para hallar la raíz cuadrada de un número, presione $\boxed{\text{2nd}}$ $[\sqrt{\ }]$ e ingrese el número del que desea sacar la raíz cuadrada. Si intenta ingresar algo como $\sqrt{5}$ + , use ▶ para salir del signo radical antes de escribir +2. Si no utiliza la tecla de flecha, obtendrá $\sqrt{5 + 2}$, que es incorrecto.

El modo predeterminado de la TI-30XS devuelve respuestas a cálculos radicales en la forma radical más simple. Por ejemplo, si usted ingresa $\sqrt{8}$ y presiona $\boxed{\text{enter}}$, la respuesta $2\sqrt{2}$ aparecerá del lado derecho de la pantalla, puesto que $\sqrt{8} = 2\sqrt{2}$. Si desea ver el equivalente decimal de $2\sqrt{2}$, simplemente presione la tecla de conmutación, $\boxed{◀▶}$. Esto le presentará el decimal 2,828427125. Presione $\boxed{◀▶}$ nuevamente para volver a la forma radical, $2\sqrt{2}$. Es genial, ¿o no?

Operaciones con raíces cuadradas

Como mencionamos, al trabajar con expresiones radicales, como $\sqrt{35} - \sqrt{10}$, es muy importante mantener los dos radicales separados. Es fácil ingresar incorrectamente $\sqrt{35 - 10}$, lo que dará como resultado una respuesta equivocada. (Si se pregunta por qué $\sqrt{35} - \sqrt{10}$ no puede ser igual a $\sqrt{35 - 10}$, esta es una buena oportunidad para revisar la sección de Exponentes en el Capítulo 3).

Para ingresar $\sqrt{35} - \sqrt{10}$ de manera correcta, siga estos pasos:

$$\boxed{2nd} \; [\sqrt{}\,] \; \boxed{3}\boxed{5} \; \blacktriangleright \; \boxed{-} \; \boxed{2nd} \; [\sqrt{}\,] \; \boxed{1}\boxed{0} \; \blacktriangleright \; \boxed{enter}$$

Puede que se sorprenda al ver que la respuesta que obtiene después de presionar $\boxed{enter}$ es simplemente $\sqrt{35} - \sqrt{10}$. Esto se debe a que tanto $\sqrt{35}$ como $\sqrt{10}$ están en su forma más simple. Para ver cuánto es $\sqrt{35} - \sqrt{10}$ en decimal, presione la tecla de conmutación, $\boxed{\blacktriangleleft\blacktriangleright}$, lo que dará como resultado 2,753802123.

¡NO HAGA ESTO!

Recuerde que $\sqrt{16}$ tiene dos soluciones: 4 y –4. Hay algo muy importante que debe tener en cuenta al trabajar con raíces cuadradas en la TI-30XS. ¡Las calculadoras solo indican una única solución positiva para las preguntas de raíz cuadrada! Es sumamente importante que no deje que su mente entre en modo de *piloto automático de calculadora* y elija esa opción de respuesta que incluye *solo la solución positiva*. Recuerde lo fácil que es cometer este error común y, en cambio, seleccione la respuesta que muestra ambas soluciones. (Por supuesto que si la pregunta está en el contexto del mundo real, quizá solo la respuesta positiva tenga sentido, pero discernirlo depende de usted).

¡NO! $\sqrt{16}$ = 4 (Esto es lo que le dirá la TI-30XS, pero olvidó el "–4".)

SÍ . . . . $\sqrt{16}$ = +4 y –4 (¡Esto es lo que le debería decir su mente!)

Elevar un número a una potencia

En diagonal a $\boxed{7}$ se encuentra la tecla con el signo de intercalación, $\boxed{\wedge}$. Este se utiliza para elevar un número a una potencia. Para calcular 2^4, ingrese $\boxed{2}\,\boxed{\wedge}\,\boxed{4}$ y verá 2^4 del lado izquierdo de la pantalla. Si quiere agregar más

operaciones, use la tecla con la flecha a la derecha, $\blacktriangleright$, para salir del cuadro de exponente. Si simplemente quiere calcular 2^4, solo presione $\boxed{enter}$ y aparecerá 16 del lado derecho de la pantalla.

¡NO HAGA ESTO!

Debe tener mucho cuidado al calcular los exponentes con bases negativas en la TI-30XS. Si intenta hallar el cuadrado de –12, *debe* colocar –12 encerrado entre paréntesis al ingresarlo en la calculadora. Trabaje con las siguientes dos secuencias clave en la calculadora y observe las diferentes respuestas que devuelven:

$\boxed{(}\,\boxed{(-)}\,\boxed{5}\,\boxed{)}\,\boxed{x^2}\,\boxed{enter}$: Esto mostrará $(-5)^2$ del lado izquierdo de la pantalla y una respuesta de 25.

$\boxed{(-)}\,\boxed{5}\,\boxed{x^2}\,\boxed{enter}$: Esto mostrará -5^2 del lado izquierdo de la pantalla y una respuesta de –25.

Una buena idea es siempre usar paréntesis al reemplazar por un valor negativo en una expresión variable que aparece en la calculadora.

Calcular la raíz cúbica de un número

Con la TI-30XS usted puede determinar fácilmente raíces cúbicas. El botón de *raíz enésima* es la función secundaria del $\boxed{\wedge}$. Busque el $[\sqrt[x]{}\,]$ verde. Utilicemos esta función para resolver el ejemplo siguiente:

Ejemplo
Halle el valor de $\sqrt[3]{-64}$.

Para hallar la raíz cúbica de –64, primero ingrese $\boxed{3}$ y luego $\boxed{2nd}\;[\sqrt[x]{}\,]$. Esto generará un signo radical con un pequeño 3 en la posición de raíz, arriba a la izquierda. Puesto que queremos ingresar –64 dentro del signo radical, presione $\boxed{(-)}\,\boxed{6}\,\boxed{4}$ seguido de $\boxed{enter}$. Esto devolverá un –4 como respuesta del lado derecho de la pantalla.

Utilizar respuestas anteriores en cálculos actuales

Una de las funciones más útiles en la TI-30XS es que puede usar la respuesta más reciente para realizar nuevos cálculos. Esto se puede hacer de dos formas diferentes:

1. Se puede utilizar la respuesta anterior al principio de un nuevo cálculo al presionar cualquier tecla de operación ($\boxed{+}$, $\boxed{-}$, $\boxed{\div}$, $\boxed{\times}$, $\boxed{x^2}$, etc.).
2. Se puede utilizar la respuesta anterior en el medio o al final de un nuevo cálculo, al presionar $\boxed{\text{2nd}}$ [ans].

Aprendamos cómo hacer ambas tareas con tres ejercicios simples. Comenzando con una pantalla vacía, realice la operación 12 × 2 en la calculadora y presione $\boxed{\text{enter}}$. Una vez que en su pantalla se lea "12*2" a la izquierda y "24" a la derecha, trabaje en estos ejercicios sin borrar la pantalla entre ejercicios:

Ejercicio 1. Presione $\boxed{+}$ y verá que aparece "ans +" del lado izquierdo de la pantalla. Esto indica que la calculadora va a comenzar con la respuesta anterior, 24, y agregará eso a lo que ingrese a continuación. Ingrese $\boxed{6}$ y presione $\boxed{\text{enter}}$ y verá que aparece 30 a la derecha.

Ejercicio 2. Ahora presione $\boxed{3}$ $\boxed{9}$ $\boxed{-}$ seguido de $\boxed{\text{2nd}}$ [ans] y verá "39–ans" del lado izquierdo de la pantalla. Esto indica que la calculadora va a comenzar con 39 y va a restar la respuesta anterior, 30. Presione $\boxed{\text{enter}}$ y verá que aparece "9" a la derecha.

Ejercicio 3. Ahora, presione $\boxed{\text{2nd}}$ [$\sqrt{\ }$] y aparecerá un símbolo de raíz cuadrada con un cursor en su interior, que se ve así: $\sqrt{\boxed{\ }}$. Ahora, cuando presione $\boxed{\text{2nd}}$ [ans] verá que aparece "ans" dentro del cuadro de raíz cuadrada: $\sqrt{ans}$. Esto indica que la calculadora va a calcular la raíz cuadrada de la respuesta anterior, 9. Presione $\boxed{\text{enter}}$ y verá que aparece "3" a la derecha, puesto que 3 es la raíz

cuadrada de 9. (Recuerde que la calculadora olvida incluir la raíz cuadrada negativa de 9. Ejercite la costumbre de incluir la respuesta de la raíz cuadrada negativa al trabajar con raíces cuadradas en la calculadora).

A medida que practique el uso de la calculadora, utilice esta función "*ans*" con la mayor frecuencia posible. Usar la respuesta anterior lo ayudará a evitar cometer errores por descuido al reingresar valores en la calculadora. Tenga en cuenta que siempre que vea que aparece "*ans*" en la pantalla, usted usará la respuesta anterior que se obtuvo para esa entrada.

Trabajar con fracciones

Es fácil realizar operaciones con fracciones en la TI-30XS.

Ingresar fracciones

Hay dos métodos diferentes para ingresar una fracción:

Método 1: Presione la tecla $\boxed{\frac{n}{d}}$. Aparecerá una fracción vacía. Ingrese el numerador en la parte superior de la fracción, luego use ▼ para mover el cursor a la parte inferior de la fracción e ingrese el denominador.

Método 2: Ingrese primero el numerador y luego presione la tecla $\boxed{\frac{n}{d}}$. Esto coloca el primer número que ingresó directamente en el numerador y mueve el cursor al denominador sin que tenga que usar la tecla de flecha. Ingrese el denominador.

Reducir fracciones a los términos más bajos

Para reducir una fracción al término más bajo, ingrese la fracción en la TI-30XS aplicando uno de los métodos anteriores y presione $\boxed{\text{enter}}$. La respuesta que aparece del lado derecho será una fracción equivalente en los términos más bajos. Esto ayuda mucho, ¿verdad?

Operaciones con fracciones

Para realizar operaciones con fracciones, el paso más importante que debe recordar es presionar la tecla ▶ para salir de la fracción. Una vez que hace esto, puede ingresar la operación o el carácter deseado. Siga estos pasos para sumar $\frac{5}{3} + \frac{7}{6}$.

1. Presione $\boxed{5}\boxed{\tfrac{n}{d}}\boxed{3}$ ▶ $\boxed{+}\boxed{7}\boxed{\tfrac{n}{d}}\boxed{6}$. Debería ver $\frac{5}{3} + \frac{7}{6}$ en la parte izquierda de la pantalla.
2. Presione $\boxed{\text{enter}}$ y aparecerá la respuesta $\frac{17}{6}$ en la parte derecha de su pantalla.

Fracciones impropias y conversiones de números mixtos

Digamos que realiza algunos cálculos a mano y obtiene $\frac{172}{20}$ como respuesta final. Se siente bien con su respuesta, pero todas las opciones están en formato de número mixto y usted no tiene tiempo de convertir $\frac{172}{20}$ en un número mixto a mano. Hay una forma fácil de convertir $\frac{172}{20}$ en un número mixto. La tecla secundaria, $[\frac{n}{d}$ ◀ ▶ $U\frac{n}{d}]$, se utiliza para conmutar de fracciones impropias a números mixtos y viceversa. Practique utilizarla con el siguiente ejercicio:

1. Ingrese 172 $\boxed{\tfrac{n}{d}}$ 20 ▶ para obtener $\frac{172}{20}$ en la parte izquierda de la pantalla y sacar el cursor de la fracción.
2. Ahora presione $\boxed{\text{2nd}}$ $[\frac{n}{d}$ ◀ ▶ $U\frac{n}{d}]$ para agregar la función de conversión a esta línea.
3. Cuando presione $\boxed{\text{enter}}$, el número mixto $8\frac{3}{5}$ aparecerá del lado derecho de la pantalla.
4. Finalmente, volvamos a colocar este número mixto en formato de fracción impropia. Presione $\boxed{\text{2nd}}$ $[\frac{n}{d}$ ◀ ▶ $U\frac{n}{d}]$ para colocar $8\frac{3}{5}$ ▶ $\frac{n}{d}$ ◀ ▶ $U\frac{n}{d}$ del lado izquierdo de la pantalla. Ahora presione $\boxed{\text{enter}}$ y la fracción impropia $\frac{43}{5}$ aparecerá del lado derecho de la pantalla. ¿Por qué apareció $\frac{43}{5}$ en vez del $\frac{172}{20}$ original? La TI-30XS *siempre* expresará respuestas de fracción en los *términos más bajos*. ¡Esto es muy conveniente dado que en el examen GED® las respuestas siempre están en los términos más bajos!

Ingresar números mixtos

Use la secuencia $\boxed{\text{2nd}}$ $[U\frac{n}{d}]$ para ingresar números mixtos. Presionar $\boxed{\text{2nd}}$ $[U\frac{n}{d}]$ hará que aparezca esta plantilla de número mixto en blanco con 3 cuadros vacíos: $\square\frac{\square}{\square}$. Utilice la tecla con flechas en 4 direcciones para desplazarse hacia cada cuadro para ingresar los valores correctos y presione ▶ para salir del número mixto cuando esté listo para ingresar la operación o el siguiente carácter.

Para convertir un número mixto en una fracción impropia, ingrese el número mixto y presione $\boxed{\text{enter}}$.

Utilizar operaciones con fracciones

Cuando la TI-30XS se encuentre en modo *MathPrint*, usted podrá ingresar operaciones o fracciones complejas dentro de fracciones.

Numeradores y denominadores complejos

Para ingresar operaciones múltiples en fracciones, simplemente ingrese la totalidad de la expresión deseada en el numerador antes de usar ▼ para mover el cursor hacia el denominador. Luego, una vez que esté en el denominador, ingrese la totalidad de la expresión deseada en el denominador y utilice ▶ para salir de la fracción.

Ingresar fracciones con fracciones

Los estudiantes a menudo se confunden cuando hay fracciones dentro de fracciones, así que es útil saber cómo realizar esto en la calculadora TI-30XS. Para ingresar una fracción en el numerador o denominador de una fracción, simplemente vuelva a presionar $\boxed{\tfrac{n}{d}}$ cuando esté en la parte superior o inferior de la fracción. Practique esto en los dos ejercicios siguientes:

Ejercicio 1: Ingrese $\frac{\left(\frac{2}{3}\right)}{3}$ con estos pasos:

$\boxed{\tfrac{n}{d}}\boxed{\tfrac{n}{d}}\boxed{2}$ ▼ $\boxed{3}$ ▼ $\boxed{3}$ ▶. Ahora, cuando presione $\boxed{\text{enter}}$, $\frac{2}{9}$ aparecerá del lado derecho de la pantalla.

Ejercicio 2: Ingrese $\frac{3}{\left(\frac{2}{3}\right)}$ con estos pasos:

$\boxed{\tfrac{n}{d}}\boxed{3}$ ▼ $\boxed{\tfrac{n}{d}}\boxed{2}$ ▼ $\boxed{3}$ ▶ ▶. Observe que tuvo que presionar ▶ *dos veces*: La primera vez que presionó ▶ usted salió de la fracción que se encuentra en el denominador, pero quedó en el denominador de la fracción primaria. La segunda vez que presionó ▶ salió de toda la fracción. Bien, cuando presione $\boxed{\text{enter}}$, $\frac{9}{2}$ debería aparecer del lado derecho de la pantalla.

Uso de radicales con fracciones

Para ingresar una fracción como $\frac{\sqrt{5}}{3\sqrt{2}}$ en la TI-30XS, primero debe presionar $\boxed{\frac{n}{d}}$ antes de colocar la $\sqrt{5}$ en el numerador. Siga estos pasos:

$\boxed{\frac{n}{d}}$ $\boxed{\text{2nd}}$ $[\sqrt{\ }]$ $\boxed{5}$ ▼ $\boxed{3}$ $\boxed{\text{2nd}}$ $[\sqrt{\ }]$ $\boxed{2}$ ▶▶ $\boxed{\text{enter}}$.
Esto debería simplificarse a $\frac{\sqrt{10}}{6}$ en el lado derecho de la pantalla. Pulse la tecla de conmutación, $\boxed{◀▶}$, para ver el equivalente decimal de esta respuesta.

Tecla de conmutación de respuesta

Arriba de $\boxed{\text{enter}}$, usted encontrará la tecla que podría convertirse en su favorita: $\boxed{◀▶}$. Esta es la tecla de conmutación, que cambia una respuesta dada a un formato equivalente. Esta tecla realiza tres tipos de conversiones diferentes:

1. Conversiones de decimal a fracción

Cuando obtenga una respuesta en formato decimal del lado derecho de la pantalla, presione $\boxed{◀▶}$ una vez para visualizar su equivalente fraccionario del lado derecho de la pantalla. Si desea convertir un decimal dado en una fracción, ingrese el valor del decimal y luego presione $\boxed{◀▶}$ $\boxed{\text{enter}}$.

De forma similar, cuando obtenga una fracción como respuesta, presione $\boxed{◀▶}$ una vez para visualizar su equivalente decimal.

2. Conversiones de radical a decimal

Como se habló anteriormente, $\boxed{◀▶}$ convertirá una respuesta en formato radical en un equivalente decimal.

3. Conversiones π a decimal

Si coloca $16 \times \pi$ en la calculadora y presiona $\boxed{\text{enter}}$, se mostrará 16π como respuesta del lado derecho. Al

presionar $\boxed{◀▶}$ una vez, convertirá las respuestas en términos de π en sus equivalentes decimales.

Trabajar con porcentajes

La TI-30XS puede realizar operaciones con porcentajes. También puede convertir respuestas decimales en porcentajes.

Ingresar porcentajes

Al utilizar la función de porcentaje para ingresar porcentajes, usted no necesita convertir primero los porcentajes en decimales como lo hicimos en un capítulo anterior. Encontrará el botón de porcentaje como función secundaria arriba del paréntesis izquierdo: [%]. Cuando ingrese un valor como porcentaje, simplemente ingrese el valor seguido por [%] y la calculadora moverá la posición decimal dos lugares hacia atrás por usted al realizar el cálculo.

Ejemplo

Si la tasa fiscal local es de 9,5% y Miguel compra una computadora por $1.300, calcule el monto en dólares que deberá pagar por impuesto a la ventas.

Dado que este pregunta le pide que halle el 9,5% de $1.300, ingrese lo siguiente en la TI-30XS:

9,5 $\boxed{\text{2nd}}$ [%] $\boxed{×}$ 1300 $\boxed{\text{enter}}$

Esto generará "9,5%*1300" en la parte izquierda de la pantalla y la respuesta "123,5" del lado derecho de la pantalla. Por lo tanto, el impuesto a las ventas será $123,50.

Convertir razones en porcentajes

La TI-30XS puede convertir fracciones y decimales en porcentajes. Esto puede ser útil al usar una razón para determinar qué porcentaje es una parte de un todo.

Ejemplo

Un grupo periodístico local hizo una encuesta y descubrió que 52 de cada 65 personas estaban a favor de prohibir la venta de botellas de plástico en el Condado de Summit. ¿Qué porcentaje de personas apoyaban esta posible prohibición?

Se puede convertir 52 de 65 en un decimal al ingresarlo como fracción en la TI-30XS y usar la función secundaria [→ %]:

$$52 \; \boxed{\frac{n}{d}} \; 65 \; \blacktriangleright \; \boxed{\text{2nd}} \; [\rightarrow \%] \; \boxed{\text{enter}}$$

Esta secuencia mostrará "80%" como respuesta del lado derecho de la pantalla.

Nota: También puede usar $\boxed{\text{2nd}}$ [→ %] $\boxed{\text{enter}}$ para convertir una respuesta fraccionaria o decimal anterior en un porcentaje. Al usar esta función, la respuesta que se muestra estará seguida de un símbolo %, que indica que es un porcentaje.

Trabajar con notación científica

En la TI-30XS usted puede realizar fácilmente operaciones en notación científica. Para esto, ubique la tecla $\boxed{\times 10^n}$ que está tres teclas arriba de $\boxed{8}$. Cuando la calculadora esté en el modo *MathPrint* predeterminado, todas las respuestas estarán en formato estándar, en vez de en notación científica. Para visualizar las respuestas en notación científica, la calculadora debería estar en modo científico, que se abrevia *SCI*.

Ingresar notación científica

Por ahora, mantenga la calculadora en modo *MathPrint*. Ingresemos $2,8 \times 10^5$ en la calculadora con el atajo de notación científica:

$$2,8 \; \boxed{\times 10^n} \; \boxed{5} \; \boxed{\text{enter}}$$

Esta secuencia de pasos mostrará 280.000 del lado derecho de la pantalla.

Uso del modo notación científica

Colocar la calculadora en el modo notación científica garantizará que todas las respuestas se den en notación científica. Presione $\boxed{\text{mode}}$ y mueva el cursor a SCI en la segunda fila y presione $\boxed{\text{enter}}$. Luego, presione $\boxed{\text{clear}}$ para salir de esa pantalla y regresar a la pantalla principal. Ahora vamos a trabajar en un ejercicio en el modo SCI:

Ejemplo
¿Cuál es el valor de $8,8 \times 10^7$ dividido entre $2,2 \times 10^3$?

Ingrese cada uno de estos números científicos entre paréntesis para asegurar el orden de operaciones correcto:

$$\boxed{(} \; 8,8 \; \boxed{\times 10^n} \; \boxed{7} \; \blacktriangleright \; \boxed{)}$$

Esto debería colocar $(8,8*10^7)$ del lado izquierdo de la pantalla. Presione $\boxed{\div}$ y luego utilice la siguiente secuencia para ingresar el segundo número en notación científica:

$$\boxed{(} \; 2,2 \; \boxed{\times 10^n} \; \boxed{3} \; \blacktriangleright \; \boxed{)}$$

Ahora debería tener $(8,8*10^7) \div (2,2*10^3)$ en la pantalla (deberá usar las teclas con las flechas a la derecha y a la izquierda para ver toda la expresión). Presione $\boxed{\text{enter}}$ y luego la respuesta aparecerá en notación científica del lado derecho: $4*10^4$. Si desea ver este número en notación estándar, presione $\boxed{\blacktriangleleft \blacktriangleright}$ una vez y aparecerá 40.000 abajo.

¡NO HAGA ESTO!

Si coloca la calculadora en modo de notación científica, asegúrese de volver al modo predeterminado antes de pasar a otros tipos de preguntas. Si olvida hacerlo, una división simple, como 1 ÷ 2, dará respuestas raras como $5*10^{-1}$ en vez de 0,5. Para hacer que la calculadora vuelva al modo predeterminado, siga esta secuencia:

Presione mode, use la tecla con la flecha ▼ para seleccionar "*NORM*" en la segunda línea y presione enter clear.

Revisión de uso de calculadora

Ahora puede realizar un uso integral de la calculadora para resolver los problemas del examen GED®. Utilice sus habilidades con cuidado y de manera precisa en el segundo examen de Razonamiento Matemático de GED®, que se encuentra en el capítulo siguiente. Y antes de realizar sus elecciones finales, recuerde *pensar* si las respuestas que aparecen en la calculadora tienen sentido.

13 ▶ EXAMEN DE PRÁCTICA DE RAZONAMIENTO MATEMÁTICO DE GED®

Esta prueba de práctica se preparó siguiendo el formato, el contenido y el tiempo de la prueba GED® oficial sobre Razonamiento matemático. Al igual que en la prueba oficial, las preguntas de esta práctica se enfocan en tus habilidades para resolver problemas cuantitativos y algebraicos.

Puedes consultar la hoja de fórmulas del Apéndice en la página 285 mientras completas este examen. Responde las preguntas 1 a 5 *sin* utilizar una calculadora. Puedes usar una calculadora científica (o de cualquier tipo) para las demás preguntas del examen.

Antes de comenzar, es importante que sepas que deberías trabajar cada pregunta en forma detallada, pero sin pasar demasiado tiempo en una misma pregunta. Debes responder todas las preguntas.

Coloca una alarma a los 115 minutos (1 hora y 55 minutos) e intenta completar este examen sin interrupciones, en silencio.

Después del examen, encontrarás explicaciones detalladas de las respuestas para todas las preguntas del examen. ¡Buena suerte!

45 preguntas
115 minutos

1. José posee v número de videojuegos. Harry tiene el doble del número de videojuegos que posee José menos 10... ¿Qué expresión representa el número de videojuegos que Harry posee en términos de *v*?

    a. $10v - 2$

    b. $2v - 10$

    c. $2(v - 10)$

    d. $10(v - 2)$

2. ¿Cuál de las siguientes expresiones es equivalente a $\dfrac{\sqrt[3]{9} \times \sqrt[3]{18}}{3}$?

    a. $\sqrt[3]{2}$

    b. $3\sqrt[3]{2}$

    c. $\sqrt[3]{6}$

    d. $\sqrt[3]{18}$

3. Escribe tu respuesta en la línea que aparece a continuación. En tu respuesta puedes usar números, símbolos y/o texto.

Simplifica la expresión completamente. Asegúrate de formular tu respuesta usando radicales.

$$\frac{\sqrt{72}}{\sqrt{36}}$$

4. ¿Cuáles son las coordenadas del punto mostrado en la gráfica anterior?

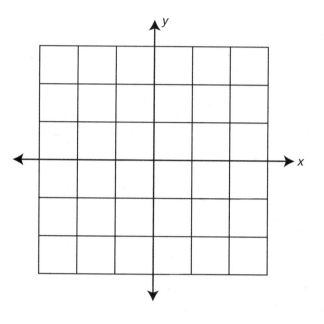

5. Como parte de un juego, Gilbert debe tomar un número y usar un procedimiento especial para obtener un nuevo número. Para llegar a dicho número, Gilbert toma el número original, lo eleva al cubo y le suma 5, y finalmente lo multiplica por 2. Si el número original es representado por *x*, ¿cuál de las siguientes expresiones representa el nuevo número de Gilbert?

    a. $2(3x + 5)$

    b. $2(x^3 + 5)$

    c. $2x^3 + 5$

    d. $x^6 + 5$

6. La suma del número *n* y 4 es menor que 5 veces el número *m*. Si *m* es 6, entonces ¿cuál de las siguientes expresiones es verdadera?

    a. *n* es mayor que 6

    b. $n + 4$ es menor que 26

    c. *n* es menor que 26

    d. *n* es igual a 26

7. Una compañía paga a sus executivos de ventas un sueldo base de $450.00 por semana más un 4% de comisión sobre cualquier venta que haga el empleado. Si un empleado vende $1,020 en una semana, ¿de qué cantidad sería su cheque de pago total para esa semana?

8. El diámetro de un círculo es de 10 metros. En metros, ¿cuál de las siguientes es la circunferencia de este círculo?

a. 5π

b. 10π

c. 25π

d. 100π

9. ¿Cuál de las siguientes expresiones es equivalente a $(\frac{3}{4})^3$?

a. $\frac{3^3}{4^3}$

b. $\frac{3 \times 3}{4 \times 3}$

c. $\frac{3^3}{4}$

d. $\frac{3}{4 \times 3}$

10. La línea n es paralela a la línea $y = 3x - 7$ y pasa por el punto (5,1). ¿En qué punto se cruza la línea n con el eje y?

11. Una línea pasa por el punto (4,0) y tiene una pendiente de $-\frac{1}{2}$. ¿Cuál es la ecuación de esta línea?

a. $y = -\frac{1}{2}x + 2$

b. $y = -\frac{1}{2}x - 2$

c. $y = -\frac{1}{2}x + 4$

d. $y = -\frac{1}{2}x - 4$

12. ¿Cuál es el valor de $f(-1)$ si $f(x) = 3(x - 1)^2 + 5$?

a. 8

b. 11

c. 15

d. 17

13. ¿Cuál es la ecuación de la línea que pasa por los puntos (−2,1) y (4,5) en el plano de coordinadas cartesianas?

a. $y = \frac{2}{3}x - \frac{4}{3}$

b. $y = \frac{2}{3}x - \frac{1}{3}$

c. $y = \frac{2}{3}x + \frac{7}{3}$

d. $y = \frac{2}{3}x + 4$

14. Una escalera de 9 pies es colocada sobre el lado de un edificio de manera que el extremo superior de la escalera alcanza una ventana que está a 6 pies del piso. Aproximando al decimal más cercano de un pie, ¿cuál es la distancia del extremo inferior de la escalera al edificio?

a. 1.7

b. 2.4

c. 6.7

d. 10.8

15. La siguiente figura representa la tasa de enfriamiento de un material particular después de que fue colocado en un baño super frío.

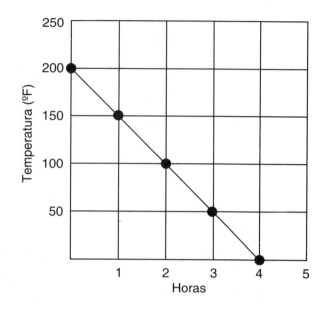

Horas

Si la temperatura, en Fahrenheit, es representada por *T* y el número de horas transcurridas es representado por *H*, entonces ¿cuál de la siguientes expresiones representaría a una situación donde la tasa de enfriamiento es más rápida que la tasa indicada en el gráfico?

a. $T = -25H + 150$

b. $T = -60H + 300$

c. $T = -10H + 200$

d. $T = -50H + 250$

16. En un estudio de sus empleados, una compañía encontró que cerca del 50% pasó más de 2 horas al día redactando y leyendo correos electrónicos. La distribución general del tiempo que los empleados invirtieron en estas actividades fue inclinado a un tiempo promedio de aproximadamente 2.5 horas.

Para crear un diagrama de cajas con esta información, ¿en qué valor debe usted colocar una línea vertical para indicar la mediana?

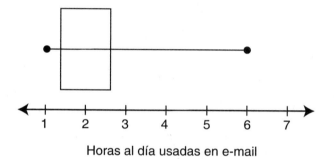

Horas al día usadas en e-mail

17. ¿Cuál es la ecuación de la línea presentada en la siguiente figura?

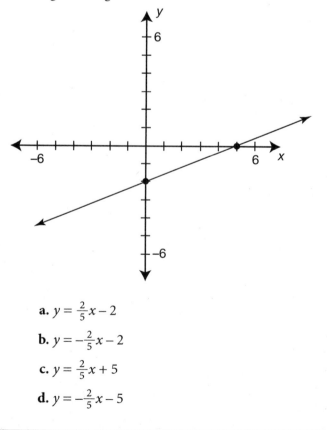

a. $y = \frac{2}{5}x - 2$

b. $y = -\frac{2}{5}x - 2$

c. $y = \frac{2}{5}x + 5$

d. $y = -\frac{2}{5}x - 5$

18. ¿Cuál es una solución positiva para la ecuación $x^2 - 5x = 14$?

a. 2

b. 7

c. 5

d. 9

19. ¿Cuál es la pendiente de la línea representada por la ecuación $10x - y = 2$?

a. -1

b. 2

c. 5

d. 10

20. ¿Cuál de las siguientes expresiones es equivalente a $5^{\frac{1}{2}} \times 5^2$?

a. $5^{-\frac{3}{2}}$

b. 5

c. $5^{\frac{5}{2}}$

d. $5^{\frac{1}{4}}$

21. Una pieza especializada para un proceso manufacturero tiene un grosor de 1.2×10^{-3} pulgadas. Aproximando a diez milésimo de una pulgada, ¿cuál sería el grosor de un paquete compuesto por diez de esas piezas colocadas juntas?

a. 0.0001

b. 0.0012

c. 0.0120

d. 0.1200

22. Una línea es perpendicular a la línea $y = \frac{5}{6}x + 1$ y tiene una intercepción con el eje y de $(0,-4)$. ¿Cuál es la ecuación de esta línea?

a. $y = -4x + 1$

b. $y = \frac{5}{6}x - 4$

c. $y = -\frac{6}{5}x + 1$

d. $y = -\frac{6}{5}x - 4$

23. ¿Cuál de las siguientes expresiones es equivalente a $\frac{3}{x} \div \frac{5x}{2}$ para una x diferente de cero?

a. $\frac{6}{5x^2}$

b. $\frac{15x^2}{2}$

c. $\frac{3}{2}$

d. $\frac{15}{2}$

24. Una fábrica es capaz de producir al menos 16 artículos, pero no más de 20, por cada hora que permanece abierta. Si la fábrica está abierta por 8 horas al día, ¿cuál de los siguientes son números posibles de artículos producidos por la fábrica en un período de 7 días de trabajo?

Selecciona todas las posibilidades correctas y escríbelas en el cuadro que aparece a continuación.

128
150
850
910
1,115

25. Una bolsa de papas de 32 onzas tiene un costo al consumidor de $3.45. Aproximando al centésimo más cercano en centavos, ¿cuál es el precio por onza de este artículo?

a. 9.3

b. 10.8

c. 28.5

d. 35.45

26.

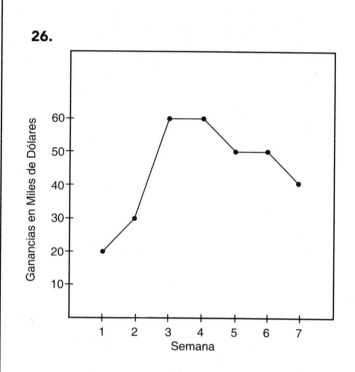

La gráfica mostrada aquí representa la ganancia total semanal de una compañía en un período de varias semanas. ¿En cuál de los siguientes períodos se ha incrementado la ganancia semanal?

a. entre las semanas 2 y 3

b. entre las semanas 3 y 4

c. entre las semanas 4 y 5

d. entre las semanas 6 y 7

27. Para la gráfica de la ecuación $3x - 2y = 1$, seleccione el valor correcto en el cual la línea intercepta el eje y.

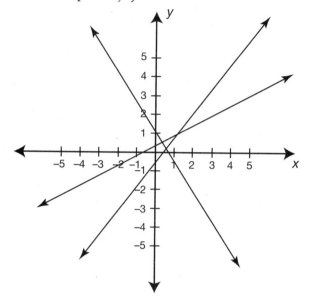

28. Una línea m es perpendicular a la línea $y = -x + 5$. Si m pasa por los puntos $(0,-2)$ y $(x,5)$, ¿Cuál es el valor de x?

a. 0

b. 3

c. 7

d. 10

29. ¿Cuál de las siguientes es equivalente a la expresión numérica $\sqrt{2}(\sqrt{18} - \sqrt{6})$?

a. $4\sqrt{3}$

b. $5\sqrt{6}$

c. $6 - 2\sqrt{3}$

d. $6 - \sqrt{6}$

30. Un fabricante de productos de belleza ha estado investigando la manera en que la gente usa varios de estos productos. Después de muchas encuestas, se han recopilado los datos que se muestran en el siguiente diagrama de dispersión, el cual muestra la cantidad de tiempo que los participantes pasaron en sus rutinas de belleza matutinas en una mañana típica versus la cantidad de dinero que los participantes gastaron por mes en productos de belleza.

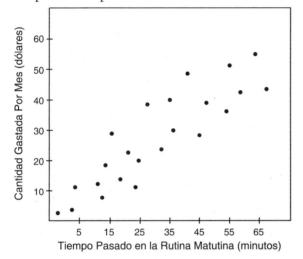

Dado este argumento, ¿cuál de los siguientes enunciados describe mejor la relación entre la cantidad de tiempo transcurrido y la cantidad de dinero gastado?

a. En general, cuanto más tiempo la gente pasa en su rutina de belleza matutina, más dinero gasta por mes en productos de belleza.

b. En general, cuanto más tiempo la gente pasa en su rutina de belleza matutina, menos dinero la gente gasta por mes en productos de belleza.

c. En general, la cantidad de tiempo que la gente pasa en su rutina de belleza matutina era casi la misma que la cantidad de dinero que la gente gasta en dólares en productos de belleza.

d. En general, no hay una relación clara entre la cantidad de tiempo que la gente pasa en su rutina de belleza y la cantidad de dinero que la gente gasta por mes en productos de belleza.

31. Una senda para caminar se extiende por 11,088 pies de largo. Si una milla es 5,280 pies, ¿cuántas millas de largo tiene la senda para caminar?

a. 0.2

b. 0.5

c. 1.6

d. 2.1

32. El producto de $x^2 - 6$ y x^4 es:

a. $x^8 - 6$

b. $x^6 - 6$

c. $x^6 - 6x^4$

d. $x^8 - 6x^4$

33. La siguiente tabla indica el comportamiento del precio de una acción de una compañía dada durante varias semanas

FIN DE	CAMBIO
Semana 1	Se incrementa $5.00
Semana 2	Disminuye en 10%
Semana 3	Disminuye $1.10
Semana 4	Duplica su valor

Si una acción de esa compañía valía $10.15 al inicio de la semana 1, ¿cuál era el valor de una acción de esta compañía al final del semana 4?

a. $25.07

b. $29.46

c. $32.20

d. $50.12

34. ¿Cuál es la moda del set de datos 9, 4, –1, 12, 4, 8, 7?

a. –1

b. 4

c. 7

d. 13

35. Hay un total de 48 solicitantes para un trabajo. De estos solicitantes, 20 tienen un título universitario, 15 tienen cinco años de experiencia profesional y 8 tienen un título universitario y cinco años de experiencia profesional. Si un solicitante para el trabajo es seleccionado al azar, ¿cuál es la probabilidad, aproximando al decimal más cercano, de que el solicitante tenga un título universitario o que tenga 5 años de experiencia profesional?
   a. 41.7%
   b. 56.3%
   c. 72.9%
   d. 89.6%

36. Un cliente usa dos cupones para comprar un producto de una abarrotería. El precio original del producto era $8.30. Si el precio final pagado por el cliente fue $7.00 y cada cupón le da el mismo descuento, ¿cuál fue el valor del descuento obtenido con un simple cupón?
   a. $0.65
   b. $0.90
   c. $1.30
   d. $2.60

37. Lee está planeando comprar un nuevo televisor y ha estado viendo el precio de un modelo en particular desde el mes pasado. El mes pasado, el precio era de $309.99 mientras que este mes, el precio es $334.99. Aproximando al decimal más cercano, ¿en qué porcentaje se incrementó el precio en el último mes? Escribe tu respuesta en la casilla.

	%

38. ¿Cuál de las siguientes expresiones son dos soluciones para la ecuación $x^2 - 2x - 3 = 0$?
   a. 3 y −1
   b. −3 y 1
   c. −3 y −2
   d. 2 y 2

39. ¿Cuál de las siguientes expresiones representa el set de solución de la igualdad $x + 2 > 5$?
   a. $\{x: x > 10\}$
   b. $\{x: x > 7\}$
   c. $\{x: x > 3\}$
   d. $\{x: x > 2.5\}$

40. ¿Cuál es el valor de $\frac{x-5}{x^2-1}$ si $x = \frac{1}{2}$?
   a. −10
   b. $\frac{3}{2}$
   c. 6
   d. 0

41.

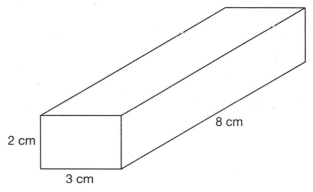

2 cm

3 cm

8 cm

¿Aproximando al centímetro cúbico más cercano, cuál es el volumen de la figura anterior?
   a. 6
   b. 24
   c. 48
   d. 108

42. El gráfico de barras representa el valor total de las ventas en dólares de cuatro productos en julio.

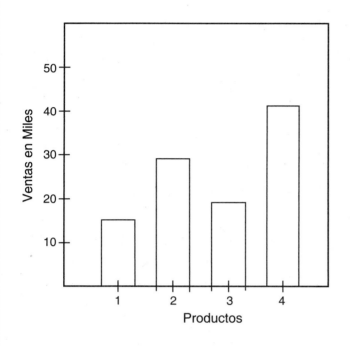

¿Cuáles son los dos productos que registraron más de $50,000 en ventas en julio?

a. Productos 1 y 2

b. Productos 2 y 3

c. Productos 2 y 4

d. Productos 1 y 3

43. La superficie del área de una esfera es de 36π metros cúbicos. Aproximando al metro más cercano ¿cuál es el diámetro de esta esfera?

a. 3

b. 6

c. 12

d. 24

44. ¿Qué valor de x satisface el sistema de ecuaciones $x - 2y = 8$ y $x + 2y = 14$?

a. -6

b. 11

c. Hay valores infinitos para x los cuales satisfacen este sistema.

d. No hay valores de x que satisfagan este sistema.

45. $(x^2 + 5) - (x^2 - x) =$

a. $5 + x$

b. $5 - x$

c. $2x^2 - 5x$

d. $2x^2 + x + 5$

Respuestas y Explicaciones

1. La opción b es correcta. "Menos 10" implica que 10 debe ser sustraído del próximo término expresado. Ese término es "2 veces el número de videojuegos que José posee" o $2v$.
La opción **a** es incorrecta. Esta expresión representa 10 veces el número de videojuegos que José posee menos 2.
La opción **c** es incorrecta. Esta expresión representa 2 veces el número de videojuegos que José posee menos 10.
La opción **d** es incorrecta. Esta expresión representa 10 veces el número de videojuegos que José posee menos 2.

2. La opción c es correcta. El producto en el numerador puede ser escrito como $\sqrt[3]{3 \times 3 \times 3 \times 6} = 3\sqrt[3]{6}$. El 3 en el denominador cancela el 3 a la izquierda de la raíz.
La opción **a** es incorrecta. El numerador es obtenido de un producto. El denominador sólo puede cancelar un factor del numerador.
La opción **b** es incorrecta. El denominador no puede cancelar a un factor elevado a la raíz cúbica.
La opción **d** es incorrecta. La raíz cúbica de 9 no es 3.

3. Respuesta correcta: $\sqrt{2}$
Dos factores de 72 son 2 y 36. Además, $\dfrac{\sqrt{a}}{\sqrt{b}} = \sqrt{\dfrac{a}{b}}$ para números positivos de a y b.
Usando estas propiedades,
$\dfrac{\sqrt{72}}{\sqrt{36}} = \dfrac{\sqrt{2 \times 36}}{36} = \sqrt{2}$.

4.

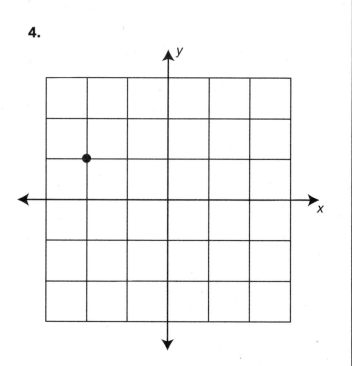

El primer término del par ordenado es la coordenada x. Ya que este es negativo, el punto estará en el lado izquierdo del eje y. El segundo término es la coordenada y. Esto indica cuántas unidades arriba del eje x está localizado el punto.

5. La opción b es correcta. Elevar al cubo significa elevar el número a la tercera potencia. Sumando 5 a esta expresión nos da $x^3 + 5$. Finalmente, multiplicando este por 2 nos lleva a $2(x^3 + 5)$.
La opción **a** es incorrecta. Esta representa multiplicar el número por 3 como el primer paso. Elevar al cubo significa que el número debe ser elevado a la tercera potencia.
La opción **c** es incorrecta. Esta resulta de multiplicar por dos antes de sumar 5.
La opción **d** es incorrecta. Dos veces x al cubo no es equivalente a elevar x a la 60 potencia.

6. La opción c es correcta. El enunciado original puede ser escrito como $n + 4 < 5m$. Dado el valor de m, $5m = 5 \times 6 = 30$ así $n + 4 < 30$. Esto puede ser simplificado más a $n < 26$.

La opción **a** es incorrecta. El enunciado original puede ser escrito como $n + 4 < 5m$. Nada en este enunciado define un valor en el cual n sea mayor.

La opción **b** es incorrecta. El enunciado original puede ser escrito como $n + 4 < 5m$. Dado el valor de m, $5m = 5 \times 6 = 30$ así $n + 4 < 30$. Mientras $n < 26$, no es necesariamente cierto que $n + 4 < 26$.

La opción **d** es incorrecta. El enunciado original puede ser escrito como $n + 4 < 5m$. Nada en este enunciado define un valor en el que n sea igual a 26.

7. Respuesta correcta: $490.80. El empleado recibe un pago de 4% de comisión sobre sus ventas de $1,020. Por lo tanto, él recibirá un pago de $0.04 \times 1,020 = 40.80$ por sus ventas. Esto se suma a su sueldo base semanal de $450. Por lo tanto, su cheque de pago total será de $450 + 40.80 = \$490.80$

8. La opción b es correcta. El radio del círculo es 5 y la circunferencia es $2 \times \pi \times$ (radio) o 10π. Esto también puede encontrarse simplemente multiplicando el diámetro por π.

La opción **a** es incorrecta. El radio del círculo es 5 y debe ser duplicado para encontrar la circunferencia.

La opción **c** es incorrecta. Esta es el área del círculo, la cual se encuentra elevando el radio al cuadrado y multiplicándolo por π.

La opción **d** es incorrecta. El diámetro no necesita elevarse al cuadrado para encontrar la circunferencia.

9. La opción a es correcta. Cuando se aplica un exponente a una fracción, esto equivale a aplicar ese exponente al numerador y al denominador.

La opción **b** es incorrecta. Un exponente de tres no es equivalente a multiplicar por 3.

La opción **c** es incorrecta. El exponente debe ser aplicado a ambos: el numerador y el denominador.

La opción **d** es incorrecta. Un exponente de tres no es equivalente a multiplicar por 3 y debe ser aplicado a ambos: el numerador y el denominador.

10. Respuesta correcta: (0,–14)

Ya que n es paralela a la línea dada, debe tener la misma pendiente: 3. Dado esto y el punto por el que pasa n, nosotros podemos usar la fórmula de la pendiente del punto para determinar la ecuación para n.

$$y - 1 = 3(x - 5)$$
$$y - 1 = 3x - 15$$
$$y = 3x - 14$$

Ya que la ecuación tiene la forma $y = mx + b$, podemos ver que el eje y es interceptado en -14. Por definición, esto significa que la línea pasa sobre el eje y en el punto $(0, -14)$.

11. La opción a es correcta. La respuesta está en la forma $y = mx + b$. Usando la información dada, cuando $x = 4$, $y = 0$, y la inclinación es de $m = -\frac{1}{2}$, esto da la ecuación $0 = -\frac{1}{2}(4) + b$, la cual tiene una solución de $b = 2$.

La opción **b** es incorrecta. Al resolver para b el punto de intercepción en el eje y, el -2 debe ser agregado a ambos lados de la ecuación.

La opción **c** es incorrecta. El punto dado $(4,0)$ no es un punto que intercepte al eje y, es un punto que intercepta al eje x. La ecuación $y = mx + b$ usa una intercepción en el eje y.

La opción **d** es incorrecta. Si la intercepción del eje x es $(4,0)$ como se ha dado, la intercepción del eje y será de -4 sólo si la pendiente es de 1. Aquí la pendiente es de $-\frac{1}{2}$.

12. **La opción d es correcta.** Se sustituye -1 por x, $f(-1) = 3(-1-1)^2 + 5 = 3(-2)^2 + 5 = 3(4) + 5 = 12 + 5 = 17$.

La opción **a** es incorrecta. Cuando sustituye -1 por x, $x - 1$ representa $-1 - 1 = -2$, es decir, no multiplica.

La opción **b** es incorrecta. No es cierto que $(x - 1)^2 = x^2 + 1$.

La opción **c** es incorrecta. Por el orden de las operaciones, la resta dentro de los paréntesis así como las operaciones de elevar al cuadrado deben ser realizadas antes de la multiplicación por 3.

13. **La opción c es correcta.** Primero usamos la fórmula de la pendiente: $m = \frac{5-1}{4-(-2)} = \frac{4}{6} = \frac{2}{3}$. Luego, aplicamos la fórmula de punto-pendiente que tenemos.

$$y - 1 = \tfrac{2}{3}(x - (-2))$$

$$y - 1 = \tfrac{2}{3}(x + 2)$$

$$y - 1 = \tfrac{2}{3}x + \tfrac{4}{3}$$

$$y = \tfrac{2}{3}x + \tfrac{4}{3} + 1 = \tfrac{2}{3}x + \tfrac{7}{3}$$

La opción **a** es incorrecta. La fórmula de intercepción del punto x_1 y y_1 deben venir del mismo punto.

La opción **b** es incorrecta. Cuando el punto $(-2,1)$ es usado en la fórmula de pendiente del punto, el resultado es $y - 1 = m(x - (-2))$. Al lado derecho de esta ecuación, 2 acaba siendo positivo.

La opción **d** es incorrecta. La pendiente se encuentra usando el cambio en y en el numerador. $\frac{5-1}{4-(-2)} = \frac{4}{6} = \frac{2}{3} \quad \frac{4}{3} + 1 = \frac{7}{3}$.

14. **La opción c es correcta.** Usando el teorema de Pitágoras, la hipotenusa de un triángulo recto formado por la escalera y el edificio es 9 mientras que la longitud de un lado es 6. Esto nos lleva a la ecuación $6^2 + b^2 = 9^2$ or $b^2 = 81 - 36 = 45$. Por lo tanto, $b = \sqrt{45} \approx 6.7$.

La opción **a** es incorrecta. Los términos en el teorema de Pitágoras son elevados al cuadrado.

La opción **b** es incorrecta. Aplicando el teorema de Pitágoras a este problema llegamos a la ecuación $6^2 + b^2 = 9^2$. El exponente de dos indica que el término se debe multiplicar por sí mismo, no por dos.

La opción **d** es incorrecta. La longitud de la escalera representa la hipotenusa, o c, en el teorema de Pitágoras.

15. **La opción b es correcta.** La tasa de enfriamiento indicada en el gráfico es la pendiente de la línea pasando por los puntos $(0,200)$ y $(4,0)$. Esta pendiente es -50, lo cual implica que el material está perdiendo 50 grados cada hora. La pendiente de la ecuación en esta respuesta es -60, lo cual implica que el material está perdiendo 60 grados cada hora, una tasa más rápida de enfriamiento.

La opción **a** es incorrecta. Esta pendiente implica que el material está perdiendo 25 grados cada hora, lo cual indica una tasa más lenta de enfriamiento.

La opción **c** es incorrecta. Esta pendiente implicaría que el material está perdiendo 10 grados cada hora, lo cual indica una tasa más lenta de enfriamiento.

La opción **d** es incorrecta. Esta pendiente indicaría que el material está perdiendo 50 grados cada hora, lo cual indica la misma tasa de enfriamiento que es dada en el gráfico.

16.

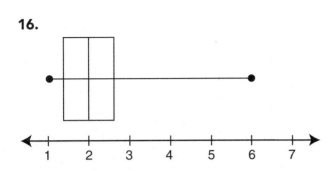

Horas al día gastadas en correos electrónicos

La opción b es correcta. La mediana es el punto en el cual el 50% de los datos están por encima del punto y el 50% por debajo. El enunciado "50% pasó más de 2 horas al día redactando o leyendo correos electrónicos" indica que la mediana del set de datos es 2.

17. **La opción a es correcta.** Usando los dos puntos dados, cada vez que y se incrementa en 2 unidades, x se incrementa en 5 unidades. Esto significa que la pendiente debe ser $m = \frac{2}{5}$ (el cambio en y se divide entre el cambio en x). Luego, la intercepción del eje y es $b = -2$. Usando la ecuación $y = mx + b$ nosotros tenemos $y = \frac{2}{5}x - 2$.

La opción **b** es incorrecta. La línea sube de izquierda a derecha, por lo tanto la pendiente debe ser positiva.

La opción **c** es incorrecta. La intercepción del eje x no se usa cuando se escribe la ecuación como $y = mx + b$. De hecho, b representa la intercepción en el eje y.

La opción **d** es incorrecta. La línea sube de izquierda a derecha; por lo tanto, la pendiente debe ser positiva. Adicionalmente, la intercepción en el eje y es -2 no 5.

18. **La opción b es correcta.** Si reescribimos la ecuación sustrayendo 14 de ambos lados nos lleva a la ecuación cuadrática $x^2 - 5x - 14 = 0$. El lado izquierdo de la ecuación puede ser factorizado así: $(x - 7)(x + 2)$, lo que indica que las soluciones son 7 y -2.

La opción **a** es incorrecta. Una vez que la ecuación cuadrática es reescrita y factorizada, la regla de producto cero enuncia que $x - 7 = 0$ o $x + 2 = 0$. Por lo tanto una de las soluciones es -2 en vez de 2.

La opción **c** es incorrecta. Para factorizar la ecuación cuadrática reescrita, encuentra factores de 14 que sumen -5 en vez de números que sumen -14.

La opción **d** es incorrecta. Para factorizar la ecuación cuadrática reescrita, encuentra los factores de 14 que suman -5 en vez de números que suman -14.

19. **La opción d es correcta.** Para encontrar la pendiente de la recta con esta ecuación, mueva la variable y hacia un lado por sí solo para poner la ecuación en la forma $y = mx + b$, donde m es la pendiente. Al agregar de y a ambos lados y restar 2 desde ambos lados obtenemos la ecuación $y = 10x - 2$, por lo que la pendiente es 10.

La opción **a** es incorrecta. El coeficiente de y representa la pendiente sólo cuando la ecuación es escrita en la forma $y = mx + b$.

La opción **b** es incorrecta. La pendiente no puede ser leída de la ecuación en la forma en que está escrita actualmente.

La opción **c** es incorrecta. Cuando se despeja y para encontrar la pendiente, 10 será dividido entre -1 y no entre 2.

20. **La opción c es correcta.** Cuando se multiplican términos con la misma base, los exponentes se suman. Por lo tanto, $5^{\frac{1}{2}} \times 5^2 = 5^{\frac{1}{2} + 2} = 5^{\frac{1}{2} + \frac{4}{2}} = 5^{\frac{5}{2}}$.

La opción **a** es incorrecta. Cuando se multiplican términos con la misma base, los exponentes se suman, no se sustraen.

La opción **b** es incorrecta. Cuando se multiplican términos con la misma base, los exponentes se suman, no se multiplican.

La opción **d** es incorrecta. Cuando se multiplican términos con la misma base, los exponentes se suman, no se dividen.

21. La opción c es correcta. $1.2 \times 10^{-3} = 0.0012$ y $10 \times 0.0012 = 0.0120$.

La opción **a** es incorrecta. No es posible que el grosor de un paquete de diez partes sea más pequeño que el grosor de una parte.

La opción **b** es incorrecta. Este es el grosor de una parte solamente.

La opción **d** es incorrecta. Este es el grosor de un paquete de 100 partes.

22. La opción d es correcta. La pendiente será recíproca negativa de la pendiente dada y b en la ecuación $y = mx + b$ es -4.

La opción **a** es incorrecta. La pendiente de una línea particular será la recíproca negativa de la pendiente de la línea original.

La opción **b** es incorrecta. Las líneas paralelas tienen la misma pendiente mientras que las líneas perpendiculares tienen pendientes recíprocas negativas.

La opción **c** es incorrecta. El término sumado al término de x será la intercepción en el eje y, la cual no es -1.

23. La opción a es correcta. La división es equivalente a $\frac{3}{x} \times \frac{2}{5x} = \frac{6}{5x^2}$.

La opción **b** es incorrecta. La división de dos fracciones es equivalente a multiplicar la primera fracción por el recíproco de la segunda fracción.

La opción **c** es incorrecta. Este es el resultado de multiplicar y no de dividir las fracciones si el 5 se cancela. No hay términos que se cancelarían con el 5.

La opción **d** es incorrecta. Este es el resultado de multiplicar las dos fracciones.

24. La opción d es correcta. El mínimo número de artículos que una fábrica podría producir en este período es $16 \times 8 \times 7 = 896$ artículos, mientras que el máximo es $20 \times 8 \times 7 = 1,120$. Cualquier valor entero entre estos dos números es un número posible de artículos que la fábrica podría producir en ese período de tiempo.

25. La opción b es correcta. El precio por unidad se encuentra dividiendo 3.45 entre 32.

La opción **a** es incorrecta. Dividiendo el número de onzas por el costo se obtiene el número de onzas por centavo.

La opción **c** es incorrecta. Restando los términos no se obtiene un valor interpretable.

La opción **d** es incorrecta. Sumando esos dos términos no se obtiene un valor interpretable.

26. La opción a es correcta. La ganancia se incrementa cuando la gráfica sube de izquierda a derecha. Esto ocurre entre las semanas 2 y 3.

La opción **b** es incorrecta. La ganancia se incrementa cuando la gráfica sube de izquierda a derecha. Esto no ocurre entre las semanas 3 y 4.

La opción **c** es incorrecta. La ganancia se incrementa cuando la gráfica sube de izquierda a derecha. Esto no ocurre entre las semanas 4 y 5.

La opción **d** es incorrecta. La ganancia se incrementa cuando la gráfica sube de izquierda a derecha. Esto no ocurre entre las semanas 6 y 7.

27.

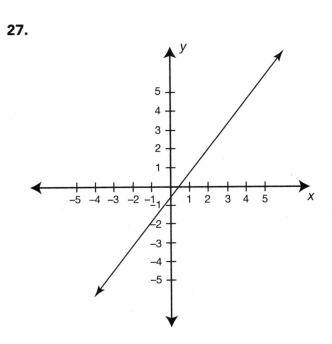

La opción b es correcta. Despejando la y en la ecuación dada nos lleva a la ecuación de la forma $y = mx + b$, donde b es la intercepción con el eje y. En este caso, esa ecuación es $y = -\frac{1}{2} + \frac{3}{2}x$. La intercepción del eje y ocurre cuando el valor de x es cero. Colocando esto en la ecuación nos lleva a la solución $-\frac{1}{2}$.

28. La opción c es correcta. Ya que m es perpendicular a $y = -x + 5$, este debe tener una pendiente de 1. El punto dado es $(0,-2)$ que tiene una intercepción en el eje y, ya que el valor en el eje x es 0, así la ecuación de m debe ser $y = x - 2$. Sustituyendo el valor de y dado de 5 en el punto $(x,5)$ resulta la ecuación $5 = x - 2$, que tiene la solución $x = 7$.

La opción **a** es incorrecta. El punto de intercepción con el eje y es -2 y no 5. Una línea perpendicular no necesariamente tiene la misma intercepción en el eje y. Además el 5 en el punto $(x,5)$ es un valor de y y no un valor de x.

La opción **b** es incorrecta. El 5 en el punto $(x,5)$ es un valor de y y no un valor de x.

La opción **d** es incorrecta. La intercepción el eje y de la línea es -2 y no 5. Una línea perpendicular no necesariamente tiene la misma intercepción en y.

29. La opción C es correcta. Distribuye la raíz cuadrada de 2 y simplifica:

$$\sqrt{2}(\sqrt{18} - \sqrt{6}) = \sqrt{36} - \sqrt{12} = 6 - \sqrt{4 \times 3}$$
$$= 6 - 2\sqrt{3}.$$

La opción **a** es incorrecta. Radicales y números enteros no son términos semejantes y por lo tanto no pueden ser combinados.

La opción **b** es incorrecta. La raíz cuadrada de 2 debe ser distribuida a los dos términos. Adicionalmente, el radical y el número entero remanente no son términos semejantes.

La opción **d** es incorrecta. La raíz cuadrada de 2 debe ser distribuida a ambos términos en el paréntesis.

30. La opción a es correcta. El patrón en la diagrama de dispersión tiene una tendencia creciente general de izquierda a derecha. Esto indica una relación positiva. A medida que una variable se incrementa, la otra variable también se incrementa.

La opción **b** es incorrecta. Una relación negativa sería indicada por un patrón que está disminuyendo generalmente de izquierda a derecha.

La opción **c** es incorrecta. Esto sería verdadero si, para cada punto, las coordenadas x e y fueran las mismas. Pero hay muchos puntos donde este no es el caso.

La opción **d** es incorrecta. En patrón general de la pendiente indica una relación entre dos variables.

31. La opción d es correcta. La conversión dada puede escribirse como una proporción $\frac{1 \text{ mi}}{5,280 \text{ pies}}$. Usando esto se cancelan unidades: 11,088 pies $\times$ $\frac{1 \text{ mi}}{5,280 \text{ pies}} = \frac{11,088}{5,280}$ millas = 2.1 millas.

La opción **a** es incorrecta. No hay necesidad de dividir entre 12 ya que las unidades no son pulgadas.

La opción **b** es incorrecta. Al dividir 5,280 entre 11,088 las unidades quedan en términos de $\frac{1}{\text{millas}}$, lo cual no tiene sentido.

La opción **c** es incorrecta. Sustrayendo los dos valores no nos da un valor interpretable.

32. La opción c es correcta. Los dos pasos son distribuir y sumar los exponentes. $x^4(x^2 - 6) = x^{4+2} - 6x^4 = x^6 - 6x^4$.

La opción **a** es incorrecta. Cuando dos términos con la misma base se multiplican, sus exponentes se suman. Luego, el término x^4 debe ser distribuido a cada término en el binomio $x^2 - 6$ dado.

La opción **b** es incorrecta. El término x^4 debe ser distribuido a cada término en el binomio $x^2 - 6$ dado.

La opción **d** es incorrecta. Cuando dos términos con la misma base se multiplican, sus exponentes se suman.

33. La opción a es correcta. Después de incrementarse en $5.00, la acción cuesta $15.15. Luego baja en valor un 10% ó $0.1 \times 15.15 = 1.515$. Por lo tanto, al final de la semana 2 una acción vale $15.15 - $1.515 = $13.635. Al final de la semana 3, vale $13.635 - $1.10 = $12.535. Finalmente, dobla su valor y llega a valer $2 \times$ $12.535 = $25.07.

La opción **b** es incorrecta. El valor de la acción disminuyó en $1.10 al final de la semana 3. Esto representa una sustracción en el problema.

La opción **c** es incorrecta. Una disminución del 10% puede conseguirse multiplicando por 0.9 y el valor actual. Esta respuesta resulta de usar 1% ó 0.01 como la disminución.

La opción **d** es incorrecta. Duplicar significa multiplicarlo por 2 y no por 4.

34. La opción b es correcta. La moda es el valor más frecuente observado. En este caso, 4 es el valor que más se repite.

La opción **a** es incorrecta. Este es el valor mínimo de un set de datos.

La opción **c** es incorrecta. Esta es la mediana del set de datos.

La opción **d** es incorrecta. Este es el rango de un set de datos.

35. La opción b es correcta. Dada que la pregunta final es una probabilidad "o", la formula correcta para usar es:

$P(A \text{ o } B) = P(A) + P(B) - P(A \text{ y } B)$, dónde $P(A)$ representa la probabilidad de que ocurra el evento A. Aplicando esto aquí:

$P(\text{título o cinco años}) = P(\text{título universitario}) + P(\text{cinco años}) - P(\text{título universitario y cinco años}) = \frac{20}{48} + \frac{15}{48} - \frac{8}{48} = \frac{27}{48} = 0.5625$.

Finalmente 0.5625 es equivalente a 56.3%.

La opción **a** es incorrecta. Aunque esto es una probabilidad "o" (excluyente), el número de graduados universitarios y con cinco años de experiencia profesional debe ser incluido.

La opción **c** y **d** es incorrecta. Cuando se buscan las probabilidades "o", la probabilidad del evento "y" debe ser restada.

36. La opción a es correcta. Si x representa el descuento obtenido con un simple cupón, luego $2x$ representa el descuento obtenido con los dos. Dado los precios antes y después, la siguiente ecuación puede ser escrita y resuelta.

$$8.3 - 2x = 7$$
$$-2x = -1.3$$
$$x = 0.65$$

La opción **b** es incorrecta. Si cada cupón da un descuento de 90 centavos, el precio final sería $8.30 - $1.80 = $6.50.

La opción **c** es incorrecta. Este es el valor de los dos cupones juntos.

La opción **d** es incorrecta. Los cupones dan un descuento de $1.30 juntos, no es posible que un cupón solo de un descuento dé un valor mayor.

37. Respuesta Correcta: 8.1%.

El aumento del porcentaje puede ser encontrado sacando la diferencia entre los dos precios y esa cantidad luego se divide entre el precio original.

$$\frac{334.99 - 309.99}{309.99} = 0.0806.$$

Multiplicando por 100 para convertir esto en porcentaje nos da 8.06%. Redondeando, esto es 8.1%.

38. La opción a es correcta. La ecuación puede ser factorizada y reescrita como $(x-3)(x+1) = 0$. Usando la regla de producto cero, esto resulta en las ecuaciones $x - 3 = 0$ y $x + 1 = 0$. La solución para estas ecuaciones es 3 y −1 respectivamente.

La opción **b** es incorrecta. Después de factorizar, debe aplicarse la regla de producto cero. Esto va a resultar en las ecuaciones $x - 3 = 0$ y $x + 1 = 0$. La opción **c** y **d** es incorrecta. Las soluciones no pueden leer directamente de los coeficientes. En su lugar, se debe factorizar la fórmula cuadrática o completar el cuadrado para resolver una ecuación cuadrática como esta.

39. La opción c es correcta. Restando 2 de ambos lados nos lleva a la solución $x > 3$.

La opción **a** es incorrecta. En esta desigualdad, el 2 se suma a la variable. Por lo tanto, al intentar despejar la x, ambos lados no deben multiplicarse por 2. En su lugar, el 2 debe restarse en ambos lados.

La opción **b** es incorrecta. En esta desigualdad, el 2 se suma a la variable. Por lo tanto al intentar despejar la x, el 2 debe restarse de ambos lados en lugar de ser sumado.

La opción **d** es incorrecta. En esta desigualdad, el 2 se suma a la variable. Por lo tanto, al intentar despejar la x, ambos lados no deben ser divididos entre 2. En su lugar, el 2 debe restarse en ambos lados.

40. La opción c es correcta. Después de sustituir el valor dado para x, debemos simplificar el resultado usando operaciones básicas con fracciones.

$$\frac{\frac{1}{2}-5}{\frac{1}{4}-1} = \frac{\frac{1}{2}-\frac{10}{2}}{\frac{1}{4}-\frac{4}{4}} = \frac{-\frac{9}{2}}{-\frac{3}{4}} = \frac{9}{2} \times \frac{4}{3} = \frac{36}{6} = 6$$

La opción **a** es incorrecta. Cuando se sustituye el valor dado de x, el 5 se sustrae, no se multiplica.

La opción **b** es incorrecta. Cuando se simplifica una fracción sobre una fracción, la fracción en el numerador se multiplicada por el recíproco de la fracción en el denominador. Dividir las fracciones una por una no es un método válido.

La opción **d** es incorrecta. Elevar un valor a la potencia de dos no es lo mismo que multiplicarlo por dos. Además, una fracción con un denominador de cero es indefinida, no es igual a cero.

41. La opción c es correcta. El área de la base es $2 \times 3 = 6$ centímetros cuadrados. Al multiplicar esto por la altura de 8 cm obtenemos el volumen en centímetros cúbicos: $6 \times 8 = 48$.

La opción **a** es incorrecta. Esta es el área de una de las caras más pequeñas.

La opción **b** es incorrecta. Esta es el área de una de las caras más grandes.

La opción **d** es incorrecta. Esta es la superficie del área de la figura dada.

42. La opción c es correcta. Ya que el producto 2 tuvo casi $30,000 en ventas y el producto 4 tuvo más de $40,000 en ventas, el total debe ser más de $50,000.

La opción **a** es incorrecta. El total de ventas en julio de estos dos productos fue de $45,000.

La opción **b** es incorrecta. El total de ventas en julio de estos dos productos fue un poco menos de $50,000.

La opción **d** es incorrecta. El total en ventas en julio de esos dos productos fue de $35,000.

43. La opción b es correcta. Usando la fórmula de área de la superficie.

$$36\pi = 4\pi r^2$$
$$9 = r^2$$
$$r = 3$$

Ya que el radio es 3, el diámetro es $3 \times 2 = 6$.

La opción **a** es incorrecta. Este es el radio de la esfera. El diámetro es dos veces mayor que el radio.

La opción **c** es incorrecta. Al resolver la ecuación $36\pi = 4\pi r^2$, ambos lados deben ser divididos entre 4 en lugar de multiplicados. Además, el diámetro será dos veces más grande que el radio.

La opción **d** es incorrecta. Al resolver la ecuación $36\pi = 4\pi r^2$, ambos lados deben ser divididos entre 4 en lugar de multiplicados.

44. La opción b es correcta. Usando el método de la adición, sumamos las dos ecuaciones y llegamos a $2x = 22$, cuya solución es $x = 11$.

La opción **a** es incorrecta. Sustrayendo las dos ecuaciones se eliminará la x de ambas ecuaciones, mientras que primero se debe despejar la y.

La opción **c** es incorrecta. Si hubiera infinitas soluciones, las ecuaciones serían múltiplos una con la otra.

La opción **d** es incorrecta. Si no hubiera una solución, la ecuación nos llevaría a un enunciado incorrecto como $0 = 1$ ó $-5 = 3$.

45. La opción a es correcta. Distribuyendo los signos negativos y combinando los términos semejantes resulta:

$$(x^2 + 5) - (x^2 - x) = x^2 + 5 - x^2 - (-x) = 5 + x$$

La opción **b** es incorrecta. Los signos negativos deben ser distribuidos a cada término contenido dentro del paréntesis.

La opción **c** es incorrecta. Ya que el segundo término ha sido sustraído, los términos x^2 se cancelarán. Además, el 5 y la x no se multiplican.

La opción **d** es incorrecta. Ya que el segundo término ha sido sustraído, el término x^2 se cancela.

APÉNDICE: HOJA DE FÓRMULAS DE RAZONAMIENTO MATEMÁTICO ▶

Las siguientes son las fórmulas que se le proporcionarán en el examen de Razonamiento Matemático de GED®.

Área

Paralelogramo: $A = bh$

Trapezoide: $A = \frac{1}{2}h(b_1 + b_2)$

Área de la superficie y volumen

Prisma rectangular/recto:	$AS = ph + 2B$	$V = Bh$
Cilindro:	$AS = 2\pi rh + 2\pi r^2$	$V = \pi r^2 h$
Pirámide:	$AS = \frac{1}{2}ps + B$	$V = \frac{1}{3}Bh$
Cono:	$AS = \pi rs + \pi r^2$	$V = \frac{1}{3}\pi r^2 h$
Esfera:	$AS = 4\pi r^2$	$V = \frac{4}{3}\pi r^3$

(p = perímetro de la base B; $\pi \approx 3,14$)

Álgebra

Pendiente de una línea: $m = \dfrac{y_2 - y_1}{x_2 - x_1}$

Forma pendiente-intersección de la ecuación de una línea: $y = mx + b$

Forma punto-pendiente de la ecuación de una línea: $y - y_1 = m(x - x_1)$

Forma estándar de una ecuación cuadrática: $y = ax^2 + bx + c$

Fórmula cuadrática: $x = \dfrac{-b \pm \sqrt{b^2 - 4ac}}{2a}$

Teorema de Pitágoras: $a^2 + b^2 = c^2$

Interés simple: $I = cit$

(I = interés, c = capital, i = tasa, t = tiempo)

Con el código que aparece a continuación, usted podrá iniciar sesión y acceder a más materiales de práctica en línea.

Su código de acceso gratuito para practicar en línea es:
FVELYI7GXX6T72PNFR24

Siga estos simples pasos para canjear el código:

- Vaya a **www.learningexpresshub.com/affiliate** y tenga el código de acceso a mano.

Si es un usuario nuevo:

- Haga clic en el botón **New user? Register here** (¿Nuevo usuario? Regístrese aquí) y complete el formulario de registro para crear su cuenta y acceder a sus productos.
- Asegúrese de ingresar su código de acceso único una sola vez. Si tiene varios códigos de acceso, puede ingresarlos todos. Solo tiene que usar una coma para separarlos.
- La próxima vez que realice una visita, simplemente haga clic en el botón **Returning user? Sign in** (¿Usuario registrado? Inicie sesión) e ingrese su nombre de usuario y contraseña.
- No vuelva a ingresar códigos de acceso canjeados previamente. Cualquier producto al que haya accedido anteriormente se guardará en la sección **My Account** (Mi cuenta) en el sitio. Si ingresa un código de acceso que ya ha sido canjeado, recibirá un mensaje de error.

Si es un usuario que ya está registrado:

- Haga clic en el botón **Returning user? Sign in** (¿Usuario registrado? Inicie sesión), ingrese su nombre de usuario y contraseña y haga clic en **Sign In** (Iniciar sesión).
- Automáticamente volverá a la página **My Account** (Mi cuenta) para acceder a sus productos.
- No vuelva a ingresar códigos de acceso canjeados anteriormente. Cualquier producto al que haya accedido anteriormente se guardará en la sección **My Account** (Mi cuenta) en el sitio. Si ingresa un código de acceso que ya ha sido canjeado, recibirá un mensaje de error.

Si es un usuario registrado con nuevos códigos de acceso:

- Haga clic en el botón **Returning user? Sign in** (¿Usuario registrado? Inicie sesión), ingrese su nombre de usuario, contraseña y el nuevo código de acceso, y haga clic en **Sign In** (Iniciar sesión).
- Si tiene varios códigos de acceso, puede ingresarlos todos. Solo use una coma para separarlos.
- No vuelva a ingresar los códigos de acceso canjeados anteriormente. Cualquier producto al que haya accedido anteriormente se guardará en la sección **My Account** (Mi cuenta) en el sitio. Si ingresa un código de acceso que ya ha sido canjeado, recibirá un mensaje de error.

Si tiene preguntas, comuníquese con Atención al cliente Support@ebsco.com. Todas las consultas se responderán dentro de las 24 horas durante nuestros horarios de atención: 9:00 a.m. a 5:00 p.m., horario del este. ¡Gracias!